普通高等教育规划教材

汽车销售实务

(第2版)

李江天　严　岿　主　编
朱鸿涛　副主编

人民交通出版社股份有限公司
China Communications Press Co.,Ltd.

内 容 提 要

本书是普通高等教育规划教材。本书以汽车营销4S店经营模式为背景,围绕汽车销售与销售管理过程中所涉及的各个环节,较为详尽地探讨了汽车流通过程中,涉及的汽车销售、汽车电子商务、汽车信贷实务、汽车保险实务、汽车装饰与美容、旧机动车交易、汽车配件经营、汽车租赁、国际汽车贸易方面的基本理论和操作方法,注重知识的系统性和实用性。

本书可供高等院校汽车服务工程专业教学使用,也可作为汽车营销、售后服务从业人员专业培训的教材。

图书在版编目(CIP)数据

汽车销售实务/李江天,严岿主编.—2版.—北京:人民交通出版社股份有限公司,2019.11

ISBN 978-7-114-15777-6

Ⅰ.①汽… Ⅱ.①李…②严… Ⅲ.①汽车—销售—高等学校—教材 Ⅳ.①F766

中国版本图书馆CIP数据核字(2019)第185403号

书　　名:**汽车销售实务**(第2版)
著 作 者:李江天　严　岿
责任编辑:钟　伟
责任校对:张　贺
责任印制:张　凯
出版发行:人民交通出版社股份有限公司
地　　址:(100011)北京市朝阳区安定门外外馆斜街3号
网　　址:http://www.ccpress.com.cn
销售电话:(010)59757973
总 经 销:人民交通出版社股份有限公司发行部
经　　销:各地新华书店
印　　刷:北京市密东印刷有限公司
开　　本:787×1092　1/16
印　　张:17.5
字　　数:405千
版　　次:2008年6月　第1版
2019年11月　第2版
印　　次:2019年11月　第2版　第1次印刷　总第4次印刷
书　　号:ISBN 978-7-114-15777-6
定　　价:42.00元
(有印刷、装订质量问题的图书由本公司负责调换)

PREFACE 第2版前言

近年来,伴随着我国汽车工业和汽车市场的蓬勃兴起,汽车销售与服务市场也获得了空前的发展,国内汽车营销模式正经历着一场深刻的变革,集销售、售后服务、配件供应、信息反馈于一体的4S经营模式,已发展成为市场中的主流,汽车经销商的服务范围大大扩展,服务标准日益提高。这些都对汽车流通领域的从业人员,在知识面、知识结构等方面提出了更高的要求。为此,我们组织了国内相关高校中一批具有深厚汽车营销理论功底和实践经验的老师,在广泛调研和收集资料的基础上编写了这本《汽车销售实务(第2版)》教材。

本书以汽车营销4S店经营模式为背景,围绕汽车销售与销售管理过程中所涉及的各个环节,较为详尽地探讨了汽车流通过程中,涉及的汽车销售、汽车电子商务、汽车信贷实务、汽车保险实务、汽车装饰与美容、旧机动车交易、汽车配件经营、汽车租赁、国际汽车贸易方面的基本理论和操作方法,注重知识的系统性和实用性。本书可供高等院校汽车服务工程专业教学使用,也可作为汽车营销、售后服务从业人员专业培训的教材。

本书由李江天、严岿担任主编,朱鸿涛担任副主编,参加编写的人员有李江天副教授(第一章、第六章)、朱鸿涛(第二章、第八章第四节)、严岿(第七章)、王宇宁副教授(第五章)、宋晓冰副教授(第八章第一、二、三节)、付翔副教授(第三章)、曾娟副教授(第四章)、瘳燕副教授(第九章)。

由于编写时间紧和作者的水平有限,书中存在的不妥和错误之处,敬请广大读者批评指正,以便再版时修改。

编　者

2019年6月

CONTENTS 目　　录

第一章 汽车销售

自2000年以来,我国汽车工业和国内汽车市场进入了新一轮的高速发展时期。汽车销售作为实现汽车产品价值的关键一环对于整体市场的健康发展和产业进步有着举足轻重的作用,本章简单回顾了国内汽车销售流通模式的演变历程,以国内目前流行的4S销售经营模式为例,详细介绍了经销商商务计划的制订、汽车销售的一般流程以及销售过程中的一些重要环节(商品车的管理、汽车销售后的注册登记和纳税服务、汽车俱乐部和客户关系管理)的具体情况和操作实务。

第一节 概 述

一、我国汽车销售模式的演进

我国汽车销售模式的发展伴随着改革开放的不断深化大致经历了以下三个阶段。

(一)计划分配阶段(新中国成立初期至1984年)

这个时期,汽车一直作为国家的统配物资,实行高度的计划分配,汽车几乎不存在"流通"问题,也就谈不上汽车的经营模式。

(二)变革组合阶段(1984年至20世纪90年代中期)

这个时期,随着国家改革开放不断向纵深发展,汽车的营销权力不断下放,汽车营销市场和汽车运输市场不断放开,通过计划机制分配的汽车数量锐减。到1994年,94%的汽车进入到市场流通,计划分配的比例不足4%。与此同时,到20世纪90年代初,我国汽车流通体制发生了较大的变化,汽车由物资部门独家经营,逐渐演变成五大流通体系。

(1)国内贸易部系统,以中国汽车贸易总公司及其下设机构、各地方物资部门的机电公司及汽车贸易公司为代表。

(2)中国汽车工业总公司汽车销售系统,以中国汽车工业销售总公司、汽车工业进出口公司及各地方汽车公司的销售部门为代表。

(3)汽车生产企业建立的自销体系,包括汽车生产企业的销售公司及他们与物资部门联合成立的销售机构。

(4)军工汽车生产企业的销售体系。

(5)其他流通部门兼营的汽车销售企业。

此外,在国内开始出现汽车自选市场、汽车展销市场和为数不多的全国性汽车批发市场。

(三)规范接轨阶段(20世纪90年代中期至今)

20世纪90年代中期以后,随着国家经济"泡沫"的消失,国内汽车市场由卖方市场转变为买方市场，原有的一些汽车流通渠道几乎顷刻遭到瓦解，国外汽车流通方式也开始被引入国内，导致汽车流通方式发生了较大变化，从金字塔式的多层次营销体系开始向厂家直接控制的单层营销体系转变。从1998年开始，一些中高档轿车品牌，开始在国内引进品牌专卖方法，许多原来的汽车销售代理商也由厂家进行整顿，重新命名或授权为“特许经销商”“品牌专卖店”；一些有实力，品牌档次较高的厂家将整车销售、售后服务、零配件供应和信息咨询（反馈）等职能整合在特许专卖店中（即我们通常所说的4S店），取得了良好的市场效果，一时间4S经营模式在我国得到了广泛的推广。原来由国家批准的所谓代理制企业的批发权也逐渐消失，各轿车生产企业相继实施品牌经营战略。但由于4S店对硬件投入的要求很高，投资回报周期受销量因素的影响，因而在一些中、小城市汽车厂家允许汽车经销商采用4S、3S和2S经营模式相结合的办法，起到贴近用户，最终达成消费者、经销商和汽车厂家三方互赢的局面。与此同时，各地大型汽车交易市场（有形市场）也在快速发展，规模逐步扩大，形成以流通服务为主的经营模式，如北京亚运村汽车交易市场等。亚飞汽车集团的诞生，一种兼顾汽车生产厂家和经销商共同利益，有别于“大卖场”“品牌店”的第三种经营模式，特许连锁经营模式，就是经销商同时代理多家品牌，并将各个专卖品牌的各项服务功能优化组合形成自己的经销商品牌。总体来说，经过几十年的发展，我国汽车销售形成了以4S经营模式为主、多种形式并存的现状。

近年来，随着互联网的发展，网上销售和电子商务也日益引起业内人士的关注。网上销售不仅可以穿越时空到达世界各地车市，还可以随意欣赏任何一款汽车，可以依据自身的喜好，选择自己喜爱的车型和装饰配件。使汽车消费更加符合个性时代的消费特征。同时，也可以让经销商节约流通成本，根据订单制订生产计划，确定汽车设计、配置和数量，及时调整产品结构，适应市场和用户的要求。可以预见，在不远的将来，网上销售和电子商务将在汽车销售中扮演日益重要的角色。

二、我国汽车产业发展的政策

自1994年《汽车工业产业政策》颁布并执行以来，我国汽车工业有了长足发展，企业生产规模、汽车产销量、产品品种、技术水平、市场集中度均有显著进步。进入21世纪，国内外环境发生了深刻变化，我国汽车工业既有良好的发展机遇，又面临着严峻挑战，同时一些深层次的矛盾和问题也逐渐暴露出来。要促进汽车工业的健康发展，需要有一个具有创新性、前瞻性、科学性，并具有指导意义的产业政策。

2004年6月1日国家发展和改革委员会正式颁布了新的《汽车产业发展政策》，而1994年颁布实施的《汽车工业产业政策》同时被废止。

与1994年的《汽车工业产业政策》相比，2004年颁布的《汽车产业发展政策》具有七个方面的特点：一是取消了与世界贸易组织规则和我国加入世界贸易组织所作承诺不一致的内容，如取消了外汇平衡、国产化比例和出口实绩等要求。二是大幅度减少行政审批，该放的放开，该管的管住，依靠法规和技术标准，引导产业健康发展。三是提出了品牌战略，鼓励开发具有自主知识产权的产品，为汽车工业自主发展明确政策导向。四是引导现有汽车生产企业兼并、重组，促进国内汽车企业集团做大做强。五是要求汽车生产企业重视建立品牌销售和服务体系，消除消费者的后顾之忧。六是引导和鼓励发展节能环保型汽车和新型燃料汽车。七是对创造更好的消费环境提出了指导性意见。

《汽车产业发展政策》的颁布实施,有利于推进汽车产业组织结构和产品结构调整,提升国内汽车生产企业的产品品牌和自主开发能力;有利于建立和完善国产汽车销售和服务体系,促进我国汽车生产企业适应国内外市场竞争的需要;有利于加快推进汽车产品法制化管理进程,保障汽车消费者的合法权益;有利于贯彻落实科学的发展观,推动汽车工业发展与社会使用环境相协调。

2006 年年初,力度空前的《关于鼓励发展节能环保型小排量汽车的意见》下发,困扰小排量汽车消费多年的问题终于得到了解决;随后,通过汽车消费税的调整,降低了部分小排量乘用车的税负,提高了大排量乘用车的税负。这些措施大大改善了小排量汽车的消费环境,直接推动了小排量汽车销售的繁荣,小排量轿车成为畅销车型的主体。在 2006 年年底发布的《关于汽车工业结构调整意见的通知》中,也明确指出:节能环保和发展自主品牌仍是汽车工业的重中之重。国家有关部门将制定具体配套政策和相关标准,鼓励节能、环保型汽车发展,推动技术进步,加快汽车产品结构升级。2006 年 7 月,汽车侧面碰撞及乘用车后部碰撞的相关标准开始实施,标准规定不达标的新车不能上市销售,这一规定引起了生产企业和消费者的高度重视。

随着汽车保有量的上升,于 2009 年 12 月 28 日发布了《财政部、商务部关于调整汽车以旧换新补贴标准有关事项的通知》,该政策加快了老旧汽车的报废更新。商务部于 2019 年 6 月 1 日发布了《报废机动车回收管理办法》,进一步促进了节能减排和资源的充分利用。

随着汽车工业的进步,节能减排也渐渐成了行业焦点。为促进新能源汽车发展,2014 年 8 月 29 日,工业和信息化部、财政部正式发布了第一批《免征车辆购置税的新能源汽车车型目录》,极大地减少了消费者购置新能源汽车的成本,为新能源汽车发展注入了新鲜的血液。时至今日,我国新能源汽车已经获得较大的发展并呈现出蓬勃发展的态势,为了产业的健康发展,政府的政策扶持力度开始逐渐减弱,并于 2016 年 12 月 29 日发布了《关于调整新能源汽车推广应用财政补贴政策的通知》,对消费者进行新能源汽车购置的补贴进行了下调。从 2019 年 7 月 1 日起,《中华人民共和国车辆购置税法》开始施行,于 2000 年 10 月 22 日由国务院公布的《中华人民共和国车辆购置税暂行条例》同时废止。税务部门表示,《中华人民共和国车辆购置税法》授权国务院可以根据国民经济和社会发展的需要,规定减征或者其他免征车辆购置税的情形。因此,目前国务院规定的、尚在执行期内的车辆购置税优惠政策,在国务院没有新规定出台前仍然继续执行。也就是说,此前公布的"2018 年 1 月 1 日至 2020 年 12 月 31 日,对购置的新能源汽车仍免征车辆购置税"的优惠政策仍然有效。

第二节　经销商商务计划的制订

市场营销是汽车生产企业围绕满足用户需求这个中心而展开的一系列有机活动。这些有机活动的展开,首先必须要有一个活动计划,营销人员围绕计划而实施营销活动。商务计划是企业整体战略规划在营销领域的具体体现,是企业的一种重要职能。汽车经销商的商务计划是在营销调研和分析研究基础上制订的,通常按年度进行。

一、经销商商务计划包含的内容

（一）经销商的基本情况

经销商的基本情况包括以下两部分内容：

（1）经销商注册成立公司时的登记资料，如：企业名称、地址、股东构成及股权结构、法人、注册资金等。

（2）经销商对外宣传联系方式，如：电话、传真、E-mail、网址等。

经销商基本情况见表1-1。

经销商基本情况 表1-1

原企业名称			
现企业名称			
地址			
股东构成及股权结构			
企业法人		注册资金	
董事长		总经理	
开户银行		账号	
邮编		税号	
电话		传真	
电子信箱			
网址			
经销商代码	（含服务代码和销售代码）		

（二）市场情况和销售计划

这一部分主要按汽车品种、车型介绍前几年经销商自身的销售情况，辖区内竞争对手的销售情况，同类型车的市场总体情况和经销商自身市场占有比例。根据自身的发展思路和有关文件、政策及消费市场大环境等多种因素，运用适当的预测方法，作出市场情况在来年的估算。按照自身的经营思路、发展规划、销售队伍的规模，制订出自身的销售计划。

（三）服务计划

服务计划中包含根据预测的未来年度市场情况和自身的销售计划，计算来年内辖区经销商代理品牌车辆的保有数量，根据该品牌车辆以往在维修方面的经验数据，计算出来年的服务总台次、工时和备件消耗的总数量。

（四）营销费用预算

经销商为了扩大产品的知名度，让潜在客户及时了解所代理品牌汽车准备开展的活动，应根据所代理品牌汽车的定位以及产品的特点，选择合适的广告媒体，结合消费者的习惯和往年市场情况，进行有针对性的宣传活动。营销费用中用在广告媒体的宣传费用占了相当大的部分，几乎接近整个营销费用预算的一半，因而怎样合理选择广告媒体进行宣传，达到预想的效果就显得十分的重要。

广告管理方面的研究表明：零售商通常是在地方广告位和微信公众号上刊登广告。消费物品和服务的广告主要使用电视、互联网媒体和消费者杂志。工业广告一般使用较多的是商业杂志、商业报纸、直接邮寄、互联网、影院院线或商业展览。由于消费品的最终购买者是每家每户,所以消费品的广告预算中一大部分用于电视和影院院线广告。而耐用消费品更复杂,需要更详尽的广告说明,所以,比较而言耐用消费品更倾向于互联网、影院院线等多媒体的宣传。多媒体渠道,尤其是微信、微博公众号,被汽车经销商广泛地采用。

营销预算项目包括平面广告(报纸、杂志)、电视广告、广播广告、户外路牌广告、宣传品制作、车展活动、客户活动、新产品推介活动、服务活动、试乘试驾等。从目前的情况看,在平面广告和服务活动方面的花费在整个营销费用中占相当大的比重。

(五)投资计划

这一部分包括未来年度内的新增项目投资,新增设备投资(根据经销商自己的业务发展规划,确定设备是否能满足正常运作的需要),新增流动资金(根据业务发展规划和现金流量图,估算出需新增的流动资金,一般含增加销量、库存及备件的所需资金)及其他新增资金,如新增人员成本等。如果有新增项目投资的,还需要制订出项目进度计划。

(六)人员配置计划

按照销售规模,维修服务计划,配件的消耗量以及业务开展的情况,确定每个岗位的人数。销售人员规模的确定在本章第四节中有详细介绍,如可以按照每个销售人员每年销售100辆车来确定人员的数量。但是也应该根据所代理品牌的定位和目标市场来区分对待,高档轿车和中档轿车的消费市场肯定是不一样的。

备件营销人员一般按照年经营额的多少来确定人员数量,比如奥迪、雅阁3.0等高档轿车的备件营销人员是按照每人每年100万元来定岗的,同样,备件营销人员单人年度销售额的确定和汽车产品的定位有很大的关系,应大致均衡不同品牌车辆备件人员的工作强度,如一些低档汽车的单人年度销售额应比高档汽车的低。服务顾问可按每人每天接待的用户人数来确定,一般为15位用户/(人·d)。维修人员的人数按照不同工种的年度服务计划,以及每位维修人员年度能完成的总工时,在保证用户能及时得到服务的前提下,确定最佳数量。财务人员的工作量相对来说与汽车的数量有直接的关系,只需要按照年度销售计划来确定财务人员的数量即可。其他岗位的人员可根据业务的开展范围来确定,比如车间主任、财务总监等。

(七)培训计划

按照不同的内容,针对不同的岗位开展有针对性的培训活动,以满足经销商的业务运作需要,提升经销商的整体服务水平。例如针对管理培训,服务总监要进行服务理念、管理模式、汽车故障诊断的服务总监管理培训。服务经理要进行服务理念、经营分析、时间控制模式、核心流程的服务经理管理培训。服务顾问要进行服务理念、售后服务核心流程、接待艺术的服务顾问管理培训。内审员要进行质量管理基础知识、ISO 9001标准、审核方法等ISO 9001内审员培训。

培训一般分基础技术培训、高级培训和专家级培训。对于初上岗人员,必须接受相应的基础技术培训。所有人员只有参加低一级的培训并取得合格成绩后,方能参加下一阶段的学习。培训内容包括厂家的强制培训内容和经销商自己组织的旨在提高员工水平和素质的培训活动。

(八)财务计划

经销商所有业务收入与费用开支的汇总称为财务计划。收入包括新车销售收入、二手车业务收入、维修收入、备件收入、延伸业务收入及其他收入等。开支包括人工费用、营销费用、办公费用及其他维持业务正常运作的开支费用。据此估算出经销商来年的销售收入及资金支出情况,分析利润率、投资收益率,确定详细计划的可行性,并根据现金流量图做好资金的合理利用,取得资金的最大收益。

二、制订商务计划的作用与意义

合理的商务计划能帮助企业法人弄清如何深入地思考自己的事业;能帮助企业法人弄清自己的目的和目标是什么,并可帮助其分析市场、产品和服务;能帮助企业对业务的各个方面有更好的理解并进行指导;能够帮助企业评估市场、经营与财务行为,并为企业发展做出可行性计划;可作为一个工具,用于对实际经营状况和计划经营情况进行比较,并帮助决策者理解和明确实际经营状况和计划经营情况之间的任何偏差(可在需要的时候采取补救措施);可向可能的投资商、出借人提供资料,以用来评价公司(或者企业)的业务及所计划的业务情况,并可能为公司(或企业)发展带来额外的资源(如资金)。

商务计划不仅仅是一个吸引外部资金的建议书,它还可以作为一个正在进行计划的工具,帮助企业在市场经济中成功地运作。总体来说,一个商务计划书主要有以下两个作用:

(1)作为一个企业内部分析的计划文件。商务计划能客观地分析公司目前所处的位置,通过特定目标的设计所要达到的位置,以及为实现该目标所制订的计划。

(2)作为一个项目建议书。商务计划能让投资商、出借人或合资伙伴相信的确存在一个可行的商业机会,让他们知道公司已意识到这种机会并会加以利用。

因此,我们可看到商务计划如果作为企业计划并不能直接帮助企业赚钱,但是通过制作商务计划的过程,会使你对自己企业的各个方面以及整个企业的运营情况进行全方位和深入系统的思考。

三、商务计划制订中涉及的有关工具

商务计划制订过程中,其难点和最重要的部分都涉及对未来市场状况的预测,这里简单介绍一些常用的预测方法供大家在工作实践中参考。总的来说,预测方法大体可分为两大类:一类是定性预测方法,另一类是定量预测方法。在作市场预测的时候,往往结合运用两种方法,即定量预测必须接受定性分析的指导。只有这样,才能更符合汽车市场的变化趋势。另外企业在制订财务计划时,需要对其企业财务报表及其他财务资料进行财务分析。

(一)定性预测方法

1.定性预测的有关理论

定性预测主要依靠营销调研,采用少量数据和直观材料,预测人员利用自己的知识和经验,对未来的状况作出判断。它有赖于预测人员本身的经验、知识和技能素质。它的理论依据是相类似原则,这一原则包括以下两方面的内容:

(1)按发展时间顺序类推。即利用某一事物和与其相似的其他事物在发展时间上的差别,把先发展的事物的表现过程类推到后发展的事物上去,从而对后发展事物的前景做好预测。例如,通过对某些国家家用轿车普及过程的研究结论,来预测我国家用轿车走进家庭的时间、车型以及购买能力和政策特点等,就属于时间类推。时间类推的关键是把握事物的发展过程是否相似,如相似性太小,那么预测效果就会较差。

(2)由局部类推总体。即通过抽样,调查研究某些局部或小范围的状况,预测整体和大范转的状况。例如:通过对一省一市汽车更新工作的调查,来预测全国汽车更新工作的情况。由局部类推总体时,应注意局部的特征是否反映了整体的特征,是否具有代表性。如果不是,预测就可能失败。

2. 定性预测方法

定性预测方法有很多种,其中最常用的是德尔菲法。该种方法是20世纪40年代末期,由美国兰德公司首创并使用的。至今,这种方法已经成为国内外广泛应用的预测方法。它可以用于技术预测、经济预测、短期预测和长期预测,尤其是对于缺乏统计数据的领域,需要对很多相关因素的影响作出判断的领域。以及事物的发展在很大程度上受政策影响的领域,都是非常适合的。

该种方法的预测过程与营销调研的过程基本一致。首先,由预测主持人将需要预测的问题逐一拟出,分别寄给各个专家,请他们对预测的问题一一填写自己的预测看法,然后将答案回寄给主持人。主持人进行分类汇总后,将一些专家意见相差较大的问题再抽出来,并附上几种典型的专家意见请专家进行第二轮预测。如此循环往复,经过几轮预测后,专家的意见便趋向一致或者集中于几种看法上,主持人便以此作为预测结果。由于这种方法使参与预测的专家能够背靠背地充分发表自己的意见,不受权威人士态度的影响,这就保证了预测活动的民主性和科学性。

定性预测方法还有社会(用户)调查法(即面向社会公众或用户展开调查)、综合业务人员意见法(综合销售或其他业务人员意见)、小组讨论法(会议座谈形式)、单独预测集中法(由预测专家独立提出预测看法,再由预测人员予以综合)、领先指标法(利用与预测对象关系密切的某个指标变化对预测对象进行预测)、主观概率法(预测人员对预测对象未来变化的各种情况作出主观概率估计)等。

总之,随着社会经济及科学技术的发展,预测方法也在不断地发展和完善。汽车市场营销预测人员应不断加强理论学习,并通过预测实践总结出一些实用方法。

(二)定量预测方法

定量预测方法是依据必要的统计资料,借用数学方法特别是数理统计方法,通过建立数学模型,对预测对象未来在数量上的表现进行预测的方法的总称。时间序列分析法和因果分析预测法在数学方法上被反复地提到,这里就不作详细的介绍。下面,将就市场细分集成法和需求弹性法作重点介绍。

1. 市场细分集成法

这种方法的基本原理是对某商品的使用对象按其特征进行细化分类,确定出若干细分市场——子目标,然后对各子目标分别采用适当的方法进行测算,最后汇总集成。其模型为:

$$Y_t = \sum_{i=1}^{n} Y_{ti} \tag{1-1}$$

式中：Y_t——第 t 年的预测值；

Y_{ti}——第 t 年的第 i 个分量的预测值，$i=1,2,\cdots$；

n——子目标个数。

以轿车为例，我国轿车市场需求可以划分为县级以上企事业单位、县级以下企事业单位、乡镇企业、出租旅游业、家庭私用五个主要细分市场。其预测过程见表1-2。

轿车市场预测表 表1-2

市场划分	主要影响因素	需求预测模型
县级以上企事业单位	单位配车比	（单位数）×（配车比）
县级以下企事业单位	单位配车比	（单位数）×（配车比）
乡镇企业	经济发展速度	需求量 = Ø（乡镇企业产值）
出租旅游业	城市规模及旅游业发展	Σ（各类城市人口）×（各类城市人口配车比）
家庭私用	人均国民收入	需求弹性分析

2. 需求弹性法

$$y_t = y_0(1+i)^t \tag{1-2}$$

$$i = E_s q = \frac{qi'}{q'} \tag{1-3}$$

式中：y_t——第 t 年预测对象预测值；

y_0——预测对象目前的观察值；

i'、i——预测对象在过去和未来的平均增长率；

t——预测年份与目前的时间差，年；

E_s——弹性系数，如过去年份汽车保有量的增长率与工农业增长速度之比；

q'、q——对比指标过去和未来的数值，如工农业增长速度。

如过去几年内甲地区的汽车保有量平均增长率为15%，工业增长速度为10%，两者之间的弹性系数为1.5，若未来 t 年内工农业增长速度为8%，则汽车保有量的增长率为12%，代入式(1-2)和式(1-3)即可预测第 t 年的汽车保有量。

（三）汽车市场预测应注意的几个问题

预测人员在实际进行预测活动时，应注意以下问题：

1. 政策变量

汽车市场受国家经济政策和非经济政策的影响很大。在进行汽车市场预测时，政策变量常常影响到模型曲线的拐点和走势，影响到曲线的突变点。政策变量虽然不是很好把握，但并不是不可预测的。政策的制定总有其目的性，它往往是针对某些经济或社会问题而制定的，最终目的总是要促进经济和社会的稳定发展。只要预测人员加强对经济运行和政策的研究，便可以通过对未来经济运行的预知达到政策预知的目的。

2. 预测的方案

实际预测活动中，应尽可能多做几个预测方案，以增加决策的适应性，避免单方案造成的决策刚性。

3. 预测的期限

预测按预测时间可分为长期预测和中短期预测。一般来说,对中短期预测较好的模型,不一定对长期预测也较好;反之亦然。

4. 预测的模型

现在有将模型复杂化、多因素化的趋势,虽然这种发展趋势一般有利于提高预测的精度(因为这包括了更多因素的影响),但有时复杂模型不一定比简单模型的预测精度高,而且因素过多,对这些因素的未来走势有些不易判断。

5. 想象与实际

很多预测人员在预测活动开始时,就对预测对象的未来进行了想象,并以此想象来不断地修正预测结果。其实这是一种本末倒置的做法,尤其是中间预测值的取舍,应力求避免这一易犯的错误。

(四)财务分析的基本方法

企业的财务活动是一个非常复杂的过程,某个单项的财务报告只能从一个侧面反映企业的财务状况,而整个企业的财务状况需要从不同的角度对多种财务报告进行分析比较。另外,企业的财务状况处于不断变化的过程中,要了解企业财务状况的发展趋势,必须对不同时期的财务报告进行分析比较。这里主要介绍两种最基本的分析方法:比较分析法和趋势分析法。

1. 比较分析法

比较分析法是把两个有关的可比经济指标进行对比,以揭露矛盾,从数量上确定差异的一种方法。经济指标进行对比后,如果出现数量上的差异,往往说明有值得进一步分析的问题。比较分析的主要作用就在于揭示财务活动中的数量关系和存在差距,从中发现问题,为进一步分析原因、挖掘潜力指明方向。比较分析法按具体的评价标准又可分为横向比较法和纵向比较法两种。

(1)横向比较法。横向比较法是将企业本期实际指标同本行业企业的同类指标相比较。如将本期的实际指标与国内外同类企业的平均水平、先进水平相比较,目的在于找出差距,制定赶超目标,增强本企业的市场竞争能力。

(2)纵向比较法。纵向比较法是将企业本期实际指标与前期实际指标相比较。这是一种同类指标的动态对比。通过这种对比,可以了解企业经营状况的发展变化过程。这种分析方法通过财务报表中两个时期的各种同项数据进行对比,以研究企业各项经营业绩或财务状况的发展变化情况。对比的方式有两种,一种是确定增减变动数量;另一种是确定增减变动率。具体公式如下:

$$\text{变动量} = \text{本期某项指标的实际数} - \text{前期同项指标的实际数} \tag{1-4}$$

$$\text{变动率} = \frac{\text{变动量}}{\text{前期实际数}} \times 100\% \tag{1-5}$$

应用比较法对同一性质指标进行数量比较时,要注意所利用指标的可比性。所谓可比性,是指相互对比的指标所代表的财务活动的规模应基本相同,指标所反映的时间长度应当相同,指标计算口径应当一致。如果对比的指标不可比,应当作必要的调整,以便消除不可比因素。

2. 趋势分析法

趋势分析法是将企业连续几个时期的同类指标数字两两相除，求出趋势比率，以确定分析期各有关项目的变动情况和趋势的一种财务分析方法。为了能真正看出趋势规律，趋势分析法要求至少考查连续三期以上的数据资料。

趋势分析法的具体计算又有两种形式：一种是基期指数，即各比较期指标分别与固定基期的数字相除，计算与基期相比较的变化情况；另一种是环比指数，即各比较期指标分别与前一期指标相除，计算比前一期的变化情况。具体公式如下：

$$\text{基期指数} = \frac{\text{比较期指标数}}{\text{基期指标数}} \times 100\% \tag{1-6}$$

$$\text{环比指数} = \frac{\text{比较期指标数}}{\text{上期指标数}} \times 100\% \tag{1-7}$$

趋势分析法既可用于对会计报表的整体分析（即研究一定时期报表各项的变动趋势），也可对某些主要指标的发展趋势进行分析。另外需注意以下两点：一是在计算基期指数时，要选择有代表性的年度数字作为基期，防止零或者负数的出现；二是注意各期数字之间的可比性问题，在时间跨度较长时，应根据具体情况作出适当调整。

第三节　商品车的管理

一、商品车管理项目

（一）新车验收

按照目前的销售经营模式，商品车直接由供应商送到经销商手中，整个物流过程由专业物流公司负责。在新车运送到经销商处的时候，要实行严格检查，确认合乎要求后方能收下商品车。在整个过程中，经销商应该选派熟悉汽车、有经验的工作人员参加验收工作。验车的核心问题是查看车辆是否是自己订购的车辆，并会同接车人员执行初步检视外观及核对接车单配件是否齐全。具体的操作项目请参照新车整备检查表和下述的“PDI 作业”。

（二）库存车管理

车辆入库时，新车管理员要登记注册，并保管好新车资料、文件、随车工具及钥匙等。库存车应按车型摆放在一起，有条件的要“一车一位”。场地中要留有足够的通道作为消防和进出通道。库存车必须做好维护工作，避免日晒雨淋；蓄电池应定期充电，防止失效；保存时间长时，机件应涂油防锈；冬天要放水防止发动机缸体冻裂。库存车辆的移动，必须由保管员亲自动手操作或在保管员的指导下进行操作；新车资料、文件、随车工具应妥善保管，做到配套齐全、放置有序、不错乱；车辆钥匙应由车辆保管员专人负责，不得随便转交给他人，如外借、转交应专门登记。

出库时，提车人必须持有提货单、发票凭证，经过核对所提车辆与提货单一致后方可放行。

(三)交车管理

为了让顾客在整个交车过程及销售服务工作留下深刻的印象，体现出良好的组织形象，为顾客带来更高的让渡价值，使顾客对经销商的服务更加满意，确保交给顾客的新车整体完好无损、各功能部件工作正常、车辆初始车况符合质量要求就十分必要。交车前检查也是降低客户抱怨、减少车辆售出后不必要纠纷的重要工序之一。

交车过程是将顾客购买的车辆交付给顾客的整个过程。每个不同的品牌汽车都制订有自己的交车程序和方案，但总的来说，本流程可分为以下几步：

(1)交车准备环节。要做好通知交车日期、检查车辆、确认必要的文件和安排付款等工作。

(2)交车环节。无论在展示厅内交车，还是送货上门交车，都要求做好将销售主管或用户联系人介绍给顾客、请顾客检查车辆和附件、说明正确的操作和驾驶方法(参阅用户手册)、介绍服务项目(检查、维修等)、填写交车检查表。

(3)其他工作。如为了保持客户资源，需要建立用户档案、进行顾客回访、调查用户满意度等。

二、PDI 作业

新车交车前的全面检查(Pre-delivery Inspection)简称 PDI 作业。各品牌汽车的 PDI 项目和指标差别很大，但大致内容涉及车辆内部、外观、发动机舱、底盘、随车附属品和工具，以及各部件的性能状态等。现在这项检查已经扩展到了商品车的整个管理过程，如新车验收、库存车管理、展示车管理、交车准备。

(一)PDI 作业要领以及 PDI 检查流程

(1)交车前负责检查的评审员必须参加 PDI 检查程序和 PDI 车损标准培训，合格后才能上岗，并必须参加每次新车型推出时的 PDI 专项培训。

(2)整个 PDI 检查工作必须按照生产厂家规定的程序，在照明符合要求的场地进行并按照 PDI 车损标准的要求判定各类缺陷和故障。

(3)在 PDI 检查中发现缺陷和故障后，特约售后服务中心应严格按照流程优先予以修复，并由 PDI 评审员重新对其进行检查。

(4)在整个 PDI 检查中发现的任何缺陷、故障都需收集、汇总，定期反馈给生产厂家相关部门。对于重大的、有批量性的缺陷和故障应立刻反馈给生产厂家相关部门。

PDI 检查流程如图 1-1 所示。

(二)PDI 作业检查

1.接车作业

(1)经销商订购的新车到达销售中心，由新车管理员接车，会同交车人员执行初步检视外观及核对接车单配件是否齐全。新车管理员在执行点交检查作业时，如发现配件短缺、车况异常(车身外观漆面或整车技术状况)，应立即会同交车人员在点交单上注明缺件品名、异常部位现象，经双方共同签字，以确认赔偿责任归属。

(2)新车管理员一般属于销售单位，其工作职责为新车保管，以及车辆资料、文件和钥匙管理等。

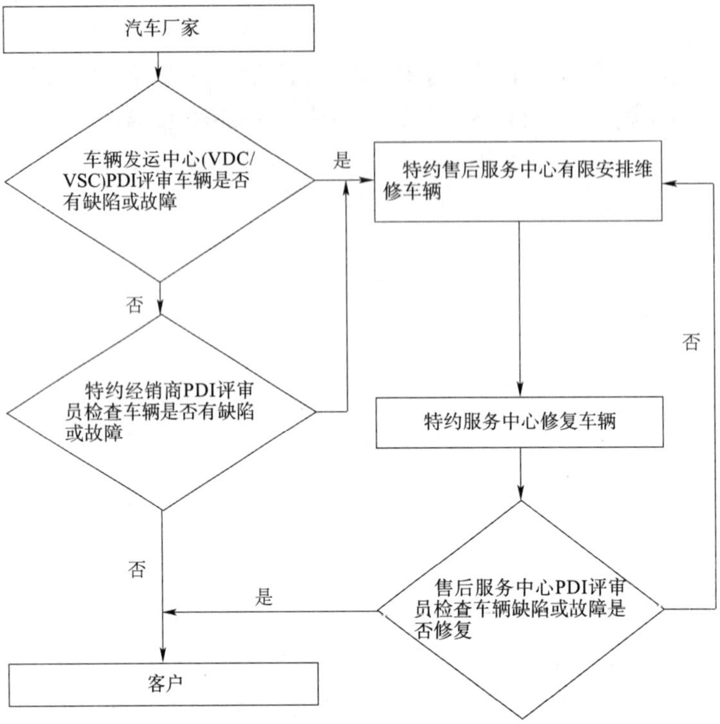

图1-1　PDI检查流程图

(3)接车入库如在夜间,点交检查受限时,应于24h内将车辆异常情况汇报生产厂家。

2. 入库检查

如果新车不马上交车,应实施入库检查,进入库存位置。

3. 展示车检查

新车如要作为展示车使用,除实施入库检查外,应特别注意车的外观清洁及蓄电池容电量检查,车辆钥匙交付展厅销售人员管理,由展厅销售人员负责进行日常维护清洁及维持蓄电池容电量的充足。

4. 库存车的管理

(1)新车库存必须寻找安全、宽敞、有遮篷、空气良好,避免在有异物落下的地点存放。

(2)库存新车不得作为其他用途使用。保存的车辆要保持适当的轮胎气压,拆开蓄电池负极桩头,拉紧驻车制动器操纵杆,若为手动挡要挂入R挡,若为自动挡要挂入P挡,关紧车门窗。

5. 预交车检查

(1)即将交付于客户的车辆,必须事先按PDI检查项目实施检查作业。检查项目主要包括:

①车内的检查。

②车外观的检查。

③发动机舱内的检查。

④底盘的检查。

⑤车辆附件的检查。

⑥车辆文件的检查。

(2)检查作业时,应填写PDI检查表(表1-3)。

PDI 检 查 表 表1-3

任务号	型号	牌照	首次注册日期
底盘号	发动机标识字母	行驶里程	售后服务顾问
车型名称	变速器标识字母	生产日期	检查日期

交车维护			
对于长时间停放的汽车,按“停放和库存的汽车”表的内容实施维护	正常/已执行	不正常	已排除
连接故障读取装置			
蓄电池充电状态:读取充电电压			
蓄电池管理器:关闭运输模式			
组合仪表:匹配语种			
维护指示器:复位			
数据存储器:读取数据			
冷却系统:液位加至最高标线			
车窗玻璃清洗/前照灯清洗装置:液位加至最高标线			
制动液储液罐:液位加至最高标线			
液压系统:检查液压油位			
发动机:检查机油油位,必要时补充			
运输固定装置:取下前部(必要时还有后部)减振支柱上的锁止件			
所有车轮的轮胎充气压力:检查补充到规定压力			
车辆底盘(从底部):目测损坏情况			
车轮固定螺栓:以规定的扭矩拧紧			
盖罩/车轮螺栓封盖:安装(把拆卸钩或塑料夹放在随车工具中)			
调整时钟			
钥匙密码和识别号的标签:检查钥匙标牌应完整和清晰可读			
检查汽车钥匙功能是否完好,记录并检查交给顾客汽车钥匙的数量			
座椅护套、地毯保护膜:去除			
检查汽车内部的清洁情况:前排和后排座椅、内饰、地毯/脚垫、车窗玻璃			
脚垫:安装			
运输固定装置:取下车门上的嵌条			
检查汽车外部的清洁情况:漆面、装饰件、车窗玻璃、刮水器片			
电话:将带有系列号的标签粘贴在电话使用说明书内			
维护手册:取出备用车轮槽或者行李舱地板处的汽车数据牌并粘贴在维护手册内;记录交车维护			
检查随车资料是否完整并准备交给客户(从随车资料中取出简要说明并放在汽车内)			
试车:执行驾驶人信息系统复位			

(3)PDI 检查表一式三联，经销商保存一联，特约售后服务中心保存一联，另一联寄回厂家，未实施 PDI 检查的车辆切勿交付客户。

6. 质量回馈

无论在接车、入库检查或 PDI 检查时，发现有异常现象，应遵循质量回馈程序汇报给生产厂家，有品质问题的车辆，不可尝试先交付客户，以后再办理索赔维修，这将严重损坏汽车品牌形象。

第四节　汽车销售流程与销售人员的市场开拓

一、整车销售流程

经销商整车销售是指经顾客在选购汽车产品时，帮助顾客购买到满意汽车所进行的所有服务性工作。在整个销售过程中，销售人员应遵循一定的服务规范为顾客提供全方位、全过程的服务，在销售工作中满足顾客要求，确保顾客有较高的满意度，提高顾客对所销产品的品牌忠诚度，而不能不负责任地把产品推给顾客，甚至欺骗顾客。经销商为了保证向顾客提供优质的产品和服务，一般都建立有细致、周到的标准式销售业务流程(图 1-2)。以确保交给客户的每一辆车无论是在生产、运输、库存还是在交付过程中都经过精心准备，万无一失。

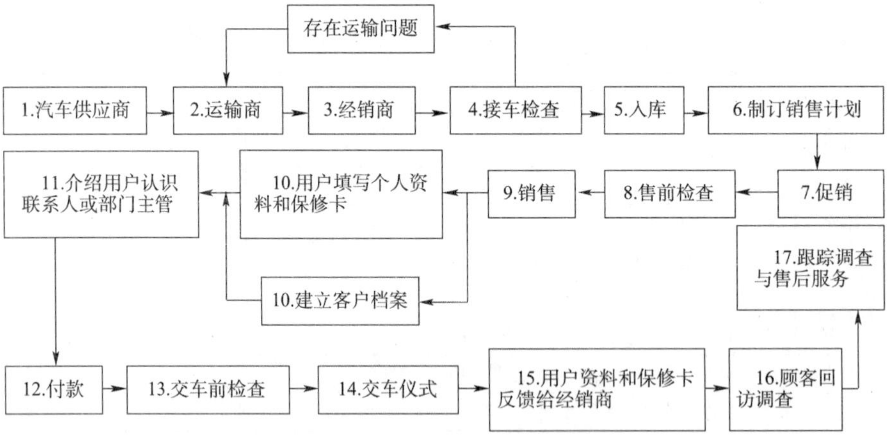

图 1-2　经销商整车销售业务流程

而对于销售人员而言，其销售工作可大致分为售前、售中和售后三个阶段。

(一)售前

1. 发展潜在顾客

销售的数量因销售人员所拥有的潜在顾客及可能成为潜在顾客数量的不同而不同，销售人员为达到销售目标，应该充满热情并找到足够的潜在顾客，然后通过产品推介、推销等方法使潜在顾客变成最终用户。一般潜在顾客具有三个前提，即购买能力、购买欲望和购买的必要性。

发展潜在顾客的具体方法是：

(1)散发宣传资料，如在经销商的市场区域内，至少每月散发一次传单。

(2)询问(拜访顾客)、收集潜在顾客的信息并上门拜访或电话交谈，尽可能地促使他们参观展示厅。

(3)按照发展顾客的名单发送邮寄材料，特别是一些名人，邀请他们来展示厅参观、举办展示会或参与其他活动。

(4)建立顾客发展档案(顾客发展卡)。

(5)顾客推荐。顾客推荐促销是销售活动中最重要的因素之一。顾客推荐资料一般由经销点的销售经理管理和控制。

2. 潜在顾客管理

潜在顾客及可能成为潜在顾客的人是销售网点最重要的客户资源，应建立必要的顾客管理制度以保障潜在顾客不至于流失，便于进一步发展。

顾客管理的内容包括：

(1)潜在顾客的识别和分类。潜在顾客的识别，通常根据在销售活动中收集的关于个人和车辆状况的信息，判断或识别顾客的购买意向(感兴趣的车辆、购买的意向以及对所销产品的兴趣)、购买能力(职业、收入、资产、资金的储蓄)或者需求(家庭情况变化、旧年款车型的淘汰、车辆老化或损坏)。为使销售会谈更顺利地展开，应将潜在顾客按其可能转化的程度和预计的购买时间进行分类。然后确定拜访频次。潜在顾客分类见表1-4。

潜在顾客分类表 表1-4

类别	可能签销售合同的时间	检查项别
最有潜力的A类顾客	1个月	(1)是否对产品进行过说明； (2)是否完成试驾； (3)是否选定车型、颜色； (4)是否已报价； (5)是否已讲过付款方式
潜在的B类顾客	2个月	依据产品实际情况而定
潜在的C类顾客	3个月	依据产品实际情况而定
其他潜在顾客	以上三类顾客以外的顾客	

(2)拜访顾客。经常性的拜访顾客可以建立人际关系，推销自己所经营的汽车，提供信息(邀请参观展览、所经营产品的介绍、公司介绍、新产品介绍和其他有关信息介绍)，发现与潜在顾客共同感兴趣的话题，然后将其引入销售的话题。还可以进一步收集顾客的信息(现有车辆、车款、车型、家庭组成、雇主、购买决策者、购买行为动机等)，发现顾客的需求。通常，人们期望在第三次拜访时，能够签订销售合同。对于像汽车这种较昂贵的商品，在签订销售合同之前，销售人员可能还需进行多次拜访，这样的拜访也被视为再次拜访。

(二)售中

这个过程包括了顾客来到展厅后的产品介绍、试车、报价成交以及买成后交车的全过程。

1. 产品介绍

要点是进行针对客户的产品介绍，以建立客户的信任感。销售人员必须通过传达直接针对客户需求和购买动机的相关产品特性，帮助客户了解一辆车是如何符合其需求的，只有此时客户才会认识其价值，唤起客户对产品质量的信任，对所展示车型的兴趣以及对新车的期待，同时使客户了解所展示的新车能够最大限度地满足他的需求。

在这个过程中我们要做到：

(1)主动向客户展示所希望的车型，并建议客户坐进车内，按顺时针方向介绍。

(2)在展示新车时，运用FAB法则(FAB法则即属性Feature、作用Advantage、益处Benefit法则。按照这样的顺序来介绍，就是说服性演讲的结构，它达到的效果就是让客户相信你的产品是最好的)，对客户的回应表示出兴趣，并就此进一步对客户进行介绍，确认新车是否满足客户的需要。

(3)向客户介绍车辆的可选装装备，主动介绍可加装的项目及推荐延伸服务。

(4)介绍汽车品牌的历史、安全性、质量等，使客户感到该品牌是他最好的选择。

2. 试车

这是客户获得有关该车的第一手材料的最好机会。在试车过程中，销售人员应让客户集中精力对车进行体验，避免多说话。销售人员应针对客户的需求和购买动机进行解释说明，以建立客户的信任感。

在这个过程中销售人员应该注意的是：

(1)积极邀请客户试车，提供多个试车时间以供选择。

(2)登记客户的驾驶证信息，解释车辆的操作知识，介绍试车路线。允许客户开车，并陪同试车。

(3)在试车过程中应按照客户的需求重申该车能带给他的益处，着重介绍车辆的卖点。

(4)确认该车是否完全符合客户的要求并请客户填写试乘(驾)记录。

3. 报价成交

为了避免在协商阶段引起客户的疑虑，对销售人员来说，重要的是使客户感到他已了解到所有必要的信息并控制着这个重要步骤。如果销售人员已了解客户在价格和其他条件上的要求，然后提出销售议案，那么客户将会感到他是在和一位诚实和值得信赖的销售人员打交道，会全盘考虑他的财务需求和关心的问题。一个双方均感到满意的协议将为交车铺平道路。销售人员应做到：

(1)请客户填写订单，再次确认车型和价格。

(2)正面介绍该品牌汽车售后服务的质量及公司提供的相关服务。

(3)合理解释异议的原因。

(4)做好记录。

4. 交车

交车步骤是客户感到兴奋的时刻，如果客户有愉快的交车体验，那么就为以后长期合作关系奠定了积极的基础。

在这一步骤中，按约定的日期和时间交付洁净、无缺陷的汽车是营销服务的宗旨和目标，这会使客户满意并加强他对经销商的信任感。销售人员必须按约定的日期和时间交车，万一有延误必须和客户联系以避免使客户感到不快。销售人员应确保在交车时服务经理或服务顾问在场,因为这是客户和经销商之间长期关系的起点。因消费者和经销商已建立关系,客户将更愿意介绍其他客户;客户也更可能和服务部门就未来服务和购买零件等问题进行联系,因为他已和服务部门建立了关系。销售人员应提前做好准备,保证新车干净整洁。在交车时要清点工具、交代使用注意事项,详细介绍操作方法及维护、索赔的常识。交车后可以赠送礼品,与客户合影留念,感谢客户购车并请客户作宣传。

(三)售后

车辆交付给客户以后,并不意味着销售工作的完结,一个有经验的优秀销售人员都不会忘记经常与客户保持沟通,询问和关心客户在车辆使用过程中的感受,赢得客户的满意与信任,为日后工作打下良好的基础。

售后业务的主要程序和内容包括:

(1)一般在交车 72h 内客户服务经理与购车客户联系以确认客户信息的真实性并了解客户用车后的感受,询问客户对车辆及整个购买过程的意见。

(2)帮助客户解决有关使用方面的问题。

(3)提醒客户及时对车辆进行维护。

(4)与客户保持联系并请客户推荐其他人来看车、买车。

售后业务流程图如图 1-3 所示。

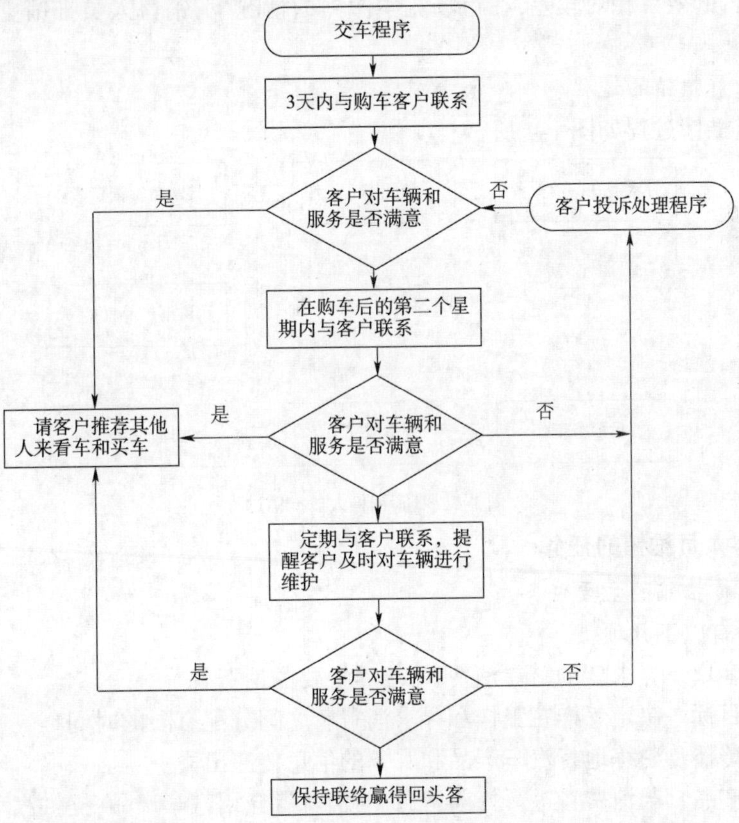

图 1-3　售后业务流程

二、销售人员的市场开拓

销售人员推销是一种起源最早的销售方式。它是指汽车企业的销售人员直接与购买者接触、洽谈、介绍产品，以达到推销目的的一系列活动。由于汽车具有技术含量高、价值较大等特点，销售人员推销在汽车销售中占有很重要的地位。

（一）销售人员推销的特点与过程

1. 销售人员推销的特点

销售人员推销方式有如下一些特点：

（1）双向传递信息。在销售人员推销的过程中，销售人员可以向客户宣传介绍产品的质量、性能、售后服务以及拥有后的好处和愉快心情等，起到推销的作用。销售人员还可以倾听客户的意见和要求，了解客户的态度和疑虑。收集和反馈企业在营销工作中存在的问题，为企业改进营销管理提供决策依据。

（2）更好地满足客户要求。推销不仅使客户得到汽车的使用价值，而且可满足客户心理和精神上的需要，有利于与客户建立长期的合作关系，有利于树立良好企业形象。

（3）灵活性。易于同客户建立直接的友好关系，有意识地强调产品的优点，刺激需求和引导购买行为，消除用户的疑虑，可及时地按客户要求改进产品以满足其特殊需要等。

（4）易于成交。销售人员推销能够形成当面成交的气氛，成功率高，推销效果显著。在这一点上，广告的效果相对较差，在市场竞争激烈的情况下，销售人员推销更有利于企业保持和开拓市场。

2. 销售人员推销的过程

销售人员推销过程如图 1-4 所示。

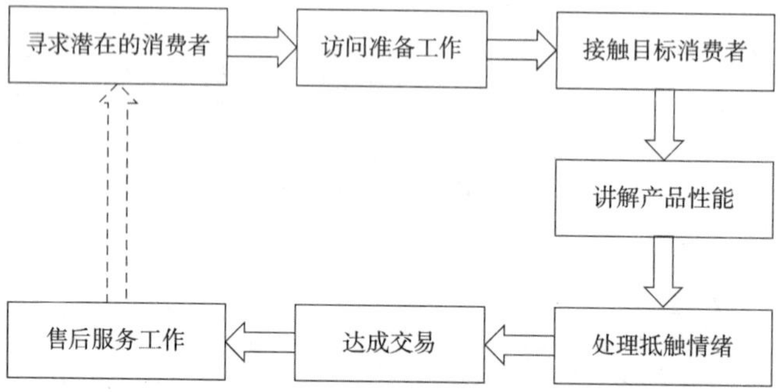

图 1-4　汽车销售人员推销过程

（二）销售人员推销的任务

1. 销售人员推销的主要任务

主要任务有以下几项：

（1）寻求客户。寻求新的潜在消费者，培养主要的消费者。

（2）设定目标。决定怎样在工作和寻求消费者之间分配有限的时间。

（3）信息传播。熟练地将汽车产品和服务的信息传递出去。

（4）推销产品。与消费者进行售前沟通，向消费者介绍汽车产品，提供汽车报价，回答消费者的疑问并达成交易。

(5)提供服务。提供售前、售中、售后服务。例如:提供咨询意见,给予技术帮助,进行日常维护培训等。

(6)收集信息。进行市场调研工作,建立顾客信息档案,整理反馈意见。

(7)分配产品。对消费者的信誉进行评价,汽车产品供不应求时进行合理分配。

2. 企业的销售人员在售前、售中、售后应做的工作

在现代汽车营销活动中,单纯靠汽车产品本身难以在竞争中取胜,越来越多的汽车企业采取了“营销服务”的总体战略。通过完善的售前、售中和售后服务,提高汽车产品的竞争力,扩大市场份额。所以,销售人员推销的关键任务,就是向消费者提供优质的服务,从而加深客户对企业的了解和对产品的信赖,树立起良好的企业形象。

(1)售前服务,即企业与潜在用户的沟通。企业的销售人员要有计划地、主动地收集消费者需求信息,及时将企业及汽车产品的情况传递给潜在用户(如企业的宗旨、规模、在同行业中的地位,产品的性能、规格、销售方式及售后服务的内容等),并了解其反应,更好地满足用户的要求,达到引导消费,坚定潜在用户的购买信心和决心的目的。

(2)售中服务,即企业与现实顾客的沟通。企业的销售人员要将自己的产品优势及能给消费者带来的特殊利益传达给消费者,协助引导消费者使用本品牌的汽车。如散发汽车宣传资料,介绍汽车的有关技术指标,讲解新车的性能特点等。

(3)售后服务,即企业与产品用户的沟通。企业的销售人员要及时征询客户的意见,提供优质的维修服务,了解用户的反馈信息,改进服务方式,建立持久的合作关系,树立良好的服务形象。

三、推销方法与推销技巧

销售人员应根据不同的推销气氛和推销对象审时度势,巧妙而灵活地采用不同的方法和技巧,吸引用户,促其作出购买决定,达成交易。

(一)销售人员必须掌握的基本推销方法

1. 试探性方法

如果销售人员对顾客还不甚了解,可以使用事先设计好能引起客户兴趣、刺激客户购买欲望的推销语言,投石问路,进行试探,观察反应,然后根据其反应再采取具体推销措施。面对较陌生的客户,推销人员要重点宣传产品的功能,产品的风格、声望、感情价值和拥有后的惬意等。

2. 针对性方法

如果销售人员对客户需求特点比较了解,则可以事先设计好针对性较强、投其所好的推销语言和措施,针对性地宣传、展示和介绍产品,使客户感到销售人员的确是自己的好参谋,真心地为自己服务,进而产生强烈的信任感,最终愉快地成交。

3. 诱导性方法

销售人员要能唤起客户的潜在需求,要先设计出鼓动性、诱惑性强的购货建议(但不是欺骗),诱发客户产生某方面的需求,并激起用户迫切要求实现这种需求的强烈动机,然后抓住时机向客户介绍产品的性价比,说明所推销的产品正好能满足这种需求,从而诱导客户购买。如果不能立即促成交易,而能改变买者的态度并形成购买意向,为今后的推销创造条件,也是一种成功。销售人员要始终注意自己所提建议的成功性,言辞要有条理、有深度,语气要肯定,不能模棱两可,更不能有气无力,避免说服的一般化,要以具体事实作后盾。这就要求销售人员

应掌握较高的推销艺术，设身处地地为客户着想，恰如其分地介绍产品，真正起到诱导作用。所以一名合格的销售人员应具有丰富的产品知识和管理学、社会学、心理学等知识。

（二）销售人员须掌握的一些推销技巧

1. 建立和谐的洽谈气氛的技巧

销售人员与客户洽谈，首先应给客户一个良好的印象，懂礼貌、有修养、稳重而不呆板、活泼而不轻浮、谦逊而不自卑、直率而不鲁莽、敏捷而不冒失。

2. 开谈的技巧

在开始洽谈阶段，销售人员应巧妙地把谈话转入正题，做到自然、轻松、适时。

3. 排除推销障碍的技巧

销售人员如果不能有效地排除和克服所遇到的障碍，将会功亏一篑。因此，要掌握排除推销障碍的技巧。

(1)排除客户异议障碍。如果发现客户欲言又止，销售人员应自己少说话，直截了当地请客户充分发表意见，以自由问答的方式真诚地同客户交换意见和看法。对于客户一时难以纠正的偏见或成见，可以将话题转换。

(2)排除价格障碍。应充分介绍和展示产品特点，使客户感到“一分钱一分货”。

(3)排除客户习惯势力障碍。实事求是地介绍客户不太熟悉的产品，并将其与他们熟悉的产品相比较，让客户乐于接受。还可以通过相关群体的影响，使客户接受新的观念。

4. 与客户会面的艺术

一是要选好见面的时间，以免吃“闭门羹”；二是可采用请熟人引荐、名片开道、同有关人员交朋友等策略，赢得客户的欢迎。

5. 抓住成交机会的技巧

销售人员应善于体察客户的情绪，在赢得客户留的好感和信任时，应抓住机会发动进攻，争取签约成交。

（三）一个优秀的销售人员应注意的几个方面

1. 仪表与装束

得体的仪表和装束，不仅对客户而且对销售人员自身都会产生良好的效果。恰当的衣着是仪表的关键——衣着不但应当适于预期的场合，而且应当适于具体的推销工作。

2. 说话语气与交谈习惯

一种随机应变的清晰而又充满热情的说话声音，真诚的语气，能更好地向客户传达要表述的心意和思想，也能取得客户更大程度的信任。

3. 礼貌和规矩

如今，讲礼貌和讲文明的人渐渐增加，礼貌的价值在相应提高，礼貌变得更加可贵和有效。因而礼貌和规矩可以让销售人员轻易地和客户建立一种好的相互关系。

4. 个人素质

很强的智力、丰富的社交知识和圆滑的态度、十足的自信心、良好的工作习惯和责任心等，都是成为一个优秀销售人员的因素。因此，应针对自身的弱点开展有针对性的学习。

5. 工作行为

销售人员在从事商务活动时，应克服衣冠不整、语音粗俗、夸夸其谈、不文明礼貌、不守时、无信用、不诚实的行为,与客户交流时,要注意力集中。

四、销售队伍的组织与管理

销售队伍组织与管理的内容包括:企业对销售队伍总体规模、销售人员的选拔和培训、组织结构、工作制度、奖惩与评价等制度的确立。

(一)销售队伍规模的确定

销售人员是经销商极具生产力和最昂贵的资源之一。扩大销售人员的规模,将使销售量增加,但同时也会带来成本的相应增加。因此,应该使销售人员保持在一个合理的规模。一般,可以采取工作量法和销售能力分析法来确定促销人员的规模。

1. 工作量法

(1)按年销量大小将消费者分类。

(2)确定每类消费者所需访问的次数(对每个消费者每年的推销访问次数)。通常,参考竞争对手的水平,也可以根据以往的经验而定。

(3)计算推销访问的总次数,即将消费者数量乘以各自所需推销访问的次数。

(4)确定一个销售人员每年可进行的平均访问数。

(5)计算所需销售人员数量,即将访问总次数除以一位销售人员的年平均访问数。

例如:某汽车经销商将消费者分为 A、B、C 三类,每类消费者的数量及访问次数见表 1-5。

每类消费者的数量及访问次数　　表 1-5

消费者类别	消费者数目(人)	每位消费者年访问次数(次)	总访问次数(次)
A 类	30	30	900
B 类	60	20	1200
C 类	30	10	300
合计	120	—	2400

该企业每年对消费者进行 2400 次访问,如果一个促销人员每年平均访问 300 次,则该企业需要促销人员 8 人。

$$销售人员数量 = \frac{年访问总数}{人均年访问次数} = \frac{2400}{300} = 8(人)$$

2. 销售能力分析法

通过测量每个销售人员在不同范围、不同市场潜力区域内的推销能力,计算在各种可能的销售人员规模下,企业的总销售额及投资收益率,以确定销售人员的规模。

$$公司总销售额 = 每人销售额 \times 销售人员数目$$

$$投资收益率 = \frac{销售收入 - 销售成本}{投资资本} \tag{1-8}$$

(二)销售人员的选拔与培训

1. 招聘和挑选

销售工作要获得成功,关键在于选择高效率的销售人员。好的销售人员,可以从企业内招聘，也可以从社会上招聘。

首先，制定招聘标准。对消费者来说，好的销售人员要诚实、可靠、十分了解产品知识、热心助人。对经销商来说，销售人员应该是能承受风险、认真对待每一位消费者和每一次访问，应具备市场学、行为心理学、口才表达等综合知识和能力。

然后，安排具体的招聘工作。经销商可以通过各种途径招聘，包括由现有销售人员推荐、利用人才市场、通过媒体刊登招聘广告等。挑选过程可以是一次非正式的单独面谈，也可以采用各种能力测试、经历调查等，从众多招聘人员中挑选最优秀的人才。

2. 培训

销售人员的培训应围绕销售人员的推销方法与技巧、职业道德与敬业精神、企业特色三方面内容进行训练与教育。就最后一项培训内容而言，主要是要求销售人员熟悉产品、懂得技术、了解市场、心有用户、勇于竞争、勤于服务。使销售人员能够向用户介绍产品和生产工厂的情况，供其所需、释其所疑；不但要让用户了解产品，还要让他们了解生产产品所用材料的优质性、技术的先进性、设备精密性、工艺稳定性及试验检测的严格性，使用户对产品摸底、放心。为此，对销售人员的培训必须使其熟悉以下情况和知识：

(1)公司的历史、历届负责人和一些较出色的经营人员等情况。以便于销售人员与公司的老用户叙旧，增加客户的认同感；唤起客户的购买诚意。如果销售人员能知道客户的历史、经济状况和事业的业绩，当然更好，这有利于在交谈中将自己融为顾客中的一员。

(2)生产工艺和设备。销售人员了解产品的生产方法有利于解答客户的问题和向客户提供咨询服务。

(3)服务。用户最关心的是当产品出现问题后，公司如何提供售后服务及服务的有效性如何。销售人员能很好地解答和解决问题，是很重要的。

(4)投放政策。销售人员应知道公司的价格政策，如何计算客户的折扣，公司的目标市场，产品和市场定位的战略与策略等。

(5)竞争对手。销售人员要熟知企业竞争对手的有关情况，以便当用户利用竞争者增强其谈判地位时，销售人员能够作出正确的处理，不至于陷入被动地位。

(6)产品的使用。销售人员应熟知产品的用途和变通使用的可能性，以便向用户充分介绍产品的使用价值。

此外，对销售人员的培训，还应包括市场营销相关法律知识、销售人员守则、考核与奖惩制度、公司销售管理等内容。

在销售队伍的建设中，尤为重要的是，要以在市场上能驰骋自如的销售专家，作为销售队伍的业务带头人。因而企业对销售人员的培训应有层次地进行。从层次来讲，销售人员的培训应包括：

(1)基础性培训。这种培训主要是针对新职员进行的，培训的主要内容是让销售人员掌握基本的推销技能和有关基础知识，让销售人员了解卖车程序、手续等。

(2)完善性培训。这是一种对经过基础性培训，实际从事过一段推销工作的初级销售人员的培训。

(3)骨干培训。这是一种针对销售人员骨干，拟提拔作为带头人或者担任基层销售领导人的培训。

销售人员培训除了上述按层次有步骤的综合培训外,还有专门化培训。如针对企业某种新产的上市产品专门进行的销售人员培训。此类培训则主要围绕新产品的技术、使用以及市场特点进行。又如企业为了进入一个新市场而进行的专门培训,此类培训则应主要围绕目标市场的特点进行培训。

培训销售人员的形式应采取课堂教学、模拟实验和现场训练(一般安排在工作岗位上并指定有经验的销售人员负责指导)三种方式相结合,可以结合电化教学,将公司销售以及模范销售人员的推销活动的全过程播放给学员观摩。销售人员培训结束时,一般应采取书面而与实战演习相结合的考试方式进行结业考试,并将考试成绩与销售人员的岗位安排或待遇适当挂钩。

(三)销售人员的组织范围

组织结构共有三种可供选择的形式。

1. 区域型结构

将企业的目标市场分成若干个区域,让每个(或组)销售人员负责一定区域内的全部推销业务,并定出销售指标。采用这种结构有利于考查销售人员的工作绩效,激励其工作积极性;有利于销售人员与客户建立良好的人际关系;有利于节约交通费用。国外多数汽车公司对销售人员都是按区域型结构组织的。

2. 产品型结构

将企业的产品分成若干类,每一个销售人员(或组)负责推销其中的一类或几类产品。这种结构适用于产品类型较多并且技术性较强,产品间缺少关联的情况。

3. 顾客型结构

按照目标客户的不同类型(如所属行业、规模大小、新老客户等)组织销售人员,即每个销售人员(或组)负责向一类客户进行推销活动。采用这种结构有利于销售人员更加了解同类客户的需求特点。

(四)工作制度

公司从上到下都应有严密的工作制度,对销售人员更是如此。如销售人员分工负责哪一区域,它的主要职责是什么,表格与建档如何填写和送交、何时汇报与检查、目标是什么、紧急情况如何处理与报告等。明确的工作制度是企业建立声誉的组织保证。目前,国外汽车公司对订购新车或维修车辆的用户,规定交付时间,一旦误期,则负责为用户提供代用车辆,或者承担用户的交通费。显然没有严密的工作制度,这些汽车公司便难以履行对用户的承诺。

(五)奖惩与评价

1. 奖惩

企业应对销售人员的工作情况作出公平合理的考核,根据销售人员的业绩给予奖励或惩罚。惩罚是必要的手段,但一般应以激励为主。一个公司尽管有严密的工作制度,但销售人员不积极主动地去工作,公司也是缺少活力的。因而,采取激励措施,对于开创公司销售工作的生动局面很有意义。激励措施包括报酬激励措施和辅助激励措施两种。

报酬激励措施有销售人员的薪金和佣金,以及一些其他的福利,如带薪假期、无偿用车等。

辅助激励措施有很多。定期的销售会议为销售人员提供一个社交场所；一次摆脱日常例行性工作的休息，是一种重要的沟通和激励方法；销售竞赛提供旅游、现金等奖品，激励销售人员比平常更努力地工作。总之，企业可以不用传统的报酬方式去激励销售人员并获得满意的效果。

2. 评价

公司必须对销售人员的工作业绩加以考核和评价，以作为奖惩销售人员的依据，也可为企业制订营销战略提供必要的依据。另外，公司应及时向销售人员反馈对其评价的标准和结果，以使他们能尽力按照公司的目标和要求去改进工作。

（1）评价的信息来源。公司获取销售人员工作业绩的信息来源主要是销售报告，如销售人员工作计划、区域营销计划、访问报告等，其他来源有消费者与其他销售人员的评价意见，主管领导的综合考察等。

（2）评价的方法。

①现在的与过去的销售额比较。这种比较就是把销售人员目前的成绩与过去的成绩进行比较，从而获得该销售人员工作进展的直接指标。

②消费者满意度评价。通过信件调查表或电话访问，收集消费者对销售人员服务的满意程度，用以作为对销售人员奖惩的依据之一。

③销售人员品质评价。这种评价包括销售人员对公司、产品、消费者及竞争对手的了解程度，对自身职责、有关法规的执行情况等。例如，销售人员的陈述必须与广告内容一致，不能误导消费者，不可以诽谤竞争对手等。

第五节　汽车销售后车辆的办证与纳税

汽车作为高档消费品，需要通过税收进行调节，同时作为陆地运输工具，必然涉及道路的使用、能源消耗和环保等问题。因此，车辆所有者和使用者必须按照国家和有关部门规定缴纳各种税费。我国统一针对汽车消费的税种有：增值税、消费税、购置附加税、车船使用税；同时国家明文规定的收费项目还有：保险费、年审费、车辆牌照费、过路费等。

买车人购车后，首先由售车单位开发票。再到工商部门所属的机动车市场管理所办理验证手续，并加盖验证章（加盖验证章后的发票方为有效发票）。进口车验证时，还须交验由经销商提供的货物进口证明书、进口机动车辆随车检验单或罚没证明书、商检证明书及相关的申领牌照手续。在办齐所有的相关手续后方可领取汽车牌照和行驶证。申请汽车牌照和行驶证进行注册登记，要到所在地公安车辆管理部门领取《机动车登记申请表》。《机动车登记申请表》要按要求认真、如实填写。需出示的证件有：机动车所有人身份证明及复印件；机动车来历凭证；国产机动车整车出厂合格证或进口机动车的进口凭证；机动车购置税的完税证明或免税凭证；机动车第三者责任强制保险凭证；车船使用税完税证明以及其他有关证件。

一辆新车从验证验车、缴费纳税到照相上牌、建档备案等，要经过十多道“工序”、八九个“关口”才能顺利上路。多环节、多地点常让购车者苦不堪言，不知从何着手。其实购车本身并不需要什么手续，买卖双方“一手交钱，一手交货”就算成交。但是新车上“户口”时，必须依照一定的程序。现在,国内不少4S店为了提高汽车售后服务的品质和范围,普遍开展代办用户新购汽车上牌照和办理保险及索赔业务。

一、汽车办证所应具备的条件

机动车未领取机动车号牌、《机动车行驶证》和《机动车登记证书》的,机动车所有人应当填写《机动车注册/转入登记表》,持下列资料向机动车所有人住所所在地的车辆管理所申请注册登记,并交验车辆。

(1)机动车所有人的身份证明。

①居民身份证明是公安机关核发的《居民身份证》或者《居民户口簿》,经常居住地与户籍地不在同一车辆管理所管辖区域的,其身份证明是公安机关核发的《居民身份证》和有效期一年以上的《居住证》(在经常居住地居住一年以上的人员,凭公安机关核发的有效期一年以上的《居住证》,可以申请9座以下小型客车及摩托车的注册登记)。

②机关、学校、工厂、公司等行政、事业、企业单位和社会团体的身份证明,是《组织机构代码证书》。

③各国驻华使、领馆和外国驻华办事机构的身份证明,是该使、领馆或者外国驻华办事机构出具的证明。

④军人的身份证明,是中国人民解放军或者中国人民武装警察部队核发的军人身份证件和团以上单位出具的本人住所地址的证明。

⑤我国香港和澳门特别行政区的居民、我国台湾居民,以及外国人的身份证明,是公安机关核发的居留证件。

(2)机动车来历凭证(海关监管车辆除外)。

①在国内购买的机动车,其来历凭证是全国统一的机动车销售发票;在国外购买的机动车,其来历凭证是该车销售单位开具的销售发票。

②人民法院调解、裁定或者判决所有权转移的机动车,其来历凭证是人民法院出具的已经生效的《调解书》《裁定书》或者《判决书》以及相关的《协助执行通知书》。

③仲裁机构裁定所有权转移的机动车,其来历凭证是《仲裁判决书》和人民法院出具的《协助执行通知书》。

④继承、赠予、协议抵偿债务的机动车,其来历凭证是继承、赠予、协议抵偿债务的相关文书和公证机关出具的《公证书》。

⑤生产重组或者资产整体买卖中包含的机动车,其来历凭证是资产主管部门的批准文件。

⑥国家机关已注册登记并调拨到下属单位的机动车,其来历凭证是该部门出具的调拨证明。

⑦拍卖购得的机动车,其来历凭证是拍卖发票。

(3)国产机动车的整车出厂合格证,进口机动车的进口凭证。

①进口汽车的进口凭证,是国家限定口岸海关签发的《货物进口证明书》。

②其他进口机动车的进口凭证,是各口岸海关签发的《货物进口证明书》。

③海关监管的机动车的进口凭证,是监管地海关出具的《中华人民共和国海关监管车辆

进(出)境领(销)牌照通知书》。

④国家授权的执法部门没收的走私、无进口证明和利用进口关键件非法拼(组)装的机动车的进口凭证,是该部门签发的《没收走私汽车、摩托车证明书》。

(4)车辆购置税的完税证明或者免税证明。

(5)机动车交强险及其他保险凭证。

(6)《机动车注册登记技术参数表》(2003 年 1 月 1 日以后出厂的国产汽车)。

(7)有下列情形之一的,不予办理注册登记:

①机动车所有人提交的证明、凭证无效的。

②机动车来历证明被涂改或者机动车来历证明记载的机动车所有人与身份证明不符的。

③机动车所有人提交的证明、凭证与机动车不符的。

④机动车未经国务院机动车产品主管部门许可生产或者未经国家进口机动车主管部门许可进口的。

⑤机动车的有关技术数据与国务院机动车产品主管部门公告的数据不符的。

⑥机动车的型号、发动机号码、车辆识别代号或者有关技术数据不符合国家安全技术标准的。

⑦机动车达到国家规定的强制报废标准的。

⑧机动车被人民法院、人民检察院、行政执法部门依法查封、扣押的。

⑨机动车属于被盗抢的。

⑩其他不符合法律、行政法规规定的情形。

二、汽车办证的步骤

在购车人完全整理好汽车办证所需的全部材料后,方可到当地的车辆管理所办理汽车上牌手续。但在办证时还需经过许多环节。一般情况下,为方便办证人办理各种手续,各地的车辆上牌都集中在车辆管理所的一个办证大厅里。

办证步骤如下:

(1)到服务台领取《机动车注册/转入登记表》(表 1-6),填写、盖章或者签字,拓印发动机号码、车架号码(VIN 码)各 3 份。

机动车注册/转入登记表 表 1-6

机动车登记编号: 登记证书编号:

<table>
<tr><td>1. 姓名/名称</td><td colspan="3"></td><td>2. 联系电话</td><td></td></tr>
<tr><td>3. 身份证明名称及号码</td><td colspan="3"></td><td>4. 单位/个人</td><td></td></tr>
<tr><td>5. 住所地址</td><td colspan="3"></td><td>6. 邮政编码</td><td></td></tr>
<tr><td>7. 暂住地址</td><td colspan="3"></td><td>8. 邮政编码</td><td></td></tr>
<tr><td>9. 车辆类型</td><td></td><td>10. 使用性质</td><td></td><td>11. 机动车获得方式</td><td></td></tr>
</table>

续上表

12. 制造厂名称				13. 国产/进口	
14. 车辆品牌		15. 车辆型号			
16. 车辆识别代号/车架号		17. 发动机号			
18. 发动机型号		19. 排量/功率			mL/ kW
20. 车身颜色		21. 外廓尺寸	长 宽 高 mm		
22. 燃料种类		23. 转向形式		24. 货箱内部尺寸	mm
25. 钢板弹簧片数	后轴 片	26. 轴数		27. 轴距	mm
28. 轮胎数		29. 轮胎规格		30. 轮距	前 mm 后 mm
31. 总质量	kg	32. 整备质量	kg	33. 核定载质量	kg
34. 准牵引总质量	kg	35. 核定载客	人	36. 驾驶室载客	人
37. 来历凭证名称		38. 来历凭证编号			
39. 进口凭证名称		40. 进口凭证编号			
41. 完/免税证明名称		42. 完/免税证明编号			
43. 销售单位/交易市场名称				44. 销售/交易价格	
45. 车辆出厂日期		49. 登记机关章			
46. 注册日期					
47. 转入日期					
48. 备注					

(2)到办证大厅受理窗口,将资料(详见办理手续说明)交工作人员审核(如属控制上牌的车辆,还须提交指标证),如符合规定,在窗口领取受理凭证(将一份拓印纸粘贴在受理凭证背面);机动车受指标控制的单位,如市级机关及事业单位、市级国有或国有控制企业购置超标准车须经所在地方的控制社会集团购买力办公室审批。

(3)凡属免检车辆的,持受理凭证将车辆交检验员查检即可,其他车辆持受理凭证到检测站上线检测。

(4)交费后到车管所办证大厅牌证窗口计算机选取车号并领取汽车牌照。

(5)领取车牌后到本所场地上安装牌照,拍摄车辆照片。

(6)将安装有车牌的办证汽车照片交到办证大厅窗口。

(7)持身份证明与交费凭证到办证大厅领证窗口领取登记证书和行驶证。

三、汽车纳税

汽车作为一种消费品，在消费者使用它时便占据了许多的社会公共资源。所以基本上世界所有的国家对购买和使用汽车都会征收一定的费用，由于体制和法律的规定不同，各国在征收的方式上有可能不同。在许多发达国家，如美国，它是以在油费里加入各种税费，使使用者多用汽车便多缴税费；在我国有所不同，各种税费统一由国家和地方制定一个标准，然后在车主办证上牌和年审时进行统一交纳。

（一）汽车购置税

车辆购置税实行"从价定率"的方式计算应纳税额，由购置车辆的计税价格和税率加以确定，税率为应征车辆计税价格的10%。计税价格主要有以下几种情况：

①纳税人购买自用应税车辆的计税价格，为纳税人购买应税车辆而支付给销售者的全部价款和价外费用，不包括增值税税款。

②纳税人进口自用的应税车辆的计税价格，为关税完税价格、关税和消费税的合计数。

③纳税人自产、受赠、获奖或者以其他方式取得并自用的应税车辆的计税价格，由主管税务机关参照最低税价格进行确定。不同类型应税车辆的最低计税价格，由国家税务总局参照其市场平均交易价格分别加以确定。当纳税人申报的应税车辆的计税价格低于同类型应税车辆最低计税价格，按照最低计税价格征收车辆购置税。

购置税的征收在购置应税车辆之后、办理车辆登记注册之前。车辆购置税实行一次性征收制度，购置已征收车辆购置税的车辆，不再重复征收车辆购置税。

（二）汽车消费税

消费税是1994年国家税制改革中新设置的一个税种，它是在对货物普遍征收增值税的基础上，选择少数消费品再征收一道消费税。汽车消费税不是向消费者征收的税种，而是针对厂家征收，目的在于调节产品结构，引导消费方向。

2006年4月1日，我国实行了新的汽车消费税，对我国现行消费税的税目、税率及相关政策进行了调整。小型汽车消费税调整后税率见表1-7。此次政策调整是1994年税制改革以来消费税最大规模的一次调整，一是将目前轿车和越野车子目录合并成乘用车子目录；二是乘用车消费税率将从以往的3%增加为6%。

小型汽车消费税调整后税率表 表1-7

调整前		调整后		备注
排量(L)	税率(%)	排量(L)	税率(%)	
小于1.0(含)	3	小于1.0(含)	1	对混合动力汽车等具有节能、环保特点的汽车实行一定的税收优惠。具体由财政部、国家税务总局另行制定并经国务院批准后实施
1.0~1.5(含)		1.0~1.5(含)	3	
1.5~2.0(含)	5	1.5~2.0(含)	5	
2.0~2.5(含)	9	2.0~2.5(含)	9	
2.5~3.0(含)	12	2.5~3.0(含)	12	
3.0~4.0(含)	15	3.0~4.0(含)	25	
大于4.0	20	大于4.0L	40	

从结构看,新的消费税将对小排量车型的最低税率从原来的3%,下降到1%;对大排量车型实施比原先的8%高出2~3倍的税率,尤以4.0L以上车型税率涨幅最大,调整为20%,上涨12%。新消费税主要是对2.5L以上尤其是4.0L以上大排量国产车限制作用较大。乘联会人员认为,没有哪个厂家能够全部消化这么高的增税额,如果把大部分增税额转嫁至消费者,致使产品涨价,也就是说,一辆价格在20万元上下的SUV车型,如果按照9%的税率征收消费税,其成本可能增加上万元,必将造成MPV、SUV和2.2L以上轿车市场销量大幅度下降。时至2008年8月13日发布通知,从2008年9月1日起调整汽车消费税政策,提高大排量乘用车的消费税税率,降低小排量乘用车的消费税税率。通知表示,排气量在3.0L以上至4.0L(含4.0L)的乘用车,税率由15%上调至25%,排气量在4.0L以上的乘用车,税率由20%上调至40%;降低小排量乘用车的消费税税率,排气量在1.0L(含1.0L)以下的乘用车,税率由3%下调至1%。与大排量汽车相比,从"限小"的阴影中走出来的经济型轿车凭借其小排量、低油耗、环保的优势将很可能走上光明大道。

(三)车船使用税

车船使用税是以车船为征税对象,向拥有并使用车船的单位和个人征收的一种税。现行的车船使用税是第二步利改税以后开征的,1986年9月15日,国务院正式发布了《中华人民共和国车船使用税暂行条例》,从当年10月1日开始实施。

车船使用税的征税对象是行驶于公共道路的车辆和航行于国内河流、湖泊或领海口岸的船舶,所以征收范围由车辆和船舶两大类构成,凡在中华人民共和国境内拥有并且使用车船的单位和个人,为车船使用税的纳税义务人。

第六节　汽车销售企业的客户关系管理

一般以销售为核心的企业注重客户关系偏重在维持长久的客户关系上,从而可以不断提升客户的忠诚度,让客户终身成为自己企业的客户,而且还会不断介绍新的客户进来,这也是一种营销手段。

一、汽车销售企业云客户管理系统

客户关系管理(CRM)是在20世纪90年代初在国外逐渐兴起的一种管理理念和管理方法,近年来开始传入中国,成为一种全新的管理方式。CRM是一个通过详细管理企业与客户之间的关系来实现客户价值最大化的方法,CRM源于以客户为中心的新型商业模式,是一种旨在改善企业与客户之间关系的新型管理机制。

我们实行CRM并将客户放在中心的地位,其目的就是为了通过与客户的互动关系,建立客户的数据库资料,对客户的资料进行管理和分析,了解客户的个性需求,通过一对一的营销方式为他们提供及时、准确的服务来达到企业赢利和发展的目的。

CRM的核心思想是客户与企业发展最重要的资源之一,企业应对企业与客户发生的各种关系进行全面管理。CRM强调的是如何分辨出对企业贡献度高的客户,并能通过多种沟通渠道提供全面的服务,进而提高客户对企业的忠诚度。CRM、ERP(企业资源规划)以及SCM(供应链管理)并称为现代企业提高竞争力的三大法宝。

云 CRM，简单来说就是成千上万台计算机和服务器连接成一片计算机云，它有什么作用，打个比方，企业需要花费几十万元买计算机、存储设备、网络设备以及各种软件硬件，这些 IT 设施的成本投入相对较高，还需要专门的技术团队或者人员。而现在，运营商开始在配备这些 IT 设备之后，作为一种服务提供给不同的企业使用。如此一来，每个企业不再需要花费巨资进行以上的种种设施投入。这就相当于把一个大资源池分成若干小资源池。每个企业都会用一个小资源池，当哪个企业不使用这个小资源池的时候，这个小资源池又会划分到大池子里。基于云计算的 CRM 系统可以让企业的业务以更为快捷、精准的方式与 CRM 数据相对接。

（一）云 CRM 四大优势

对于企业而言基于云的 CRM 系统可能是最好的选择，但是前提是企业的规模相对较小。云 CRM 系统可以将成长型企业的运营效率大幅度的提升，与此同时，也可以使得员工每天的工作变得更加轻松。

（1）高可访问性的数据库。将数据接入云端网络，可以让员工在更远的距离完成访问。假如不同的办公室或者部门需要共享信息的话，云端网络可以让共享连接变得更加容易。销售人员在陪同客户外出时，依然可以通过移动设备来访问公司的数据库，查找想要的信息。

（2）第三方服务供应商。外部服务供应商的介入，能有效地将日常维护工作所带来的压力减轻。服务供应商可以对系统配置、测试的过程进行监管，同样他们还能够管理企业应用程序数据。

（3）能源消耗少。采用云 CRM 系统能帮助企业数据与信息的存储节省更多能源。在互联网服务器上存储数据所要消耗的能源显然要比在本地私有服务器上少得多。

（4）成本低效益高。成本问题也许是众多小型企业纷纷转向云 CRM 的最主要的原因。云 CRM 的收费方式是依照用户的数量按月或者按年为使用周期进行，先使用后交费。

（二）云 CRM 在汽车营销企业中的解决方案

1. 我国汽车营销企业特点

我国汽车营销企业需求分析调查发现，我国汽车营销企业有以下主要特点：

（1）客户分类复杂。从销售上说可分为经销商和零售用户，从服务上说可分为经销商和最终用户；而经销商又根据合同的不同，类别也不相同。

（2）销售和客户服务部门难以获得所需的客户互动信息。

（3）来自销售、客户服务、市场和库存等部门的信息分散在企业内部没有集成共享。这些零散的信息使管理决策层及各部门无法对客户有全面的了解，各部门难以在统一的信息基础之上面对客户服务。

（4）数据吞吐量大，最终用户数量庞大，经销商增加、变动较快，需要充分考虑极端情况而合理利用服务器资源和网络带宽。

（5）统计表明，从新客户身上赚钱的成本是从现有客户身上赚钱成本的 10 倍；挽留客户的比例只要增加 5%，获利就可能增加 60% ~ 100%；一位对服务不满意的老客户，将会把他的不满传递给 8 ~ 10 人。竞争的需要，迫使企业要留住老客户、吸引新客户。以上特点需要各部门对面向客户的各项信息和活动进行集成,组建一个以客户为中心的企业,实现对面向客户活动的全面管理,这是开发实施云 CRM 的需求基础。

2. 云 CRM 系统应具有的功能

汽车营销企业的业务流程决定了云 CRM 系统应包括销售应用子系统、客户服务和支持子系统两部分,如图 1-5 所示。主要模块有:

(1)客户管理。主要功能有:客户基本信息、类别;与此客户相关的基本活动和活动历史;联系人的选择;订单的输入和跟踪,销售合同的生成,客户的内部机构的设置概况,同客户的跟踪联系(如时间、类型、简单的描述和任务等,并可以把相关的文件作为附件);经销商信用管理。

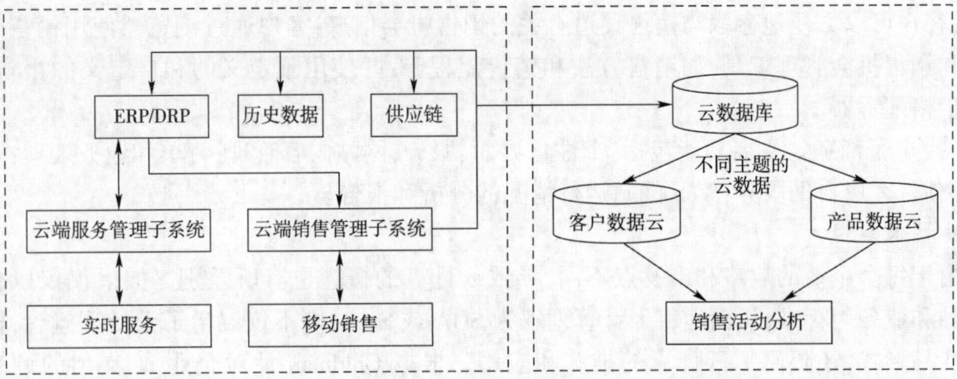

图 1-5 云 CRM 系统

(2)潜在客户管理。主要功能包括:业务线索的记录、升级和分配,销售机会的升级和分配,潜在客户的跟踪。

(3)销售管理。主要功能包括:组织和浏览销售信息(如客户、业务描述、联系人、时间、销售阶段、业务额和可能结束时间等);产生各销售业务的阶段报告,并给出业务所处阶段还需的时间、成功的可能性和历史销售状况评价等信息;对销售业务给出战术、策略上的支持,对地域(省市、地区、邮编、相关客户和联系人等)进行维护,把业务员划归入某一地域并授权;地域的重新设置,根据利润、领域、优先级、时间和状态等标准,业务员可制订关于将要进行的活动、业务、客户、联系人和约会等方面的工作计划,提供类似 BS 的功能,业务员可把销售秘诀贴在系统上,还可以进行某一方面销售技能的查询;销售费用管理;销售佣金管理;实现订单管理;鉴别线索和丢单分析等。

(4)电话营销和电话销售。主要功能包括:电话本;生成电话列表,并把它们与客户、联系人和营销业务建立关联,把电话号码分配到业务员;记录电话细节,并安排回电;电话营销内容草稿;电话录音,同时给出书写器,用户可做记录;电话统计和报告;自动拨号。

(5)营销管理。主要功能包括:产品和价格配置器;在进行营销推广活动(如广告、邮件、研讨会、网站和展览会等)时,能获得预先定制的信息支持;把营销活动与业务、客户、联系人建立关联,显示任务完成进度,提供类似公告板的功能,可张贴、查找、更新营销资料,从而实现营销文件和分析报告等的共享;跟踪特定事件;安排新事件,如研讨会、营销会议等,并加入合同、客户和销售代表等信息;信函书写、批量邮件,并与合同、客户、联系人、业务等建立关联;邮件合并;生成标签和信封。

(6)客户服务。主要功能包括:服务项目的快速录入;服务项目的安排、调度和重新分配事件的升级;搜索和跟踪与某一业务相关的事件;生成事件报告;服务协议和合同;订单管理和跟踪;问题及其解决方法的数据库;服务质量评估(远程诊断方案评价、现场服务情况、客户满意度、是否有二次维修);消息的发布与订阅。

(7)呼叫中心。主要功能包括:呼入呼出电话处理;互联网回呼;呼叫中心运行管理;电话转移;路由选择;报表统计分析;管理分析工具;通过传真、电话、电子邮件和打印机等自动进行资料发送;呼入呼出调度管理。

(8)客户关系管理。主要功能包括:对公司数据库信息设置存取权限,客户通过标准的Web浏览器以密码登录的方式对客户信息、公司数据库、与渠道活动相关的文档进行存取和更新;客户可以方便地存取与销售渠道有关的销售机会信息;客户通过浏览器使用销售管理工具和销售机会管理工具,如销售方法和销售流程等,并使用预定义的和自定义的报告;产品和价格配置器。

(9)电子商务。主要功能包括:个性化界面、服务;网站内容管理;订单和业务处理;销售空间拓展;客户自助服务;Web网站运行情况的分析和报告。

3.技术实现

由于每个企业的战略和出发点不同,导致云计算的概念也有所差别。如果仅仅以自己的产品和业务为标准,片面地将云计算理解为SOA或SaaS,则不仅混淆了云计算概念,模糊了其产品形式,还阻碍了云计算的推广和应用。根据Goldman针对企业IT支出的调查显示,服务器虚拟化以及桌面虚拟化成了企业的首要选择。虚拟化、私有云以及私有云和公共云混合是企业迈向“IT即服务”的关键步骤。虚拟化在解决企业计算资源效率问题的同时,也赋予了企业更大的业务灵活性。在这个基础之上,企业通过构建私有云的方式,将这种灵活性以一种服务提交的方式,帮助企业实现自助式的IT服务。对于业务部门而言,并不需要知道应用构建什么硬件平台,采用什么软件和系统,信息系统的高效管理也不是需要分心解决的问题,而是将精力全部集中在业务创新上。由于对公共云的安全性有所顾虑,而企业级私有云的可控性、安全性则较好,所以私有云对许多企业有更大的吸引力。

私有云涉及两个部门:IT(数据中心)运营部门和想要运行应用的业务部门用户。私有云赋予了业务部门这样一种机会:在进行应用部署时,可以快速提供一台服务器。IT运营人员必须确保有足够的资源供这类随需计算使用,这通常意味着用户等待所需资源的时间缩短为几分钟,而不再是几天,大大加快了服务和应用的交付。客户是企业的核心资源,CRM系统绝对是一个企业的核心业务系统,从应用云计算的策略上来讲,如果要把CRM系统进行“云”化,那么首选私有云。因为对企业而言,尤其是大型企业而言,业务数据是其核心,是不能受到任何形式的威胁的,这也决定了大型企业是不会将其Mission-Critical的应用放到公共云上运行的。私有云可部署在企业数据中心的防火墙内,也可以将它们部署在一个安全的主机托管场所,这正是私有云在安全方面的优势。不仅如此,在服务质量方面,私有云也比传统的数据中心质量得到提高,因为私有云能够自助式地提供更弹性的服务,更高效率的使用IT资源,从而提高企业CRM的性能。

实际上,目前已经有企业利用云计算来推动CRM系统的发展了。根据Gartner的统计,目前的CRM市场是由几家主流厂商所主导,他们占了60%以上的市场份额。这些主导厂商包括 SAP、甲骨文、微软、Salesforce 等,其中 SAP 在的市场占有率最大,而甲骨文的市场份额也因托管型产品的推出而有所上升。甲骨文的托管型 CRM 产品也可以认为是公共云产品,Salesforce 借助于 SaaS,首先让 CRM 系统越上云端。Salesforce 则无疑为业界的翘楚。透过 Salesforce CRM Spring'09 的客户服务及销售云计算方案,Salesforce. com 将协助企业在成本不增加的情况下扩充业务。除了公共云,越来越多的企业将来会把 CRM 系统迁移到私有云中去,微软公司在私有云建设上进行了巨大的投入,Windows Server App Fabric 的服务器系统是微软进军私有云市场的一个关键性产品,Windows Server App Fabric 可以允许用户创建和维持他们自己的云计算系统架构。同时,微软在我国台湾推出了 Mcloud 私有云解决方案,可以将云搬回自己家中。

4. 系统实施

系统的实施必须基于基础信息完整和业务流程优化这两个前提。基础信息的主要内容包括:客户背景资料、销售跟进情况、服务支持情况三部分;优化业务流程,使其更加规范合理,以减少管理漏洞,同时也保证了信息的准确性和完整性。

(三)应用实例

中升集团控股有限公司(以下简称中升集团)是中国领先的全国性汽车经销商集团之一。中升集团拥有广泛的全国性 4S(包括销售、零部件、售后服务及信息调查)经销店网络,有员工上千人,覆盖经济发达的地区及城市。中升集团专注于经营豪华和中高档品牌组合,包括梅赛德斯-奔驰、雷克萨斯及奥迪等豪华汽车品牌,以及丰田、日产及本田等中高档汽车品牌。中升集团是中国首家获得丰田经销权的经销商,以及中国最早获雷克萨斯及奥迪经销代理权的公司之一。集团一直致力发展一站式的经营模式,于各 4S 经销店提供新车销售,以及售后产品及服务,包括提供零部件、汽车用品、维修及维护服务、汽车美容服务,以及其他与汽车相关的产品及服务。

目前中升集团投资的经销店都取得了较好的经济效益和社会效益,下属 4S 店已经发展到 140 余家,2011 年的营业收入为 420 亿元,名列全国汽车经销商百强第五。集团采用云 CRM 应用模块,集团财务(含资金、预算、固定资产、合并报表),集团人力资源管理,协同平台及费用报销,4S 店客户关系管理,整车销售/采购/库存,配件销售/采购/库存,车辆维修服务,商业智能。

构建统一的云 CRM 平台的应用价值如下:

(1)实现总部与下属 47 家门店之间的信息沟通和共享,优化业务和运营策略的落实与执行,提高集团管控力度。

(2)通过高效的整车、配件、精品供应链管理,有效取得实时畅销及滞销车型及相关产品的全面信息,显著改善订货、库存、销售管理以及财务及现金管理,有效节省各 4S 门店库存成本及提升总体业务及经营效益。

(3)统一的云 CRM 平台为各 4S 经销店提供更多维修服务信息支持,提高客户满意度;支持对历史经营数据,进行基于不同产品、不同地区的销售趋势等多维度分析,有力支持各家 4S 经销店的业绩改善。

二、汽车销售企业客户忠诚度提升

客户忠诚度,又称为客户黏度,是指客户对某一特定产品或服务产生了好感,形成了"依附性”偏好，进而重复购买的一种趋向。

客户忠诚是指客户对企业的产品或服务的依恋或爱慕的感情，它主要通过客户的情感忠诚、行为忠诚和意识忠诚表现出来。其中情感忠诚表现为客户对企业的理念、行为和视觉形象的高度认同和满意；行为忠诚表现为客户再次消费时对企业的产品和服务的重复购买行为；意识忠诚则表现为客户做出的对企业的产品和服务的未来消费意向。这样，由情感、行为和意识三个方面组成的客户忠诚营销理论，着重于对客户行为趋向的评价，通过这种评价活动的开展，反映企业在未来经营活动中的竞争优势。

（一）客户忠诚的特征

（1）有规律的重复购买。

（2）愿意购买供应商多种产品和服务。

（3）经常向其他人推荐。

（4）对竞争对手的拉拢和诱惑具有免疫力。

（5）能够忍受供应商偶尔失误，而不会发生流失或者叛逃。

（二）客户忠诚的类型

从客户忠诚产生的原因来讲，可以分为：

（1）垄断忠诚。指客户别无选择，常指企业是垄断经营。客户的特征是低依恋、高重复购买。

（2）惰性忠诚。指客户由于惰性而不愿意去寻找其他的供应商。特点：低依恋、高重复购买。

（3）价格忠诚。指客户忠诚于提供最低价格的零售商。特点：对价格敏感，低依恋、低重复购买。

（4）利益忠诚。当企业有奖励活动的时候，会来购买；当活动结束，就会转向其他有奖励或有更多奖励的公司。特点为低依恋、高重复购买。

（5）信赖忠诚。指对企业高依恋、高重复购买的客户。此类客户对企业最有价值。

（三）培养客户对企业的忠诚

提高客户忠诚度的途径有以下优点：

（1）寻找正确的顾客。

（2）定制个性化的服务。

（3）提供财务利益，奖励忠诚。

（4）努力实现客户完全满意。

（5）增加客户对企业的信任与情感牵挂。

（6）提高转移成本。

（7）加强内部管理。

（8）建立客户组织，稳定客户队伍。

（四）客户忠诚计划

忠诚计划也叫回报计划，是基于客户对公司特定产品或服务累积购买的基础上对客户所提供的激励。其主要模式包括积分奖励、会员卡、客户俱乐部等。忠诚计划的基础是客户的累计购买,通过对客户的累积购买进行奖励来加强客户对企业品牌的感情。

1. 忠诚计划的主要模式

(1)独立积分计划。指的是某个企业仅为消费者对自己的产品和服务的消费行为和推荐行为提供积分。在一定时间段内,根据消费者的积分额度,提供不同级别的奖励。积分计划联盟模式是指众多的企业合作使用同一个积分系统,这样客户凭一张卡就可以在不同商家积分,并尽快获得奖励。

(2)联名卡。是非金融界的盈利性公司与银行合作发行的信用卡,其主要目的是增加公司传统的销售业务量。

(3)认同卡。是非盈利团体与银行合作发行的信用卡。持卡人主要为该团体成员或有共同利益的群体。

(4)会员俱乐部。有的企业顾客群非常集中,单个消费者创造的利润非常高,而且与消费者保持密切的联系非常有利于企业业务的扩展。他们往往会采取俱乐部计划和消费者进行更加深入的交流,这种忠诚计划比单纯的积分计划更加易于沟通,能赋予忠诚计划更多的情感因素,如"哈雷俱乐部"等。

2. 忠诚计划的分类

(1)一级忠诚计划。这一级别的忠诚计划最重要的手段是价格刺激,或用额外的利益奖励经常来光顾的顾客。奖励的形式包括折扣、累计积分、赠送商品、奖品等,使目标消费群体的财务利益增加,从而增加他们购买的频率。这通常又被称为频繁营销。

(2)二级忠诚计划。这一级别的忠诚计划主要形式是建立顾客组织,包括建立顾客档案,和正式的、非正式的俱乐部以及顾客协会等,通过更好的了解消费者个人的需要和欲望,使企业提供的产品或服务个性化和人性化。如"摩托罗拉俱乐部""迪尼斯俱乐部""海尔俱乐部"等都属于这种形式。

(3)三级忠诚计划。这一级别的忠诚计划为客户提供有价值的资源,而这个资源是客户不能通过其他来源得到的,借此提高客户转向竞争者的机会成本,同时也将增加客户脱离竞争者而转向本企业的收益。

三、汽车销售企业客户价值最大化

企业没有能力看到客户的不同,并不意味着客户对企业在需求或价格方面是相同的。每个企业都希望有能力看到客户的不同,然后采取行动,和客户建立长期相互依存的关系,将交易成本降到最低,实现利润最大化。

巴莱多定律(也叫二八定律)是19世纪末20世纪初意大利经济学家巴莱多发现的。他认为,在任何一组东西中,最重要的只占其中一小部分,约20%,其余80%尽管是多数,却是次要的,因此又称二八定律。

用户金字塔模型的建立,自上而下,上层影响下层。主要为了让销售人员对用户的构成有一个清晰的了解,并且在实际工作中,往往需要抓住的是金字塔顶端20%的客户;可以利用客户进行有效管理客户;区别对待客户预防20%顶端客户流失,最大限度地将80%的客户有潜力者转化为20%高价值客户。

如何改变?企业只有客户数据还不够,还需要精准识别客户、定位分析、区别对待客户,然后根据不同客户需求制订相应的互动策略。

如何实现汽车销售企业客户价值最大化?

(1)维护好正常保有客户,更好满足基盘客户。

对正常客户依据消费频率,消费金额进行分类。企业需要不遗余力地重点保持并发展与客户的关系,将营销资源更多的投放在这两类客户中,例如为他们提供 VIP 级的专属服务等。这样不仅可以持续从此类客户身上获取利润,还可以利用其口碑效应为企业带来额外的利润来源。

(2)基于客户分类,制订客户营销策略,防止正常客户流失。

分析流失客户特征,缩小濒临流失客户量,对可能流失的客户进行挽留,使之成为正常保有客户。

对于濒临流失的客户,是企业需要重点发展的客户群。企业需要将营销资源重点投放在此类客户身上,侧重于提高客户忠诚度,例如提供延长质保期等专案促销以及客户忠诚度促销计划等。

对于流失客户,无须投入过多的营销资源,同时,此类用户重返企业时,需要将其作为新客户对待。

至此可以看出,客户价值最大化对于企业是至关重要的。一方面,可以帮助企业更清晰地识别客户,由此提升其市场营销活动的针对性,另一方面,随着对客户价值分析的深入,企业可以更直观地了解市场变化趋势,了解消费者需求的改变,从而保持对整个汽车消费市场的敏感度。

第二章　汽车电子商务

第一节　汽车电子商务概述

我国汽车工业的整体发展随着互联网经济的发展壮大而即将改变营销模式。互联网的特点在于信息的高速传播与分享,汽车产业从传统渠道升华到互联网＋渠道正是看中此特点。基于此,近年来汽车产业发展的脚步进一步升级,从标准电商模式发展到汽车电商“新零售”模式,以及未来将会出现的其他新的消费服务方式,都预示着汽车产业消费与服务已经离不开互联网的支持。本节首先回顾我国汽车电子商务的发展历程,以目前市场上的模式与渠道来探讨未来可能的电子商务发展方向。以电子商务技术为载体,着重介绍汽车“互联网＋”的重要模式,研究客户信息收集和消费转化的方式方法,从而使企业利益最大化。

一、我国汽车电子商务发展历程

早在2008年,部分车企就尝试与淘宝天猫、京东等大型电商综合平台进行电商合作,在该阶段新车电商、二手车电商、汽车后市场电商的销售数量或交易规模,与传统渠道相比,都有巨大的差距。自2013年起,各类型汽车电商平台不断成立上线,通过差异化服务在汽车电商领域展开了竞争,也标志着汽车产业电子商务化的开始。发展至今,汽车电子商务历经了四个阶段。

(1)行业萌芽期。在这个阶段,汽车电子商务市场的发展处于初始阶段,商业模式不够清晰,消费者关注度高、认可度低。但是这一时期,资本市场对汽车电子商务的发展表现出强烈的关注。众多汽车电子商务创业企业在探索阶段能够获得多轮的融资。这一阶段的市场细分领域包含:新车电子商务、二手车电子商务、汽车保险电子商务、汽车后市场电子商务及信息服务平台、汽车社交APP。

(2)行业启动期。在这个阶段,汽车电子商务市场中的主流企业地位逐步确立,比较成熟的商业模式开始出现,主流企业开始在市场推广上发力。基于无线移动段设备和技术的进步,互动式的汽车生活类移动APP开始大量涌现。

(3)行业发展期。在这个阶段,商业模式已经趋于成熟,汽车电子商务市场增长稳定,市场准入门槛提高,主流企业纷纷成功上市融资,进一步扩大影响规模。企业开始盈利,产业链分工明确。这一阶段的市场细分领域包含汽车新媒体平台、汽车配件用品B2B电子商务、汽车配件用品B2C电子商务、二手车交易平台、专业汽车数据库平台、专业汽车服务技术平台。此时,汽车新媒体平台在商业模式上已经相当成熟,收入持续稳定增长,即将步入成熟期,其他相关领域市场发展高速期也将开始。

(4)行业成熟期。在这个阶段,汽车电子商务市场发展到一定的高峰阶段,相关企业营收稳定,企业开始探索新的产品和服务。市场细分领域包含汽车子媒体平台、汽车新零售模式企业、共享汽车平台,汽车后市场“互联网+”新模式平台。

二、我国汽车电子商务发展前景

随着互联网的发展,汽车消费的覆盖范围在原有汽车销售和售后服务的基础上,逐渐向消费者的衣食住行、文化娱乐渗透。汽车网站作为一个重要的互联网入口和消费载体,将各种消费场景联系起来,逐步形成新的汽车生态圈。在汽车消费场景化的过程中,汽车电商运用场景化营销手段构建可以令消费者感同身受的汽车场景内容,触发消费者的购买、分享等行为。消费者对汽车的认知随之转变,对汽车电子商务有了更充分、全面的了解。

(一)汽车消费呈现场景化趋势

“场景”是指在一定的时间、空间内发生的行动,或因人物关系所构成的具体画面。结合当下互联网营销理念,“场景化”可以理解为在用户某个真实生活环节中,适时向其提供可能需要的或关联的产品和服务。因此,目前尚处于汽车消费场景化初期的汽车市场,其商业生态将变得更为复杂,也将创造出更多发展机会。

在信息渗透无处不在的移动互联网时代,随着智能设备的广泛应用,人们的消费场景变得更为分散,不同时间、地点的场景关系延伸到商业领域就会引发更为多样化的消费市场。在任何一个与汽车生活有关的场景中都有可能激发消费者需求,从而产生实际汽车消费,市场从传统的价格导向开始向场景导向转变。走向场景化将会是汽车消费的长期发展趋势。

(二)汽车消费场景化的优势

在以往汽车市场的发展过程中,供给方往往处于主导地位,汽车产业、汽车工业的发展主要以“汽车”为出发点,进而研发技术、生产产品以及提供相关服务。在当前经济发展背景下,我国的汽车产业逐渐显露出其结构性产能过剩的问题,因此,为消化过剩产能,吸引消费者、服务消费者的理念越来越被重视。汽车消费场景化就是从消费生命周期着眼,将消费者在不同场景中的用车需求具象化,或者引导消费者发现自身需求,提供相关产品和服务解决消费痛点,这往往比单纯强调产品性能或服务价格更能引起消费者的共鸣,更易获得消费者的青睐。

随着VR技术(虚拟现实技术)的发展,将场景化概念运用于营销也具有很大优势。汽车电商可以利用自身线上销售的优势,通过模拟不同用车场景,让用户通过视觉、听觉等感官,使人置身于一个虚拟的用车环境,在虚拟世界与现实世界的交错融合中,激发用户的参与感知和认同感,在具体场景中为消费者提供产品,这将使消费者更容易接受,从而提高营销的实际水平。

(三)汽车电子商务场景预测

在汽车消费场景化的过程中,消费者从注重价格转而追求品质、体验,这就意味着高品质、个性化、差异化的产品将更受消费者青睐。由于目前汽车电子商务已逐步覆盖各个汽车消费场景,未来汽车电商消费场景的趋势以融合为主。比如,基于车联网等技术的发展,原本割裂的场景之间产生了新的连接点,或者不同的用车场景合而为一形成用车新场景。未来,消费者将在一个用车场景中体验到更多的服务。

2016年开始,汽车电商全产业链将呈现融合接轨的趋势形成场景化聚合体,新车电商、二手车电商、后市场电商市场中的各大平台随着业务发展的不断扩张,各汽车电商企业之间发生吸收合并或者跨界合作的概率大幅提高。一方面,各类型电商平台之间的联合、重组能够进一步完善汽车生态圈;另一方面,汽车电子商务业态也将随之产生较大的转变。汽车交易环节,将有更多创新型汽车金融模式出现,一方面,表现为新进参与者增加,针对汽车电商不同的资金需求,更多互联网金融平台出现,如易鑫车贷、第一车贷等,提供更为垂直、专业的金融服务;另一方面,将为汽车电商带来更大的盈利空间,汽车分期贷的线上个人网络信用体系的建设、融资租赁比重的提升、二手车经销商库存贷、零部件经销商和服务商贷款等提高汽车电商交易转化效率,促进供应链建设。针对各细分领域汽车电子商务的特点,其发展趋势分别总结如下。

1. 新车电子商务发展趋势

我国新车电商的主流模式已基本形成,商业模式将逐步成熟,孰优孰劣将有待市场检验。经过多年的发展,消费者网上购买新车的习惯已初步养成,进一步促进了新车电商行业快速发展。新车电商将逐步由烧钱补贴模式向重品牌、重服务、重质量的经营模式转变。各新车电商平台将以新车销售为入口,充分挖掘用户群体在汽车消费中的各项需求,将业务范围有效拓展至汽车金融、汽车后服务以及二手车等汽车全产业链的各个业务领域中,以实现用户流量的高效转化,同时实现产业链上各合作主体之间共赢的状态。另外,新车电商的定制服务将进一步成熟,汽车从外观、配置到内饰等方面的设计权交还到用户手中,以满足用户个性化需求。这也意味着未来汽车行业将正式步入以消费者为核心的“汽车定制时代”,因而提供网上汽车定制服务的新车电商平台数量将快速增加。

2. 二手车电子商务发展趋势

2015年,二手车电商平台交易量出现了大幅提升,伴随着限迁政策的取消,二手车电商行业将保持快速发展的趋势。从商业模式来看,部分二手车电商行业逐步从C2B、B2B、B2C、C2C等混合经营模式向全产业链模式进行业务扩张,表现出布局C-B-B-C全产业链的趋势。未来二手车各电商平台各模式的差异将进一步缩小,而竞争将更加激烈。同时行业的盈利来源从抽取佣金向提供更多丰富的收费服务转移,如金融服务、汽车后市场服务等。对于快速扩张且追求规模效应的二手车电商平台而言,通过佣金和差价带来的营收在短期内仅能覆盖扩张中产生的各项成本,而要真正实现企业的大规模盈利,需要平台着眼于二手车交易完成后的维修服务及金融、保险等产品的探索与挖掘。

3. 汽车后市场电子商务发展趋势

2015年下半年开始至2016年上半年,涉足维修业务的汽车电商更多地呈现向线下服务进行下沉的趋势。未来汽车后市场电子商务向线下转移是总趋势,汽车后市场资本市场将出现更多的整合并购现象。经历了行业洗牌的汽车后市场的产业地图将逐步清晰,行业集中度也将逐步提高。对于对顾客(To Customers)的维修服务平台而言,只有保证了线下服务门店做到管理标准化和价格透明化、保证了最后一道服务手续的良好体验,才能树立良好的企业形象。汽车配件B2C电商平台在销售环节已经相对成熟,未来将有越来越多的B2C平台向O2O转型,维修服务线下合作门店的规模扩张速度较以往将会更快。随着线下越来越多的独立服务商和配件经销店被淘汰和整合,这对汽车经销商而言,既意味着服务专业化将带来更多高端客户资源，也意味着对出保车主更具性价比的挑战。因此，4S店需要提供定制化和具有价格竞争力的维护套餐，绑定电商平台，推出跨品牌服务，销售同质配件等，与独立汽配店拼品质、拼价值，才能更有力地吸引和留住客户。对汽车配件用品电商而言，在未来实施成本领先战略更有利于巩固自身优势，通过对向上游布局，逐步与汽配用品的品牌厂商达成合作并直接拿货在平台上销售，进一步降低从资源端向消费者流通的中间层级以降低成本。因此，企业资金将主要用于支持供应链体系的建设和业务范围的覆盖。

汽车价格不断下降，而消费者的收入和消费水平不断提高，消费者网购商品的金额总体呈现高单价转变趋势。由于新车的产品标准化程度非常高，因而网购汽车的便捷性已经逐渐被年轻消费者所接受，这将会促进新车电商行业更加快速地发展和完善。目前，以“90后”为主体的年轻消费群体已经崛起，他们对互联网的熟悉程度和认可度更高，线上购车的接受度也更高，会对新车电商不断提出新需求，并会不断促进新车电商的业务创新、模式创新。比如，对汽车金融的需求会更强烈，对个性化追求更为执着，在自我表达意识上具有更强烈的渴望，他们希望新车电商能带来定制化新产品。未来将会有越来越多的年轻消费群体有购车的需求，新车电商或许会成为他们第一次购车的首要选择，因此，通过互联网平台与大数据技术了解年轻消费者的习惯非常重要，挖掘年轻消费群体的新需求将是新车电商必须做的功课。

三、我国汽车电子商务（云）平台

当前汽车电商平台主要有四种类型：综合电商平台、汽车垂直网站型平台、厂商自建型平台和初创型电商平台。

（1）综合电商平台。综合电商平台如天猫、京东、苏宁、国美等，经营的汽车种类很多。综合电商平台更加注重线上线下的联动，业务范围在逐渐向乡镇和农村市场延伸，移动端的布局也在大规模发力。

（2）汽车垂直网站型平台。汽车垂直网站型平台如易车、汽车之家等，在流量上具备了天然的竞争优势，正在逐步通过线下门店布局或汽车金融向交易属性更强的模式方向发展，充分发挥平台已有的用户流量规模优势，带动新车电商业务的快速发展。

（3）厂商自建型平台。新车电商将重点形成线上线下联动的效应，希望实现定制车辆线上销售，与传统车辆销售形成区别，也有很多企业努力打通二手车、后市场等多场景全平台。但从整体看，自建型新车电商很多停留在数字化营销层面，由于目标多元化，离交易2.0时代要求的、清晰的电商发展模式还有一定的差距，尚处于摸索前行的阶段。

（4）初创型电商平台。新车电商平台商业模式更加多样化，很多初创企业将阵地转移到三、四、五线城市，也有很多企业瞄准了汽车业全产业链，不仅强调销售新车，还引入二手车置换、汽车金融保险、维修、延保业务等。

四、汽车电子商务从业人员的要求和工作职责

（一）基本素质要求

（1）掌握网络营销的基本工作方法与流程、最前沿的搜索引擎（SEO）技术。

（2）网络调研与广告投放技巧、博客营销、新闻营销、论坛营销、微信营销、QQ专业群营

销的操作流程与技巧。

(3)熟练掌握网页制作和网站建设、网络广告策划、搜索引擎营销、网络整合营销、营销型网站策划与实现等专业技能。

(二)专业能力要求

(1)对网络有深刻的认识和理解,具备一定的计算机网络运用技巧。

(2)要求在掌握常用网络硬件系统的建设和管理未维护的基础上,对深层次的硬件技术特别是与专业相关的技术比较精通。

(3)要求在熟悉相关的国际贸易、营销、法律等基本知识的基础上,具备网络组织运营和综合管理的基本能力。

(4)对市场动态把握准确,对行业现状把握和理解具有一定的经验。

(5)有商业实战经历和经验,具备较好的业务能力。

(三)主要工作职责

(1)通过电子商务平台,发布公司产品、公司动态、公司网络。

(2)通过网络信息发布,需要通过报表来审核电子商务运作情况。

(3)由于电子商务是新型销售模式,需要在实施过程中,不断总结、规范商务规则,从而为电子商务顺利实施奠定基础。

(4)电子商务在实施过程中,在线渠道的沟通、交流是必需的,但是一定要严守在线规则,否则在线是需要付出时间成本的。

(5)网络渠道是保证电子商务网络渠道销售的重要部分,渠道为王是电子商务成功的终极目标。

(6)电子商务目前的网络发布主要通过商务网站来实施信息的发布、收集、开拓。

(7)在实施过程中,电子商务需要在商务、搜索、门户上投入一些费用,才能够保证商务的信息排名、搜索及链接。

(8)电子商务需要通过搜索来检测信息等有效性测评。

第二节　汽车电子商务中的在线集客

集客营销是指集客营销(Inbound Marketing),是一套完整的全渠道数字营销方法体系。是让顾客自己找上门的营销策略,是一种“关系营销”或是“许可营销”,营销者以自己的力量争得顾客的青睐,而非传统广告方式去拉顾客。汽车电子商务在线集客并非是一种守株待兔的营销策略,而是透过各种不同的渠道,做到分众且精准的网络营销。利用付费或人员推广去加强信息的传播,得到更多免费的传播机会,并且加强数字资产的优化以及关键字的锁定,确实达到每个广告以及信息的露出,都能确实地导入至目标到达网站,同时做好搜索引擎优化(SEO)、搜索媒体优化(SMO)、用户体验优化(UEO)的全网站优化工作。所以,与过去不同的是,为了更有效地掌握各种不同渠道来的客户的特性,汽车电子商务中的在线集客并不是直接到达网站主体,而是先进到网页后,在其中加注来客者的身份,网站负责人便可通过分析软件,找寻出适合各种不同来客的营销方案。

一、客户需求大数据概述

大数据(Big Data)，指无法在一定时间范围内用常规软件工具进行捕捉、管理和处理的数据集合，是需要新处理模式才能具有更强的决策力、洞察发现力和流程优化能力的海量、高增长率和多样化的信息资产。大数据技术的战略意义不在于掌握庞大的数据信息，而在于对这些含有意义的数据进行专业化处理。换而言之，如果把大数据比作一种产业，那么这种产业实现盈利的关键，在于提高对数据的“加工能力”，通过“加工”实现数据的“增值”。从技术上看，大数据与云计算的关系就像一枚硬币的正反面一样密不可分。大数据必然无法用单台的计算机进行处理，必须采用分布式架构。它的特色在于对海量数据进行分布式数据挖掘。但它必须依托云计算的分布式处理、分布式数据库和云存储、虚拟化技术。随着云时代的来临，大数据也吸引了越来越多人的关注。

现在的社会是一个高速发展的社会，科技发达，信息流通，人们之间的交流越来越密切，生活也越来越方便，大数据就是这个高科技时代的产物。阿里巴巴创办人马云在一次演讲中就提到，未来的时代将不是IT时代，而是DT时代，DT就是Data Technology数据科技，显示大数据对于阿里巴巴集团来说举足轻重。

有人把大数据比喻为蕴藏能量的煤矿。煤炭按照性质有焦煤、无烟煤、肥煤、贫煤等分类，而露天煤矿、深山煤矿的挖掘成本又不一样。与此类似，大数据并不在“大”，而在于“有用”。价值含量、挖掘成本比数量更为重要。对于很多行业而言，如何利用这些大规模数据是赢得竞争的关键。

互联网时代，越来越多的企业开始认识到大数据对企业营销、管理、决策的重要性。通过大数据分析指引企业决策已经成为众多企业开展营销运营的必要手段。互联网的优势在于，可以对每一次的用户行为进行跟踪与保存，从大数据中，分析用户的偏好与关联性。

客户需求大数据的价值体现在以下几个方面：

(1)对大量消费者提供产品或服务的企业可以利用大数据进行精准营销。

(2)小而美模式的中小微企业可以利用大数据作服务转型。

(3)面临互联网压力之下必须转型的传统企业需要与时俱进，充分利用大数据的价值。

客户需求大数据正在改变着人们在生活中的一切，这些改变都是企业希望做到“一切以用户为中心”和“让用户更加了解企业”等。大数据时代，更好地积累用户数据，这将成为企业在未来最主要的核心价值体现。大数据对企业来说，一场新的商业革命，如何在未来让企业立于不败之地，这将是企业未来主要思考的问题。

二、客户需求大数据分检与导向

(一)做好大数据获取

从商业角度出发，客户需求大数据获取最初要考虑的问题就是收集什么样的数据。从最小的范围来看，商家可以得到客户交易数据，汽车市场中可以获取客户性别、品牌偏好、价格定位等信息，电子商务中可以获取客户购买商品、体验服务等信息。再扩大范围，商家可以得到客户的行为信息。如电子商务企业可以获取用户行为和评论数据，从客户登录电商系统开始，其“轨迹”早已被记录，什么时候点击过某个商品，什么时候搜索过某个商品，都一目了然。这些数据虽然不是交易数据,但无疑是交易数据的一个强有力补充,是客户的潜在需求。又如客户购买商品后留下的评论,这些评论或许是客户对未来商品的期许,或许是该商品未来改进的方向。当然,社交媒体数据一定是商家关注的焦点。只有社交媒体数据都可以供商家公开查阅和参考的资料,这些资料的获取对于商家洞察客户需求、摸清客户想法是最直接途径。

(二)完善客户需求大数据处理和分析

要说“数据为王”的话,那么就要说“分析为后”了。从大数据的角度进行数据处理和分析,以期达到最大的商业价值。如汽车电子商务企业为更好地发现客户需求,不仅需要分析客户的交易信息,更需要分析客户的用户行为信息和社交媒体信息,这些信息更多地体现其潜在需求,可以充分挖掘客户“所思”。这就需要利用大数据的精确数据处理能力和数据的关联分析能力。一方面划定大数据“边界”,即从获取的大数据出发,分析哪些数据可以真正体现用户的需求、如何提取这些信息。另一方面寻找大数据“特征”,通过关联分析、社会网络分析的手段提取用户的潜在需求、提供有效的分析工具。

(三)以客户需求大数据应用为客户提供服务支撑

数据的获取、处理和分析不是目的,最终的目的是为了应用。如果说之前的工作属于研究范畴,则这一阶段的工作就要属于应用实践了。从商家的角度出发,利用商品的关联性,可以将不同商品放在一起,便于消费者获取,增强客户体验。

客户需求大数据是以精准营销为导向的,以商业需求为中心。大数据,其实不在于数据,而在于通过对数据的分析,来呈现事物的发展和变化,进而把握业务,作出正确的业务决策。

例如:

(1)通过对客户数据的特征分析,你可以得到客户的特征,从而根据客户特征或分类设计出有针对性的产品,制订出相匹配的营销策略。

(2)通过对客户行为数据的分析,你可以得到客户的兴趣爱好,渠道偏好,从而实现精准化的广告,以及精准化的产品推荐。

(3)通过对市场营销数据的分析,实现产品的灵活定价策略,产品功能的优化,以及制定合理的销售目标,来提升企业利润。

三、目标客户营销信息集中投放

(一)为什么需要进行目标客户营销信息集中投放

在目标客户营销信息集中投放前,需要先思考如下的几个问题。

(1)目标客户营销信息集中投放的目的是什么?

卖产品?还是打品牌?不同的目的,投放的方向也不一样,必须要实事求是地了解需要达到什么目的,从而研究出相对应的策略。

如果投放的目的是产品销售,那就要思考目标客户怎样被投放的平台抓取?

如果投放的目的是品牌推广,那就要思考品牌的态势分析法(SWOT)?如何做到更好地推广品牌和如何抓取潜在消费者。

投放的目的为了跟随同行,那就参考同行情况、投放情况以及对应投放的效果。

(2)目标消费人群是哪些？

产品/服务不可能满足所有人，所以在信息投放之前就要找准目标消费人群。目标消费群体不同，策略也会不同。例如，要投放群体是已经了解过品牌，但是一直没有实际行动的需求群体，要思考为何迟迟没有进行消费？具体包含哪些原因？逐个问题进行分析，最后总结出目标消费人群特性，平时关注点在哪里，后续可以根据分析的情况作出相对应的策略去抓取目标客户。

(3)目标客户是否真正需求客户？

比如针对未来购车用户，除了需要了解其特点，同时还需要了解其购买能力，这样客户才能被圈定得更为精准，必须抓取这类客户作重点信息投放。很多客户有购买需求，但是近期资金紧张，后续可以针对这一部分客户作次重点信息投放。

(4)目标客户营销信息集中投放哪些地域？

确定目标消费群体后，还需要这一部分人群作地域划分，确定哪些区域作重点投放。比如某国产车型，主要资源投放集中在三、四线城市，针对收入较低，又有迫切购车的需求人群。

(5)如何让目标客户认可你？

要想吸引客户的注意力，必须投其所好。当在找对人的同时，就得思考怎么样留住这些客户，如何让他们认可我们的产品。

(6)投放目标客户营销信息的理想成本是多少？

了解清楚理想的成本是多少，是否能够长期维持信息投入？同时也要了解同行的具体转化成本，知己知彼。

(二)目标客户营销信息集中投放的方式

目前目标客户营销信息集中投放在互联网及移动APP端，主要方式有：

1. APP横幅广告

(1)基于视觉吸引设计。采用横幅广告的形式，更加突出的显示，以提高广告内容对用户的视觉吸引力。

(2)基于易用性设计。采用横幅模式方便用户点击操作，提高广告点展比。

(3)基于相关性设计。为使用该APP的用户设计相关软件下载入口，以提高广告的相关性，降低用户对广告的反感。

2. APP文字链广告

(1)基于易用性设计。文字链广告的访问速度最快，不会影响APP的打开速度，方便快捷。

(2)基于用户自定义设计。设计取消展现广告的按钮，用户可自行选择点击广告或关闭广告操作，相比APP横幅广告对用户的影响较小。

(3)基于视觉吸引力设计。设计更有吸引力的文案，同时可设计弹出框已提高用户对广告的关注度，最终实现用户对广告的点击操作。

3. Wap站内广告

分为Wap Push(群发广告)和Wap站点广告。

Wap Push广告是指手机直投广告，是广告主直接将广告内容推送到目标客户手机上的广告。把含有广告内容的 Wap 网站网址以链接的方式。

(1)直接发送到用户手机上,用户根据自我需要打开链接察看广告,Wap Push 广告以文字链的形式展现。

(2)基于 LBS 应用设计。LBS 是根据用户的手机 IP 地址识别用户所在的地区,并推送相应的广告,提高相关性。如推送附近小区内的商店,超市促销信息到用户的手机上,方便用户购买的同时为公告主创收,实现双赢。

(3)基于相关性设计。为特定机型的用户推送相关的应用及下载,提高广告的匹配度。

4.其他外移动互联网广告

(1)横幅广告。它算是最普遍的移动广告展现形式。一般使用 GIF 图,可以使用静态图形,也可用多帧图像拼接为动画图像,一般在 APP 的底部或者顶部出现,尺寸较小的话对用户的干扰影响也较小。横幅广告主要体现中心意旨,形象鲜明表达最主要的情感思想或宣传中心。其特点归结起来就是短小精悍、重点突出,不足主要是较为容易被忽视。

(2)插屏广告。插屏广告一般就是在游戏过关或者暂停的时候弹出,误点概率很大,影响用户体验。

(3)开屏广告(和插屏区别不大)。开屏广告是在用户打开 APP 时,以全屏方式出现 3~5s,可以使用静态的页面,也可以使用动态的 Flash 效果。开屏广告对于广告主来说,是一种广告效果最大化的广告形式,在广告发布页面里,它基本上可以达到独占。因此,在广告进行收缩的这段过程里,基本上对用户浏览广告没有任何干扰。主要适用于品牌广告。

(4)信息流广告。微博、Twitter 上的信息流广告是 PC 上典型的信息流广告,它们和正常的消息混淆在一起,不容易被辨认。

(5)百度、360 等搜索引擎移动端的竞价广告。投放方式是在百度、360 或搜狗等搜索引擎开户预存款,然后开始投放。

第三节 汽车电子商务中的顾客转换

一、汽车电子商务中的顾客转换成本

顾客转换成本是当消费者从一个产品或服务的供应商转向另一个供应商时所产生的一次性成本。这种成本不仅是经济上的,也是时间、精力和情感上的,它是构成企业竞争壁垒的重要因素。

在网络购物日益发达的今天。转换成本作为顾客忠诚度以及电商企业效益的一个重要因素成了营销界的焦点问题。竞争战略之父迈克尔·波特在 1980 年提出转换成本是指"当消费者从一个产品或服务的提供者转向另一个提供者时所产生的一次性成本"。转换成本是企业竞争垒的重要组成部分,对消费者是否转换供应商的决策起着不可小觑的作用。转换成本不仅包括经济成本,同时也包括时间、感情、风险等成本,当顾客转换商品供应商时,可能会损失大量的时间、精力、金钱和关系,因此顾客通常都会慎重考虑的。

表 2-1 为顾客转换成本构成表。

顾客转换成本构成表 表2-1

构　　成	成　　本	描　　述
程序转换成本	经济风险成本	顾客转换时产生潜在的负面效果
	评估成本	顾客转换时进行信息搜寻和评估花费的时间和精力
	学习成本	顾客转换时与新产品服务使用方法和技巧花费的时间和精力
	组织调整成本	顾客转换时与新产品服务供应商建立关系耗费的时间和精力
财务转换成本	利益损失成本	顾客转换时丧失的原企业对忠诚顾客的各类经济利益优惠
	金钱损失成本	顾客转换时可能会带来的一次性财务支出
关系转换成本	个人关系损失成本	顾客转换时造成的人际关系损失
	品牌关系损失成本	顾客转换时失去与原油企业的品牌关联,造成社会认同的损失

(一)产品差异性

产品差异性会从程序转换成本、财务转换成本和关系转换成本三方面影响顾客的购买决策。顾客在决定购买某商品时,通常会提前收集有关产品及各种购买方式的信息并加以评估、进而作出选择,这就需耗费时间和精力。产品间差异越大,顾客转变供应商需要付出的风险成本和学习成本越高,面临的不确定性也越高,转换的可能性就越小;并且,一旦转换供应商,会员折扣和会员积分等也无法使用,关系转换成本增大。因此,产品差异性越高,顾客与供应商之回越能建立起稳定的合作关系,顾客转换成本也就越高。

(二)产品复杂性

产品复杂性即顾客了解和使用产品的难度。通常产品的用途越多,产品就越复杂,消费者需要付出更多的精力学习和了解产品的使用技巧。在与同类产品进行性能、成本、价格方面的比较时,所花费的成本更高,转换供应商承担的风险更大。顾客一旦发生转换,就要重新学习新产品的使用,无形中增加了学习成本。

(三)在线关怀性

在线关怀性是指产品供应商在顾客购买行为发生前、中、后给予的关注,他反映了供应商在顾客进行产品咨询时能够提供详尽的产品信息并保证服务不中断,以及产品出现售后问题时,能及时处理问题并提出解决方案。在现代社会中,人们日渐看重商家能够给予的人文关怀,因此,在线关怀性也成了影响顾客忠诚度的重要因素之一。企业给予的在线关怀不仅能够提升顾客对于企业的印象,而且还能够增强顾客对企业的信任和美誉度,刺激顾客的购买欲望和购买频率。

(四)在线便利性

在线便利性是指网络购物平台操作的直观、简便程度。正是为了适应现代快节奏的生活,网络购物应运而生,顾客选择网络平台购买商品就是为了获得网络带来的快捷方便。便利性高的网站能够使用最快捷的方法,花费最少的时间完战挑选、购买、支付的全部环节。对于部分消费者,若在线购买过程中出现问题或者困难,会放弃交易。但同时,便利的交易网站也存在负效应,交易过程的便利性降低了顾客的学习成本,顾客花较短的时间就能掌握交易平台的使用方法,这使得顾客转换成本降低。

(五)产品宽度性

产品的使用宽度即顾客使用供应商所提供产品的类别、特征、功能的程度。其决定了消费者是否会多次光临同一个商家及购买产品相关的配件及消费习惯是否形成。若供应商能够提供多类别的产品,顾客可以从一家企业买到所需的各种产品,节约了时间成本。若顾客发生供应商转换,则需转换此供应商提供的产品及所有配件,这使得转换风险增大,程序转换成本增大。

(六)网购经验性

如果消费者具有一定的网络购物经验,就能够更加快速、准确地辨别不同供应商所提供的产品,这能够降低转换供应商带来的不确定性和学习成本。对于那些对同类产品供应商都有一定了解和具有购物经验的消费者来说,可以自如的转换供应商,且转换成本较低。

上述六方面的因素都在不同程度对网络购物中顾客转换行为产生影响。产品差异性、产品复杂性和网络商家在线关怀性与顾客程序转换成本呈现正相关的关系。而相关网络购物经验则与程序转换成本成反比。对于财务转换成本来说,产品复杂性和在线关怀性同样与之成正比,随着产品复杂程度的提升和在线关怀度的提高,顾客财务转换成本增加,产品复杂程度、在线关怀性、在便线利性以及产品的使用宽度与网络购物中顾客的关系转换成本呈正相关关系。

二、汽车电子商务中的顾客转换策略

(一)分析消费能力与访客消费观念后的改进策略

针对不同消费能力的顾客,采用不同的转换策略。

(1)对于消费能力一般或较差、消费观念理性的顾客,可以推荐物美价廉的产品,让顾客感觉占到了便宜。

(2)对于消费能力一般、消费观念较感性的顾客,可以通过后台数据挖掘分析和预测其应激性,通过网络整合营销,刺激他们的消费点,引导他们购买价格稍高的产品或多次产生计划外购物。

(3)对于消费能力较好、消费观念较理性的顾客,能通过多屏营销,即电视屏、PC屏、平板电脑屏、智能手机屏来宣传改变或影响其消费观念固然最好,不能改变的话,可以利用这类消费者对价格和价值的追求,采用新一代电商模式,如团购、每日特价、秒杀等,引导他们购买。

(4)对于消费能力较好、消费观念较感性的顾客,可以向其推荐精美但价格稍高的产品,并且为他们提供个性化推荐服务,将其他相关延伸产品以组合销售等形式推销出去,尽可能满足其追求享受的消费观。

简而言之,要先根据大数据分析和预测顾客的消费能力和消费观,在每一消费群体的经济承受能力范围之内,满足与其消费观相适应的诉求,才能让顾客有购买意愿也有能力购买。

(二)分析访问目的、网站吸引力和页面浏览时间后的改进策略

针对没有明确购买目标的这一类顾客,既然他们没有内在需要,那么就可以通过外在刺激使其产生购买动机。由于这一类消费者,大多是赶时髦的学生和工作较轻闲的青年人,其消费水平都一般，因此提高网站吸引力的主要手段有：时髦新潮的推广效果、详细的产品介绍、令人心动的价格、较高的顾客评价、尝试不同的遣词及商家承诺。对于计划内购物者，他们的浏览时间可能有限，并且由于目的性较强可能耐心较差，因此提高网站对这一群体吸引力的主要手段，除了以上几种策略外，还包括：清晰的网站布局、扁平化的导航、每个页面集中展示一个重点信息、最大相关性的搜索，即搜索关键字与产品是相关的、有效的，防止访客点击关键字仍然找不到想要的产品。

简而言之，提高网站吸引力不仅有利于引导闲逛者向顾客转化，即改变其访问目的，也有利于使计划内购买者产生计划外的购物行为，同时也提高了访客浏览页面的时间，增大产品展现数量，均有利于提高转化率。

（三）分析网站系统、网站服务和购物体验后的改进策略

网站系统的稳定性、安全性、个性化推荐服务、购买流程与安全性、客户服务水平等因素影响购物体验，进而影响转化率。

1. 系统的稳定性和安全性

系统的稳定性是访客浏览页面的基础，安全性是访客放心购买的保障。因此，电商应不断对系统进行测试和维护，提高稳定程度，减少安全隐患。此外，页面浏览速度太慢、不易操作、购物流程繁琐会降低访客的耐心。另外，相关产品链接也不能忽视，否则访客很可能质疑网站产品的多样性。其实好的购物体验只需做到一点——流畅舒服。让访客轻松浏览，才能爽快购物。

2. 个性化推荐服务

对于消费者来说，个性化推荐服务有助于他们从过载的信息中筛选有用信息，从而减少网购的时间成本和提高购物体验。对于电商来说，个性化定制加快了下一步转化的速度，降低消费者在购物流程中中断转化的可能性。因此要充分利用网络整合营销形式来完善个性化推荐服务，比如搜索引擎和电子邮件推荐、社会化电子商务。在互联网、电视等广告价格的不断提高、广告回报率越来越低的媒介背景下，通过社会化渠道开展营销无疑是个不错的尝试。像蘑菇街、淘江湖这些社交媒体网站多以图片墙展示产品，多种商品搭配组合，更有可能迎合访客的偏好，对于个性化推荐起到一定作用。

另一种是有影响力的社交平台，如微博等。这类社交平台，拥有较稳定且规模较大的用户群体，由于彼此兴趣相投，在某些方面有着相似偏好，个性化推广受众不仅更多而且更有效，用户互相“@”，一条推广的传播次数就有可能呈指数增长，还可以在娱乐网站、论坛等植入广告。根据百度某年的搜索风云榜的年度十大热搜词，小游戏网站、优酷网、漫画网站名列前茅。因此可以在这些热门网站上植入按钮式广告，引导潜在消费者。而且多屏营销即通过电视、台式计算机、平板电脑、智能手机来整合营销也是有效途径，移动平台的利用必将成为大势所趋。

3. 购买流程与安全性

为消费者提供安全、信誉高、多样化、方便快捷的支付方式，是访客放心付款的首要前提。因此电商应提供信誉良好、安全性高、方式多样的支付渠道。订单配送方式多样化能满足不同消费者的需求，最好能在订单中注明预计的配送时间、送达时间，方便消费者安排取件时间。有数据表明，有将近三分之二的消费者放弃购物是因为意料之外的费用，例如税费、运费等,这将导致消费者前往竞争对手的网站进行购物。这意味着免邮可以一定程度地提高转化率,但与此同时也加重了商家的负担。因此可效仿美国亚马逊的做法,鼓励用户每年缴纳一定的费用成为高级会员,即可享受较快速的配送服务。

4. 客户服务水平

售前服务首先要注重客服在线时间,最好能24h在线,不能达到这种程度,至少保证在每天的10:00—11:00和20:00—21:00这两个购物黄金时间段内一定在线。其次是注重客服对商品及各流程的熟悉程度和服务态度。售后服务主要是注重处理效率和质量,由于顾客无法实际体验商品,因此不能确保买到保质保量、称心如意的商品,用户就很关心退换货服务的问题。只有让顾客没有了后顾之忧,他们才愿意消费。因此,强调退换货保证如"7天无理由退换货"非常重要。除了保证之外,退换货的效率也很重要,简化退款流程,加快退款效率十分重要。

简而言之,提高网站服务质量,优化网站系统能提高消费者的购买体验,有利于提高转化率。

(四)分析其他因素后的改进策略

其他因素,指的是购物时间段、购物时正在做某些事情、性别、朋友的意见等都会影响转化率。

1. 购物时间段

每天的10:00和20:00是浏览购物网站最为集中的两个时间点,以这两个点为起点延伸,10:00—11:00之间和20:00—21:00之间,均是较为集中的下单时间。因此,在这两个购物的黄金时间段内,做一些促销活动,相比全天促销更有效并且成本更低。

2. 购物时同时正在做的另一件事

数据显示,46%的受访者表示他们边看电视边网购,42%的受访者边听音乐边网购,21%边听广播边网购,29%边与家人或朋友聊天边网购,31%边使用社交网络边网购。因此需要通过多屏营销吸引消费者的注意力。例如在购物黄金时间段内,在收视率较高的电视台、收听率较高的广播台、点击率较高的社交网站同时宣传促销信息,引导效果会不错。

3. 性别

数据显示,女性每天10:00与20:00浏览的比例基本相同,而男性更多选择在晚上浏览。因此,可以在10:00—11:00侧重针对女性的促销活动,20:00—21:00同时引导女性、男性购物。此外,有调查发现,男性消费者耐心程度低,基本的需求是快速找到想要的东西,对额外的花销不太敏感,对提供非必要信息感到焦虑,更反感现实不符合预期的情况,不满意时更需要与客服交流。因此对于男性用户,要更注重个性推荐和提供明显的客户服务联系方式。

4. 朋友的意见

多数人在购买商品时,往往会询问朋友的意见,这是由于他们期望得到大众尤其是朋友的认可。基于这一点,电商网站可以在会员管理中增加"好友动向"这一功能或者设置链接其他社交网站的按钮。访客推荐商品给好友,好友即可享受优惠价购买,并且推荐人可获得一些奖励。此外,访客和自己的好友相关联后,可以自主选择是否全部或部分信息共享,如浏览、收藏和购买记录,这样访客和好友之间就能了解对方关注的全部或部分商品。这种方法既保护了访客的隐私，又满足了他们的诉求，更重要的是这对于提高转化率有一定帮助。

综上所述，可参考的解决方案如下：第一，根据后台数据分析和预测其消费能力和消费观，在每一消费群体的经济承受能力范围之内，满足与其消费观相适应的诉求。第二，提高网站吸引力不仅有利于引导顾客由闲逛者向购买者转化，即改变其访问目的，也有利于计划内购买者产生计划外的购物行为，同时也提高了用户浏览页面时间，增大产品展现机会。第三，提高网站服务质量，优化网站系统能提高顾客的购买体验。第四，在购物黄金时间段内，在收视率较高的电视台、收听率较高的广播台、点击率较高的社交网站发布促销信息，上午针对女性做促销而晚上同时做男性和女性的促销，简化购物流程，采用多屏营销手段，尝试社交因素。

由于电商数据不易获得，因此各因素的关联程度为定性主观判断，有一定的局限性。因此，在实际应用中，电商应根据网站数据和调查报告，对各因素关联度进行打分，找出关联度大的因素同时解决。

三、汽车电子商务中的顾客行为

（一）汽车电商被人接受，互联网已成重要信息渠道

互联网时代的来临，年轻世代的顾客逐渐占据了市场的主流，这给汽车向电子商务方向发展提供了非常好的契机。

调查报告显示，自2005年至2015年，中国网民增长趋势与汽车市场增长趋势一致（图2-1），互联网已经成为购车者进行购车决策的重要信息渠道，有69%的用户在买车的时候会选择通过互联网来了解汽车的相关信息。消费者大多希望通过网站获得车型、口碑及价格信息。潜在购车者中，有26%的人有意向网上预约试驾，其中垂直、官网及门户已成为预约试驾的主要入口。

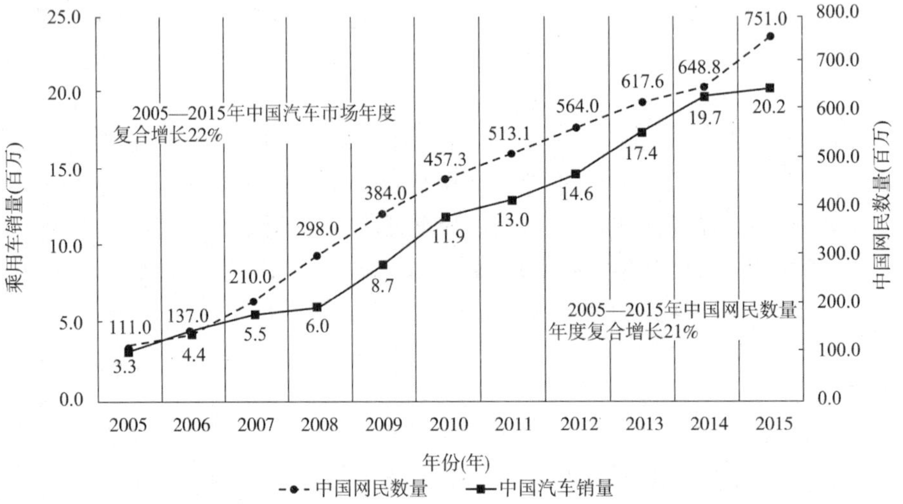

图2-1 中国汽车销量与中国网民数量增长趋势

汽车和零部件是用户在考虑网上购买汽车产品或服务的主要项目，分别有42.8%

和35.9%的用户选择了以上两项;在目前尝试较多的网络购车中,超过半数的用户选择了团购和电商线下门店交易,而目前尝试较多的通过网站购买指定车型并不是最受欢迎的。

(二)汽车4S店痛点频现,经销商经历网络转型

根据调查报告数据显示,有63%的被调查者认为4S店销售合同存在霸王条款,56%的人认为4S店销售车款存在问题车、库存车和翻新车,54%的人认为4S店在销售过程中存在保险产品的捆绑销售,而类似热销车款加价提车、经销店价格不统一、交车流程不规范等问题也占据一定比例。

因此,在2014年,有89%的经销商设立了专门的网络营销部门,网络营销部门中,有79%既负责营销也负责销售。26%的入店客流来自网络营销,其中一线城市达到31%,网络营销带来的客流中,成交比例为23%,占总成交量的6%。

随着汽车电商的发展,传统4S店的角色将会发生改变。其在新车销售模块这部分将会弱化,经销商的汽车整车这方面的成本将会大大降低。其经营重点为售后、为厂家提供消费者线下的看车、试乘、试驾等方面的服务,大幅的减少4S店的经营成本。汽车电子商务更加突出其服务的角色,将会为消费者提供更加廉价、更加优质的服务。随着汽车行业由卖方市场转变成买方市场,产业政策也从刺激消费性导向侧重于保护消费者权益。未来消费者的满意度将成为经销商的专注点,提供更加优质的服务、更高满意度的体验才是经销商的竞争力之源。

图2-2为2011年到2015年的销售服务活动占比图。

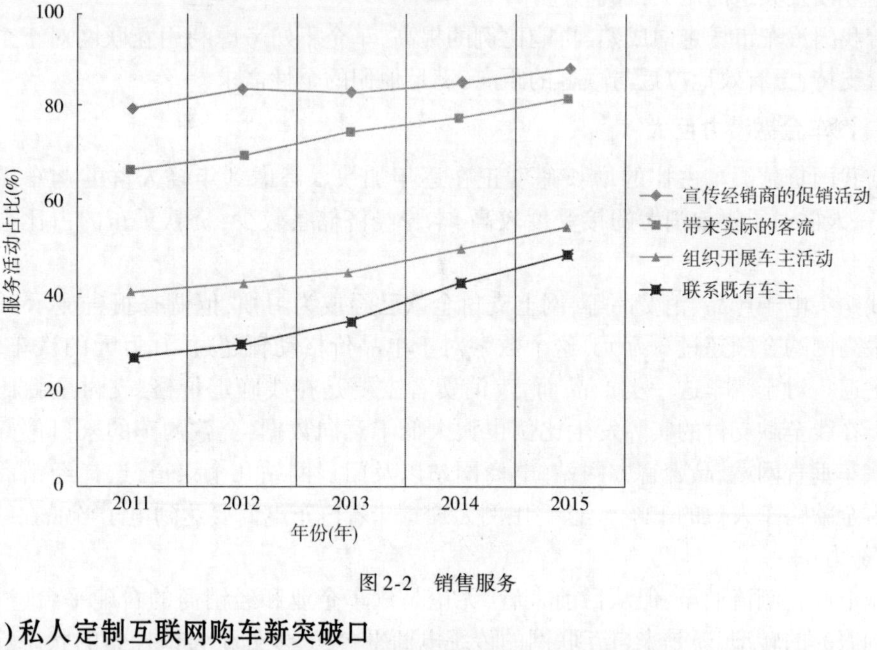

图2-2 销售服务

(三)私人定制互联网购车新突破口

随着"90后"在购车人群中比例的提高,购车者的个性化需求已经成为车企不容忽视的一个要素,私人定制被很多业内人士认为是汽车电商的方向之一,消费者通过网站进行车辆定制也成为一个日益发展的趋势(图2-3)。

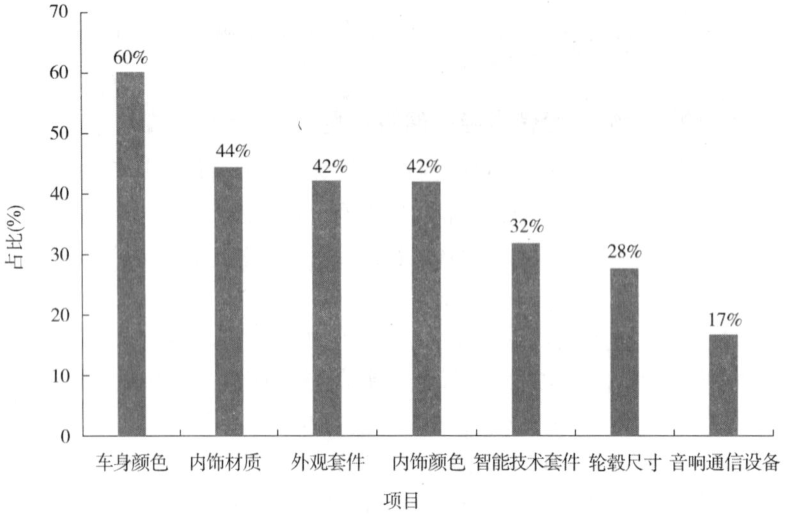

图 2-3 “90 后”定制需求

调查显示，有 22% 的顾客希望通过网站进行车辆定制，而在不同的代际中，“90 后”的比例最高，达到 25%。其中，有高达 60% 的用户希望车身颜色可以定制，另外很多用户希望内饰材质、内饰颜色、个性装饰、智能技术套件也可以成为私人定制的项目。不过，47% 的有定制需求的消费者希望能在一个月内提车，只有 10% 接受三个月以上的等待期，这不得不说是对生产企业以及渠道的巨大挑战。

随着我国汽车市场走向成熟、再购比例的提高，车企不妨考虑利用互联网对于个性化定制的平台支持，更有效地拉近与顾客的距离，满足他们的个性需求。

（四）汽车金融潜力巨大

目前我国贷款买车占比的增长速度正在逐年加快。考虑到年轻人群的购车需求的增长，且这一人群对于提前消费的接受度较高、本身经济储备较少，贷款买车的占比会进一步提升。

在线购买电子产品、消费品等，网上支付全款已经成为习惯，但调查报告显示，只有 4% 的网民最高网购金额超过 3 万元，这个数字对于单品价格动辄超过 10 万元的汽车而言，显得微不足道。对于汽车这一类产品而言，消费者主要是在线确定价格，支付全款比例仅为 1%；进行在线全款支付的实际发生比例也大大低于意向数据；全款购车的入口偏好也大多集中在汽车垂直网站、品牌官方网站、电商网站以及门户网站几个渠道，选择经销商自建网站的仅占全款购车人数的 12%。这一比例无疑意味着汽车电商要达到电子产品在线销售水平，仍需努力。

汽车电商化潮流涌至，但从目前来看，无论是汽车企业和经销商的自建平台、汽车网站从媒体到服务的转型，还是来自互联网的传统电商平台，大多处于尝试探索的状态。由此可见，未来可持续发展的电商模式是垂直网站、电商、4S 店相辅相成、协同合作的，这种协作将会形成一个新的行业流通渠道，并能够很好地推动汽车行业的发展。

2015 年汽车金融的规模见表 2-2。

2015 年汽车金融的规模　　表 2-2

项　目	豪 华 车	主 流 车
年度销售(辆)	2000000	18000000
目前贷款购车(%)	31	15
目标贷款购车(%)	61	31
来自贷款的每辆车利润(元)	6000	3000
总收入(亿元)	36	86

第四节　汽车电子商务的成交与支付

一、汽车电子商务的成交模式

依据四种不同类型的电商平台,汽车电子商务的成交模式也不同。这四种类型的电商平台分别为:综合电商型、垂直网站型、车企和经销商自建型、初创型企业。

(一)综合电商平台

综合汽车电商平台经营的种类多,业务覆盖范围广,注重线上线下联动,代表企业有天猫、京东、苏宁、国美。这类平台的汽车成就模式为:提供线上的车型展示和营销集客,由企业自主运营各自的旗舰店,并且不参与任何线下交易环节,也不会直接为 4S 店进行导流。他们布局新车电商业务并不局限于新车销售环节,在汽车金融、汽车后市场方面也有所布局,刺激消费,带来更大的发展空间。

苏宁、国美除发展线上平台以外,由于其在家电零售连锁方面的多年积累,线下门店网络健全且深入三、四线城市,相比天猫和京东拥有更扎实的渠道优势,而且其也更早地搭建了线上平台,在新零售时代线上线下深度融合等方面都更有优势,更利于线上线下互动,尤其是在新政策出台后,更加注重在汽车零售方面开启新成交模式,在新车电商方面多有探索和侧重。在不久的未来,新零售时代的到来必然会改变汽车销售方式。

(二)垂直网站型电商平台

以汽车之家、易车等为代表的汽车垂直网站,是以汽车资讯吸引用户流量,以广告服务获取收入,具有很强的媒体属性,一开始不直接参与汽车成交。由于汽车网络广告市场规模增加,竞争加剧,行业发展出现瓶颈。与此同时,汽车电商行业却在慢慢兴起,个别实力较强的汽车垂直网站开始在新车电商领域展开布局,积极探索从媒体属性平台向交易属性平台的转变。

2014 年以来,汽车垂直网站在新车电商领域的业务布局愈发明显,易车推出惠买车、易车商城和易车惠,汽车之家推出车商城等,但仍处在商业模式的探索阶段。2015 年汽车之家的新车电商基本起步,借助行业的“强势入口”地位,将平台优势充分整合到汽车电商领域,汽车之家正积极从信息模式向交易模式转型。同时,汽车之家构建其生态系统,通过生态系统中各环节间的相互整合来发挥协同作用。

但在 2016 年,汽车之家和易车都放弃了直营电商业务,由于不赚钱难赢利,两家上市公司不得不放弃。而以直营业务探索打通交易流失败的主要原因在于:两家新车电商平台之前的主要赢利方式为经销商提供导流服务，而做直营电商业务无疑与经销商形成了直接竞争，自身得不到好车源，线下服务能力不强。因此，即使补贴上亿元依然难以赢利，并没有解决汽车流通行业的痛点，没有形成闭环交易，放弃直营电商业务在情理之中。放弃直营电商业务后，汽车之家和易车并没有停止探索接入交易流，而是在汽车金融、大数据等方面进一步发力。前者依托平安集团在金融方面的优势，搭建金融平台，用大数据控制风险，为平台客户提供更安全的金融服务；后者通过易鑫集团的几次战略投资，激发产业潜能，挖掘消费潜力。无论是汽车之家利用 AR 技术办线上车展，还是易车加强大数据运营，汽车之家和易车都正在探索如何利用前沿科技更好地顺应行业发展。此外，以易鑫为例，其线下体验店扩张计划正在全国范围内拉开，目前已有 68 家体验店开业，分布在北京、上海、郑州、青岛、大连、广州、新疆等地，在不久的将来将超过 200 家，服务覆盖全国大部分城市。易鑫体验店为消费者提供汽车金融产品、新车二手车交易、汽车金融产品、租赁、保险、维护、轻维修、车品等一站式综合服务，可算是适应新车电商在新销售变革下，线上线下形成闭环的有效途径。

（三）车企和经销商自建型电商平台

随着汽车行业互联网化不断发展，国内各大车企和经销商集团纷纷发力汽车电商，其中颇具代表性的是上汽集团车享网、吉利汽车蓝色商城、东风日产车巴巴、庞大集团电子商城。

2014 年 3 月，车享网正式上线，依托上汽集团探索 O2O 汽车电商模式。2015 年 9 月，上汽集团推出线下服务连锁品牌车享家以及 APP 车享，试图打通后市场各链条。2016 年 2 月，车享宣布 2016 年第一季度将缩减人员 25%，同时计划调整业务重心，更倾向于后市场方向。2016 年 4 月，车享已踏上了“定制化”的道路，打造汽车电商差异化竞争力。2017 年 7 月，车享家门店数量将近 1000 家，“车享家汽车商城”也于当月启动，用于新车销售。有业内人士分析称，上汽车享家主要专注在后市场，并在近年多开设门店，而这些门店将来将不仅做售后服务，还会与车享网线上线下联动，助力新车销售。2016 年 12 月 28 日，吉利汽车蓝色商城正式上线，首批开售车型为吉利热销 SUV 博越。当日 10:00 整正式开抢，仅 75min 后，2017 辆全部售罄，一炮打响。售车方式采用线上下单、线下提车的模式，虽然是“厂商直销”却没有影响 4S 店的利益，且用户可以实时查询订单状态。

东风日产于 2015 年 8 月正式上线“车巴巴”，打通天猫旗舰店和微信平台，实现互联网多屏互动效果，连接消费者与终端销售，通过在线金融交易缩短成交时间。车巴巴通过优惠的购车价格和便捷的购车服务为购车消费者带来更好的购车体验。庞大汽车电子商城作为第一家经销商集团自建的电商平台，通过与车讯网达成汽车电商战略合作，整合各自的线下网络布局优势与互联网资源优势，实现优势互补，开拓 O2O 整车电商业务，提升用户体验，从而提高业务销量。

车企和经销商自建的新车电商平台以厂商自建型电商平台为代表。厂商自建型电商平台区别于其他类型平台的关键是：该类平台由自建厂商（车企或经销商）直接建立并负责平台的运营维护和管理（或委托第三方电商服务型企业代为运营）等。消费者在线上选购车型、下单并支付订金，线下前往销售网络的 4S 店看车、支付尾款并提车，同时由线下销售网络为消费者提供售后服务。由车企主导的自建型新车电商平台主要通过线上渠道实现自有品牌汽车的销售，通过自有电商平台打通与线下经销网络之间的连接。由经销商集团主导的自建型电商平台的运营方式与车企类似，但经销商集团下的经销网络拥有不同的汽车品牌,相比于车企而言,经销商集团的自建电商平台能够为消费者提供更加丰富全面的汽车品牌,促进需求端和供给端的匹配效率不断趋于最大化。目前,汽车新零售正迎来变革,新车电商平台也多有转型创新,但对比之下,大部分车企和经销商自建电商平台则有被边缘化的趋势。2016 年上线的广汽丰田自建电商平台丰云惠,目前提供的服务仅局限于展示和咨询,其主要功能仍然局限于集客、销售线索收集。2015 年上线的东风日产车巴巴平台向前迈出了一小步,开始涉水 B2C,其中"东风日产归国留学生购车"贴上厂家直销的标签,另有两种金融产品——延保和车险可实现在线交易,不过车险销售为阶段性活动。而上汽集团旗下车享网则干脆将业务转向汽车后市场,以实现与各品牌 4S 店的和谐共存。

未来,厂商自建型新车电商将重点形成线上线下相联动的效应,形成完整的 O2O 闭环,同时,应加强打通二手车、后市场等多场景全平台的服务模式,打通平台间的信息共享,为用户提供一站式的完整购车服务。

(四)初创型企业电商平台

代表企业:一猫汽车网、团车网、行圆汽车、好快保。

随着新车电商的发展进入市场启动期,2017 年 4 月 14 日新《汽车消费管理办法》出台及新零售带来的行业变革,众多初创型企业纷纷顺势而为,以不同商业模式进入新车电商领域,其中以自营门店型新车电商平台一猫汽车网、团购型新车电商平台团车网、第三方赋能型新车电商平台行圆汽车和撮合交易型电商平台——好快保为主要代表。

自营门店型新车电商平台——一猫汽车网,是 2014 年底成立的以媒体性质起家的一家电商平台。在逐步由媒体属性向交易属性转变中,一猫汽车网定位于具备导购性质,聚焦在打通线上线下实现 O2O 交易闭环的汽车电商平台。一猫汽车网看到了我国汽车销售渠道下沉的趋势,并进行了"有效赋能整合"升级。2016 年,一猫汽车网已建立了 1000 家线下店,在 2017 年,门店数量达到 3000 家,建立全国三、四、五、六线城市的线下店网络,从"电商"走向"店商"。

购型新车电商平台——团车网,成立于 2009 年。截至 2015 年年底,团车网拥有合作 4S 店超过 2000 家。通过"聚合真实购车需求,统一与 4S 店砍到低价"的团购模式,以达到对购车低价的追求。团车网已蜕变为年交易新车量近 20 万辆、GMV 超过 300 亿元的大型汽车互联网平台,同时在部分城市还覆盖了二手车和后服务的衍生交易。

第三方赋能型新车电商平台——行圆汽车,成立于 2016 年 12 月。行圆汽车为汽车生产企业及汽车经销商提供汽车车源批发服务、汽车互联网营销服务、经销商互联网运营服务。行圆汽车主要业务有三个部分,位于上游的平台库存融资平台、中游的媒体渠道平台以及下游的流量变现平台。2017 年 5 月,行圆汽车宣布完成 3 亿元天使轮融资。

撮合交易型电商平台——好快保,2016 年 11 月。好快保正式上线汽车链,销售业务,从后市场单一维护模式进入汽车销售领域,并开展集汽车销售维护、保险、汽车金融与车品商城于一体的综合模式,服务的重点从 C 端用户转向 B 端综合汽贸。好快保利用母公司媒体资源背景,从东风日产、创业汽大众、一汽丰田、广州本田、广州丰田、北京奔驰、上汽等汽车厂商获益。取尾货、库存车和定制车辆,为合作的综合汽贸和 4S 店提供车辆,为其有效解决车源信息不对称问题,快速撮合交易,并为商家提供维护、保险产品和竞价服务、垫款服务、个贷和库存融资服务、全面提升综合汽贸的运营效率,目前主要在山东、河北和贵州等地开展运营。

目前,我国汽车产业正进行前所未有的变革,随着新的办法出台国家数发展共享型、节约型、社会化的汽车销售和售后服务网络,新车电商将有更大的发展空间。不少初创企业纷纷借势进入新车电商领域,如行圆汽车、神州买买车、大搜车旗下品牌弹个车、砖头汽车、牛牛汽车、花生好车、好快保等。但初创企业在资金链、发展模式上还多不稳定,曾经估值10亿元的车风网由于自营型商业模式过重,资金链断裂,于2016年8月停业倒闭。2016年5月“买好车”更名“卖好车”,从亲自卖车转向帮助经销商卖车。初创型新车电商平台是最活跃的一个群体,商业模式更加多样化,但在近两年也逐渐呈现出两个共同的趋势。一个趋势为顺应汽车消费潜力来到四线城市的大势,将阵地转移到三、四、五线城市。从当前我国乘用车销售的数据来看,在零售的终端市场上,2016年将近2400万辆的销量中实际上有四成是来自没有拿到品牌授权的经销商。这些初创型新车电商平台更加注重与线下场景的联系,或者与当地门店达成紧密合作,或自建或加盟门店,达成更完整的线上线下交易闭环。另一个趋势为更加强调做第三方赋能平台,对汽车销售的各个链条进行整合,且瞄准了汽车业全产业链,不仅强调销售新车,还引入二手车置换、汽车金融保险、维修、延保业务等,以实现更加优化的销售模式。未来,初创型新车电商平台或将进行更加激烈的竞争,近一年新进入的创业企业尤其要注意保证资金链顺畅和模式创新的准确,抓住产业变革的机遇。两种趋势将在未来更加凸显,并开花结果,改变现有汽车销售模式,助力打通产业链。

二、汽车电子商务的支付方式

消费者的需求很自然,就像网购其他商品一样,总是希望最快速最便捷地得到想要的商品。网购汽车,动辄上万元,甚至几十万元、几百万元,互联网支付的便捷性是消费者最想用且最简单的方式,足不出户就能下单买车并停到门口。目前汽车电子商务支付方式主要有以下几种:

(一)线上直接支付

1. 电子票据支付

电子票据就是将实物票据电子化,电子的票据可以如同实物票据一样进行转让、贴现、质押、托收等行为。传统票据业务中的各项票据业务的流程均没有改变,只是每一个环节的都加载了电子化处理手段,使我们业务操作的手段和对象发生了根本的改变。由于电子票据支付需要多重验证,便利性较差,因此企业是电子票据支付的主要使用方,个人电子票据使用相对较少。

2. 网银支付

网银支付,即网上银行支付,是即时到账交易。网银支付是银联最为成熟的在线支付功能之一,也是网民在线支付的首选方式,是国内电子商务企业提供在线交易服务不可或缺的功能之一。银行卡需事先开通网银支付功能,完全是在银行网银页面输入银行卡信息并验证支付密码后完成支付,具有稳定易用、安全可靠的特点。

网银支付的特点在于:

(1)高效低成本对接银行。无论是个人用户还是企业用户,无须与多家银行一一接入,缩减了支付成本,在线即可轻松实现收付。

(2)无须开发即可集成。与银行紧密集成,建立一个从用户到银行的安全通道,提高用户的信任度。畅通的支付途径,稳定的支付后台,保证支付交易的稳定性。

(3)支付网关轻松接入。各支付平台提供标准的接入文件,提供多种接入样例。接入更加快捷。

(二)线上平台支付

支付平台即第三方电子支付平台,实际上就是买卖双方交易过程中的"中间件",也可以说是"技术插件";是在银行监管下保障交易双方利益的独立机构。目前数据显示,第三方支付市场整体交易规模达每年数十万亿级,国内支付市场占比高达62%,且增长速度惊人。第三方支付公司属于非金融机构,其持有的资金需存放于商业银行。

第三方电子支付平台是属于第三方的服务中介机构,完成第三方担保支付的功能。它主要是面向开展电子商务业务的企业支付平台提供电子商务基础支撑与应用支撑服务,不直接从事具体的电子商务活动。第三方支付平台独立与银行、网站以及商家来做职能清晰的支付。

第三方支付平台还具有以下优势:

(1)第三方支付平台作为中介方,可以促成商家和银行的合作。对于商家第三方支付平台可以降低企业运营成本,同时对于银行,可以直接利用第三方的服务系统提供服务,帮助银行节省网关开发成本。

(2)第三方支付服务系统有助于打破银行卡壁垒。由于目前我国实现在线支付的银行都有自己的银行卡,这些自成体系的银行卡纷纷与网站联盟推出在线支付业务,客观上造成消费者要自由地完成网上购物,手里面必须有十几张银行卡。同时商家网站也必须装有各个银行的认证软件,这样就会制约网上支付业务的发展。第三方支付服务系统可以很好地解决这个问题。

(3)第三方支付平台能够提供增值服务,帮助商家网站解决实时交易查询和交易系统分析,提供方便及时的退款和止付服务。

(4)第三方电子支付平台可以对交易双方的交易进行详细的记录,从而防止交易双方对交易行为可能的抵赖以及为在后续交易中可能出现的纠纷问题提供相应的证据,虽没有使用较先进的SET协议却起到了同样的效果。总之第三方电子支付平台是当前所有可能的突破支付安全和交易信用双重问题中较理想的解决方案。

中国国内的第三方支付平台主要有支付宝、微信支付、百度钱包、PayPal、中汇支付、拉卡拉、财付通、融宝、盛付通、腾付通、通联支付、易宝支付、中汇宝、快钱、国付宝、物流宝、网易宝、网银在线、环迅支付IPS、汇付天下、汇聚支付、宝易互通、宝付、乐富等。

(三)线上金融平台支付

互联网金融平台对于个人用户即网络借贷平台,是指个人与个人、个人与机构、机构与机构间通过网络平台达成的借贷交易。目前,互联网金融平台体系复杂,参与企业种类繁多。

(1)零售电商类企业,如:蚂蚁金服、京东金融、苏宁金融、腾讯金融、国美在线、顺丰金融、小米金服等。

(2)B2B电商类企业,如:网盛融资、聪慧网、敦煌网、金银岛等。

(3)互联网系企业,如:百度钱包、新浪金融等。

(4)消费金融系企业,如:趣店、分期乐、优分期等。

(5)汽车行业系企业,如:汽车之家、车享家、易车、第一车贷、易鑫车贷等。

(6)理财类和众筹类金融平台。

从商业模式来看,汽车电商平台在汽车金融服务方面主要通过与金融机构进行合作,为消费者提供包括汽车贷款,车险服务,融资租赁等一站式购车消费服务。金融平台在汽车金融相关业务上的一个推广和办法的场景化的平台。汽车互联网金融平台会对有金融服务需求的消费者和经销商进行初期审核,审核流程相较商业银行或金融公司更加快速,通过平台审核后的消费者就可以提前获得由平台提供垫资的车辆使用权,待到银行正式审核通过后再向平台放款,消费者逐月向银行还款还息。

对消费者而言,互联网汽车金融服务平台。一方面,可以通过平台对项目和申请人初期的审核为经销商和消费者带来更快速的融资和购车贷款,较传统的等待银行审核后放款能够大大降低时间成本;另一方面,还可以为申请人进行手续代办工作,为申请人免去各项烦琐的流程。对银行而言,互联网汽车金融服务平台对项目和申请人的初期审核及提前放款工作,也为商业银行或金融公司控制了一定的风险。

互联网金融平台为用户提供的汽车销售服务流程可大致划分为四步:第一步,用户线上提交贷款购车申请,平台进行电话回访,确定审批是否通过。第二步,申请确认后,平台为用户指派金融服务顾问,由金融服务顾问介绍贷款购车的流程并推荐金融方案,介绍申请车贷所需资料并选择汽车经销商店。第三步,金融服务顾问陪同用户到店订车,将申请资料交付给提供车贷业务的金融机构人员。第四步,经销商交付车辆,用户可选择到店服务或上门服务。

第三章　汽车信贷实务

第一节　汽车消费信贷机构与业务特点

汽车消费信贷在中国开展的时间不长，依据我国的特点，贷款采用多种形式。依据参与汽车消费信贷的机构分类，主要有商业银行的汽车消费信贷业务、保险公司的汽车消费信贷业务、汽车金融公司的消费信贷业务三种模式。

一、商业银行的汽车消费信贷业务模式

早在1996年5月，国有商业银行率先推出了消费信贷计划，鉴于管理及基础架构方面的原因，该计划推出4个月后被撤回。

汽车消费信贷的第二次浪潮始于1997年，这次是由厂家、经销商独立承担，没有金融机构参与的汽车消费分期付款，虽然开展得有声有色，但是在进入1998年后，由于汽车厂商垫付的资金越来越多，影响了正常的生产和销售，步伐明显慢了下来，不少主要车型都取消了分期付款。

1998年，我国银行系统恢复汽车消费贷款业务，从1998年9月1日起，中国人民银行允许汽车消费贷款在四家国有独资商业银行进行试点，同时颁布《汽车消费贷款管理办法》，就贷款条件、贷款期限与利率、贷款程序、贷款担保等进行了规定，各家国有商业银行也相继出台了实施细则。到1998年末，四家国有独资商业银行发放汽车消费贷款近3亿元。1999年3月，中国人民银行进一步放宽限制，允许更多的银行开展消费信贷业务。

中国农业银行在汽车消费信贷业务中加大营销投入，通过推出“中国农业银行，圆您汽车梦想”的营销口号和开展汽车贷款大联销等活动，在汽车贷款市场掀起热潮。

中国工商银行把汽车消费贷款当作调整信贷结构的重要方向，充分利用国内最大、网点最多的优势拓展车贷市场，将大中城市作为业务重点地区，进行大规模的广告营销投入，吸引消费者的目光。

中国建设银行作为国内最早开办汽车贷款业务的商业银行，在2002年对汽车贷款经营模式进行了创新，推出了个人汽车金融服务中心的专业机构模式，为购车客户提供购车咨询、汽车贷款、经销商和保险公司现场办公等一条龙服务，受到客户赞赏。

招商银行推出“易贷通”模式，凡需在招商银行办理汽车消费贷款业务的个人，可先向招商银行提出贷款申请，招行根据客户的实际情况对其资信状况进行评估后授予客户一定的贷款额度，凭此证书客户可在汽车经销商处选购自己满意的汽车。此后，招商银行审核客户提供的购车合同和首付款发票及必要的贷款资料，符合条件后向客户发放贷款。这为消费者提供了很大的便利。

中国光大银行与亚飞汽车集团暨北京亚飞汽车连锁总店联合推出了集“直客式”汽车信贷、“间客式”汽车信贷优势于一身的“三省模式”汽车信贷。这种汽车信贷服务是由亚飞进行资信调查和信用管理，并对贷款进行全程担保。在这种模式之下，消费者可享受到“一站式”购车服务，不仅贷款手续简便快捷，而且除了银行利息以外，消费者无须支付各种额外费用，将银行的金融优势与汽车消费信贷服务机构的专业优势、资源优势充分结合在一起。

此外，中行、中信、民生等全国性银行及各地城市商业银行，也纷纷在汽车贷款市场进行高额投入，使市场竞争更加激烈。至此，汽车信贷业务已成为国有商业银行改善信贷结构、优化信贷资产质量的重要途径。与此同时，国内私人汽车消费逐步升温，北京、广州、成都、杭州等城市，私人购车比例已超过50%。两种因素共振引发了汽车消费“井喷”。保险公司的车贷险业务也迅速开展。

汽车消费信贷占整个汽车消费总量的比例大幅度提高，由1999年的1%左右，迅速升至2001年的15%。银行、保险公司、汽车经销商、生产厂家四方合作的模式，成为推动汽车消费信贷高速发展的主流做法。保险公司在整个汽车信贷市场的作用和影响达到巅峰。银行不断降低贷款利率和首付比例，延长贷款年限，放宽贷款条件和范围，风险控制环节弱化，潜在风险不断积聚。

2003年下半年到2004年8月是汽车信贷的速冷阶段。由于车价不断降低，征信体系不健全，出现了大量坏账。因此，从2004年2月开始，全国各大银行的汽车消费信贷业务开始急剧萎缩，由商业银行主导的从商业银行+保险公司+汽车生产商和销售商到汽车消费者这样一种汽车金融服务业模式基本上处于停滞状态，国内汽车金融服务业进入了“冬天”。

可以说，自2000年以来的汽车金融服务业中，几大商业银行作为唯一的资金供应者，居于该行业的主导主体地位。从商业银行做业务的角度，汽车消费信贷可分为“间客式”和“直客式”两种模式。

“间客式”汽车信贷是由银行、保险、经销商三方联手，资信调查和信用管理以经销商为主体，保险公司提供保证保险，经销商负连带保证责任。这种模式一方面给消费者带来较大便利，另一方面也给消费者带来较大负担，消费者除承担银行利息外，还要承担保证保险、经销商服务费等各项支出。

“直客式”汽车信贷是由银行、律师事务所、保险三方联合，以银行为信用管理主体，委托律师事务所完成资信调查，保险公司提供保证保险。在这种模式下，消费者除承担银行利息外，还要承担保证保险、代理费（律师费）等各项支出。

从商业银行+保险公司+汽车生产商和销售商到汽车消费者，这种汽车金融服务业模式存在着先天性缺陷。

（1）这种模式不是遵循市场经济自由竞争原则建立起来的，而是在垄断条件下，由计划安排、意愿设计等思想支配形成的一种经营形式，具有制度安排上的致命缺陷。

（2）在这种意愿设计与制度安排下，参与汽车金融服务业的诸多主体各有诉求，价值取向各异，行为目标不一。商业银行为贷款利息而来，保险公司为保费收入而来，生产商和销售商为了生产销售盈利而来，消费者为了汽车消费而来。

（3）由于价值取向和行为目标不一致，又都是为了追逐高利益回报，经营者之间缺乏一致性的经营行为连接纽带与约束机制，为了各自的利益，无节制地放大本部门、本环节的业务量,致使行业风险迅速累积。

从2004年至2015年,汽车信贷市场进入有序竞争阶段。这一阶段的主要特点为:汽车消费信贷呈几何速度增长,从1998年的4亿元起步,1999年新增25亿元,2000年新增157亿元,2001年新增234亿元(信贷余额为436亿元),2002年新增716亿元(信贷余额为945亿元),2009—2013年,国内汽车信贷规模从1769亿元增长到5663亿元,预计到2020年,我国汽车金融规模将突破2万亿元。在这一阶段,随着互联网金融的发展,商业银行汽车信贷借由互联网金融公司得到进一步延伸。

二、保险公司的汽车消费信贷业务模式

车贷险业务是中国保监会根据国家政策安排,为促进个人汽车消费贷款业务和汽车消费市场的发展,批准部分保险公司开展的一项财产保险类业务。

车贷险,又称履约保证保险、汽车贷款保证保险。通常情况下,车贷险是为贷款买车者推出的一种责任保险,即贷款人在获得贷款时购买车贷险,在还不出贷款时,由保险公司向发放贷款的银行承担赔付责任。

可以说,前几年汽车消费信贷市场的火爆,车贷险功不可没,是它直接带动了汽车消费市场的持续升温。然而,一度红火的车贷险却变成了"鸡肋"。个中原因,除了车贷险自身天然的不合理外,最重要的是整个社会信用的缺失。

传统的银行—保险—经销商汽车信贷模式起始于1998年,是针对汽车经销商流动资金不足的情况产生的。就是在银行放贷给经销商之前,保险公司参与提供配套服务。1999年,应对银行信贷政策调整和银行汽车消费信贷政策的松动,保险公司配套出台了消费信贷保证保险,银企合作进入了蜜月期。因此,保险公司一度在整个汽车信贷市场的作用和影响也达到了巅峰,甚至有些地区汽车信贷能否开展,取决于保险公司是否参与。

但是,保险公司参与游戏的两个前提条件在2000年后几年的运作中,由于三方参与者各顾自身利益而被修改。首先是银行为了追求绝对零风险,利用其强势地位,迫使保险公司或车商重新签订了10%~20%风险转移的附加协议。而经销商为了独家攫取超额垄断利润,通过虚开购车发票等手段违法经营。而同期各汽车经销商以套利为目的发起的车贷担保公司的不规范市场操作,更加加速了信贷市场的诚信风险。致使此后在武汉、北京、四川等地相继出现重大汽车信贷诈骗案件。最终,在2003年10月,汽车信用保证保险产品出现不到4年就退出了市场。

2004年1月15日,保监会发布了《关于规范汽车消费信贷保证保险业务有关问题的通知》,要求"各保险公司现行车贷险条款费率截至2004年3月31日一律废止"。2004年4月1日起,重新制定车贷险条款费率。

2004年4月1日,新一代汽车消费贷款保证保险(以下简称车贷险)重返市场。新车贷险产品具有以下一些特点:

(1)新车贷险有前提,如当银行获得了贷款购车人有效的抵(质)押物后,保险公司才承担保险责任。

(2)明确贷款车辆首付款不得低于30%,且投保人(贷款购车人)必须是贷款车辆的最终使用人。

(3)新车贷险承保是有条件的,如保险公司实行差额赔付,当贷款购车人不能还款时,银行处理贷款购车人的抵(质)押物后还不能弥补所欠贷款,保险公司将承保未偿还贷款本金及利息。

(4)保险公司有不低于10%的免赔率,如果贷款金额是10万元,保险公司最多只赔9万。

(5)要求车贷险期限不超过3年等。

新车贷险产品费率体系也更加精细,部分公司设定多个保险费调整系数,体现了风险的个性化和差异化,对投保人更为公平。这样做,一是合理平衡了保险公司、银行和贷款购车人之间的权利与义务,客观上促使各方当事人加强对风险的审查,尤其是加大了银行对贷款人资信审查,严格控制承保车辆条件,防范贷款人故意不还贷款、恶意骗取贷款、高贷低买、一车多贷等金融诈骗行为,维护金融市场安全。

然而,出乎保监会意料的是,虽然四大保险公司申报了6个新开发的车贷险产品,但市场反应极为冷淡。对于新车贷险,消费者、银行均采取了观望的态度,车贷险依然“缺位”。

对保险公司而言,车辆保险本身就处于亏损边缘,再加上原有车贷险留下的“累累伤痕”,“一朝被蛇咬,十年怕井绳”,车贷险已成为他们不敢揭的“伤疤”。全线撤退似乎是最好的也是唯一的选择。

为改变车贷险过度依赖保险公司的现象,中国农业银行伴随着车贷险断档开发了多种新的担保方式,如抵房买车贷款、第三方(自然人)保证贷款、经销商担保贷款、新车抵押贷款、房车组合贷款、信用贷款等。

三、汽车金融公司的消费信贷业务模式

2004年8月18日,中国首家汽车金融公司——上汽通用汽车金融有限责任公司在沪开业,这标志着中国汽车金融业开始向汽车金融服务公司主导的专业化时代转换。随后又有福特、丰田、大众、戴姆勒-克莱斯勒等汽车金融服务公司相继成立。“汽车+金融”的业务究竟意味着什么呢?汽车金融公司是为买车者和卖车者提供贷款服务的非银行金融企业法人。第一,它是非银行金融机构,而不是一般的汽车类企业;第二,它专业从事汽车贷款业务,不涉足其他金融业务;第三,它的服务对象限定为汽车购买者和销售者,其中,汽车购买者包括自然人和法人,汽车销售者专指汽车销售商,不包括汽车制造商等其他形式经销商。

根据中国银监会的批准,汽车金融公司可从事以下全部或部分业务:接受境内股东单位3个月以上期限的存款;提供购车贷款业务;办理汽车经销商采购车辆贷款和营运设备贷款(包括展示厅建设贷款和零配件贷款以及维修设备贷款等);转让和出售汽车贷款应收款业务;向金融机构借款;为贷款购车提供担保;与购车融资活动相关的代理业务等。

(一)汽车金融公司的公司性质与业务特征

汽车金融公司具有以下特征:

1.性质的多样性

汽车金融公司多为大型汽车集团的全资公司,具有三重性。

(1)产业性。汽车金融公司与汽车产业的兴衰息息相关,汽车金融公司在汽车产业的高速发展中产生并繁荣发展。相应地,汽车金融的发展又极大地促进了汽车产业的发展。总

之,汽车金融实现了产业资本与金融资本的完美对接。

(2)金融性。汽车金融公司是经营货币资金的特殊金融服务机构。它几乎提供了与汽车消费有关的所有金融业务,涉及汽车消费与贷款的方方面面,实现了资金积累与运用的金融职能。

(3)企业性。汽车金融公司的企业性主要表现在以下三个方面:

①汽车金融公司对汽车集团具有很大的依赖性,由其出资设立。

②汽车金融公司为汽车集团服务,以汽车集团的汽车提供支持,加强汽车集团与用户的联系。

③汽车金融公司虽是汽车集团的全资公司,但同时也是具有独立核算的企业法人地位。

2. 业务的多元化

汽车金融公司几乎涉及汽车消费的所有业务,是一个附加值相当大的领域,是一项复杂的工程。其业务体现在对汽车生产制造企业、汽车经销商、汽车消费者和汽车金融服务市场的服务上。一般而言,一个成熟的汽车金融服务体系包括以下的业务。

(1)汽车金融公司为汽车厂商维护销售体系、整合销售策略、提供市场信息。汽车金融,突破了生产资金将被固定于经销商的库存和客户的应收账款之中,造成销售数量越多,生产资金越发枯竭的困境;实现了汽车制造企业生产和销售资金的相互分离,大大地改善了生产企业和经销商的资金运用状况,提高了资金使用效率。

(2)汽车金融公司为汽车经销商提供存货融资、营运资金融资、设备融资。汽车金融为汽车生产制造和汽车销售企业开辟了多种融资渠道(如商业信用、金融授信等),即通过专门的金融机构(汽车金融服务公司)向社会筹集资金用于汽车金融服务,直接融资和间接融资等。总之,汽车金融使汽车销售商实现了批发和零售资金的相互分离。

(3)汽车金融公司为汽车用户提供消费信贷、租赁融资、维修融资、保险等业务。高折旧率是汽车消费的一个重要特点,针对这一特点,汽车金融公司拓展了对相关金融服务的市场需求。因此,对消费者而言,汽车金融不仅解决了支付能力不足的问题,而且降低了消费者资金运用的机会成本。

3. 作用的全面化

国外的发展经验表明,汽车金融服务的运营,集合了汽车产业及其延伸的相关链上各方合作者的经济利益并对其具有实质性影响,由于产业之间的联动效应,汽车金融的高速发展可以大大增加经济附加值。

(1)汽车金融与大型企业互动发展。汽车金融公司的业务发展给汽车集团的发展解除了资金枷锁,提高了其竞争力,促进了汽车产业的发展。

(2)有效利用金融资源,健全金融体系。突出表现在缩短了制造—经销—购买这一循环时滞,促进了商品流通,有效配置了社会资金资源。

(3)汽车金融的发展能够完善个人金融服务体系,其采取专业化服务,分散了风险,促进了信用经济的发展。

(二)汽车金融公司在中国的发展前景与现实状况

作为加入世界贸易组织后第一家被批准开业的汽车金融公司——上汽通用汽车金融公司,在其开业仪式上曾信誓旦旦地提出,汽车金融公司的开业将使国内汽车金融市场上的激烈竞争首先在“时间战”上打响，汽车金融公司将以其服务时间优势取胜于商业银行；而那些强烈要求大力发展汽车金融公司的专家学者，也从国外汽车金融发展趋势、汽车金融公司的专业优势等多个方面大力描绘其美好发展前景。可半年之后，情况就发生了戏剧性的变化。2004 年末，汽车金融公司交出的经营业绩答卷不仅让汽车金融公司自身大失所望，而且让那些看好汽车金融公司发展前景的专家学者大跌眼镜。统计数据显示，汽车金融公司开业近半年的时间里签单量不过寥寥数百笔，与此前的乐观预期相差甚远。商业银行依然是国内汽车金融市场上的老大，牢牢占据了绝大部分市场份额。

毋庸置疑，无论是从服务品种的多样性、服务水平的专业性，还是服务手续的便捷性来讲，汽车金融公司较之商业银行均具有明显优势。这也是国外汽车金融市场上商业银行逐渐被汽车金融公司所取代的原因。值得注意的是，国外汽车金融公司诸多优势的发挥是以健全的政策、良好的金融环境和信用环境为前提的。而目前国内的情况却是个人信用意识淡薄，社会信用体系缺失；金融市场不完善，金融机构不发达；法律政策存在真空，债权保护不力。这恰恰是造成国内汽车金融市场不发达、商业银行汽车消费贷款不良率居高不下的根源。

汽车金融公司的优势与劣势分析如下：

1. 汽车金融公司优势分析

从国外汽车金融市场的现状来看，汽车金融公司与商业银行在提供汽车金融服务方面相比有明显优势，具体表现在：快速便捷的贷款手续，具有竞争力的价格，专业化的经营管理，灵活多样的汽车金融产品和全方位的汽车金融服务。

(1)快速便捷的贷款手续。无论是“直客式”汽车信贷模式，还是“间客式”汽车信贷模式，都是以商业银行为主导的信贷模式。在这种模式下，购车人往往是通过经销商或担保公司或律师事务所与银行发生借贷关系。在签订借款合同之前，银行一般会要求购车人到指定保险公司购买车贷险，并到车管所办理抵押登记手续。因而，从购车人提出贷款申请到最终购得所选车辆，一般要经过几道，甚至几十道手续，其繁杂程度可想而知。比较而言，汽车金融公司的贷款手续就简单多了。由于汽车金融公司与汽车制造商和经销商关系密切(在很多情况下属于同一集团)，购车人只需在经销商处就可办理个人资料的审核、贷款手续和最终的车辆挑选，从而享受一站式服务。平均来看，商业银行的汽车贷款一般需要一周时间，而汽车金融公司则只需要一两天时间。在生活、工作节奏日趋紧张的今天，便捷往往能吸引更多的客户。

(2)具有竞争力的价格。在个人信用体系发达、社会信用环境良好的国家，汽车金融公司与商业银行在办理贷款手续的时间上差异并不大。显然，便捷的贷款手续并不是支撑汽车金融公司强大竞争力的关键，而其所能提供的有竞争力的价格则是商业银行无法做到的。由于汽车金融公司通常附属于汽车制造商，其成立的初衷就是要促进汽车销售，从而加速汽车制造商的资金回流。在此情况下，汽车金融公司往往会出于刺激销售的考虑而推出低利率，甚至零利率车贷，比如“9·11”事件后的美国。而汽车制造商也会适当向汽车金融公司提供贴息等支持。此外，由于汽车金融公司贷款手续简单，一般不再收取其他手续费，而以商业银行主导的信贷模式由于牵涉到诸多中介服务机构，购车者不得不为此支付担保费、保险费、管理费等费用。对于购车者来说，较低的贷款价格实际上意味着对汽车价格打了折扣,自然会受到青睐。

(3)专业化的经营管理。在汽车信贷活动中,由于作为抵押物的汽车不像房屋等其他资产一样处于固定位置,而是具有较强的可转移性,放贷主体往往很难对其实施强有力的监督。如何控制风险就成为众多金融机构棘手的问题。而专业的汽车金融公司则能够针对汽车消费的特点,开发出专门的个人信用风险评估模型、抵押登记管理系统、催收系统、不良债权处理系统等。在业务运营方面,从信贷产品的开发到信贷与销售和售后服务的联动,专业的汽车金融公司都有一套标准化的业务操作系统。这种专业化、标准化的经营管理,不仅大大提高了交易效率,而且可有效防范信用风险。强有力的风险控制能力恰恰是确保汽车金融公司在汽车金融市场上"攻城掠地"的制胜法宝。

(4)灵活多样的汽车金融产品。令很多购车者对汽车金融公司青睐有加的另一个原因则是其所提供的多样化产品和灵活的操作方式,这与商业银行较为单一和僵化的产品形成鲜明对比。在美国,汽车金融公司可以提供包括分期付款零售方式、融资租赁方式、信托租赁方式、汽车分期付款合同的转让与再租赁等产品。同时,还会有厂家贴息、客户享受零利率等多项优惠措施。此外,在贷款产品的操作方式上也表现出很高的灵活性。以大众汽车金融公司在国内准出的百龙信贷为例,除首付30%以外,有20%的贷款可以作为"尾付",在贷款到期时一并还清,这实际上降低了购车人的月供额度。

(5)全方位的汽车金融服务。从国外的汽车金融公司来看,贷款只是其所提供的众多汽车金融服务中的一种。汽车金融公司的客户还可以享受到该公司提供的保险、燃油、维修、检测、汽车俱乐部以及汽车救援等专业化的服务。这一点,商业银行显然无法做到。而汽车金融公司之所以敢于发放零利率车贷,很大原因就在于他们可以以此吸引客户,培养客户对该品牌的忠诚度,并通过提供上述专业化的收费服务来获取收益。根据有关机构对欧美国家的统计,在完全成熟的国际化汽车市场上,汽车的销售利润在整个汽车业的利润中只占20%,零部件供应占20%,而上述服务所形成的利润则达到50%~60%。提供全方位的汽车金融服务,既是汽车金融公司吸引客户的有力手段,也是其获取高收益的重要渠道。

正是在上述优势的支撑下,汽车金融公司逐渐取代商业银行成为国外汽车金融市场上的主角。而众多汽车金融公司敢于抢滩中国市场,所倚重的也正是这些优势。

2.汽车金融公司劣势分析

值得注意的是,汽车金融公司五大优势的发挥是以国外健全的经济金融环境、完善的政策法律体系和良好的社会信用环境为前提。而目前国内的现状却与此相去甚远。对此,那些汽车金融巨头显然没有充分准备,从而深陷四大困境。

(1)信用体系缺失,风险控制失效。从国内汽车信贷出现的问题来看,信用风险是各金融机构面临的最大风险。作为经营货币资金和风险的特殊企业,具备一定的风险识别和管理能力是汽车金融公司和商业银行开展业务、实现持续发展的共同前提和根本保证。在国外,汽车金融公司之所以发展迅速,且坏账率极低,在很大程度上应归功于其所具有的较强的风险识别与管理能力。但形成这种能力的前提在于金融机构能够获取足够多的有关借款人的个人信息。只有拥有足够充分、真实、有效的个人信息,金融机构才能对该笔业务可能隐含的风险作出准确识别,这就需要整个社会建立起一套健全的信用体系。该信用体系应最大范围收集并方便地向金融机构提供包括个人基本信息、个人工作情况、个人家庭支出情况以及个人在金融机构的历史记录等信息。与此同时,整个社会还应形成对失信者的监督、惩罚机制,从而在整个社会中形成“人人讲信用、人人守信用”的信用意识,使那些守信者因此而获得收益,失信者因此而遭到惩罚。个人信用体系的缺失恰恰是国内面临的最大问题。截至目前,我国尚未建立起全国联网且面向社会的统一的个人征信体系。这就使得那些开展汽车信贷业务的金融机构难以准确了解借款人的还款意愿,难以掌握借款人的还款能力和借款人的真实财产状况,从而无法对该笔业务的风险作出准确判断。在此情况下,较高的坏账率将是不可避免的。更为严重的是,与个人征信体系缺失相伴随的是信用等级监督机制和对失信者进行惩罚机制的缺乏,从而造成贷款者信用意识淡薄,道德风险严重。很显然,在这种情况下出现的汽车金融公司同样不能避免这一问题。为摆脱这种局面,要么是放弃市场,避免高坏账率的出现;要么是加速扩张,面临高坏账率的困扰。汽车金融公司陷入两难的选择。

(2)融资渠道狭窄,资金成本较高。无疑,信用体系缺失造成的风险控制失效对汽车金融公司是致命的打击。而《汽车金融公司管理办法》(以下简称《办法》)对其施加的融资渠道限制成为其发展道路上的另一大障碍。根据该《办法》的规定,汽车金融公司不能公开吸收存款,其资金来源只能是股东存款和追加投资。这无疑给汽车金融公司低价格优势的发挥套上了资金“紧箍咒”。理论上讲,贷款类金融机构是规模效益非常明显的机构,其所能吸收到的资金量越大,单位资金的运作成本就越低。这也是为什么那些跨国金融公司总能以较低价格向消费者提供相同质量,甚至于更为优质服务的原因所在。而国外汽车金融公司之所以能在汽车金融市场份额上占有绝对优势,与其资金来源渠道的多样化是分不开的。他们可以通过吸收购车储蓄存款、发行商业票据、贴现以及汽车贷款为担保进行融资,从而聚集起大量资金,通过汽车信贷促进汽车的销售,并从中得到汽车制造商提供的支持。在目前国内融资渠道受到严格限制,且各家汽车金融公司自有资本有限的情况下,其资金运作成本不可避免地被抬高。据统计,国内汽车金融公司的贷款利率平均比商业银行高出1%~1.5%。纵然是汽车金融公司提供的信贷无须支付额外的服务费,但购车人承担的总成本并不比从商业银行获取贷款低。价格优势的丧失使得汽车金融公司无法推出质优价廉的汽车贷款产品,再加上营业网点的制约,其在国内汽车金融市场上的竞争力自然大打折扣。

(3)车市步入降价周期,理性违约上升。自加入世界贸易组织以来,我国汽车市场的一个重大变化就是汽车价格的下降。这在给购车族带来好处的同时,也对从事汽车信贷业务的金融机构提出了挑战。虽然国内通过贷款购车的比例远低于国外平均水平,但仍已达到30%。对于通过贷款购车的人来说,一旦其所购车辆价格出现大幅跳水,甚至于出现剩余本息金额超过新车价格的情况,其理性的选择自然是违约,拒绝还贷。从有关分析报告来看,这种因理性违约给金融机构造成坏账的情况极为普遍。对于这一问题,无论是商业银行,还是汽车金融公司都是束手无策的。而根据国家信息中心发布的汽车行业预测报告,2015年作为我国产能不足转向产能过剩的“分水岭”,在其后3~5年,中国汽车特别是轿车的价格将呈现不断下降的趋势。汽车金融公司试图在车市步入降价周期的情况下取得好的业绩,甚至于成为中国汽车金融市场上的龙头老大,显然是十分困难的。

(4)结算网点少,制约购车人选择。根据《办法》规定,汽车金融公司将不能设立分支机构,这对于贷款买车的消费者来说,就会出现“贷款方便,还款难”的局面。有调查显示,在选择向哪家银行申请贷款时,众多贷款人更为关注的因素是该家银行的营业网点状况,即还款的便利与否,其次才是服务质量。显然,分支机构的限制将极大地制约汽车金融公司在国内业务的开展。就很长一段时期来看,汽车金融公司无法达到商业银行网点遍地的程度。这对其未来发展的影响将是难以估计的。

综合以上分析,国内不尽如人意的信用环境和限制颇多的金融环境使得汽车金融公司所具有的诸多优势难以发挥,甚至于变为劣势。从某种意义上来讲,国内商业银行在汽车金融市场上表现不佳的深层次原因并不是其风险管理水平低、服务质量差,而是环境因素使然。对于这一问题,国外汽车金融巨头纵使具有五大优势却也只能是束手无策。因此,汽车金融公司的美梦成空也就在所难免。

第二节　汽车消费信贷的一般流程与还款计算

一、汽车消费信贷的一般流程

汽车消费信贷业务流程设计,可以归纳为信贷申请→资信调查与评估→信贷审查和审批→签订信贷合同→发放贷款。根据汽车消费信贷机构的组织机构和业务特点,其业务流程设计可以分为四个阶段。

(一)信贷申请阶段

申请信贷的个人和经销商通过与汽车消费信贷机构的资信评估部门接触,对申请信贷业务进行咨询及索取有关资料。在确定需要申请信用贷款后,需按要求填写有关表格及提供有关材料。汽车消费信贷机构的资信评估部门对申请个人和企业进行立项,对其资信进行初步审核,决定是否接受其申请,对于不符合要求的个人和企业,及时进行回复。该阶段是汽车消费信贷机构筛选服务对象的第一关,主要集中在对申请个人和企业的文字材料的分析,通过这一关的筛选,将一些质地很差、风险很高的申请个人和企业剥离出去。这样一方面提高了公司的整体运营效率,另一方面也大大降低了风险。

(二)汽车信贷申请的审批阶段

对于符合汽车信用贷款要求的申请个人和企业,汽车消费信贷机构的资信评估部通过实地考察、采集申请者的资信材料,开展申请者的资信评估和分析,然后将评估结果交信贷审查批准部门进行审查与审批,对于不符合汽车信贷条件的申请个人和企业予以回复,对于符合条件的申请个人和企业,可以取得汽车消费信贷机构同意申请汽车信贷意向书,并启动贷款审批程序。该阶段是汽车消费信贷机构筛选服务对象的第二关,在这一环节,汽车消费信贷机构资信评估部门需要到申请个人和企业实地进行考察,采集分析数据,并对申请个人和企业作出资信评估,作为担保部门进行项目审批的重要依据。通过第二关的筛选,汽车消费信贷机构能够挑选出符合公司风险控制规定的个人和企业,并对之提供汽车信贷。

(三)汽车信贷监控阶段

汽车消费信贷机构正式发放汽车信贷后,风险监控部门需要定期、不定期的检查以得到信贷的个人和企业的财务情况和偿付能力，追踪个人和企业的资信变化情况，监测预警系统，及时发现风险并采取措施进行控制。

（四）违约处理阶段

风险监控部门一旦发现预警信号，应立即通知资产管理部门，并通过紧急止损措施，收回抵押资产等，汽车消费信贷机构的法律部门则负责各项法律事务，保证公司利益。

二、汽车消费信贷的还款计算

（一）我国的汽车消费贷款利率

银行存贷利率根据其变动情况的不同，分为固定利率、幅度利率和浮动利率。

（1）固定利率：是指金融当局制定的利率在较长的时期内保持不变。

（2）幅度利率：是指金融当局制定的利率在一定的幅度内变动。

（3）浮动利率：是指金融当局制定的、根据国民经济发展的需要随时可以进行调整的利率，其变动没有幅度的限制。

在我国，中国人民银行公布的利率属于基准利率，商业银行在制定自己的利率时，在基准的利率上允许有10%上下波动的幅度，其中对于中小企业，这个幅度可扩大到上下20%。汽车贷款利率实行的就是浮动利率，在贷款期间，随着中国人民银行制定的利率变化而变化。在2003年10月和11月银监会颁布的《汽车金融公司管理办法》及《汽车金融公司管理办法实施细则》中，汽车金融机构发放的汽车贷款的利率被锁定在基准利率上下浮10%～30%。同年12月，中央银行宣布扩大金融机构贷款利率的浮动空间，从2004年1月1日起，商业银行、城市信用社贷款利率上浮区间由以前的最高30%扩大到70%。即以1年期贷款基准利率5.31%为例，商业银行贷款利率最高可以上浮至9.03%。此举意味着银行可以更大限度地提高贷款利率。

（二）汽车消费贷款的本息月还款额的计算

1.汽车消费贷款的本息月还款额的计算

汽车消费贷款的月还款额的计算，以期初贷款总额为基数，按签约时银行同期贷款利率计算，在还款期间内，如遇银行利率变化，则随利率调整，一年一定。该方法适用于担保贷款和分期付款。

计算汽车消费贷款本息月还款额有按等额本息法和按本息递减法两种不同的方法。

（1）等额本息法。采用每月等额还本付息办法，计算公式为：

$$\text{每月还款额}=\text{贷款本金}\times\text{月利率}+\frac{\text{贷款本金}\times\text{月利率}}{(1+\text{月利率})^{\text{还款总期数}}-1} \tag{3-1}$$

在实践中，等额本息法是以银行根据当时的利率，事先计算出单位贷款额不同贷款期的月等额还款额，并编制《汽车消费贷款月还款明细表》，对照《汽车消费贷款月还款明细表》，月还款额为所贷车款的总额（单位：万元）乘以贷款期限所对应的月还款额。汽车贷款利率依银行利率而定，以2004年汽车贷款利率为例，1万元贷款月还款计算见表3-1。

$$\text{每月的还款额}=\text{贷款总额(万元)}\times\text{贷款年限所对应的月还款额} \tag{3-2}$$

汽车消费贷款每万元月还款明细表 表3-1

借款金额(元)	借款期限(月)	年利率(%)	月利率(%)	月还款额(元)
10000	13	5.49	0.4575	794.09
10000	24	5.49	0.4575	440.91
10000	36	5.49	0.4575	301.91
10000	48	5.58	0.465	232.93
10000	60	5.58	0.465	191.38

举例说明：

某品牌轿车销售价 18.75 万元，首付 10 万元，余款 8.75 万元，分两年付清。月还款额 $=8.75\times440.91=3857.96$ 元

(2)本息递减法。递减法计算公式：

$$\text{每月还款额}=\text{每月还款的本金}+\text{每月还款利息} \tag{3-3}$$

$$\text{每月还款本金}=\frac{\text{贷款本金}}{\text{贷款期}}\times\text{月数} \tag{3-4}$$

$$\text{每月还款利息}=(\text{贷款本金}-\text{累计已偿还本金})\times\text{月利率} \tag{3-5}$$

2. 分期付款的本息计算

在实践中，核算汽车分期付款销售的还本付息，一般采用等额还本付息法。

(1)等额还本付息法的计算公式：

$$\text{每月还款额}=\text{欠付本金}\times\text{月利率}+\frac{\text{欠付本金}\times\text{月利率}}{(1+\text{月利率})^{\text{还款总期数}}-1} \tag{3-6}$$

(2)欠付 1 万元等额本息还款计算。

计算结果见表 3-2。

汽车分期付款每万元月还款明细表(单位:元) 表3-2

类别	项目编号	项目	期限				
			6 个月	12 个月	18 个月	24 个月	36 个月
车款欠款	①	欠款额	10000	10000	10000	10000	10000
	②	月均付	1666.666	833.333	555.555	416.666	277.777
利息	③	月利率(%)	0.465	0.487	0.495	0.495	0.495
	④	总额	163.468	319.467	476.922	630.555	942.206
	⑤	月均付	27.2446	26.6222	26.4956	26.2731	26.1724
小计	⑥	总额(①+④)	10163.468	10319.467	10476.922	10630.555	10942.206
	⑦	月利率(②+⑤)	1693.9114	859.9556	582.0512	442.9398	303.9502

在实际操作中，用欠付车款总额乘以表中相应数。

(3)等额本金还款计算法。

分期付款的本息计算还有另一种方法。以下列举另一种分期付款利率的设计，说明另一种分期付款本息的计算方法。

【例 3-1】 放款 100000 元，年利率 9%，每季计息一次，每年还款两次，每年复利 4 次，两年还清。

解 （1）每次应摊还本息额：

$$100000 \times \frac{\left(1+\frac{0.09}{4}\right)^{\frac{4}{2}}}{1 \times \left(1+\frac{0.009}{4}\right)^{\frac{4}{2}}} = 27907.67（元）$$

（2）每期利率：

$$r_0 = \left(1+\frac{r}{4}\right)^{\frac{4}{2}} - 1 = \left(1+\frac{0.09}{4}\right)^{\frac{4}{2}} - 1 = 0.0455$$

计算结果见表3-3。

每年复利4次,还款2次计算明细表（单位:元） 表3-3

期数(年/次)	各期期初本金	每期应摊还本息额	每期应付利息	每期摊还的本金
1/1	100000	27907.67	4550	23357.67
2	76642.33	27907.67	3487.23	24420.44
2/3	52221.89	27907.67	2376.1	25531.57
4	26690.32	27907.67	1214.41	26693.26
合计	255554.54	111630.68	11627.74	100002.94

第三节 汽车消费信贷的资信审查与风险控制

一、汽车消费信贷的资信审查

借款人提出贷款申请是汽车消费信贷操作程序的第一步。然后,提供贷款的消费信贷机构对申请作出的反应,开展贷前调查和信用分析,银行通过申请人的调查和信用分析,判别申请人是否有资格取得贷款。汽车消费信贷的资信审查是通过对这些私人贷款中存在的各种风险进行评估,而这些风险无疑是与商业贷款的风险不同。在一般的情况下,消费贷款资信审查通常要分析贷款人信用六个方面的情况,即:品质(Character)、能力(Capacity)、现金(Cash)、抵押(Collateral)、条件(Condition)、控制(Control),也就是通常所说的6C。

（一）品质

对借款者品质进行调查时,银行首先必须掌握借款者的意愿。在这里,银行能获得的唯一量化资料是借款者的申请和信用记录。如借款者是银行的现有客户,则银行可以根据借款者以往的表现作出判断;若借款者是新客户,则银行就必须通过多种渠道,从各方面了解借款者。这时,银行一般要取得借款者的身份证,核实其就业情况,审查其贷款申请的准确性,甚至必要的时候向与借款者有借贷关系的其他单位征询。总之,银行在对借款者品质的调查中,更多的是依赖主观判断,如果银行确认借款者不诚实或有欺诈行为,则会拒绝放贷。

（二）能力

审批人员必须确定请求汽车消费贷款的客户有权作出此种请求,并在法律上有能力签署具有约束力的汽车消费贷款合同书、分期偿还汽车消费贷款保险合同书等与汽车消费贷款相关的协定。

（三）现金

对于汽车消费信贷而言，现金方面的评估就是对贷款客户收入水平的评价，包括个人收入的规模和收入的稳定性。希望客户提供净工资额或可支配收入，而不是毛工资额，还要调查客户的工作年限、职务、居住地址。如果客户与本银行过去有业务关系，要调查客户的日平均存款额，这是衡量收入规模和稳定性的直接手段。而且，通常认为一个人在一个地址居住时间越长，往往反映他的个人情况越稳定，如果经常变化居住地，是考虑发放贷款的一个负面因素。

（四）抵押

根据国内汽车消费贷款抵押方式的不同，贷款审批人员要采取不同的措施。对于以国库券、金融债券、国家重点建设债券、本行出具个人存单质押的客户，审批人员可以给予较高的资信评价；对于以不动产抵押的客户，审批人员要实地了解不动产的详细情况，比如说房产，就需要了解房屋所在的地址、房屋整体结构、大致面积、装修情况等；对于第三方担保，如果是保险公司连带责任保险，从目前的情况看，这样的违约率较高，审批人员要给予较低的资信评估，如果是除保险公司以外的第三方担保资信评估要更低。

（五）条件

贷款审批人员必须清楚地了解贷款申请客户所从事的工作或者产业的最近发展潮流，这其中包括客户及其产业部门对经济周期和技术发展的敏感程度，客户所在产业和市场范围内的劳动力市场情况，以及变化的经济环境会如何影响客户贷款的偿还。

（六）控制

评价借款人资信状况的最后一个因素是控制，主要集中在以下两个方面：

(1)法律和规章制度上的变化是否会对借款人带来不利的影响，例如国家的汽车消费政策如果鼓励客户进行汽车消费。

(2)客户在汽车消费方面的费用的减少就会有益于贷款的偿还。

二、汽车消费信贷的风险控制

（一）汽车消费贷款风险控制的概念与分类

1.汽车消费贷款风险控制的概念

汽车消费信贷的风险控制是指在汽车消费信贷过程中，在符合国家法律制度的前提下，消费信贷经营主体应采取怎样的风险控制方法来进行风险的规避。有效的风险控制模式是汽车消费贷款顺利进行的根本保证。

汽车消费信贷风险控制实际上是银行的汽车消费贷款资金安全管理，是商业银行信贷管理的核心。由于汽车在整个贷款的期间存在着太多的变数，即使排除借款人的恶意风险的因素，该项汽车消费贷款实行了抵押贷款、质押贷款等保障贷款措施，还是有可能造成贷款的损失。例如，作为抵押物的汽车在行驶中出了事故，使得抵押物价值下跌，一旦借款人贷款难以收回，该抵押物已不足以补偿贷款的本息；或者当市场上汽车价格下跌，这时借款人发生了还款困难，而贷款时作为抵押物的汽车，其现时价格已不足以弥补贷款的本息，从而影响到贷款的回收。所以说，汽车消费贷款是一种风险比较大的贷款。通过汽车消费贷款的风险控制，可以切实保证贷款资金的安全。

2. 汽车消费贷款风险的分类

我国传统的贷款分类方法基本上是沿袭财政部1988年在《金融保险企业财务制度》中的规定，即把贷款划分为正常、逾期、呆滞、呆账，其中后三者合称不良贷款。1998年下半年，中国人民银行制定《贷款风险分类指导原则（试行）》，决定在政策性银行、商业银行中开展清理信贷资产、改进贷款分类的工作，开始实行新的贷款风险分类办法。

依据《贷款风险分类指导原则（试行）》的规定，按照风险程度将贷款划分为五类，即正常贷款、关注贷款、次级贷款、可疑贷款、损失贷款。

（1）正常贷款。属于“正常类”的贷款，是指借款人能够履行合同，并且充分把握按时足额偿还贷款本息，没有任何迹象表明对贷款的偿还存在不利因素。

（2）关注贷款。属于“关注类”的贷款，尽管借款人目前有能力足额偿还贷款本息，但存在某些可能对偿还产生不利影响的因素。

（3）次级贷款。属于“次级类”的贷款，是指所贷款项如果逾期超过90d，借款人的还款能力出现了明显的问题，依靠其正常经营收入已无法保证足额偿还贷款本息。

（4）可疑贷款。属于“可疑类”的贷款，是指借款人无法足额偿还本息，即使执行抵押或担保也会造成一部分的损失。

（5）损失贷款。属于“损失类”的贷款，是指如果在采取所有可能的措施和一切法律程序之后，贷款仍然无法偿还，或只能收回极少部分。

汽车消费贷款的特点是金额小、笔数多，由于借款人一般不编制自身的财务报表，银行也无法判断借款人的财务状况，并且分别监控的成本比较高。相当多的汽车消费贷款采取的是将贷款所购的汽车作为贷款抵押品，汽车的市场价格趋势是递减，同时，汽车的不可估计的因素较多，因此，即使有贷款购买的汽车作为抵押品，风险仍然比较大。这就需要贷款人对借款人的基本情况、还款能力、担保状况及逾期状态等进行综合的判断分析，正确把握贷款风险。

（二）汽车消费信贷风险控制体系的建立

基于上述分析，应建立一套汽车消费信贷风险控制体系，其中包括贷前的个人资信水平调查与评价系统，贷中的个人信用状况监控系统，贷后的个人信用监控和风险处置系统。

1. 贷前个人资信水平调查和评价

要对汽车消费贷款申请客户的资信水平进行正确的评价，就必须掌握大量的、准确的客户信息，应了解以下各方面的信息。

（1）自然情况。年龄、职称、性别、婚姻状况、文化程度、职业、在现单位工作的年限、职务、家庭成员数。

（2）收入状况。个人月收入、家庭月收入、住宅性质。

（3）贷款购车情况。购车用途、申请贷款购车价格、首付比例、贷款金额、贷款期限、担保方式。

(4)与银行的关系。在本行有无账户、贷款历史、月还款/月收入。

当收集到贷款客户以上方面的信息之后,就需要对贷款客户的资信水平进行评价。假设客户信用分值为 S,则有:

$$S = \alpha \times Z_1 + \beta \times Z_2 + \varphi \times Z_3 + \mu \times Z_4 \tag{3-7}$$

式中:S——客户信用分值;

Z_1——自然情况;

Z_2——收入情况;

Z_3——贷款购车情况;

Z_4——与银行的关系;

α、β、φ、μ——各因素的权重,且 $\alpha + \beta + \varphi + \mu = 1$。

银行的信用评分制度,就是给第二层评价指标的每一个项目从 1 ~ 10 进行评分,再根据以往的信贷资料,确定贷款的标准分或者临界点,客户的资信评分高于临界点,就给予贷款,低于临界点,就驳回申请。在高于临界点的贷款客户中,又根据分值的高低来决定贷款额的多少,信用评分越高得到的贷款额越大。对于信用评分系统需要经常验证和修改,这样可以减少系统本身可能存在的大的缺陷,例如不断根据经济环境和家庭生活方式的变化及时进行调整。僵化的信用评分体系,对银行的消费者贷款业务来说是致命的威胁,它可以抛弃良好的消费者贷款申请,毁掉银行在业务区域内的声誉,并且会给银行的贷款结构带来高风险。

2. 贷中审查,发放环节风险监控

审查人员要核实:汽车消费贷款的申请人提供的材料是否齐全;提供的材料原件是否真实、有效,原件和复印件是否吻合,材料之间是否一致;保证人是否具有保证能力;抵押物或者质押物的所有权是否属于抵押人或出质人;抵押物或者质押物是否已设定抵押或其他相关情况;对于所购车辆设定抵押的,是否已办理保险手续。审批人员要审查此贷款是否符合本行信贷授权管理的有关规定和要求;是否符合上级核定本行汽车消费信贷的规模;信贷申请资料是否正确、完整,是否超过审批权限;经办行与审批人签订的法律文件是否经本行法规部门复审。

在贷款的发放过程中,要仔细签订合同,检查合同文本填写是否规范、准确、完整;是否按照规定批准信贷总额、信贷期限以及贷款利率;抵押合同中贷款人是否办理抵押物的公证手续;保险期限是否不短于信贷期限;是否签订质押合同;贷款到期日是否在质押权利凭证的到期日以内;是否签订汽车消费信贷保证合同等。

3. 贷后的个人信用状况监控

汽车消费信贷客户在贷款成功后,就开始在贷款期限内开始偿还贷款的本息,由于在这个期间内,客户信用涉及社会的方方面面,由于个人的社会地位、经济环境、个人财富、个人经历的变化,个人的信用也必将发生变化。因此,商业银行为了保证汽车贷款项目的安全,就必须跟踪监控贷款客户的信用状况,以期掌握个人信用的变化,提前做好准备。

4. 贷后风险处置

虽然贷款客户目前仍然有稳定的收入作为还款来源,但由于某种外部原因,如行业结构调整、所在企业经营状况不佳等，都会使个人收入受到影响，导致借款人偿还贷款潜伏风险，银行应该给予关注。如果这些潜伏风险是短期的，银行应该帮助客户调整消费结构，安排好收支活动，减少不必要的开支，保证银行消费贷款的偿还。若风险是长期的，应采取其他措施，如调整贷款期限，尽可能收回贷款，或者要求客户增加担保，尽量降低银行和保险公司可能面临的风险。当发现贷款客户的个人财务状况发生明显的缺陷、个人收入来源不稳定、个人收入没有大的增加时，若贷款客户又在其他银行贷出其他消费贷款，使其个人收入明显不足以偿还汽车消费贷款的本息，或者当抵押担保物价值发生变化，使贷款偿还记录出现逾期现象，这时候银行要督促贷款客户计划好收入和支出，催收贷款，对逾期贷款加紧催收工作，向借款人发送贷款逾期催收通知书，并且与客户签订还本付息计划，保证银行债权。

综上所述，要从整体上控制贷款客户的风险，就必须建立系统的风险控制体系。汽车消费信贷风险控制作业流程如图 3-1 所示。

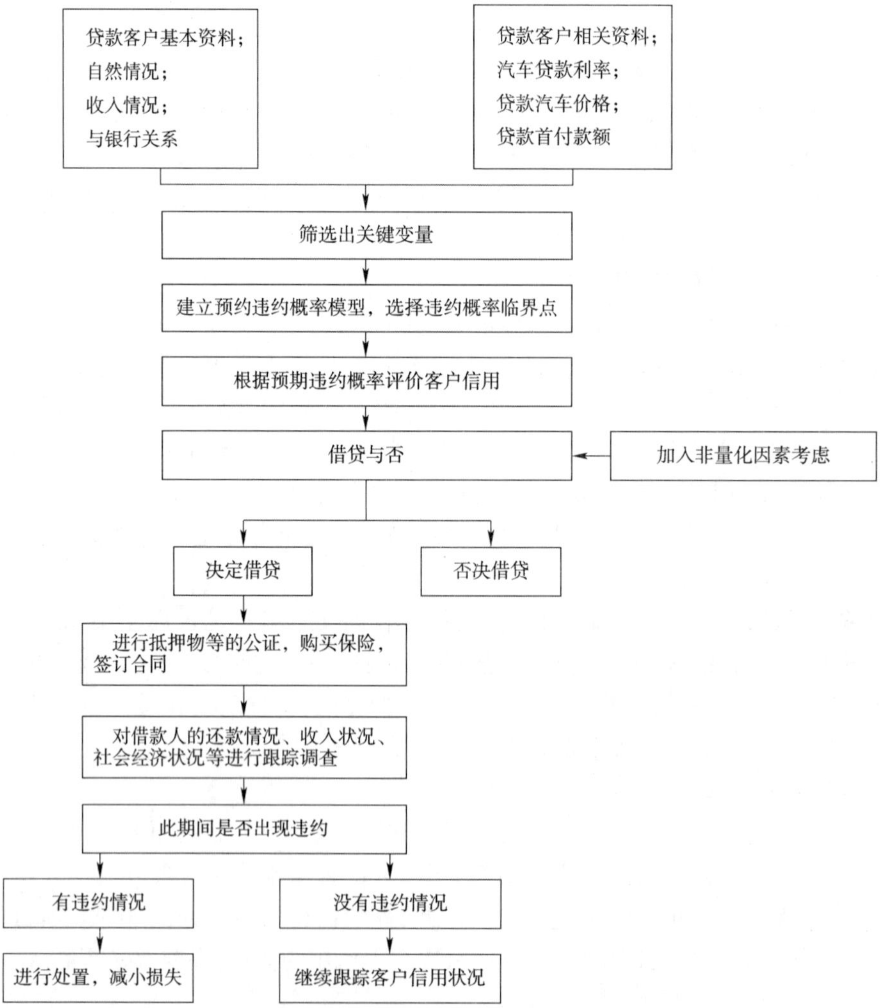

图 3-1　汽车消费信贷风险控制作业流程图

第四节　汽车消费信贷合同及其范例

一、汽车消费信贷合同的种类与特点

个人汽车消费信贷合同,根据不同标准可以分成不同的种类。以汽车消费贷款的发放模式,可以将其分为“直客式”汽车消费信贷合同、“银商保”汽车消费信贷合同、“间客式”汽车消费信贷合同。其中“直客式”汽车消费信贷合同目前主要是由银行与消费者直接签订,其主要特点是在银行与消费者发生的信贷关系中,经销商一般不作为担保人参与其中,由消费者与银行协商选择担保方式,此方式由于涉及个人信用的调查与担保的确定,因此手续十分烦琐。

银商保式汽车消费信贷合同可以分为三类:一是由汽车经销商提供全程担保,而保险公司不参与其中的银行、经销商、客户式信贷合同,其主要特点在于消费者与银行建立的汽车消费信贷关系中,经销商为其提供全程的连带责任保证;二是由保险公司提供全程的履约保证责任保险,而经销商不参与其中的银行、客户、保险公司式信贷合同,其主要特点是消费者购车申贷后,由保险公司对其日后的还款行为承担保险责任,即消费者违约不予还款时,由保险公司承担相应的保险责任而支付其所余贷款;三是经销商、保险公司分别介入其中的经销商、银行、客户式信贷合同,其主要特点是在消费者与银行建立的汽车消费信贷关系中,既有经销商在其中承担一定的担保责任,又有保险公司承担一定的履约保证保险责任。

间客式汽车消费信贷合同也可以分为三类:一是汽车制造企业与经销商合作与消费者签订的汽车消费信贷合同,其主要特点是由汽车制造企业以分期付款方式将汽车批发给自己的经销商,再由经销商对消费者提供分期付款的汽车消费信贷服务;二是汽车企业集团内的财务公司与经销商合作,与消费者签订的汽车消费信贷合同,主要特点是财务公司对经销商提供信贷服务,再由经销商将这种信贷服务提供给消费者;三是汽车经销商独立与消费者签订的汽车消费信贷合同,其主要特点是经销商必须具备较大的资本、较好的资本运营能力及较强的风险承受能力,在其与消费者建立的信贷关系中没有银行或其他金融机构的参与。

根据个人汽车消费信贷合同中担保方式的不同,可以将汽车消费信贷合同分为汽车抵押贷款合同、汽车质押贷款合同、汽车保证贷款合同、汽车混合担保贷款。汽车抵押贷款合同又可以分为两种情形:一是消费者以所购车辆作为抵押物而与贷款人成立的信贷合同;二是消费者以其他不动产作为抵押物而与贷款人成立的信贷合同。汽车质押贷款合同是借款人以法律规定允许质押的各种动产及权利作为担保,向贷款人申请汽车消费贷款而成立的合同。汽车保证贷款合同可以分为两种情形:一是消费者以银行、保险公司作为连带保证人而与贷款人成立的信贷合同;二是消费者以银行、保险公司以外的第三方作为保证人而与贷款人成立的信贷合同,其主要特点是保证责任方式可以是连带责任保证,也可以是一般保证。汽车混合担保贷款合同担保形式多样,贷款手续较为烦琐,但对贷款人的贷款保障程度较高。

二、汽车销售贷款合同范例

以某汽车销售商与银行的汽车按揭合作协议书,以及与担保公司的合作协议范本为例。

汽车按揭合作协议书

编号：　　　　年第　　　号

协议双方：××××汽车销售有限公司　　　　　　　　　　　　（以下简称甲方）

××××银行　　　　　　　　　　　　　　　　　　　　（以下简称乙方）

为促进甲方汽车销售，甲、乙双方本着公平自愿、平等互利原则，经友好协商，就开展汽车消费贷款合作事宜，签订本协议。

第一条　合作车型。

乙方对甲方通过下列汽车生产厂家授权销售的全新乘用车辆提供汽车消费贷款服务，其生产厂家为：________________________汽车品牌为：车型为：____________________________________甲方保证其销售的车辆均通过上述生产厂家授权取得，并确保其向最终用户所交付的车辆质量和/或服务合格，或其向最终用户就所交付的车辆质量及其服务所作的陈述是真实合法有效的，且同时得到最终用户的书面认可。甲方承诺对于其与最终用户在车辆销售及售后服务过程中所出现的任何纠纷与异议将予以及时妥善解决，因甲方在车辆销售及售后服务过程中的过失导致乙方向最终用户所发放的汽车消费贷款所产生的损失（包括但不限于诉讼费用，调查取证费用，差旅费、律师费等），由甲方向乙方赔偿。

本协议所称最终用户是指经甲方向乙方推荐，经审查后，乙方向其提供汽车消费贷款的购车人。甲方承诺按照乙方的要求向最终用户介绍乙方发放汽车消费贷款的条件、流程等，不得擅自以乙方名义或自行向最终用户作出任何虚假陈述。

第二条　贷款流程。

1. 乙方在对最终用户进行资信审查后，向甲方出具《提车通知单》。

2. 甲方收到乙方出具的《提车通知单》并确认无误后可向最终用户发车，甲方应当协同最终用户办理缴纳车辆购置附加费、领取牌照、按照乙方要求办理相关保险等手续，并在上牌后将汽车发票原件、销售合同原件、首付款凭证原件、车辆登记证原件、行车证复印件、保险单证等资料提交乙方，并配合乙方办理以乙方为抵押权人的抵押登记手续后，乙方将客户贷款资金划入甲方在乙方开立的账户。

3. 乙方向甲方出具的《提车通知单》仅用于向甲方证明持有该项通知单项下最终用户已经过乙方审批，乙方同意在客户信用状况、授信条件不变的情况下向其提供汽车消费贷款。

第三条　甲方的权利和义务。

1. 甲方在乙方开立结算账户，账号为：__________________，该账户用于存放在本协议履行过程中所有最终用户以其自有资金及贷款资金向甲方购买车辆所形成的销售收入。

2. 按照乙方的要求提供财务报表、生产厂家授权文件等资料。

3. 及时向乙方反馈汽车销售的政策、合作车型及其竞争车型的价格销量等市场信息。

4. 对向乙方提供资料的真实性负责，确保乙方抵押登记手续的办理。

5. 保证与最终用户之间交易的真实性及合法性。

6. 贷款一经发放，甲方对最终用户的任何退货、换货、退款、解除或更改销售合同等行为，均应通过乙方进行。未经乙方书面同意，甲方不得对其进行上述处理。

第四条 乙方的权利和义务。

1. 乙方有权根据最终用户的资信状况确定是否向其提供汽车消费贷款。

2. 乙方有权审核甲方提供资料的真实性、完整性，并据以确定是否向最终用户提供汽车消费贷款。

第五条 违约的处理。

发生违约后，乙方有权对甲方采取以下任何一项或多项措施：

1. 限期纠正违约。

2. 停止受理本协议项下的汽车消费贷款申请。

3. 停止本协议项下汽车消费贷款的发放。

4. 直接从甲方账户扣划相应资金。

5. 采用必要的法律手段。

第六条 其他约定。

因甲方违约对乙方造成损失，乙方对该项损失的追索不受本协议期限的影响。本合作协议条款系由双方协商一致后自愿签订。

第七条 适用法律。

本协议适用于中华人民共和国法律。在协议履行期间如当事人之间产生纠纷，应向乙方所在地人民法院提起诉讼。

第八条 甲、乙双方凡在广告宣传中涉及对方名义的，须取得对方的书面同意。

第九条 本协议一式两份，甲、乙双方各执一份，具有同等法律效力。乙方有权在向甲方发出书面通知后，停止受理贷款申请。

补充条款：

____

____

____

____

甲方：法定代表人	乙方：法定代表人
或授权代理人	或授权代理人
签章：	签章：
年 月 日	年 月 日

合作协议

甲方：××××担保有限公司 （以下简称甲方）

乙方：××××汽车销售服务有限公司 （以下简称乙方）

为推进××市个人汽车消费贷款担保市场的发展，加强汽车销售商与担保公司的合作，甲、乙双方经过友好协商，本着平等、自愿、互利的原则合作开展个人汽车消费贷款担保业务，现就有关合作事宜达成如下协议。

第一章　合作原则及方式

第一条　甲方系经国家工商行政管理部门批准登记，具备从事个人汽车消费贷款担保资质的专业化企业。乙方系为贷款购车客户提供整车销售、零配件供应、售后服务、信息反馈等销售服务（又称“4S”）并经国家工商行政管理及相关行业主管部门批准成立，具备从业资格的专业汽车销售服务店。为推动____市个人汽车消费贷款担保业务的快速成长，甲、乙双方自愿结成合作伙伴关系，甲方为乙方客户提供方便、快捷、安全的汽车贷款担保服务，乙方积极、主动地为甲方提供和宣传个人汽车消费贷款担保业务，并为甲方推荐合格的客户。

第二条　双方本着平等、自愿、互利的原则，开展个人汽车消费贷款担保业务。合作期间，双方通过紧密、持续的合作为客户提供一流的服务，以达到共建品牌、共荣共赢的目的。

第三条　在合作过程中，双方按照各自的工作流程进行操作，独立自主、相互配合，互不干涉。

第四条　乙方进行宣传，凡涉及甲方的，内容须符合国家有关的金融政策及银行规定的操作流程。同时，宣传稿内容须经双方共同审定后方可发布。

第五条　甲方、乙方均有义务遵守对方的商业机密，不得作出有违商业道德及有损对方声誉和形象的言行，违者应赔偿对方的一切经济损失。

第二章　甲方的权利与义务

第六条　甲方对乙方提供的客户按自身业务相关规定独立完成客户信用调查、面签、内部审批、报贷款银行审批、办理上牌、办理抵押登记手续等贷款担保所有手续。

第七条　甲方保证乙方所推荐的汽车消费贷款客户在提供完整贷款担保资料（详见附件）后3个工作日内，由甲方合作银行向乙方客户放款；甲方配合乙方客户办理提车手续。

第八条　甲方有义务在贷款办理过程中妥善保管贷款人资料，确保整个贷款环节的安全性。

第九条　甲方有义务按照各项收费标准为乙方提供的办理贷款担保的客户出具盖有甲方财务印章的专用收据。

第十条　甲方对乙方提供的并符合甲方贷款担保条件的客户优先提供服务，乙方也应将申请个人贷款担保业务的客户优先介绍给甲方办理。

第十一条　甲方有权对乙方收取的相关费用进行监督和审查。

第三章　乙方的权利与义务

第十二条　乙方有义务积极配合甲方联系客户，收集客户资料，并负责所售车辆的售后服务。

第十三条　乙方受理申请贷款购车的客户时，应先了解清楚客户是否具有贷款资格，基本资料是否可以完整提供等信息，对于初步具备贷款条件的客户，及时地通知甲方受理此客户的贷款需求。

第十四条　乙方有权随时了解业务办理的进展情况，并提出合理的意见。

第十五条　乙方推荐的客户有权享有甲方提供的各项增值服务，如为符合要求的贷款客户代办信用卡等。

第十六条 如乙方伙同客户恶意骗取贷款或从事其他损害甲方及甲方合作银行的违法行为，甲方有权立即终止与乙方的合作，由此引起的一切经济、法律责任由乙方全部承担，乙方无条件接受甲方对其作出的按所骗取的贷款金额的双倍的经济处罚，乙方对此不持异议。

第四章 收费标准

第十七条 甲、乙双方在客户提车时，应相互配合，为客户提供最好的服务。

第十八条 甲方按以下标准向乙方客户收取各项费用，甲方有权根据市场情况随时调整收费标准及结算政策。

1. 担保费：每笔按贷款金额的收取________(国产车)；每笔按贷款金额的收取________(进口车)；

2. 上牌、公证、抵押费用：1000 元/辆(国产车)；1200 元/辆(进口车)；

3. 上门服务费：200 元/辆；

4. 履约保证金：贷款额度在 20 万元以下(不包括 20 万元)的每辆收取 1000 元；贷款额度在 20 万～30 万元(不包括 30 万元)的每辆收取 2000 元；贷款额度在 30 万以上的每辆收取 3000 元。

第十九条 甲方负责贷款担保客户以后年度的续保，即客户后续贷款担保年度的保险购买。

第五章 协议终止与解除

第二十条 本协议有效期届满，协议自行解除。

第二十一条 一方营业执照自动注销或被工商和行政管理机关注销或吊销时，应在注销或吊销时通知对方，本协议即终止。如故意或过失地向对方隐瞒相关信息，造成对方经济损失的，受损方有权终止、解除合同，并追究对方违约责任。

第二十二条 因合作期间内发生客观变化致使甲、乙双方无法履行本协议的或继续履行已不再具有实际意义时，任何方均可提出终止或解除协议。

第六章 其他事宜

第二十三条 本协议所有附件及补充条款均为本协议有效组成部分，与本协议有同等法律效力。

第二十四条 本协议有效期____年，自____年____月____日至____年____月____日止，协议一式两份，双方各持一份，经双方法定代表人(或授权人)签字并加盖公章后生效。

第二十五条 本协议未尽事宜由双方协商解决，如协商不成则向仲裁委员会申请仲裁。

甲方：××××担保有限公司

法定代表人或授权人(签名)：

年 月 日

乙方：××××汽车销售服务有限公司
法定代表人或授权人(签名)：

年　月　日

附件：

车辆贷款担保业务所需客户资料

资　料	说　明
1. 夫妻双方身份证	已婚者配偶提供身份证，未婚或离异者要求提供共同还款人资料
2. 户口复印件	外地户口需要提供暂居证，或私有住宅证明，或投资证明
3. 婚姻证明复印件	(1)结婚证；(2)离婚证；(3)单身证明
4. 借款人驾驶执照复印件	
5. 工作及收入证明	要求夫妻双方提供，含对账单
6. 购车首期款发票复印件	或定金或根据车商具体情况补交
7. 购车协议	
8. 住房证明	房产证和土地证或购房合同协议、发票等
9. 其他	如申请人为私营业主，则需申请人企业相关资料[即营业执照、税务登记证、企业(个人)资金流量等]

第四章　汽车保险实务

近几年来,随着汽车保有量的迅猛增长,汽车保险的业务量所占比重也越来越大。在中国,汽车保险是财产保险公司的主要业务来源,占据了财产保险公司业务量的50%以上。本章在介绍保险学原理的基础上,重点介绍了机动车辆保险的投保实务、承保实务和理赔实务。对于读者了解机动车辆保险具有非常重要的意义。

第一节　机动车辆保险的基本理论

机动车辆保险的基本理论包括机动车辆保险的概念、特点、功能、保险中介等内容。

一、机动车辆保险的概念及相关术语

(一)机动车辆保险的概念

目前,我国保险界一般采用《中华人民共和国保险法》(以下简称《保险法》)第二条的定义:"保险是指投保人根据合同约定,向保险人支付保险费,保险人对于合同约定的可能发生的事故因其发生所造成的财产损失承担赔偿保险金的责任,或者当被保险人死亡、伤残、疾病或者达到合同约定的年龄、期限时承担给付保险金责任的商业保险行为。"这个定义实际上包括两个部分:前一部分阐述了财产保险,后一部分阐述了人身保险。

机动车辆保险属于财产保险的一种,它是以机动车辆本身及机动车辆的第三者责任为保险标的的一种运输工具保险。

机动车辆的概念比汽车的概念涵盖的内容要广。机动车辆保险合同中承保的标的包括汽车、电车、蓄电池车、摩托车、拖拉机、各种专用机械车以及特种车。在世界上某些国家和地区,汽车保险和电车、蓄电池车、摩托车、拖拉机的保险条款各不相同,所以在这些国家和地区存在汽车保险、摩托车保险、各种专用车保险。我国大陆将各类机动车实行统一的条款,统称机动车辆保险。

(二)与机动车辆保险相关的术语

1. 保险标的

保险标的是保险保障的目标和实体,指保险合同双方当事人权利和义务所指向的对象。保险标的可以是财产、与财产有关的利益或责任,也可以是人的生命或身体。

机动车辆保险的标的包括汽车、电车、蓄电池车、摩托车、拖拉机、各种机械车和特种车。

2. 保险人

保险人又称承保人,是经营保险业务收取保险费和在保险事故发生后负责给付保险金的人。保险人以法人经营行为,通常称为保险公司。

3. 投保人

投保人是对保险标的具有可保利益,向保险人申请订立保险合同,并负有交付保险费义务的人。投保人可以是自然人,也可以是法人。当投保人为自己的利益,且保险人接受其投保时,投保人就变成了被保险人。

4. 被保险人

被保险人是受保险合同保障的人。被保险人以其财产、生命或身体为保险标的,在保险事故发生后,被保险人享有保险金请求权。被保险人与投保人是否为同一人要视保险的具体情况而定。

5. 保险中介人

保险中介人是指活动于保险人和投保人之间,通过保险服务把保险人和投保人联系起来并建立保险合同关系的人。包括保险代理人、保险经纪人、保险公证人等。

6. 保险代理人

保险代理人是指根据保险人的委托,向保险人收取代理手续费并在保险人授权的范围内办理保险业务的单位或个人。

7. 保险费

保险费是投保人为转嫁风险支付给保险人的与保险责任相应的价格。一般情况下,保险费按保险金额与保险费率的乘积来计收,也可按固定金额收取。

二、机动车辆保险的特点

机动车辆保险属于财产保险的一种,与其他险种相比,它具有以下几个特点:

(1)广泛性。广泛性有两层含义,一层含义是指被保险人有广泛性。具体体现在企业和个人广泛地拥有汽车,尤其是私人拥有汽车的数量不断增加,汽车逐步成为人们的生活必需品。另一个含义是机动车辆保险业务量大,普及率高。由于汽车出险概率较高,汽车的所有者需要寻求以保险方式转嫁风险。

(2)差异性。首先,汽车的差异性来自汽车的普及。不同类型的企业、不同类型的家庭、不同的个人、不同的风险使得机动车辆保险具有差异性。因此,要求企业不断创新,推出个性化的产品,满足消费者的需求。

其次,车辆的生产厂家众多,汽车生产形式多种多样,从整车进口到进口零部件的组装,从全资建厂到独资生产。

最后,汽车的价格多种多样,车型、产地、品牌、功能的差异较大,从几万元到几百万元。

(3)保险标的的可流动性。由于机动车的可流动性,导致其风险概率增大,增加了经营的风险性,核保时加大了"验标承保"的难度,理赔时也不好处理。

(4)出险频率高。相对其他财产保险,机动车辆保险出险频率高。由于其总是处于运动状态,极易发生碰撞和其他意外事故,造成财产损失和人员伤亡;另外,由于机动车数量的迅速增加,一些国家的交通措施及管理水平跟不上机动车辆的发展速度,使交通事故发生频繁,机动车辆出险概率更高,据世界卫生组织 2015 年统计,全世界每年因交通事故死亡的人数约 125 万。

(5)适用于风险管理。机动车辆保险适用于使用精算科学预估方法,进行风险管理。

三、机动车辆保险的职能

在现阶段,机动车辆保险在维护社会稳定、防灾减损以及提高车辆性能等方面起着重要作用。

(1)稳定社会次序。机动车辆保险解决了机动车辆在交通事故中可能承担的对第三者的责任赔偿能力的问题,同时,对于车辆遭受自然灾害或意外事故所造成的损失及时赔偿,稳定了社会关系和社会秩序。

(2)扩大了汽车的需求。机动车辆保险的出现,解除了企业和个人对使用汽车过程中可能出现的风险的担心,扩大了对汽车的需求。

(3)保证了道路交通畅通。保险公司与交警等部门的密切配合,努力做好预防工作,严格人车管理,将酒后驾车、无有效驾证、未经修理致使损失扩大以及被保险人的故意行为等列为除外责任,同时通过调节费率、实施安全奖励等手段引导被保险人重视安全工作,从保险的角度对消除道路交通事故隐患起到"把关"的作用。

(4)促进了车辆安全性能的提高。机动车辆保险的保险人从自身和社会效益的角度出发,联合车辆生产厂家、维修企业开展关于机动车辆事故原因的统计分析,研究和应用安全设计新技术,促进了车辆安全性能的全面提高。

四、保险中介市场

保险市场的中介方既包括充当保险供需双方媒介促成保险合同成立的保险代理人或保险代理公司、保险经纪人或保险经纪公司,还包括独立于保险方与投保方之外,以第三者身份处理保险合同当事人委托办理的有关保险业务的公证、鉴定、理算、精算等事项的保险公证人、保险律师事务所、保险精算事务所、保险理算师等。其中,保险代理人、保险经纪人和保险公估人构成保险中介市场的"三大支柱"。

(一)机动车辆保险代理人

无论是国外还是国内,保险代理人在机动车辆保险业务领域均起到了举足轻重的作用,如日本大量的机动车辆保险业务是通过保险代理人机构开展的。在我国刚恢复保险业务的时期,在相当长的一段时间内是由车辆管理部门作为机动车辆保险的代理机构。随着保险市场的形成和完善,车辆管理部门已经渐渐退出了代理领域,取而代之的是以车行、修理厂为主的代理机构。在我国的产险市场中,代理业务的主要范围是机动车辆保险。

保险代理人的性质是保险人的代理人。根据《保险法》的有关规定,保险代理人是根据保险人的委托,向保险人收取代理手续费,并在保险人授权的范围内代为办理保险业务的单位或者个人。同时,保险代理人在保险人授权范围内进行保险代理业务的行为所产生的法律责任,由保险人承担。

按照代理的性质分类,保险代理人可分为专业代理人、兼业代理人。保险公司对代理人的管理可以通过授权管理、保单管理和保费管理来实现,而这三方面的管理又必须有机地结合。

1. 授权管理

保险代理基于一种委托和授权,保险公司在委托和授权之前应当能通过各种渠道和办法对代理人进行了解和考察,除了对其从业资格能力的考察之外,更重要的是对代理人的资信进行考察。在民事代理活动中,被代理人决定授权的最重要因素不是代理人的代理能力,而是代理人的资信。所以,保险公司在决定与代理人建立代理关系之前,一定要慎重地评估代理人的资信,严格授权管理工作。

2. 保单管理

保单管理是指在对代理人开展业务过程中保单领用、签发和传递过程中的管理,对于授予出单权的代理人应特别注意保单的管理。首先,应当在代理协议中明确授权出单的范围,防止代理人对出单权的滥用。其次,应当通过对保单领用和发放的管理,严格有效地控制保单的使用与回收。即使是没有出单权的代理人同样存在对保单的管理问题,经常出现的问题是由于代理人的过失而没有按时将保单交付被保险人,甚至遗失保单等导致的纠纷。同时,保单的管理往往是与保费的管理相联系的,一些不良的代理人往往是通过钻保险公司对于保单管理不严的空子来达到挪用和侵占保费的目的的。

3. 保费管理

保费的管理是代理人管理的关键一环。因为,不良的代理人所有活动的最终目的均是企图非法占有保费。保险公司应加强保费管理,一方面可以通过要求代理人分别设立保费和费用账户的方式进行管理;另一方面应当注意动态地监督和控制保费在途的周期。一旦发现有保费可能被挪用和侵占的情况时,应立即采取果断措施,力争将问题解决在萌芽状态。

(二)机动车辆保险经纪人

保险经纪人一般较少涉足机动车辆保险业务领域,其原因是机动车辆保险的条款和费率调整余地不大,保险经纪人在机动车辆保险领域并不具有特别的优势。

(三)保险公估人

保险公估人是保险业发展中不可或缺的组成部分。在保险市场上具有不可替代的作用。

1. 保险公估人的定义

关于“保险公估人”,我国目前还没有一个准确、恰当的解释。一般认为,保险公估人是接受委托、为投保标的或受损标的提供公估服务并出具公估报告的保险中介公证服务机构。

核保时公估人主要从事保险标的的价值评估和风险评估。由核保时公估人提供的查勘报告作为保险人评估风险、审核承保能力的重要参考。理赔时公估人是在保险事故发生后,受托处理保险标的的检验、估损和理算。

2. 保险公估人与保险经纪人、保险代理人的区别

(1)利益关系不同。保险代理人是保险人的代理人,代表保险公司的利益,在保险人授权的范围内从事业务经营;而保险经纪人则代表投保人的利益,运用专业知识为投保人争取最合适的保障计划;保险公估人虽多是受保险公司的委托进行公估活动,但并不意味着保险公估人代表着保险公司的利益,保险公估人在从事公估活动时要坚持“公平、科学、合理”的原则,不偏不倚,切实维护保险当事人双方的合法权益。

(2)进行业务活动的名义不同。保险代理人从事代理活动时,必须以保险人的名义进行;而保险经纪人、保险公估人则必须以自己的名义进行。

(3)法律后果不同。保险代理人的行为效力直接对保险人和投保人产生约束,其产生的法律后果由保险人承担;保险经纪人的行为效力作用于自己,后果自然由自己承担;保险公估人对自己的公估报告书承担法律责任。

(4)民事责任不同。保险代理人在授权范围内由于自己的过错给投保、被保险人和受益人造成损失的,由保险人承担责任;而保险经纪人因自己的过错而产生的民事责任要由自己承担;保险公估人如果因为职业疏忽引起委托人遭受经济损失,便要承担相应的法律责任。

(5)监管要求不同。保险代理人可以是单位或个人,保险经纪人仅为有限责任公司,保险公估人亦为有限责任公司,但由于保险公估人技术含量高,保险公估公司的设立、变更和终止就更加严格。

机动车辆保险在各国保险市场上均占有举足轻重的地位,保险公估行业也由此得到重视。在国外,保险公司为了避免与被保险人发生理赔冲突和防止保险公司雇员与修理厂或被保险人合谋,直接委托汽车保险公估公司与汽车修理厂协商修理费用。

机动车辆保险公估在我国还是一个新兴的行业。保险公估的业务开展还比较艰难。保险公估的法律地位有待进一步被认可。

第二节　机动车辆保险合同

《保险法》第九条规定:“保险合同是投保人与保险人约定保险权利和义务关系的协议。”

一、机动车辆保险合同的性质

机动车辆保险合同属于财产保险合同的一种。财产保险合同是指保险双方当事人为了实现保险经济保障的目的,明确双方权利与义务,确立、变更和终止这种权利与义务关系的协议。

财产保险可分为狭义财产保险和广义财产保险。狭义财产保险是指财产损失保险,即以财产物质以及相关的利益损失为标的的保险;广义财产保险是指除了狭义财产保险外,还包括“责任保险、信用保险等人身保险以外的一切保险业务”。由于现行的机动车辆保险合同涉及的标的不仅仅局限于狭义财产保险范畴,如基本险条款中车辆损失险部分的标的涉及狭义财产保险的范畴,而在第三者责任部分的标的则涉及责任保险的范畴,所以,机动车辆保险合同属于综合性财产保险合同。

二、机动车辆保险合同的法律特征

机动车辆保险合同在履行时,界定承担责任与否的关键是保险合同在订立时是否符合《保险法》《中华人民共和国合同法》(以下简称《合同法》)等相关法律文件的要求。机动车辆保险合同同时具有以下法律特征:

(1)机动车辆保险合同是有名合同。在经济生活日益繁荣的今天,法律不可能将经济生活中的各种合同都列举出来,法律尚未确定名称和规范的合同称为无名合同。有名合同是法律直接赋予某种合同以名称并规定调整规范的合同。

在我国，有关机动车辆保险的合同被赋予“机动车辆保险合同”的名称，是有名合同，它是保险合同中的一种重要合同形式。

(2)机动车辆保险合同是射幸合同。射幸合同是相对于“等价合同”而言的。通俗地讲，射幸合同就是一种不等价合同，是合同的履行内容在订立合同时并不确定的合同。

机动车辆保险合同的射幸性表现在投保人以支付保险费为代价，买到一个将来可能补偿的机会。如果在保险期内，保险车辆发生保险责任事故造成损失，被保险人在保险人处得到的赔偿可能远远超过所支付的保险费；如果保险车辆未发生保险事故，则被保险人只支付了保险费而没有得到任何收入；而对于保险人来说，情况正好相反，当发生较大的保险事故时，其赔偿的保险金可能远大于所收取的保险费；如果未发生保险事故，其仅收取了保险费而没有赔付。

(3)机动车辆保险合同是保障合同。从保险车辆的个体上看，发生保险责任事故具有偶然性，因此保险合同的保障性是相对的；而对于保险人所承保的所有保险车辆来说，保险责任事故的发生和给付被保险人赔款是不可避免的，保险合同的保障性又是绝对的。

(4)机动车辆保险合同是双务合同。所谓双务合同是指双方当事人均向对方承担义务的合同。任何合同对双方当事人来说都是法律行为，当事双方的义务与享受的权利互为联系、互为因果。

机动车辆保险合同中，投保人的主要义务是向保险人交付保险费；保险人的主要义务则是在保险合同约定的事实出现时(保险事故发生)，向被保险人支付赔偿金。与一般双务合同有所区别的是，在某些情况下，保险人义务的履行仅具有可能性。

(5)机动车辆保险合同是最大诚信合同。《中华人民共和国民法通则》规定：“民事活动应当遵循自愿、公平、等价有偿、诚实信用原则。”机动车辆保险合同属于最大诚信合同。

在机动车辆保险活动中，最大诚信有其特殊的意义。具体讲，由于机动车辆保险标的具有分散和流动性，保险人不可能对所有的承保车辆均进行检验，为此，只能要求投保人自己认真、如实地按照投保单的要求进行填写，并明确这是投保人和被保险人履行如实告知义务的关键。

(6)机动车辆保险合同是有偿合同。有偿合同是指双方当事人在获得某种利益的同时，必须付出相应的代价。保险人在获得保险费的同时，必须承担保险责任；投保人在保险标的获得保障的同时，必须支付保险费。

机动车辆保险中，投保人以支付保险费作为代价换取保险人来承担风险。投保人的对价是支付保险费，保险人的对价是承担保险事故风险，并在保险事故发生时承担赔偿损失的义务，这种对价是相互的和有偿的。

(7)机动车辆保险合同是附和合同。附和合同是指一方当事人对于另一方当事人事先已确定的合同条款只能表示同意或不同意的合同，大多数格式合同都属于附和合同。

机动车辆保险合同也是附和合同，由于车辆保险合同内容技术性较强，投保人难以把握，因此各保险公司的保险条款和保险费率均由保监会批准、备案。在执行上保险合同的主要内容一般没有商量余地，这是由机动车辆保险的特点和发展需要决定的。

(8)机动车辆保险合同是非要式合同。要式合同是必须以法定方式或程序才能成立的合同;非要式合同只需当事人意思表示一致即可成立,无须具备一定的方式。在车险实务中,只要投保人提出保险要求,经保险人同意承保,保险合同即告成立。

三、机动车辆保险合同的效力

合同的效力应从合同的成立和合同的生效两个层次来理解。合同成立是合同生效的前提和基础,而合同生效是合同成立的结果表现。

《合同法》就合同的成立与生效作出了明确的规定。《合同法》第四十四条规定:"依法成立的合同,自成立时生效。法律、行政法规规定应当办理批准、登记等手续生效的,依照其规定。附生效条件的合同,自条件成就时生效。"

根据《合同法》的规定,在一般情况下,合同成立和生效是同时的,但是,也有例外的情况,在这种情况下,合同的成立与生效在时间上就可能不同。

(一)合同的成立

合同的成立是合同订立过程的最后阶段,或者是合同订立工作的结果。在保险合同的订立过程中,从投保人填写投保单,到保险人出具保险单就完成了合同订立的一个要约与承诺的过程,合同就成立了。

合同成立的必要条件,一是订立合同的当事人具有订立合同的民事权利能力和民事行为能力;二是订立合同的当事人双方意思表示一致。

应当注意的是合同成立并不意味着合同生效,合同的成立仅仅是合同当事人为了合同事宜进行协商的结果,是双方意思自治的表现,是对于当事人之间存在这种合同关系的事实进行的一种判断,即事实判断。它与合同的生效是两个层次的问题。

(二)合同的生效

合同的生效是国家通过法律对当事人订立的合同进行评价,或者说是一种价值判断,是法律对于当事人意思的认可,即对当事人合同关系提供法律保护,是法律赋予合同具有拘束当事人乃至第三者的强制力。

合同生效必须符合一定的条件,这种条件基本上可以分成两类:一类是国家有关法律规定的合同生效的必要条件,包括行为人具有民事行为能力、意思表示真实、不违反法律或者社会公共利益等;另一类是合同约定的生效条件。合同一旦不符合生效的条件,将构成合同的无效。

在机动车辆保险的新车业务中,保险合同生效的问题显得较为突出,也引发了一些争议。原因是在我国的新车办理牌照的过程中,由于各种原因办理机动车辆保险环节往往先于办理牌照的环节,而机动车辆保险条款的(责任免除)第五条第十一款明确规定:"除本保险合同另有书面约定外,发生保险事故时保险车辆没有公安交通管理部门核发的行驶证和号牌,或未按规定检验或检验不合格。"为此,办理新车业务过程中,如果投保的车辆尚未取得牌照,就应当采用专门的提车暂保单承保,提车暂保单是专门针对车辆购买之后至取得牌照之前期间的车辆相关损失和第三者责任风险的保险单。但是,如果保险人用机动车辆保险单承保,就必须与投保人约定以"车辆取得牌照作为保险合同生效的条件",并从取得牌照的当天开始承担保险责任和计算收取保险费。但是,问题出现的原因往往是保险公司的经办人员没有按照规定办理，或者没有将有关问题向被保险人说明，所以导致了各种纠纷的产生。

四、合同的违约及其责任

合同的违约是指合同的当事人不履行合同义务或者履行合同义务不符合约定时，依法产生的法律责任。

合同的违约与合同的无效是两个不同的概念，合同违约的前提是合同已经生效。

关于合同违约的责任问题，根据《合同法》第一百零七条规定："当事人一方不履行合同义务或者履行合同义务不符合约定的，应当承担继续履行、采取补偿措施或者赔偿损失等违约责任。"但是，具体以承担何种形式的违约责任则视具体的违约情形来确定，即视其违反合同义务的情形确定。

《保险法》对保险合同双方当事人的权利义务作了较为明确具体的规定。《保险法》对被保险人（投保人）的主要义务的规定可以概括为以下几个方面：一是依据合同约定缴纳保险费的义务；二是维护保险标的安全的义务；三是如实告知义务；四是出险时的施救义务；五是协助保险人向第三者追偿的义务。根据《保险法》的规定，被保险人违反上述义务时，保险人可以按照以下情况要求其承担违约责任，严重的要求其解除保险合同：

(1) 被保险人未依照合同约定缴纳保险费。

(2) 被保险人违反维护保险标的安全的义务。

(3) 被保险人（投保人）违反如实告知义务。

(4) 被保险人违反发生保险事故时的施救义务。

(5) 被保险人违反协助保险人向第三者追偿的义务。

五、机动车辆保险合同的内容和形式

机动车辆保险合同是一种非要式合同。只要保险人和投保人就保险条款的内容达成一致，合同就生效，保险人应该按照约定承担保险责任，而不以保险人是否签发了保险单或其他保险凭证作为合同生效的前提。由于机动车辆保险的时间较长，双方的权利和义务关系复杂，难免产生争议，机动车辆保险合同一般采取书面文件形式，这些书面文件统称"凭证"。凭证包括保险单、投保单、暂保单、批单等。

(一) 暂保单

暂保单也称临时保险条款，是保险人在签发正式保险单之前为了满足投保人的保险需要而临时出具的保险证明文件。暂保单只注明基本的保险条件，其有效期限相对较短，通常以30d为限。投保人所支付的保险费并不一定必须按照暂保单的有效期限来确定，仍可以按照投保单所注明的保险期限计算保险费。保险人对暂保单上注明的保险标的在规定的暂保单有效期内承担保险责任。

一般在下列情况下使用暂保单：

(1) 当保险人的分支机构受经营权限和经营程序的限制，需要上级公司的批准才能签发保险单时，一般在接受投保人的投保申请后，签发暂保单。

(2) 当保险代理人或保险经纪人在争取保险业务后，在未向保险人办妥保险单之前，要向投保人签发暂保单。

(3)在保险人原则上已经承保,但由于保险双方对保险单尚未记载的事项没有完全协商一致时,保险人需要向投保人签发暂保单。

(4)对于需要再保险的场合,尚未安排好再保险时,需要签发暂保单。

(二)保险单

保险单也叫保单,是保险人与投保人之间订立保险合同的正式法律文件,也是正式的保险合同文书。

机动车辆保险单一式三联,分正、副本。正本一张,白色;副本两张,一张粉红色,另一张浅蓝色。有的保险公司只发给保户一张"机动车保险凭证",它包含的项目有保险证号、被保险人、车辆厂牌型号、牌照号码以及续保记录、赔款记录、变更记录、备注等,效力等同于保险单。

保险单上列明了全部的保险条件和与该项保险业务有关的全部内容。保险单由保险公司出具,主要载明保险人与被保险人之间的权利、义务关系。它是被保险人向保险人进行索赔的凭证。

(三)批单

批单是保险合同双方当事人对于保险合同内容进行变更的证明文件。批单通常在两种情况下使用:

(1)对于已经印制好的标准保险单所作的部分修正,该修正并不改变保险单的基本保险条件,或是缩小保险责任范围,或是扩大保险责任范围。

(2)在保险单已经生效后对某些保险项目进行的调整,该调整一般是在不改变保险单所规定的保险责任和免除责任项目的前提下,对于其他保险项目进行的修正和更改。

批单一旦签发,就自动成为保险单的一个重要组成部分,而且当批单的内容与保险单所涉及的内容相矛盾时,以批单的内容为准。

(四)保险凭证

保险凭证是被保险人所持有的已经获得某项保险保障的证明文件,是一种简化了的保险单,具有与保险单相同的作用和效力。

在使用时,如果保险凭证上所列项目过于简单,不能全面反映保险条件时,要以原始保险单为准;如果保险凭证上已经有保险人的特别说明,该份保险凭证就具有了批单的意义,在与原始保险单的保险条件发生矛盾时,以保险凭证为准。

第三节　机动车辆保险产品

目前,我国经营机动车辆保险业务的财产保险公司主要有:中国人民财产保险股份有限公司、中国太平洋财产保险股份有限公司、中国平安财产保险股份有限公司、华泰财产保险股份有限公司、中华联合财产保险股份有限公司、天安财产保险股份有限公司、华安财产保险股份有限公司、永安财产保险股份有限公司、太平财产保险股份有限公司。

保险公司经营的产品就是它的服务。保险险种是这种服务的载体。要了解机动车辆保险的产品,就要了解在我国保险市场上经营哪些险种、各险种的具体内容以及费率。

一、机动车辆保险险种

机动车辆保险的险种设计随各国国情与社会需要的不同而不同。我国现行机动车辆保险险种一般分为主险和附加险两种。

由中国保险行业协会集全行业精算力量出台的新版《机动车商业保险行业基本条款》2007 年 4 月 1 号正式启用。其中涉及的车险主险包括车辆损失险、第三者责任险、盗抢险三种，其中盗抢险种可作为主险，又可作为附加险购买。

（一）车辆损失险

车辆损失险是指保险车辆因遭保险责任范围内的自然灾害或意外事故，造成保险车辆本身损失以及发生的施救等费用，保险人依照保险合同给予的赔偿。

各保险公司的车辆损失险条款基本都包括保险责任、责任免除、保险金额、保险期限、保险费、赔偿处理、保险人义务、投保人、被保险人义务、无赔款奖励、其他等章节。

虽然各保险公司的具体条款内容在一定程度上有所不同，但在某些内容上极为相似，例如，在保险责任方面，保险公司负责赔偿由碰撞、倾覆、火灾、爆炸、暴风、龙卷风引起的保险车辆的损失及发生保险事故时，被保险人或其允许的合格驾驶人对保险车辆采取施救、保护措施时所支出的合理费用。在责任免除方面，保险公司对由下面原因引起的车辆损失不负责赔偿：战争、军事冲突、恐怖活动、暴乱、扣押、罚没、政府征用；竞赛、测试；在营业性维修场所修理、维护期间；利用保险车辆从事违法活动；驾驶人员饮酒、吸食毒品、被药物麻醉后使用保险车辆；车辆肇事逃逸。

（二）第三者责任险

第三者责任险是指保险车辆在使用过程中因发生意外事故，致使第三者遭受人身伤亡或财产直接损失，被保险人依法应对第三者承担的民事赔偿责任由保险人承担的保险。具体就是保险人依保险合同对第三者给予的赔偿。第三者责任险的保险标的与车辆损失险不同，它以被保险人依法应对第三人承担的责任作为保险标的。第三者责任险属于无形财产保险，是一种责任保险。

在我国，第三者责任险有商业三责险和法定三责险两种。法定三责险也称“机动车交通事故责任强制保险”。

1. 商业三责险

各保险公司第三者责任保险的条款包括的章节与车辆损失保险基本相同，只是车辆损失保险中的保险金额在第三者责任保险中为责任限额。

各保险公司的具体条款内容在一定程度上不同，但某些内容较为相似。例如，在保险责任方面，保险人负责赔偿：被保险人或其允许的驾驶人员在使用保险车辆的过程中发生意外事故，致使第三者遭受人身伤亡或财产直接损失，依法应当由被保险人承担的经济赔偿责任。在责任免除方面，保险车辆造成下列人身伤亡或财产损失，不论在法律上是否应当由被保险人承担赔偿责任，保险人均不负责赔偿：被保险人及其家庭成员的人身伤亡、所有或代管的财产损失；本车其他人员的人身伤亡或财产损失。

保险人不负责赔偿下列损失和费用：保险车辆因发生意外事故，致使第三者停业、停驶、停电、停水、停气、停产、通信中断的损失和其他间接损失;精神损害赔偿;第三者财产因市场价格变动造成的贬值、修理后因价值下降引起的损失;因污染造成的损失等。

2. 法定三责险

机动车交通事故责任强制保险(以下简称交强险)是我国首个由国家法律规定实行的强制保险制度。《机动车交通事故责任强制保险条例》(以下简称《条例》)规定,交强险是由保险公司对被保险机动车发生道路交通事故造成受害人(不包括本车人员和被保险人)的人身伤亡、财产损失,在责任限额内予以赔偿的强制性责任保险。

交强险是责任保险的一种。目前现行的商业三责险是按照自愿原则由投保人选择购买。在现实中商业三责险投保率比较低(2005 年约为 35%,2015 年,全国 36 个省市平均投保率为 76.4%),致使发生道路交通事故后,有的因没有保险保障或致害人支付能力有限,受害人往往得不到及时的赔偿,也造成大量经济赔偿纠纷。因此,实行交强险制度就是通过国家法律强制机动车所有人或管理人购买相应的责任保险,以提高三责险的投保面,最大限度地为交通事故受害人提供及时和基本的保障。

根据《条例》规定,在中华人民共和国境内道路上行驶的机动车的所有人或者管理人都应当投保交强险;同时《条例》规定,机动车所有人、管理人未按照规定投保交强险的,将由公安机关交通管理部门扣留机动车,通知机动车所有人、管理人依照规定投保,并处应缴纳保险费 2 倍的罚款。

3. 商业三责险和法定三责险的区别

商业三责险和法定三责险具有以下区别:

(1)赔偿原则不同。根据《道路交通安全法》的规定,对机动车发生交通事故造成人身伤亡、财产损失的,由保险公司在交强险责任限额范围内予以赔偿;而商业三责险中,保险公司是根据投保人或被保险人在交通事故中应负的责任来确定赔偿责任。

(2)保障范围不同。除了《条例》规定的个别事项外,交强险的赔偿范围几乎涵盖了所有道路交通责任风险;而商业三责险中,保险公司不同程度地规定有免赔额、免赔率或责任免除事项。

(3)具有强制性。根据《条例》规定,机动车的所有人或管理人都应当投保交强险,同时,保险公司不能拒绝承保、不得拖延承保和不得随意解除合同。

(4)根据《条例》规定,交强险实行全国统一的保险条款和基础费率,保监会按照交强险业务总体上"不盈利不亏损"的原则审批费率。

(5)交强险实行分项责任限额。

4. 盗抢险

从 2007 年 4 月 1 日起,盗抢险既可作为主险购买,又可作为附加险购买。

附加险一般是对基本险保险责任的补充,它承保的是基本险条款中不予承保的自然灾害或意外事故,车辆损失险和第三者责任保险分别有对应的各种附加险。附加险不能单独承保,必须在投保相应的基本险以后,保险公司才进行附加险的承保。

目前,各保险公司的附加险有很大不同,不过,一般均包括全车盗抢险、玻璃单独破碎险、自燃损失险、车辆停驶损失险、车上责任险、无过失责任险、不计免赔险。其中部分保险公司将车上责任险分为车上人员责任险和车上货物责任险。

另外，各保险公司开发了许多新的附加险险种。

二、各险种的保险条款

2007年新版《机动车商业保险行业基本条款》分A、B、C三套，是在原人保、平安和太平洋车险条款的基础上修改而来。新版条款实行后，人保、平安和太平洋分别实行其中的一套，其他小公司可自主选择A、B、C三套中的任何一套。车险条款的组合方式有细分式和综合式两种。

（1）细分式保险条款。这种方式针对不同的客户群和车辆类别，险种细化，形成若干种条款。以人保为代表，机动车辆保险产品由基本险条款和附加险条款组成。基本险条款分成车损险条款和第三者责任险条款两部分。针对不同的细分市场，车损险条款又细化成《家庭自用汽车损失保险条款》《非营业用汽车损失保险条款》《营业用汽车损失保险条款》《机动车辆损失保险条款》。

（2）综合式保险条款。此类条款针对所有保险车辆，只是针对不同客户群和车辆类型等方面在费率上有所区别。例如，太平保险公司的机动车辆综合险、平安保险公司的机动车辆保险、华泰保险公司的机动车辆综合险针对的机动车辆包括汽车、电车、拖拉机、各种专用机械车和特种车。

三、保险条款模式

各险种条款包含的内容大致相同，主要包括以下基本要素：

（1）保险标的的范围。

（2）保险责任和责任免除。

（3）保险金额或责任限额的确定方式。

（4）保险责任起讫期。

（5）保险人和投保人（被保险人）的权利和义务。

（6）赔偿处理。

（7）违约责任和争议处理。

（8）诉讼管辖权。

第四节　机动车辆保险投保实务

投保是消费保险的前提和基础。投保的过程，就是消费者调查、了解、搜集信息、科学决策的过程。对机动车辆保险的选择又是投保的先期环节。

一、机动车辆保险的选择

机动车辆保险的选择包括三方面内容：一是对保险公司的选择；二是对投保险种的选择；三是对投保方式的选择。

（一）对保险公司的选择

选择的保险公司应该具备如下条件：

（1）投保的公司应是在中国境内依法成立、守法经营、有车险业务经营权的保险公司。

(2)投保的公司经营稳健、财务状况良好、偿付能力充足、信誉良好。

(3)投保的公司应具有健全的组织机构、完善的服务体系,以机构网点遍布全国的大公司为佳。

(4)投保的公司专业技术力量强大,服务内容丰富、质量好。

(二)对投保险种的选择

在选择投保险种时,投保人往往要了解自己可能面对的风险,可能导致什么后果,最终自己会承担多少风险等问题。另外对各家公司的产品要有所比较,弄清各家公司的保险条款和费率表的内容,必要时要求保险公司或其代理机构对保险产品进行解释。

(三)对投保方式的选择

在我国,机动车辆保险的投保方式包括上门投保、柜台投保、电话投保、网上投保、通过保险代理人投保和通过保险经纪人投保几种。

二、机动车辆保险的投保流程

机动车辆保险的投保,就是投保人购买机动车辆保险产品、办理保险手续、与保险人正式签订机动车辆保险合同的过程。投保的基本流程如图4-1所示。

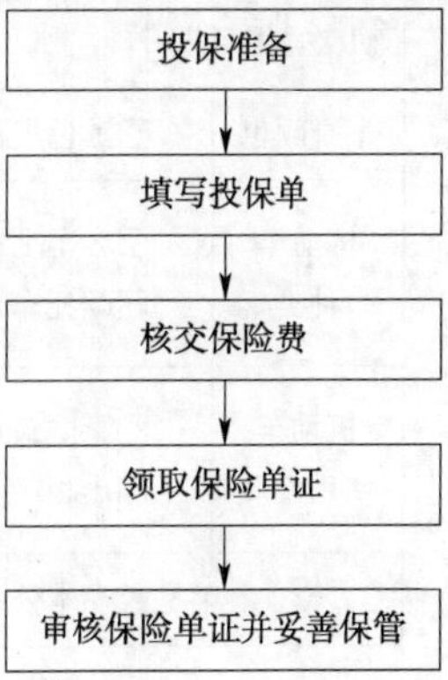

图4-1 机动车辆保险投保流程

(一)机动车辆保险的投保条件

(1)有公安交通管理部门核发的车辆号牌。

(2)有公安交通管理部门填发的机动车辆行驶证。

(3)有车辆检验合格证。

(二)正确填写投保单

因保险合同的要约一般要求为书面形式,所以汽车保险的投保需要填写投保单。

投保单是投保人向保险人要约的意思表示的书面文件,也是投保人要求投保的书面凭证,为保险合同的要件之一。保险人接受了投保单,投保单就成为保险合同的要件之一。

图4-2为我国某保险公司机动车辆保险的投保单。

欢迎您到________保险公司投保!在您填写本投保单前请先详细阅读我公司的机动车辆保险条款。阅读条款时请您特别注意各个条款中的保险责任、责任免除、投保人义务、被保险人义务等内容,并听取保险人就条款(包括责任免除条款)所作的说明。您在充分理解条款后,再填写本投保单各项内容(请在需要选择的项目前的"□"内画✓表示)。为了合理确定投保车辆的保险费,并保证您获得充足的保障,请您认真填写每个项目,确保内容的真实可靠。您所填写的内容我公司将为您保密。本投保单所填内容如有变动,请及时到我公司办理变更手续。

我国某保险公司机动车辆保险的投保单

投保人	投保人名称/姓名				投保机动车数	辆
	联系人姓名		固定电话		移动电话	
	投保人住所				邮政编码	

图 4-2

被保险人	□自然人姓名：		身份证号码					
	□法人或其他组织名称：							
	组织机构代码			职业				
	被保险人单位性质	□党政机关、团体 □事业单位 □军队（武警） □使（领）馆 □个体、私营企业 □其他						
	联系人姓名		固定电话		移动电话			
	被保险人住所			邮政编码				
投保机动车情况	被保险人与机动车的关系	□所有 □使用 □管理	行驶证车主					
	号牌号码		号牌底色	□蓝□黑 □黄 □白 □白蓝 □其他颜色				
	厂牌型号		发动机号					
	VIN 码		车架号					
	核定载客	人	核定载质量	kg	排量/功率	L/kW	整备质量	kg
	初次登记日期	年 月 日	已使用年限	年	年平均行驶里程	km		
	车身颜色	□黑色 □白色 □红色 □灰色 □蓝色 □黄色 □绿色 □紫色 □粉色 □棕色 □其他颜色						
	机动车种类	□客车 □货车 □客货两用车 □挂车 □低速货车和三轮汽车 □特种车（请填用途）：________ □摩托车（不含侧三轮） □侧三轮 □兼用型拖拉机 □运输型拖拉机						
	机动车使用性质	□家庭自用 □非营业用（不含家庭自用） □出租/租赁 □城市公交 □公路客运 □营业性货运						
	上年是否在本公司投保商业机动车保险	□是 □否						
	行驶区域	□中国境内 □省内行驶 □场内行驶 □固定路线 具体路线：________________						
	是否为来还清贷款的车辆	□是 □否	上一年度交通违法记录	□有 □无				
	上次赔款次数	□交强险赔款次数____次 □商业机动车保险赔____次						
投保主险条款名称								
指定驾驶人	姓名	驾驶证号码	初次领证日期					
驾驶人员 1								
驾驶人员 2								
保险期间	____年__月__日零时起至____年__月__日二十四时止							

投 保 险 种	保险金额/责任限额（元）	保险费（元）	备 注
□机动车损失险，新车购置价______元			
□商业第三者责任险			

图 4-2

投保险种			保险金额/责任限额(元)	保险费(元)	备注
□车上人员责任险	驾驶________人		万□人□次		
	乘客人数________人		万□人□次		
	乘客人数________人		人□次		
□全车盗抢险					
□附加玻璃单独破碎险	□国产玻璃				
	□进口玻璃				
□附加车身划痕险					
□附加不计免赔率特约	适用险种	□机动车损失险			
		□第三者责任险			
		□车上人员责任险			
		□全车盗抢险			
		□车身划痕险			
□附加可选免赔额特约			免赔金额:		
保险费合计 (人民币大写)				(¥ 元)	
特别约定					
保险合同争议解决方式选择	□诉讼 □提交____________仲裁委员会仲裁				

投保人声明:保险人已将投保险种对应的保险条款(包括责任免除部分)向本人作了明确说明,本人已充分理解。

上述所填写的内容均属实,同意以此投保单作为订立保险合同的依据。

投保人签名/签章:

________年________月________日

验车验证情况	□已验车 □已验证 查验人员签名: ________年____月____日____时____分		
初审情况	业务来源:□直接业务 □个人代理 □专业代理 □兼业代理 □经纪人 □网上业务 □电话业务 代理(经纪)人名称: 上年度是否在本公司承保:□是 □否 业务员签字: 年 月 日	复核意见	复核人签字: 年 月 日
注:阴影部分内容由保险公司业务人员填写			

图4-2 机动车保险投保单

(三)核交保险费,领取保险单、保险证

投保单填写完毕,并经保险人审核,计算出保费后,即可缮制签发保险单、保险证,同时

开具保险费收据。缴费手续完成后，投保人可凭收据领取机动车辆保险单、保险证。

三、保险金额/责任限额的确定

保险金额主要针对机动车辆损失险及其附加险而言，责任限额主要针对第三者责任险及其附加险而言。

1. 新车购置价

（1）未投保新增设备时，新车购置价 = 保险车辆的新车购置价，指签订地购置与保险车辆同类型新车的价格（含车辆购置附加税）。

（2）投保新增设备时，新车购置价 = 保险车辆的新车购置价 + 投保新增设备实际价值。

2. 保险金额的确定方法

车辆损失险保险金额的确定是以保险车辆的价值为依据的，可采取下面三种方式确定。保险人根据保险金额确定方式的不同，承担相应的赔偿责任。

（1）按照新车购置价确定保险金额。

$$\text{保险金额} = \text{新车购置价} \tag{4-1}$$

【例 4-1】 某非营业用货车新车购置价（含车辆购置附加税）为 12 万元，已使用 2 年零 2 个月，投保人要求按照新车购置价投保，同时投保 1 件实际价值为 1 万元的新增设备。

解

$$\text{新车购置价} = 12 + 1 = 13(\text{万元})$$

$$\text{保险金额} = 12 + 1 = 13(\text{万元})$$

（2）按照保险车辆投保时的实际价值确定保险金额。

$$\text{保险金额} = \text{投保时实际价值} \tag{4-2}$$

实际价值是指同类型车辆市场新车购置价减去该车已使用年限折旧金额后的价格。折旧按每满 1 年扣除 1 年计算，不足 1 年的部分不计折旧。年折旧率按有关规定执行。但最高折旧金额不超过新车购置价的 80%。

未投保新增设备：

$$\text{保险金额} = \text{保险车辆的新车购置价} \times (1 - \text{年折旧率} \times \text{已使用年限}) \tag{4-3}$$

投保新增设备：

$$\text{保险金额} = (\text{保险车辆的新车购置价} + \text{投保新增设备新件购置价合计}) \times (1 - \text{年折旧率} \times \text{已使用年限}) \tag{4-4}$$

【例 4-2】 某营业用货车新车购置价（含车辆购置附加税）为 10 万元，已使用 2 年零 2 个月，投保人要求按照实际价值投保，同时投保 1 件新件购置价为 1 万元的新增设备，年折旧率为 10%。

解

$$\text{新车购置价} = 10 + 1 \times (1 - 2 \times 10\%) = 10.8(\text{万元})$$

$$\text{保险金额} = (10 + 1) \times (1 - 2 \times 10\%) = 8.8(\text{万元})$$

（3）在保险车辆的新车购置价内协商确定保险金额。

未投保新增设备：　$$\text{保险金额} = \text{保险车辆协商金额} \tag{4-5}$$

投保新增设备：　$$\text{保险金额} = \text{保险车辆协商金额} + \text{投保新增设备实际价值合计} \tag{4-6}$$

3. 责任限额的确定方法

责任限额主要针对第三者责任险及其附加险而言。详细的确定方法见本章第三节关于第三者责任险内容。

第五节 机动车辆保险承保实务

承保实质上是保险双方当事人达成协议、订立保险合同的过程。一般先由保险展业人员进行展业宣传,为客户设计保险方案,客户提出投保申请后填写投保单,业务人员验车、验证、复核后提请核保人员核保,经核保人员同意承保,当事人双方订立保险合同,保险公司缮发保险单、保险证。核保后需要调整部分项目承保的,核保人员通知业务人员与投保人协商,投保人同意核保人员提出承保条件承保的,由投保人重新填写投保单重复上述过程。

一、保险展业

保险展业是保险公司进行市场营销的过程,即向客户提供保险产品的服务。

保险展业的具体内容包括:

(1)展业宣传。

①机动车辆保险的职能与作用。

②公司车险的名优产品以及经营能力、偿付能力、机构网络、人才、技术、服务等方面的优势。

③参加保险的条件,投保、索赔手续以及保险条款、费率规章。

(2)为客户制订保险方案。保险方案是展业人员为投保人设计的保险建议书。主要内容包括:保险人情况介绍、投保标的的风险评估、保险方案的总体建议、适用保险条款以及条款解释、保险金额和责任限额的确定、免赔额以及适用情况、赔偿处理的程序以及要求、服务体系以及承诺等。

(3)检验投保车辆和有关证件。

(4)计算保险费,并帮助投保人填写投保单。

二、核保

保险核保是指保险人对于投保人的投保申请进行审核,决定是否接受承保这一风险,并在接受风险的情况下,确定承保费率和条件的过程。

核保可分为狭义核保和广义核保两种。

狭义核保是指授权核保人员根据文件化的核保规定和权限,对具体投保标的进行风险评估,决定是否接受投保,并且以何种方式投保。核保人制度是一种核保人员独立审核和负责承保业务的质量,拥有一定授权,承担一定责任,并享受一定待遇的制度。

广义核保是狭义核保制度的延伸和扩展,是指保险公司根据经营环境的情况和公司中长期发展的策略,通过对不同区域、行业、保险险种经营效益的分析,制订具体的核保政策,建立相应的核保组织机构。

核保工作原则上采取两级核保制。先由保险展业人员在展业过程中进行初步审核,然后将接受的业务交由专业核保人员根据各级核保权限进行审核，超过本级核保权限的，报上级公司核保，进而决定是否承保、承保条件以及保险费率等。核保的工作流程如图 4-3 所示。

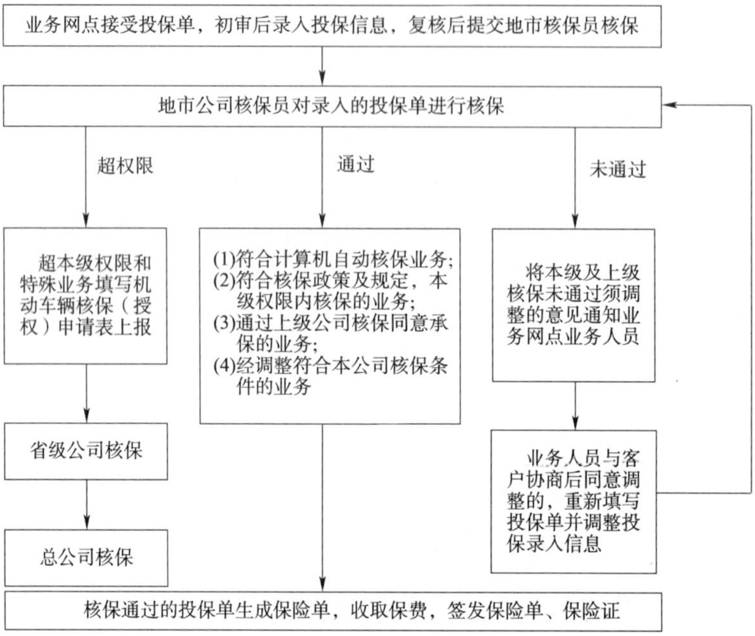

图 4-3　核机动车辆保险单工作流程

三、缮制和签发保险单、保险证(未修正)

(一)保险单

机动车辆保险的保险单主要类型是定期保单，另一种类型是提车保单。保险单的基本内容主要包括 3 个部分，一是保险单明细表部分，二是保险条款部分，三是特别约定、附加条款和批单部分。目前，我国的机动车辆保险业务的保险单采用的是中国保监会统一监制的模式，所以，从保险单的格式和基本内容上是相对统一的。保险单格式如图 4-4 所示。

中国保险监督管理委员会监制　　　　限在××省(市、自治区)销售

________保险公司机动车辆保险单(正本)　　　　京:03××××××××××

保险单号：

鉴于投保人已向保险人提出投保申请，并同意按约定交付保险费，保险人依照承保险种及其对应条款和特别约定承担和赔偿责任。

被保险人						
保险车辆情况	号牌号码		厂牌型号		发动机号	
	VIN 码		车架号		车辆种类	
	核定载客　人	核定载质量　kg	排放/功率　L/kW		已使用年限　年	
	初次登记日期		已行驶里程　km		使用性质	
	安全配置		固定停放点			
	行驶区域		新车购置价			

图　4-4

承保险种	保险金额/责任限额(元)	保险费(元)
保险费合计(人民币大写)		(¥:　　元)
保险期限自　年　月　日零时起至　年　月　日二十四时止		
特别约定		
保险合同争议解决方式		
重要提示	1. 本保险合同由保险条款、投保单、批单和特别约定组成。 2. 收到本保险单、承保险种对应的保险条款后,请立即核对,如有不符或疏漏,请48h内通知保险人并办理变更或补充手续;超过48h未通知的,视为投保人无异议。 3. 请详细阅读承保险种对应的保险条款,特别是责任免除和投保人、被保险人义务。 4. 保险车辆转卖、转让、赠送他人或变更用途,应书面通知保险人并办理变更手续	
保险人	公司名称: 邮政编码:	公司地址: 联系电话: 签单日期:(保险人签章)

核保:　　　　制单:　　　　经办:

图4-4　机动车辆保险单

(二)保险证

机动车辆保险的标的具有流动性大,而且相对出险概率较高的特点,一旦出险就需要出示保险合同。但是,被保险人尤其是单位被保险人从管理的角度出发,不便将保险单随车携带。针对这一特点,在机动车辆保险业务中,保险公司在承保之后,除了向被保险人签发保险单之外,还向被保险人签发机动车辆保险证。保险证的作用就是为了便于被保险人或者其驾驶人员随身携带,替代保险单作为简单的证明保险合同的保险凭证。保险证的格式如图4-5所示。尽管保险证并不是保险合同,其仅仅是保险合同或者保险单的证明凭证,但是保险公司依然应当重视对保险证的管理。

××××保险公司

机动车辆保险证

随车携带　　机构遍布全面　　随时提供服务

×××No.

a)正面

图　4-5

保险单号________________

被保险人________________

号牌号码________厂牌型号________

发动机号________使用性质________

车架号_________使用性质________

承保险种________________

保险期限　自________年____月____日　零时起________保险公司

至________年____月____日　24 时止________签章

服务报案电话：××××××××

b）反面

图 4-5　某保险公司机动车辆保险证

（三）抢救卡

抢救卡，即保险机动车辆交通事故伤员抢救卡，其实质是一种担保凭证。抢救卡出现的原因是在交通事故中往往涉及人身伤亡需要紧急送医，而这些伤员的收治对于医院却是一个难题。一方面出于人道主义的原则，医院应全力、尽快地抢救这些伤员；但另一方面，这些伤员在痊愈之后，一旦无力支付巨额的医疗费用，就会导致医院处于两难的地位。所以，在交通事故的处理中出现了医院采用要求伤员家属在治疗前先交押金的做法，这种做法往往耽误了抢救的时间。

针对这种情况，为了向被保险人提供更加全面的服务，同时，也为了在一定程度上缓解社会问题，保险公司在与有关医院协商的基础上，提出了抢救卡的模式。对于在保险公司投保了相应险种的被保险人，由保险公司向其提供一张抢救卡，一旦发生交通事故，需要紧急抢救时，伤员可凭抢救卡要求医院进行抢救，相关的抢救费用（在一定数额内，如 5000 元）由保险公司负责垫付。

四、保险合同的变更

保险合同变更是指保险合同在有效期内，当事人根据主、客观情况的变化，依据法律规定的条件和程序，在协商一致的情况下，对保险合同的某些条款进行修改或补充。变更事项包括以下内容：

（1）保险人变更。一般情况下，保险人变更是不可能的。但是，当出现保险人破产、被责令停业、被撤销保险业经营许可等情况时，会导致保险人变更；保险公司的合并或分立，也可能导致保险人变更。

（2）被保险人变更。当保险车辆发生转卖、转让、赠送他人时，被保险人需要变更。《保险法》第三十四条规定：“保险标的的转让应当通知保险人，经保险人同意继续承保后，依法变更合同……”

（3）保险车辆变更使用性质，增、减危险程度。《保险法》第三十七条规定：“在合同有效期内，保险标的危险程度增加的，被保险人按照合同约定应当及时通知保险人，保险人有权要求增加保险费或者解除合同……”

（4）增、减投保车辆。

（5）增、减或变更约定驾驶人员。

(6)调整保险金额或责任限额。

(7)保险责任变更。保险责任变更是指保险人承担的保险责任范围的扩大或缩小等。如果投保人或被保险人有变更保险责任条款的需要,经过双方协商,可以约定变更。

(8)保险期限变更。

(9)变更其他事项。

五、保险合同终止

保险合同终止是指保险合同权利、义务关系的绝对消失。当保险合同终止后,保险合同的法律效力也就终止了。合同终止的原因如下:

(1)投保人要求解除合同。

(2)保险人要求解除合同。

(3)保险车辆发生全部灭失或损毁致使合同终止。

(4)保险车辆因报废、转让、赠予他人等原因中途终止合同。

(5)保险合同有效期满而自然终止。

六、续保和无赔款优待

保险期满后,投保人在同一保险人处重新办理机动车辆保险事宜的称为续保。机动车辆保险事务中相当大的比例是续保业务。

无赔款优待条款是指保险车辆在上一保险期限内未发生赔款,在下一年续保时可以享受减收保险费的优惠待遇。但是,为适应保险市场的激烈竞争,一些保险公司对无赔款优待的适用范围有所扩大。

保险车辆续保时可以享受无赔款优待的条件是:

(1)在上一保险期内未发生过赔款。针对这一点,各保险公司的核定方法有所不同。有的保险公司把在上一保险期内未发生过任何一个险种的赔款作为续保时核定无赔款的;而有的保险公司对于使用相关主险条款及其对应附加险条款保险的,把是否发生该主要附加险赔款作为核定该主险及其对应附加险续保时是否可以享受无赔款优待的条件。

(2)上一保险期限满一年,本次续保期限满一年。

(3)在上一保险期内保险车辆未发生所有权转移。

(4)按期续保。需要注意的是:

①被保险人只能享受所续险种的无赔款优待,即上一年度投保而本年度未续保的险种和本年度新投保的险种,均不享受无赔款优待。

②无赔款优待应按辆计算,在同一保险单内未出险的车辆,续保时均可享受。

③无赔款优待金额以续保险种本年度应交保险费为计算基数,计算公式为:

$$\text{无赔款优待金额} = \text{续保险种本年度应交保险费} \times \text{无赔款优待比例} \tag{4-7}$$

投保人或被保险人在办理续保手续时,业务人员应认真查阅原保险单副本、批单副本、立案登记簿,逐车核实有无出险和赔款记录,对符合享受无赔款优待的车辆,计算无赔款优待金额,在保险单特约栏中注明并相应核减应收保险费。如果被保险人在续保时享受了无赔款优待,但事后发现在上一保险期内发生过赔案或期满后补报赔案,应予以追回给予的无赔款优待金额或在支付赔款时扣除已享受的无赔款优待金额。

七、承保中的其他管理工作

(一)保险单、保险证的管理

1. 机动车辆保险单证的类别

机动车辆保险的单证分为两大类:一类是正式的单证,包括投保单、保险单和批单;另一类是相关的单证,包括保险证、急救担保卡及其他保险抢救卡。

2. 保险单证的管理

保险单证的管理贯穿于印制、领用和销毁三个环节。

(1)单证的印制。单证的印制是单证管理的初始和基础,应当注意加强对单证印制的管理。首先,应选择一个具有一定技术和管理水平的印刷厂,要求印刷厂按照有价单证印刷的管理方式对承印的保险单证进行印刷管理,防止单证从印刷厂流失。其次,对于付印的清样应认真核对,防止出现错误,同时,应对单证进行统一的编号,以便对单证进行集中管理。第三,在印刷之后应进行严格的验收和交接,已经验收合格的单证,应立即移交单证仓库。

(2)单证的领用。应建立保险单证的领用制度,单证的领用制度包括领用单证的审批、领用单证的登记、单证的核销和单证的回收。

领用单证的审批制度是经营单位在需要领用单证时,应按照一定的程序申请和审批,单证仓库的管理人员按照审批发放单证。

领用单证的登记制度是单证仓库应建立严格的进出仓制度,建立登记簿,以便对单证的发放进行管理,使用登记簿对每一次领用单证的名称、数量、号码、经办人进行记录。

单证的核销制度是将验收进入仓库单证的编号进行统一的管理,对领用的单证进行核销,跟踪相应编号保单的去向,并配合业务管理部门对于单证的使用进行管理。

单证的回收制度是指对作废的单证必须进行回收。单证作废的情况有两种:一种是在使用过程中,由于在单证的缮制中出现错误,造成单证作废;另一种是由于单证的改版,造成单证的作废。

(3)单证的销毁。应加强对作废单证的回收管理,防止这些空白的单证流入非法的渠道,对于作废的单证进行集中销毁,并对销毁的单证进行登记和记录。

(二)保险费的管理

保险费的管理是保险经营管理中的一个重要环节,原因是:在保险经济活动中的一个重要特征,是形成合同双方的对价关系。缴付保险费是被保险人在合同项下的主要义务,而保险人只有收取保险费,才能建立保险赔偿基金,实际承担赔偿责任。

1. 保险费的分类

在保险的经营过程中通常可以将保险费分为三类:签单保险费、实收保险费和应收保险费。

(1)签单保险费。是指根据保险经营过程中的权责发生制的原则,经保险公司签发了正式保险单的保险费。签单保险费为实收保险费与应收保险费之和。

(2)实收保险费。是指保险公司根据已经签发的保险单实际收取的保险费。

(3)应收保险费。是指保险公司根据已经签发的保险单应当收取但尚未收取的保险费。

2. 保险费的管理方式

保险费的管理方式可以分为对合同的管理和对财务的管理。

(1)保险费的合同管理就是要通过加强对保险合同相关措辞的管理,解决可能由此产生的争议和纠纷。具体是指在签订保险合同的过程中,如何通过严谨的保险单措辞,对于保险费缴交的相关事宜进行明确,包括保险费缴交的金额及其时间、未按时缴交的责任等,以防止因保险合同措辞不清产生争议。

(2)保险费的财务管理,其关键是应当建立应收保险费的管理制度,通过这一制度应明确在经营过程中产生应收保险费的条件、管理的职责和管理的程序等。应当认识到,在保险经营过程中产生一定的应收保险费是正常的,但是,对应收保险费失去应有的管理,使其成为保险经营的"黑洞",成为不法人员有机可乘的空子则是危险的。所以,应当加强对应收保险费的管理,通过对应收保险费的管理,有效杜绝管理中的漏洞。

第六节　机动车辆保险理赔实务

机动车辆理赔是指保险人或委托理赔代理人在其承保的保险车辆发生风险事故导致损失、被保险人或委托代理人提出索赔的请求后,根据保险合同条款的约定,审核保险责任,确认损失程度并处理保险赔偿的法律行为。

保险理赔,是保险人履行保险合同,进行经济补偿的具体体现。被保险人和保险人签订保险合同,缴付保险费,其出发点就是为了对自己所面临或潜在的风险进行规避,以期在风险降临时获得经济补偿。因此,当风险事故发生时,被保险人就应该享有获得经济补偿的权利,而这种权利的获得,是保险人通过理赔工作实现的。做好机动车辆保险理赔工作,对于维护被保险人的利益,加强机动车辆保险的经营与管理,提高保险企业的信誉和效益,具有十分重要的意义。

我国机动车辆保险理赔环节包括:报案、检验、维修、理算和追偿几个环节。

一、理赔工作原则

在理赔工作的过程中,要坚持一定的原则。可以概括为"主动、迅速、准确、合理"。

(1)主动。就是要求保险理赔人员积极主动地对出险案件深入现场,在对现场查勘和调查了解的基础上对事故的成因、出险的情况有一个比较清晰的认识,并根据合同约定,综合分析事故是否属保险责任。

(2)迅速。就是要求理赔人员对责任范围内的案件抓紧各个环节处理赔案,按照法律规定的时间及时给予赔付。

(3)准确。就是指理赔人员从查勘情况的真实性、责任审定的正确性、损失确认的客观性和赔款计算方面都应力求准确。

(4)合理。就是要尊重客观事实,使得保险赔偿金的赔付符合保险条款和保险的基本职能与功用。

"主动、迅速、准确、合理"组合起来成为保险理赔工作的"八字"原则。"八字"原则是我国保险公司在长期理赔工作实践中总结出来用以衡量和检查保险理赔工作的标准,根本的宗旨是提高保险服务水平，创造保险诚信经营氛围，促进保险业健康有序地发展。

二、理赔工作流程

机动车辆保险理赔实务对于不同的保险公司和不同的实际业务有所差异，但总体而言，机动车辆保险理赔工作一般都要经过受理报案、现场查勘、确定保险责任并立案、定损核损、赔款理算、核赔、结案处理、理赔案卷归档几个步骤。

三、报案

（一）报案及其方式

报案是指保险事故发生后，被保险人将事故发生的时间、地点、原因、经过及其他相关情况，以最快的方式通知保险人，并提出索赔申请。出险通知是被保险人应当履行的通知义务之一，是有利于保险人及时调查取证、采取有效措施、减少损失的保证。

报案的方式可以是上门报案，也可以是函电报案。上门报案的，理赔内勤应指导被保险人填写索赔申请书，索赔申请书必须明确出险时间、地点、原因、经过及相关损失情况；函电报案的，理赔内勤应做好记录，并派查勘员及时查勘，查勘员接到派工后应在第一时间赴现场查勘，指导被保险人填写索赔报告。

（二）报案的时间限制

报案的时间在保险合同签订时就有一个明确的约定，被保险人应当按照合同约定，及时履行通知义务。

（1）有条件报案的：各家保险公司根据自身的实际情况，在保险合同签订时，在对有条件报案的，被保险人都通过条款或者特别约定进行了时间的限制，被保险人应在保险合同约定的时间范围内及时向保险公司报案。

（2）没有条件报案的：在现实生活中，被保险人出险后，确实有因交通、电信等堵塞、中等特殊情况而无法按照约定时间报案的，保险公司可以在了解事实真相、确认事故真实性的基础上受理。

（三）报案受理

报案受理又称报案登记，是保险理赔的前提，其主要由接受报案、查抄底单、报告案情及安排查勘、编号立案组成。

1. 接受报案

机动车辆出险后，被保险人主要采取上门报案或电话报案，理赔内勤在接到报案后，要迅速指导被保险人填写索赔报告（电话报案的可查勘时补填），并对照《机动车辆保险登记本》详细记录被保险人姓名、保单号、出险时间、出险险别、出险日期、地点、经过、原因及大致损失情况，同时将被保险人的联系方式记下，便于联系。目前很多保险公司采用了电话坐席接报案。接报案后，坐席或理赔内勤应按照有关规定将报案信息详细录入计算机。

接报案工作作为理赔工作中的第一环节，必须真实准确，因此在接报案时应重点注意以下几方面：

（1）在了解出险原因时，重点了解事故发生的基本过程，初步确认保险事故的发生原因。

(2)在了解事故类别时,对两车相撞的事故必须了解双方车型。

(3)在了解事故损失时,重点了解损害双方的关系。

2. 查抄底单

接报案人员在接报案完毕后,应及时抄单。根据抄单,查验车辆承保情况,确定是否属保险责任范围,查验的主要内容包括:

(1)投保险别。初步判定是否属保险责任。

(2)保险期限。判定出险日期是否在保险期限内。

(3)出险地点、驾驶人情况。判定是否为保单约定的区域和人员驾驶。

(4)保险费是否交付。

(5)危险事故发生的结果是否构成理赔的条件。

对于在外地出险、危险事故刚刚发生或危险尚未得到控制的,应及时掌握出险现场的实际情况并督促被保险人进行施救保护,抄单和现场查勘可同步进行,但现场查勘完毕后要及时核对底单,以免盲目处理,使工作陷入被动。

3. 报告案情及安排现场查勘

接报案人员根据底单确认属保险责任范围后,应当按照公司的理赔管理规定,及时向有关领导汇报,并根据案情安排查勘人员进行现场查勘。现场查勘一般应遵照以下原则:

(1)特殊案情,安排擅长该案件处理的查勘员处理。

(2)大和超权限赔案,在查勘后应及时以书面形式上报。

(3)委托查勘案件,需根据授权公司的授权处理案件,并及时向委托公司通报案情及处理情况。

4. 编号立案

(1)经查抄底单并复核后,对于符合保险合同条件的案件,理赔内勤应进行立案登记。

(2)编号立案后,应建立未决赔案档案,并将定损单、查勘报告等资料一同交给理算人员。

(3)本公司承保车辆异地出险的,要向代勘公司及时了解车辆及其他损失的查勘定损情况,并做好代勘案件的立案登记管理。

(4)本公司代理外地的案件,要将查勘情况及时反馈给承保机构,并做好反馈记录,便于承保公司及时立案。

四、检验

(一)检验的基本含义及内容

检验是在对交通事故进行深入细致调查的基础上,根据与事故有关的各种人证、物证,了解事故发生原因,判定责任,确认损失的一项工作。其主要包括现场检验、责任审定、损失确认等内容。

(二)检验现场的分类

保险车辆因交通事故出险的现场,是由事故发生的地点、遗留物体、痕迹、道路条件以及与事故有关的车辆、物体、人、畜和气候情况等因素构成的。根据交通事故现场的变化情况,可以将现场分为原始现场、变动现场、恢复现场、伪造现场等几类。

(三)检验的基本内容.

检验工作的基本内容主要包括实地查勘和现场调查。

1. 实地查勘

实地查勘的内容包括现场有关尺寸的测量、事故照片及有关物品的收集等。其主要工作有:

(1)现场拍照。现场拍照应按照方位摄影、中心摄影、损失细目摄影等拍摄要求,选择不同的角度,准确反映事故发生的总体情况及个体的损失程度。

(2)查勘车辆。查勘保险车辆和第三者车辆的车型、牌照、发动机号、车架号、行驶证等,并根据保单抄件核对标的号,确认是否为保险车辆。同时还应对车辆的安全技术性能进行检测。

(3)查勘驾驶人的驾驶证、准驾车型及行驶证是否合格有效。

(4)现场测量。现场测量必须准确,主要是对与事故有关联的物体、痕迹等进行测量。如:道路走向、宽度的测量;车辆行驶方向、位置的测量;现场痕迹散落物的测量等。在测量时一定要做好测量记录。

(5)收集物证。物证是证明交通事故发生过程最客观的依据,收集物证是实地查勘工作的核心。收集物证的主要部位应为接触部位和比较容易附着物体的地方,如风窗玻璃比较容易附着血迹、毛发等。

(6)绘制现场草图。现场草图主要是将现场的有关情况记录下来,一般包括现场的位置、周围的环境、车辆的走向、现场的痕迹等。绘制的草图必须能够准确客观地反映事故现场的真实情况。

2. 现场调查

(1)调查出险时间。要详细了解出险的具体时间,确定出险时间是否在保险期限内;对于离保险起止期较近的车辆,要调查车辆的出发启程时间、行驶路线、到达目的地或返回的时间等相关问题,以便准确确定出险时间。

(2)调查出险地点。要查明出险地点是否为第一现场,如果变动,要查明变动原因。对单方事故,如果已经变动现场的,要及时赶赴第一现场补勘,根据现场情况和车辆受损部位判断是否属实。

(3)调查事故经过。事故的真实经过是判定保险责任的重要依据。了解事故的真实经过,要调查事故发生的原因及事故发生时采取的措施等。对于案情特殊的案件,如酒后驾车、无证驾驶、火灾、盗抢案件要做好调查笔录。这一个环节主要运用事故鉴定的结论。

(4)调查道路情况。通常要调查路面的障碍情况、路面情况、路面结构等,用以判定事故发生的可能性。

(5)调查损失情况。主要调查物损及人伤的损失程度、数量及车辆的损失部位,以防止被保险人夸大损失或人为扩大损失。

(6)调查责任情况。根据现场情况,在征求交警意见的基础上初步判定责任系数,并根据承保情况确认是否有比例分摊等。

五、立案

立案是指经初步查验和分析判断,对属于保险责任范围内的事故进行登记予以受理的过程。保险责任的审定是根据现场查勘记录及查勘报告、交警事故责任认定书、调解书,并按照保险合同约定,分析事故原因,确认是否属保险赔偿责任范围的一项工作。对于认定不属于保险责任范围的案件,按不予立案或拒赔案件处理,并在“出险报案表”和“机动车辆保险报案、立案登记本”上签注“因××拒赔”,同时向被保险人送达“机动车辆保险拒赔通知书”并作出必要的解释。对经过现场查勘,认定在保险有效期内,且属于保险责任事故范围的案件,应进行立案登记,正式确定案件,统一编号并对其进行程序化管理。

保险责任审定的内容主要有:事故是否属保险责任范围;出险期是否在保险期限内;保险责任是否属于第三者责任;被保险人提供的单证是否合法有效;审核赔付的范围等。

保险责任的审定是赔案处理中至关重要的一项具体工作,责任审定的正确与否,会直接影响到保险公司的效益问题。在责任审定中,应该掌握以下几点:

(1)审定保险责任。要按照尊重保险事故发生的客观事实,包括事故的定性,事故的原因,各种证明材料的可靠性、有效性、权威性,并按照保险条款及有关法律法规,判定是否属保险责任。对于部分比较典型的案例,在条款及条款解释含糊不清时,要结合国家的有关法律、法规及事故所处的具体环境,集体讨论,作出正确判断。

(2)掌握赔付范围。在确定保险责任后,对于被保险人的索赔要求,要根据现场查勘记录及损失确认的有关单证记录核定。机动车辆保险的赔偿范围及标准的依据是《道路交通事故处理办法》,赔偿的范围主要包括车辆损失、财产损失、人伤损失三大类。并明确哪些应该赔偿、哪些不应该赔偿、是否有比例分摊、赔偿的依据和标准是什么等。

(3)谨慎处理特殊赔案。在保险公司的经营实际中,常常会遇到通融案件、骗赔案件及一些保险责任难以界定的案件。在处理这些赔案时,要充分发挥集体的力量,通过集体讨论、专家审核、上报审批的方式,对是否赔付、如何赔付作出一个正确的定论,保证案件处理合理。

六、定损核损

定损核损是保险理赔工作的重要环节,是赔款理算的前提和基础。它是对保险事故所造成的损失情况进行现场和专业的调查和查勘,对损失的项目和程度进行客观和专业的描述和记录,对损失价值进行确定的过程。

定损的技术性、政策性、操作性要求均比较高,可采取协商定损、公估定损、聘请专家定损三种方式。协商定损是由保险人、被保险人以及第三方协商确定保险事故造成的损失费用的过程;公估定损是指由专业的公估机构负责对保险事故造成的损失进行确定的过程;聘请专家定损是指对于个别技术性、专业性要求较高的案件,聘请专家进行定损,以保证全面、客观、准确地确定事故损失费用。目前车险实务中通常采取协商定损的方式。

(一)车辆损失的核定

车辆损失的核定包括车辆的直接损失和车辆的施救费,保险事故造成保险车辆的其他间接损失不在保险赔偿范围之内。

1. 车辆修理费的核定

车辆修理费由配件费、维修工时费、管理费组成。损失确认时应在明确当次事故损失部位或范围的基础上贯彻“以修复为主”的原则,确定车辆的修复价格。第三者车辆的修理费金额以保险车辆的第三者责任限额为限。

2. 车辆施救费用的核定

车辆施救费用是指保险事故发生后，被保险人为了避免或减少损失程度的扩大，采取施救保护措施而支出的合理费用。在对施救费用进行核定时，要遵循“必要、合理、限额”的原则。“必要”就是保险事故发生后，保险车辆或第三者车辆因清理事故现场，保持交通畅通或移送到有关目的地（停车场、修理厂），只有通过施救（起重机、拖车等）才能完成。“合理”就是采取的施救行为和支付的费用是直接的，符合国家有关政策规定的。“限额”就是施救费用的认定在施救次数和赔偿金额上的限定。在施救次数的认定上，一般以事故发生时的实际施救认定；特殊原因需移送至外地或其他地方的，费用在征得保险公司同意、在施救费用认定的赔偿金额上，保险车辆的施救费以车辆的保险金额为限；第三者车辆的施救费用和第三者其他损失的总和以保险车辆的第三者限额为限。

（二）财产损失的核定

1. 货物损失的核定

货物损失包括本车货物或第二者车货物。在对货物损失进行核定时，要逐项清理，确定损失数量、损失程度、损失金额。损失金额的确定应以货物的实际成本价核定。保险车辆的车上货物赔偿限额以保险金额为限，第三者货物损失和第三者其他损失的总和以保险车辆的第三者限额为限。

2. 牲畜损失的核定

牲畜受伤的，按照实际的治疗费用核定；牲畜死亡或无法继续使用的，按照事故发生地的市场价格核定，但必须按照实际情况扣减残值。其和第三者其他损失的总和不得超过保险车辆的第三者限额。

3. 其他财产的核定

其他财产包括第三者随身的衣物及携带和使用的有现金价值的其他物品。可以根据实际，通过协商，采取修复、更换、现金赔偿的方式处理，但必须征得保险公司的同意。

（三）人伤损失的核定

人伤费用包括保险车辆和第三者的人伤费用，两者的认定根据《中华人民共和国道路交通安全法》的有关规定，交通事故中有关的人身损坏的赔偿依据以 2004 年 5 月 1 日正式实施的最高人民法院《关于审理人身损害赔偿案件适用法律若干问题的解释》为准。

（四）损余物资的处理

损余物资即残值。通常的处理办法是折价归被保险人所有。如与被保险人协商不成的，可以将损余物资收回，通过其他方式处理，处理所得款项应当冲减赔款。

（五）施救费用的确定

施救费用是指保险标的遭遇保险责任范围内的灾害事故时，被保险人或其代理人、雇佣人员等采取措施抢救保险标的，防止损失扩大而支出的必要的、合理的费用。在机动车辆保险中施救费用主要是指对于倾覆车辆的起吊费用、抢救车上货物的费用、对于事故现场的看守费用、临时整理和清理费用以及必要的转运费用。施救费用的确定必须坚持合理、有效的原则，严格按照条款规定的事项进行确定。

七、赔款理算

保险理算是机动车辆保险的一个关键环节，它主要由损失的审核、赔款的计算、案卷的制作、赔案的复核与审批等组成，是理赔工作的重点。

（一）损失审核

损失审核的主要内容如下：

1. 车损的审核

根据事故照片及定损单，首先核对受损车辆是否为保险标的。确认后，要对其换件项目的准确性、修理工时的合理性、配件是否报价、是否剔除残值、定损金额与修理发票是否吻合、修复时间是否符合损失的正常修理时限等进行审核。

2. 施救费的审核

施救费的认定必须以必要、合理为前提。对施救费的审核主要是审核其是否合乎事故发生地的有关收费标准；是否为施救保险标的所必须支付的费用，如果超出规定，要根据条款规定剔除或分摊。

3. 第三者人伤费用的审核

根据交警调解书或法院判决书，对照人伤损害的各项费用，逐项核实其计算的准确性与合理性。尤其要注意的是医疗费的审核，医疗费中是否有超标准用药、是否有与病情无关的用药等。

4. 物损费用的审核

审核物损的照片与损失是否相符，损失的物品是否有确定损失的依据及依据的合理性等。

5. 损余物资的处理

审核损余物资的去向，是否为被保险人所有；如果是，应在赔款中予以扣减。

（二）赔款的计算

保险公司在对被保险人提供的单证及保险责任审核、确认属保险责任后，应该根据被保险人提供的有关单证，按照车损险、施救费、三者险、附加险等分别计算赔款数额。

1. 车辆损失险的赔款计算

赔款的计算与保险金额的大小密切相关。在签订保险合同时确定保险金额的方式有三种：按新车购置价确定，按车辆的实际价值确定，由保险人和被保险人协商确定。保险金额的确定方式不同，计算赔款的方式不同。

投保时按保险车辆的新车购置价确定保险金额。

①全部损失。指保险车辆因保险事故发生整体损毁或受损严重失去修复价值而发生实际全损或推定全损。

在计算全部损失时，要掌握车辆的实际价值和保险金额的区别，实际价值（SJ）是该车出险时的新车购置价（XJ）（含购置附加费）减去该车已使用年限折旧后的价值（ZJ）。数学公式表述如下：

$$SJ = XJ - ZJ \tag{4-8}$$

其中：
$$ZJ = XJ \times \frac{已用年数}{国家规定报废年限} \tag{4-9}$$

免赔率是指依据保险车辆驾驶人在事故中所负事故责任比例而由其自负的免赔率、违反安全装载规定而需要加扣的免赔率、同一保险年度内多次出险每次加扣的免赔率、非约定驾驶人驾驶车辆肇事后需要加扣的免赔率之和。

在确定事故责任比例时，如果由于交通警察部门判定的事故责任比例与实际赔偿比例不一致，经核赔人员审核，认为此种判定不符合实际情况，此处的事故责任比例可用赔偿比例代替。

a. 保险金额等于或低于实际价值时：

$$保险赔款 = \left(保险金额 - 残值 \times \frac{保险金额}{实际价值}\right) \times 责任系数 \times (1 - 免赔率) \tag{4-10}$$

b. 保险金额高于实际价值时：

$$保险赔款 = (实际价值 - 残值) \times 责任系数 \times (1 - 免赔率) \tag{4-11}$$

【例 4-3】 一投保家庭自用汽车损失保险的车辆在保险期限内发生事故，新车购置价（含车辆购置税）为 123000 元，保险金额为 123000 元，实际价值为 108240 元，驾驶人承担全部责任，依据条款规定承担 15% 的免赔率，同时由于非约定驾驶人肇事，增加 5% 免赔率，车辆全损，残值 430 元，计算赔款。

解 由于保险金额高于实际价值，按式(4-11)计算：

$$赔款 = (108240 - 430) \times 100\% \times [1 - (15\% + 5\%)] = 86248(元)$$

【例 4-4】 一投保非营业用汽车损失保险的车辆在保险期限内，发生保险事故，新车购置价（含车辆购置税）178000 元，保险金额为 178000 元，实际价值为 124600 元，驾驶人承担主要责任，承担经济损失为 70%，依据条款规定承担车辆全部损失 15% 的免赔率，残值 980 元，计算赔款。

解 由于保险金额高于实际价值，因此按式(4-11)计算：

$$赔款 = (124600 - 980) \times 70\% \times (1 - 15\%) = 73553.9(元)$$

【例 4-5】 一投保营业用汽车损失保险的车辆在保险期限内发生保险事故，新车购置价（含车辆购置税）为 135000 元，保险金额为 135000 元，实际价值为 135000 元，驾驶人承担经济损失的 50%，依条款规定承担 10% 的免赔率，车辆全部损失，总残值为 720 元，计算赔款。

解 由于保险金额等于实际价值，赔款按式(4-10)计算：

$$赔款 = (135000 - 720) \times 50\% \times (1 - 10\%) = 60426(元)$$

②部分损失。指车辆发生保险事故后，尚未达到整体损毁或推定全损，仅发生局部损失，经过修理车辆还可继续使用。

a. 赔款大于等于实际价值，按实际价值赔付。

$$保险赔款 = 实际价值 \tag{4-12}$$

b. 赔款低于实际价值，计算公式为：

$$保险赔款 = (实际修复费用 - 残值) \times 责任系数 \times (1 - 免赔率) \tag{4-13}$$

【例 4-6】 一投保营业用汽车损失保险的车辆在同一保险期限内发生第二次保险事

故,新车购置价为 236000 元(含车辆购置税),保险金额为 236000 元,实际价值为 179360 元,驾驶人承担次要责任,承担经济损失 30%,依据条款规定承担 5% 的免赔率,同时由于第二次出险,增加免赔率 5%。车辆修理费用 95000 元,残值 220 元,计算赔款。

解 赔款按式(4-13)计算:

$$赔款=(95000-220)\times30\%\times[1-(5\%+5\%)]$$
$$=25590.6(元)$$

小于实际价值,所以赔款为 25590.6 元。

【例 4-7】 一投保营业用汽车损失险的车辆在保险期限内发生保险事故,新车购置价为 127000 元(含车辆购置税),保险金额为 127000 元,实际价值为 50800 元,驾驶人承担全部责任,依据条款规定承担 20% 的免赔率,车辆修理费用为 74300 元,残值 90 元,计算赔款。

解 赔款按式(4-13)计算:

$$赔款=(74300-90)\times100\%\times(1-20\%)$$
$$=59368(元)$$

大于实际价值 50800 元,所以按实际价值赔付。

2. 施救费的计算

$$施救费赔款=(实际修复费用-残值)\times责任系数\times\frac{保险财产价值}{实际施救财产总价值}\times(1-免赔率) \tag{4-14}$$

(1)按保险车辆的实际价值确定保险金额或协商确定保险金额

①全部损失。同投保时按保险车辆的新车购置价确定保险金额的全部损失的计算方法。

a. 保险金额高于保险事故发生时保险车辆的实际价值时:

$$赔款=(实际价值-残值)\times事故责任比例\times(1-免赔率) \tag{4-15}$$

b. 保险金额低于或等于保险事故发生时保险车辆的实际价值时:

$$赔款=(保险金额-残值)\times事故责任比例\times(1-免赔率) \tag{4-16}$$

如果保险金额低于实际价值:

$$残值=总残值\times\frac{保险金额}{实际价值} \tag{4-17}$$

②部分损失。

$$赔款=(实际修理费用-残值)\times事故责任比例\times\frac{保险金额}{投保时保险车辆的新车购置价}\times(1-免赔率) \tag{4-18}$$

如果赔款大于等于实际价值,则按实际价值赔付。

$$赔款=实际价值 \tag{4-19}$$

如果赔款小于实际价值,则按实际计算出来的赔款赔付。

【例 4-8】 一投保非营业用汽车损失保险的车辆在保险期限内发生保险事故,新车购置价(含车辆购置税)为 135000 元,保险金额为 121500 元,实际价值为 108000 元,驾驶人承担全部责任,依条款规定承担 15% 的免赔率,车辆修理费用为 7300 元,残值为 40 元,计算赔款。

解 按式(4-18)计算：

$$赔款=(7300-40)\times100\%\times\frac{121500}{135000}\times(1-15\%)=5553.9(元)$$

小于实际价值，按计算赔款赔付，即赔付5553.9元。

【例4-9】 一投保营业用汽车损失险的车辆在保险期限内发生保险事故，新车购置价为95600元，保险金额为45000元，实际价值为28680元，驾驶人承担全部责任，依条款规定承担20%的免赔率，车辆修理费用为76200元，残值20元，计算赔款。

解 按式(4-18)计算：

$$赔款=(76200-20)\times100\%\times\frac{45000}{95600}\times(1-20\%)$$

$$=28687.03(元)$$

大于实际价值，按实际价值赔付，即赔付28680元。

(2)施救费赔款计算

$$赔款=实际施救费用\times事故责任比例\times(保险金额/投保时保险车辆的新车购置价)\times\frac{保险财产价值}{实际施救财产总价值}\times(1-免赔率) \quad (4-20)$$

(3)保险合同的效力

保险车辆发生部分损失后，根据保险金额确定方式的不同，保险合同效力有以下几种情况：

①按投保时保险车辆的实际价值确定保险金额，一次赔款金额与免赔金额之和(不含施救费)达到保险事故发生时保险车辆实际价值的，保险合同终止，保险人不退还机动车辆损失保险及附加险的保险费。

②保险金额低于投保时保险车辆的实际价值，一次赔款金额与免赔金额之和(不含施救费)达到保险金额，保险合同终止，保险人不退还机动车辆损失保险及附加险的保险费。

③保险金额高于投保时保险车辆的实际价值，一次赔款金额与免赔金额之和(不含施救费)达到保险事故发生时保险车辆的实际价值且未达到保险金额的，在保险车辆修复并经保险人验车同意后，保险责任继续有效至保险合同终止日，但保险人不退还保险车辆修理期间的保险费。

④保险金额高于投保时保险车辆的实际价值，一次赔款金额与免赔金额之和(不含施救费)达到保险金额，保险合同终止，保险人不退还机动车辆损失保险及附加险的保险费。

3.第三者责任险的赔款计算

保险车辆发生第三者人身伤亡事故时，应按照最高法院的《关于审理人身损害赔偿案件适用法律若干问题的解释》(2004年5月1日实施)的标准计算赔款。

(1)被保险人按事故责任比例承担的赔偿金额超过责任限额时：

$$保险赔款=赔偿限额\times(1-免赔率) \quad (4-21)$$

(2)被保险人按事故责任比例承担的赔偿金额小于或等于责任限额时：

$$保险赔款=被保险人承担的赔偿金额\times(1-免赔率) \quad (4-22)$$

(3)诉讼仲裁费计算。

①被保险人应承担的诉讼仲裁费用高于保险单载明的责任限额的30%时：

$$诉讼仲裁费用 = 责任限额 \times 30\% \tag{4-23}$$

②被保险人应承担的诉讼仲裁费用低于保险单载明的责任限额的30%时：

$$诉讼仲裁费用 = 应承担的诉讼仲裁费用 \tag{4-24}$$

【例4-10】 一投保机动车辆第三者责任险的车辆，责任限额是10万元，发生交通事故，在事故中负主要责任，承担70%的损失，依条款规定承担15%的免赔率，此次事故第三方损失为20万元，诉讼仲裁费用为5万元。

解 被保险人按事故责任比例应承担的赔偿金额为：

$$20 \times 70\% = 14(万元)$$

超过10万元的责任限额，则：

$$赔款 = 责任限额 \times (1 - 免赔率) = 10 \times (1 - 15\%) = 8.5(万元)$$

被保险人应承担的诉讼仲裁费用为5万元，超过保险单载明的责任限额30%（10万元×30%＝3万元），则：

$$诉讼仲裁费用 = 责任限额 \times 30\% = 3(万元)$$

保险人向被保险人支付赔款（包括诉讼仲裁费用）合计11.5万元。

4. 附加险的赔款计算

(1) 车上责任险

①人身伤亡。

a. 车上人员伤亡费用未超过限额时：

$$赔偿金额 = 实际损失 \times 责任系数 \times (1 - 免赔率) \tag{4-25}$$

b. 车上人员伤亡费用与责任系数之积超过限额时：

$$赔偿金额 = 赔偿限额 \times (1 - 免赔率) \tag{4-26}$$

②车上货物。

a. 车上货物（含施救费）超过限额时：

$$赔偿金额 = 赔偿限额 \times (1 - 免赔率) \tag{4-27}$$

b. 车上货物（含施救费）低于限额时：

$$赔偿金额 = 实际损失 \times (1 - 免赔率) \tag{4-28}$$

③盗抢险。

a. 全部损失：

$$赔款 = 强盗险保险金额 \times (1 - 免赔率) \tag{4-29}$$

b. 部分损失：

$$赔款 = 实际修复费用 \times (1 - 免赔率) \tag{4-30}$$

④玻璃单独破碎险。

$$赔偿金额 = 实际修复费用 \tag{4-31}$$

⑤不计免赔特约条款。

$$赔款 = 一次赔款中已承保且出险的各险种免赔额之和 \tag{4-32}$$

(2) 保险人自行承担的免赔金额

下列应由被保险人自行承担的免赔金额，保险人不负责赔偿。

①车辆损失保险中应当由第三方负责赔偿而确实无法找到第三方。

②因违反安全装载规定加扣的。

③同一保险年度内多次出险，每次加扣的。

④对于家庭自用汽车保险合同中约定驾驶人的，保险事故发生时，由非约定驾驶人员驾车而加扣的。

⑤附加盗抢险或附加火灾、爆炸、自燃损失险或附加自燃损失险中规定的。

（三）案卷的制作

案卷是支付赔款的一个重要物件，在完成上述的各项程序后，就要将有关资料整理成卷宗，便于备查。赔案卷宗内根据案件的类型不同，一般收集的资料也有差别。

（1）基本险案件卷宗的基本单证包括：出险通知书、事故认定书、调解书或判决书、查勘检验报告、定损单、行驶证和驾驶证复印件、支付凭证（修理费、人伤费用等）、赔款收据、保单抄件、与案卷有关的证明。

（2）对于涉及第三者的人身伤亡案件除上述单证外，还需有以下单证：治疗病历、休息或继续治疗证明、转院证明、医疗发票、相关赔偿费用的证明和依据材料等。

（3）附加险案件中主要是盗抢险和车上货物险。

盗抢险卷宗所需资料主要有：公安刑侦部门的失窃证明、车辆管理部门的有关证明、车购费凭证、车钥匙、权益转让书、保单正本等。

货物损失险所需资料主要有：货物运输清单、货物进价单、货物清理核损单等。将上述资料收集完毕后，收入卷宗，整理规范，交由相关人员复核与审批。

（四）赔案的复核与审批

赔案复核人员接理算人员转来的案件后，要认真对赔案的责任审定、损失审核、赔款计算进行复核，进一步审核赔案的真实性、损失的准确性及计算的正确性，确认无误后，交由核赔人进行核赔审批。

核赔人接案件后，主要对案卷的文件进行形式审核、实质审核和赔款计算的审核，确认赔款金额。另外作为核赔人，还应对赔案进行分析，发现问题，为承保提供方向和依据。

第五章　汽车装饰与美容

“汽车美容”一词源于西方发达国家，被称为“汽车维护护理”，被形容为“汽车保姆”，也被称作“第四行业”（针对汽车生产、销售、维修而言），是一种全新的汽车养护理念。西方国家的汽车美容业已经达到非常完善的地步。汽车养护已经成为普及性的、专业化很强的服务行业。我国汽车美容的概念最初是出现在1994年，如今已经被大家普遍接受，汽车美容中心也已遍及全国各地。汽车美容作业主要由美容和装饰两部分构成。

第一节　汽车装饰与美容概述

一、汽车装饰概述

（一）汽车装饰的定义

根据中国汽车用品网的权威定义。汽车装饰是指在原出厂车的基础上通过增加或者替换一些附属的物品，以提高汽车的美观性、实用性、舒适性和安全性的行为，也称为汽车装潢。所增加或者替换的附属物品称为装饰品或装饰件。广义的汽车装饰包括汽车改装、汽车美容等。

（二）汽车装饰的分类

1. 根据装饰的部位不同分类

汽车装饰可分为汽车外部装饰、汽车内部装饰和其他装饰。

（1）汽车外部装饰：主要对汽车顶盖、车窗、车身、车轮、车灯及底盘等部位进行装饰。其服务项目有汽车漆面的特种喷涂、车身彩条及保护膜装饰、扰流组件装饰、车顶开天窗、风窗贴膜，车身局部装饰、车轮装饰、底盘装甲、底盘LED灯带。

（2）汽车内部装饰：主要是对汽车驾驶室和乘客室进行装饰，统称为内饰。其服务项目有汽车顶棚内衬装饰、侧围内护板和门内护板的装饰、仪表板的装饰、座椅的装饰、地板的装饰、内室精品装饰，以营造温馨、舒适的车内环境。

（3）其他装饰：包括各种车载电器设备、通信和智能设备以及防盗防护设备等。

2. 根据装饰物的功能不同分类

汽车装饰可分为提高舒适装饰、提供保护功能装饰和改变风格装饰。

3. 根据装饰品的作用不同分类

汽车装饰可分为美观类（车身大包围、空气扰流组件、彩绘及彩贴等）、舒适类（天窗、汽车香水、真皮座椅和电动座椅等）、娱乐类（汽车音响及DVD等）、防护类（电子门锁及汽车防盗装置等）、保护类（护灯型前杠、防撞胶条、防滚架及车窗太阳膜等）、实用类（车载冰箱、车载氧吧、侧杠、尾梯及行李架等）、便利类（电动车窗、中控锁、车载电话和GPS等）和安全类(倒车雷达、可视倒车装置、安全带及安全气囊等)。

(三)各级轿车装饰的特点

各级轿车装饰的特点见表5-1。

各级轿车装饰的特点　　表5-1

车　　型	发动机排量	装饰特点	典型车系
微型轿车	≤1.0L	装饰简朴、设备简单	比亚迪F0、Smart
普通轿车	1.0～1.6L	相对微型轿车更考虑个性化，提高舒适性	大众桑塔纳、本田飞度
中级轿车	1.6～2.5L	外饰比普通级更高贵、内饰更强调舒适性、装备更齐全	本田雅阁、奥迪A6、大众速腾
中、高级轿车	2.5～4.0L	基本型为中级装饰，豪华型为高级装饰，内饰靓丽、舒适、豪华、精品装饰高级	皇冠、宝马3系、路虎、奥迪Q7
高级轿车	≥4.0L	顶级的外装饰、豪华的内装饰、高科技精品装饰	保时捷卡宴、沃尔沃S90

(四)汽车装饰的范畴

(1)一般来说，汽车装饰主要按照车主的意图改造汽车，但并非可以随心所欲地对汽车的外貌和内饰进行修改，汽车装饰的过程必须遵循一些基本原则。

(2)必须严格按照国家相关法规执行，否则将给车主带来各种各样的麻烦。

(3)涉及安全的装饰必须征得消费者的同意，不得擅自对汽车安全部件进行修改。

(五)汽车装饰的注意问题

(1)注意相关法规。《中华人民共和国机动车管理办法》明确规定：机动车不得擅自改装。要进行机动车变更，必须在交管部门的规定范围内进行，且申请批准后才能改装。

(2)注意“禁用三色”。车身颜色有三种颜色不能批准：红色(为消防专用)、黄色(为工程抢险专用)、公安色(上白下蓝为国家行政执法专用)。

(3)注意行车安全原则。在驾驶区不要进行挂饰、摆饰等装饰品装饰，尽量不要在驻车制动操纵手柄、仪表板前、仪表台放置不固定的物品，以免在紧急状况下发生制动踏板卡滞的危险。

(4)注意协调、实用、整洁、安全和舒适原则。

①协调：即饰材和饰物的颜色必须同轿车的外表颜色、车内顶部及四周的颜色配合适当。如黑色的轿车配以浅茶色的太阳膜；深灰色的驾驶室配以黄色座套、白色枕套、棕色车毯；在驾驶室前放一瓶外形美观的香水或语音报时的时钟等，使其显得大方、豪华、和谐。

②实用：车内有限的空间应选小巧、美观、实用的饰物，能反映车主本人个性的艺术品。

③整洁：要求车内装饰井井有条，无任何污染或杂物。车内饰物应便于拆装、清洗和更换。

④安全：车内的饰物不得有碍于驾驶员安全行车或乘坐人员安全乘车。

⑤舒适：车内的装饰色彩和质感符合驾乘人员的审美观。因为只有舒适的工作环境，才有可能令驾乘人员产生心情舒畅、轻松自在的感觉。

(5)注意装饰工作的顺序由表及里，先主后辅。而具体步骤是先装饰车窗玻璃，后装饰车里的前部与后部,前排座中央位置,坐垫或背垫及其他饰物。

二、汽车美容概述

汽车美容按作业性质不同可分为护理性美容和修复性美容两大类。护理性美容是指保持车身漆面和内室件表面亮丽而进行的美容作业,主要包括新车开蜡、汽车清洗、漆面研磨、抛光、还原、上蜡及内室件保护处理等美容作业;修复性美容是车身漆面或内室件表面出现某种缺陷后所进行的恢复性美容作业,其缺陷主要有漆膜病态、漆面划痕、斑点及内室件破损等。根据缺陷的范围和程度不同分别进行表面处理、局部修补、整车翻修及内室件修补更换等美容作业。

专业汽车美容具有系统性、规范性和专业性等特性。所谓系统性就是着眼于汽车的自身特点,由表及里进行全面而细致的维护;所谓规范性就是每一道工序都有标准而规范的技术要求;所谓专业性就是严格按照工艺要求采用专用工具、专用产品和专业技术手段进行操作。汽车美容应使用专用优质的养护产品,针对汽车各部位材质进行有针对性的维护、修复和翻新,使经过专业美容后的汽车外观洁亮如新,并保持长久。

(一)汽车美容的作用

1.美化环境

随着我国国民经济的不断发展和科学技术的不断进步,以及人们生活水平的不断提高,道路上行驶的各种汽车越来越多。五颜六色的汽车装扮着城市的各条道路,形成一条条美丽的风景线,对城市和道路环境起着美化作用,给人们以美的感受。这些成果的得来与我国的汽车美容业的兴起是分不开的,如果没有汽车美容,道路上行驶的汽车车身灰尘污垢堆积,漆面色彩单调、色泽暗淡,甚至锈迹斑斑,这样将会形成与美丽的城市建筑极不协调的景象。因此,美化城市环境离不开汽车美容。

2.保护汽车

汽车涂膜是汽车金属等物体表面的保护层,它使物体表面与空气、水分、日光以及外界腐蚀物质隔离,起着保护物面、防止腐蚀的作用,从而延长金属等物体的使用寿命。汽车在使用过程中,由于风吹、日晒、雨淋等自然侵蚀,以及环境污染的影响,涂膜会出现失光、变色、粉化、起泡、龟裂、脱落等老化现象,另外交通事故、机械撞击等也会造成涂膜损伤。一旦涂膜损坏,金属件便失去了保护的“外衣”。为此,加强汽车美容作业,维护好汽车表面涂膜是保护汽车金属件的前提。

3.装饰汽车

随着人们消费水平的提高,对于一些中、高档轿车来说,已不仅仅是一种交通工具,它已成为一种身份的象征。车主不仅要求汽车具有优良的性能,而且还要求汽车具有漂亮的外观,并想方设法把汽车装点得靓丽美观,这对汽车的装饰性能提出了更高的要求。汽车的装饰性不仅取决于车型外观设计,而且取决于汽车表面色彩、光泽等因素通过汽车美容作业,使汽车涂层平整、色彩鲜艳、色泽光亮,始终保持美丽的容颜。

(二)汽车美容的原则

1.预防与治理相结合的原则

汽车美容要以预防为主,即在汽车漆膜及其他物面出现损伤之前进行必要的维护作业,预防损伤的发生。一旦出现损伤应及时进行治理，恢复原来状态。因此，汽车美容应坚持预防与治理相结合的原则。

2. 车主护理与专业护理相结合的原则

汽车美容很多属于经常性的维护作业，如除尘、清洗、擦车、检查等，几乎天天都要进行，这些简单的护理作业，只要车主或驾驶人掌握了一定的汽车美容知识，完全可以自己完成。但定期到专业汽车美容场所进行美容也是必不可少的，因为还有很多美容项目是车主无法完成的，尤其是汽车漆面或内室物面出现某些问题时，必须进行专业护理。为此，车主或驾驶人护理一定要与专业护理相结合，这样才能将车护理得更好。

3. 单项护理与全套护理相结合的原则

汽车美容作业的项目和内容很多，在作业中应根据汽车自身状况有针对性地选择项目和内容，进行某些单项护理就能解决问题的不必进行全套护理，这样不仅是为了节省费用，同时对汽车本身也是有利的。例如，汽车漆膜的厚度是一定的，如果每次美容都进行全套护理，即每次都要研磨、抛光，这样漆膜厚度很快会变薄，当磨透漆膜时，就必须进行重新喷漆，这就得不偿失了。当然在需要时对汽车进行全面护理也是必要的，关键是要根据不同情况具体对待。

4. 局部护理与全车护理相结合的原则

汽车漆膜局部出现损伤时，只要对局部进行处理即可，只有在全车漆膜绝大部分出现损伤时，才能进行全车漆膜处理。在实际工作中应根据需要决定护理的面积，只需进行局部护理的，就不要扩大到整块板，只需要进行整块板护理的，就不要扩大到全车。

第二节　汽车美容的主要项目与关键工艺介绍

一、汽车美容作业项目

（一）护理性美容作业项目

1. 新车开蜡

汽车生产厂家为防止汽车在储运过程中漆膜受损，确保汽车到用户手中时漆膜完好如新，汽车总装的最后一道工序是在检查合格后，对整车进行喷蜡处理，在车身外表面喷涂封漆蜡。封漆蜡没有光泽，严重影响汽车美观，且易黏附灰尘。发达国家的汽车销售商在汽车出售前就对汽车进行除蜡处理，目前我国还很少有汽车销售商实施这项工作。为此，用户购车后必须除掉封漆蜡——俗称开蜡。

2. 汽车清洗

为使汽车保持干净、整洁的外观，应定期或不定期地对汽车进行清洗。汽车清洗是汽车美容的首要环节，同时也是一个重要环节。它既是一项基础性的工作，也是一种经常性的护理作业。

按汽车部位不同，清洗作业可分为车身外表面清洗、内室清洗和行走部分清洗。车身外表面清洗主要指车身漆面、车门窗、外部灯具、装饰、附件等表面的清洗；内室清洗主要指篷壁、地板（地毯）、座椅、仪表台、操纵件、内部装饰、附件等的清洗；行走部分清洗主要指与汽车底盘有关的总成壳体表面的清洗。

对车身漆面的清洗可分为不脱蜡清洗和脱蜡清洗两种。

(1)不脱蜡清洗:是指车身表面有蜡,但是不想把它去掉,只是洗掉灰尘、污迹。清洗方法主要是通过清水和普通清洗剂,采用人工或机械清洗。

(2)脱蜡清洗:是一种除掉车漆表面原有车蜡的清洗作业。有些汽车原先打过蜡,现在需要重新打蜡上光,在这种情况下,必须在洗车的同时将原车蜡除净,然后再打新蜡。脱蜡洗车使用脱蜡清洗剂,该清洗剂可有效地去除车蜡。用脱蜡清洗剂洗完之后,再用清水将车身表面冲洗干净。

3. 漆面研磨

漆面研磨是去除漆膜表面氧化层、轻微划痕等缺陷所进行的作业。该作业虽具有修复美容的性质,但由于所修复的缺陷非常轻微,只要配合其他护理作业,便可消除缺陷,所以把它列为护理性美容的范围。

漆面研磨与后面的抛光、还原是三道连续作业的工序,研磨是漆面轻微缺陷修复的第一道工序。漆面研磨需使用专用研磨剂,通过研磨/抛光机进行作业。

4. 漆面抛光

漆面抛光是紧接着研磨的第二道工序。车漆表面经研磨后会留下细微的打磨痕迹,漆面抛光就是去除这些痕迹所进行的护理作业。

漆面抛光需使用专用抛光剂,通过研磨/抛光机进行作业。

5. 漆面还原

漆面还原是研磨、抛光之后的第三道工序,它是通过还原剂将车漆表面还原到“新车”般的状况。还原剂也称“密封剂”,它对车漆起密封作用,以避免空气中污染物直接侵蚀车漆。还原剂有两种,一种叫还原剂,另一种叫增光剂。增光剂在还原作用的基础上还有增亮的作用。

6. 打蜡

打蜡是在车漆表面涂上一层蜡质保护层,并将蜡抛出光泽的护理作业。打蜡的目的:一是改善车身表面的光亮程度,增添亮丽的光彩;二是防止腐蚀性物质的侵蚀,对车漆进行保护;三是消除或减小静电影响,使车身保持整洁;四是降低紫外线和高温对车漆的侵害,防止和减缓漆膜老化。汽车打蜡可通过人工或打蜡机进行作业。

7. 内室护理

汽车内室护理是对汽车控制台、操纵件、座椅、座套、顶棚、地毯、脚垫等部件,进行的清洁、上光等美容作业,还包括对汽车内室定期进行除菌、除臭等净化空气作业。汽车内室部件种类很多,外层面料也各不相同,在护理中应分别使用不同的专用护理用品,确保护理质量。

(二)修复性美容作业项目

1. 漆膜病态治理

漆膜病态是指漆膜质量与规定的技术指标相比所存在的缺陷。漆膜病态有上百种,按病态产生的时机不同可分为涂装中出现的漆膜病态和使用中出现的漆膜病态两种。对于不同的漆膜病态,应分析原因,采取有效措施积极防治。

2. 漆面划痕处理

漆面划痕是因刮擦、碰撞等原因造成的漆膜损伤。当漆面出现划痕时,应根据划痕的深浅程度,采取不同的工艺进行修复处理。

3. 漆面斑点处理

漆面斑点是指漆面接触了柏油、飞漆、焦油、鸟粪等污物,在漆面上留下的污迹。对斑点的处理应根据斑点在漆膜中渗透的深度不同,采取不同的工艺。

4. 汽车涂层局部修补

汽车涂层局部修补是当汽车漆面出现局部失光、变色、粉化、起泡、龟裂、脱落等严重老化现象或因交通事故导致涂层局部破损时所进行的局部修补涂装作业。汽车涂层局部修补虽作业面积较小,但要使修补漆面与原漆面的漆膜外观、光泽、颜色达到基本一致,需要操作人员具有丰富的实践经验和高超的技术水平。

5. 汽车涂层整体翻修

汽车涂层整体翻修是当全车漆膜出现严重老化时所进行的全车翻新涂装作业。其作业内容主要有清除旧漆膜、金属表面除锈、底漆和腻子施工、面漆喷涂、补漆修饰及抛光上蜡等。

二、汽车美容用品与设备

汽车美容施工是一项庞杂的系统工程,麻雀虽小,五脏俱全。在汽车美容数十年的发展完善过程中,其作业设备和用品已逐渐成熟,呈多样化、系列化、百家争鸣的局面。但无论是国外进口的设备及美容用品,还是国内生产的产品,它们的作用及功效在近20年的国内汽车美容实践中得到检验,已经被广大业内人士所认同。作业所使用的设备和用品见表5-2。

现代汽车美容常用设备和用品 表5-2

序号	美容项目	具体作业项目	设备及用品	选用要点
1	汽车美容	汽车清洗	龙门滚刷清洗机、小型高压清洗机、麂皮、毛巾、板刷、清洗护理二合一清洗剂、水系列清洗剂、玻璃清洗剂、柏油沥青清洗剂、轮胎清洗保护剂、黑镀清洗保护剂、银镀清洗保护剂、清洗上光剂等	(1)小型美容企业宜选用小型高压清洗机; (2)北方冬季宜选用调温式清洗机; (3)不宜选用碱性清洗剂洗车
		汽车打蜡	打蜡机、打蜡海绵、无纺布毛巾及各种保护蜡、上光蜡、防静电蜡、镜面釉	(1)根据汽车漆面性质特点及汽车运行环境选用车蜡; (2)镜面釉是非蜡质保护剂
2	内饰美容	车室美容	吸尘器、高温蒸汽杀菌器、喷壶、毛巾、真皮、塑料、纤维织物清洗保护剂、真皮上光保护剂、真皮与塑料上光翻新保护剂、地毯清洁剂	(1)不宜选用碱性清洗剂进行车室清洁; (2)纤维织物清洁剂一般可用于地毯清洁
		发动机美容	喷壶、毛巾、发动机表面活性清洗剂、机头光亮保护剂、清洁油等	不宜选用酸碱性清洗剂

续上表

序号	美容项目	具体作业项目	设备及用品	选用要点
3	漆面处理	浅划痕及漆面失光处理	抛光机、不同粒度的抛光剂、还原剂、漆面增艳剂、漆面保护剂	抛光后须进行还原处理
		深划痕处理	设备与用品与喷漆施工相同	—
		喷漆	喷漆间、烤漆房、空压机、喷枪、砂纸、刮板、底漆、腻子、中涂漆、面漆	(1)宜用喷漆烤漆两用房； (2)修补施工宜用快干型涂料

三、汽车清洗

1. 美容洗车与传统洗车

汽车清洗是采用专用设备和清洗剂，对汽车车身及其附属部件进行清洁处理，使之保持或再现原有风采的最基本美容工序。现代汽车美容洗车与传统洗车的区别如下：

(1)目的不同。人们每天必做的事情之一便是洗脸，干净的面孔总能为人们带来愉悦的感觉，但随着社会发展，人的物质、精神生活水平的不断提高，传统意义的洗脸正逐步被面部保健美容所取代。洗车也一样，传统意义的洗车无非是去除车表面的泥土、灰坐等污物，美容洗车则是在此基础上，扩大到漆面维护的范畴。

(2)清洗剂不同。传统洗车用的洗衣粉、肥皂水、洗洁精被美容洗车的专业洗车液所替代，专用洗车液呈中性，选用非离子表面活性剂制成，能使污渍分子分解浮起而轻易被洗掉，其化学成分不会破坏原车蜡分子的存在，还兼有保护作用，而肥皂水和洗衣粉虽能分解油垢，但会破坏蜡分子的存在，使漆膜氧化失光，加速密封胶条的老化，油漆脱落，金属腐蚀，甚至穿洞等。因此，不能选用碱性洗车液洗车。

(3)清洗技术不同。传统洗车主要依靠非专业人员来完成，无论从技术上、程序上都难以保证洗车的效果，而美容洗车的员工都经过正规严格的训练，能熟练地借助于现代化的设备和高性能的清洁用品进行洗车作业，从而降低了人力消耗，改善了作业条件，提高了劳动生产率。高压水枪在汽车清洗中的应用，不但提高了清洗作业的质量，还能保护漆面，同时还提高了清洗作业的效率。

(4)对环境的影响不同。传统洗车作业场所不规范，即随时随地就可实施，甚至是“一人、一桶、一抹布”，这样的洗车不但影响了城市形象，同时清洗的泥沙及碱性废水会造成城市环境污染，还将造成水资源的浪费。专业的“美容洗车”作业场所固定，配套设备完善齐全，采用循环水再生利用技术，节约能源，最大限度地减少环境污染，降低作业成本，且在清洗剂的选用上力求杜绝对环境的危害。

2. 洗车的作用

一般来讲，洗车不仅仅是使汽车清洁亮丽、光彩如新，其主要的目的在于维护，也就是说洗车工作是汽车维护的最基本工作。另外，延长汽车漆面的寿命主要在于维护，也就是说洗车是车身漆面维护的基本工作。现代汽车所使用的烤漆型面漆,可以为车身提供高亮度的保护面。但是,漆质再硬、漆膜再厚,经过长时间的风化、酸雨、高温、强光等的环境影响及树汁、鸟粪、虫尸等的浸蚀,而又未能及时护理,也会给漆面造成诸多不良影响。其中化学污染过的雨水或融化的雪水,对漆面的损害最为严重。阳光紫外线透过车身上的酸雨水珠,聚光点的穿透能力极强,如果不及时进行护理,就会在车漆表层产生极难处理的印痕,而有害物质的不断沉积、腐蚀、渗透,也会使车漆褪色或失去光泽,并形成氧化层。因此平时应使用车蜡掸清除车身的灰尘,可使漆面得到最基本的保护,少受外界有害物质的侵蚀。

3. 洗车的时机

(1)依天气来判断

连续晴天时,只要用鸡毛掸子清除车身上的灰尘,再用湿毛巾或湿布擦拭前后风窗玻璃及后视镜。一般先清除车顶,再清除前后风窗玻璃、左右车窗、车门,最后清除发动机舱盖及行李舱盖。如果一直为此种天气,大约一周做一次全车清洗工作即可。

连续雨天时,只要用清水先将全车喷洒,使车上的污物掉落。因为还会再下雨,接下来用湿布或湿毛巾擦拭全车所有的玻璃。但当天气放晴之后,就需进行全车清洗。

忽晴忽雨时,就要常常清洗车身。

(2)依行驶的路况来判断

行驶在工地或行经工地时,一般车子都会受工地的污泥扫溅,尤其是工地,地上的水泥容易溅起。如果车子被溅污泥应立即使用大量清水清洗,以免附着久了伤及漆面。

行驶在海岸有露水或有雾区时,如驱车在海边垂钓过夜,因海水盐分重且又有露水、雾气湿重,易使车身钣金因盐分而遭受腐蚀,必须进行彻底清洗。

行驶在山区有露水或有雾区时,在此种情况下,只要在停车后,使用湿毛巾或湿布擦拭即可。

(3)特殊情形

如停车在工地旁受工程所造成的水泥粉波及,或行驶中受工程单位喷涂天桥、路灯的油漆波及,或行驶中受道路维修工程的沥青所波及,或行驶中受前方载运污泥车所掉的污泥溅及,除应立即用大量清水清洗外,对油漆、沥青类污物的清洗要在打蜡中进行。

4. 洗车的注意事项

行车应经常对汽车进行清洗和上蜡,在清洗汽车时应注意以下几点:

(1)盐、尘土、虫尸、鸟粪、沥青、油渍、工业尘垢等黏附在汽车上时间越长,对汽车的破坏性就越大,应及时使用沥青清除剂、虫尸去除剂等进行清洗。

(2)洗车时,车身的温度不要过高。洗车应在阴凉处或室内进行,若在阳光下清洗,干涸在车身上的水滴会留下斑点;不应在寒冷的天气洗车,也不应在寒冷天气中把潮湿的汽车或车身刚刚洗净的汽车驶出,因为水结冰时会损伤漆层。

(3)如果将汽车送进自动清洗设备中清洗时,应注意汽车清洗站使用的刷子类型、清洗剂以及清洗程序,以保证不划伤汽车表面的漆膜。另外,如汽车装有车顶天线,清洗时不用将天线拆下。

(4)冲洗车辆时的水压要合适。冲洗底盘部分的水压可以高一些,以洗净底盘的污泥和其他附着物;冲洗车身时水压低些,最好以雨雾状的水流冲洗,如果清洗车身的水压和水流过大,污物的硬粒会划伤漆层;清洗车身的水温也不要过高,否则漆层会很快损坏。

(5)清洁车身油漆表面时,切勿使用刷子、粗布,以避免留下刮伤痕迹。

(6)消洗时,用分散水流喷射,使硬的泥土浸润而被冲去,再用海绵由上而下擦洗,最后用布擦掉水迹。

(7)分片清洗车辆。一定要在同一时间内清洗或冲洗一个区域,这样可以及时冲洗掉清洗液泡沫以防止泡沫在漆面上风干。

(8)清洗发动机舱时,注意不要将水溅到分电器、点火线圈等电气元件上,否则会导致发动机不能启动。如果不小心溅到电气元件上,应立即用干布擦干,或用压缩空气把水吹干净并将分电器盖内的水分擦净。

(9)洗车或在深水区行驶后,因制动部位浸湿,有可能使制动效果降低,应轻踩制动判断制动效果如何。如果制动不正常应边踩制动踏板边低速行驶一段时间,使制动器干燥。

(10)最后一定要做一次最终的整体冲洗。冲洗时喷射水流与漆面成小角度将有助于形成一个水的薄层,它将更好地覆盖车身的轮廓线,还能保持水流飞溅降低到最小程度。冲洗完后一定要使用麂皮、不掉毛的毛巾或合成麂皮擦干车辆。

第三节 汽车装饰的主要项目与关键工艺介绍

一、车窗与车身装饰

车窗和车身构成汽车外表面,其装饰效果直接影响到汽车的外观。车主应根据汽车的实际情况,本着美观、协调、实用和安全的原则,有针对性地选择装饰项目,确保装饰效果。

(一)车窗覆膜

1. 车膜的功用与种类

(1)车膜的功用

①改变色调。五颜六色的车膜可以改变车窗玻璃全部是白色的单一色调,给汽车增添美感。

②隔热降温。车膜可以减小光线照射强度,起到隔热效果,保持车厢内凉爽。

③防止爆裂。当汽车发生意外时,防爆车膜可以防止玻璃爆裂飞散,避免事故中玻璃碎片对驾乘人员造成伤害,提高汽车安全性。

④保护肌肤。阳光中的紫外线对人体肌肤具有一定的侵害力,长期受紫外线照射易造成皮肤疾病。车膜可有效地阻挡紫外线,对肌肤起到保护作用。

⑤单向透视。车膜的单向透视性可以遮挡来自车外的视线,增强隐蔽性。

(2)车膜的种类

①车膜按颜色不同可分为自然色、茶色、黑色、天蓝色、金墨色、浅绿色和变色等品种。

②按功能不同可分为普通膜、防晒太阳膜和防爆太阳膜等。

③按产地不同可分为进口膜和国产膜。

（二）车膜的基本结构与特性

1. 基本结构

不同的车膜结构差异较大，其中优质防爆太阳膜主要由透明基材、“易施工”胶膜层、感压式黏胶层、隔热膜层、安全基本及耐磨外层组成，图5-1所示的为3M汽车防爆太阳膜结构。

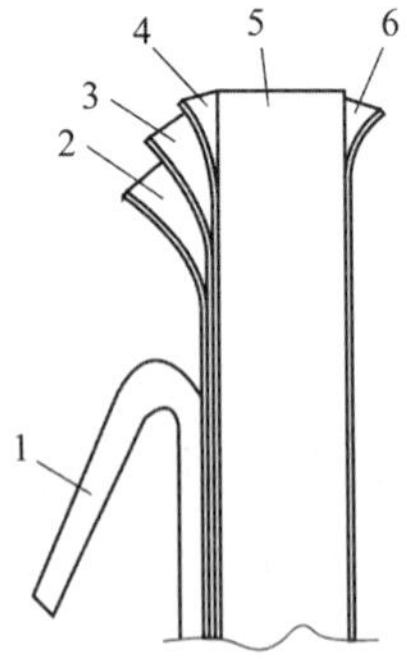

图5-1 3M汽车防爆太阳膜结构图

1-透明基材；2-“易施工”胶膜层；3-感压式黏胶层；4-隔热膜层；5-安全基层；6-耐磨外层

2. 特性

优质车膜应具备以下特性：

（1）隔热性。隔热效果是衡量车膜质量的重要指标，优质车膜的隔热率应在46%～68%。

（2）遮眩光率和透光率。良好的遮眩光率和透光率能降低阳光的眩目程度，既保证了驾驶人在各种气候环境下都能拥有清晰的视野，同时在其开车时也不会产生刺目的感觉。优质车膜的遮眩光率为59%～83%，透光率为70%～85%，无论颜色深浅，夜间视野清晰度都应在60m以上，无视线盲区。

（3）隔紫外线性能。优质车膜应能有效地阻挡紫外线，防止人体肌肤被紫外线照射受到伤害，同时降低车内真皮、塑料等内饰件在阳光直射下造成的耗损，延长其使用寿命。

（4）防爆性。优质的防爆车膜的结构中必须设有防爆基层，当风窗玻璃爆裂时应能有效地防止碎片飞散，避免司乘人员受到伤害。

（5）耐磨性。优质车膜应具有高质量的耐磨层，膜面应有防划伤保护层，这对延长车膜使用寿命，确中施工时不留下任何划痕，保持车膜美观都有重要作用。

（6）单向透视性。无论白天还是黑夜，从车内往外看应非常清晰，从外往里看应比较模糊。

二、汽车防护装饰

（一）汽车防护的内容

随着汽车工业和汽车美容护理业的发展，汽车防护正日趋完善，并逐步走向成熟。它的服务项目涵盖“人—车”系统，包括以下主要内容：

（1）粘贴汽车防爆太阳膜。

（2）安装汽车防盗器。

（3）安装汽车语音报警系统。

（4）安装车静电放电器。

（二）汽车防护的意义

所谓汽车防护，就是在汽车上安装必要的防护及示警装置，通过这些装置的工作，最大限度地为汽车和乘员提供预防性保护。

汽车防护作为汽车美容的边缘项目，在众多汽车美容企业中已广泛开展。究竟汽车是否有必要进行防护施工呢？许多车主和驾驶员可能提出上述的疑问，下面让我们从汽车防护的意义谈起。

1. 汽车防护可以为乘员提供保护

(1)汽车防护——贴膜可以有效地阻隔紫外线及来自太阳的强热,使驾驶员和其他乘员免受紫外线的辐射及强热的困扰,在改善汽车乘坐舒适性的同时,为乘员提供了良好的预防性保护。另外,在汽车运行中,意外的交通事故时有发生,车辆相撞易造成汽车玻璃的破碎,即使现今汽车玻璃是由特种材料及工艺制成,也难免对乘员造成伤害。汽车防爆膜可以有效改善汽车玻璃的抗冲击强度,提高乘车的安全性。

(2)汽车防护——语音报警系统可以及时地向乘员提供汽车运行信息,有效地保障了汽车行驶的顺畅和乘员的安全,减少意外的交通事故和麻烦,为您的出行带来极大方便。

(3)汽车防护——静电放电可以随时将车辆运行使用中产生的静电释放掉,以免静电电压过高击伤乘员。

(4)汽车防护可以为车辆安全管理提供保障。汽车被盗现象在国内国外时有发生,这不但给你的财产带来损失,也给您的工作和生活带来诸多不便。汽车防盗器可以保护您的爱车安全。

2. 汽车防护同样可以为您的乘车或驾车提供便捷服务

(1)车用防盗器在具有防盗示警的主功能同时,还具有行车时控、寻车以及求救等服务功能。可以使汽车自动做到点火后自动落锁、熄火后自动开锁、停车场内寻车及发生意外报警求救等。

(2)语音报警系统可以提供车辆的运行信息,如倒车信息,提醒行人及时回避,为驾车提供方便。

第六章　旧机动车交易

在改革开放前的计划经济体制下，旧车是归口管理的回收物资，不能随便进入二次流通市场。改革开放以后，随着我国经济体制的改革，个体和私营经济的发展推动了对价格相对便宜并保有一定生产能力的旧车（当时主要是载货汽车）的需求，我国的旧车交易逐步形成和发展起来，当前，随着我国汽车保有量的增加，汽车产业链的延伸以及消费者需求日趋多样化的发展趋势，旧车市场在交易车型、交易规模和交易体制上已获得了巨大的发展，成为我国汽车工业和市场发展的一个新兴亮点。本章从介绍旧机动车交易的大环境（有关法规）入手，详细讲解旧机动车交易服务过程中的有关理论和具体的操作方法。

第一节　旧机动车交易的有关法规

1998 年，当时的国内贸易部颁布实施了《旧机动车交易管理办法》，试图对国内旧机动车交易的场所、交易条件、交易行为进行规范。2005 年，商务部联合公安部、国家工商总局、税务总局等有关部委，制定颁布了新的《二手车流通管理办法》。为深化简政放权、放管结合、优化服务改革，根据国务院要求，近年来商务部对取消行政审批项目等事项涉及的规章进行了清理，经商公安部、国家工商总局、税务总局同意，于 2017 年 9 月 14 日发文，删去了《二手车流通管理办法》（商务部、公安部、工商总局、税务总局令 2005 年第 2 号）第九条、第十条、第十一条。管理办法规定：所有旧机动车交易行为必须在经合法审批后设立的旧机动车交易中心进行，并接受工商、税务、公安交管、环保、治安等部门的相应管理，涉及国有资产的交易行为还要受国有资产管理部门的监督。所有的交易车辆必须是办理了机动车注册登记等手续，距报废标准规定年限一年以上的汽车（含摩托车）及特种车辆。交易完成后，还应到有关管理部门办理过户登记手续以确保该交易车辆在今后使用过程中责任、权利的明晰。综上所述，二手车交易行为是指以旧机动车为交易对象，在国家规定的旧车交易中心或其他经合法审批的交易场所中进行的旧机动车的商品交换和产权交易。交易的车辆必须具备车辆能够继续上路行驶的一切手续，并在依法设立的旧机动车交易中心中进行。

一、进行交易的旧机动车应具备的手续和交易资格的审定

（一）旧机动车的手续

本书所讨论的旧机动车交易是在继续使用的前提下进行的，不同于收藏、回收等其他条件下的旧车买卖行为，它的价值包括车辆实体本身的有形价值和保证其能继续合法上路行驶所要缴纳的各种税、费。只有这些手续齐全，才能发挥机动车辆的实际效用，才能构成车辆的全价值。因此，旧机动车的手续是指保证该交易车辆在交易后能继续合法上路行驶，按

照国家法规和地方法规应该办理的各项有效证件和应该交纳的各项税费凭证。

(二)旧机动车交易涉及的有关证件

旧机动车的交易证件是指证明旧机动车手续完备合法的书面证明,具体包括旧机动车的来历凭证、机动车行驶证、车辆号牌、车辆运输证、交易双方的身份证明等。

1. 机动车来历凭证

进行交易的旧机动车来历凭证分新车来历凭证和旧车来历凭证。

第一次进行旧车交易的车辆,其来历凭证与新车交易的来历凭证一样,是指经国家工商行政管理机关验证盖章的机动车销售发票。其中没收的走私、非法拼(组)装汽车、摩托车的销售发票是国家指定的机动车销售单位的销售发票。

已经交易过的旧车再次交易,其来历凭证是指经国家工商行政管理机关验证盖章的旧机动车交易发票。除此而外,还有因经济赔偿、财产分割等所有权发生转移,由人民法院出具的发生法律效力的判决书、裁定书、调解书。

2. 机动车行驶证

机动车行驶证是机动车取得合法行驶权的凭证,与登记车辆一一对应,由公安车辆管理机关依法对机动车辆进行注册登记后核发(农用拖拉机由当地公安交通管理部门委托农机监理部门核发证件)。机动车行驶证是机动车上路行驶必须携带的证件,也是旧机动车过户、转籍必不可少的证件,一般载有该车车型、车主信息和车辆号牌、发动机号、车架号、车辆技术性能信息、检验记录等内容,如图6-1所示。

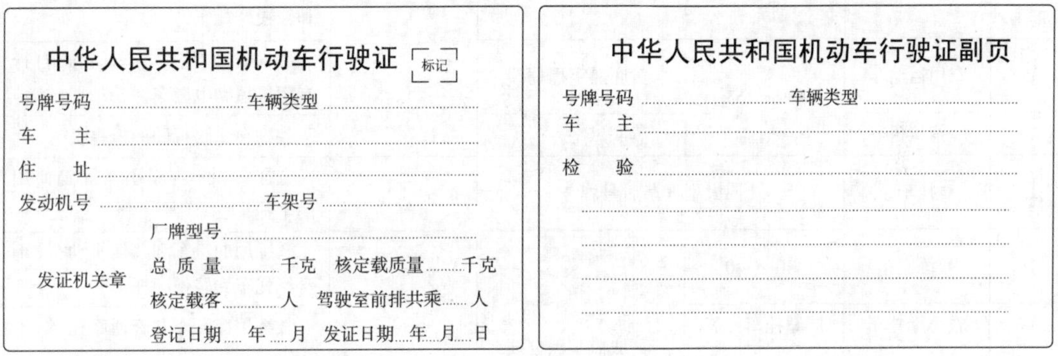
中华人民共和国机动车行驶证 标记

号牌号码 ………… 车辆类型 …………

车　主 …………

住　址 …………

发动机号 ………… 车架号 …………

发证机关章

厂牌型号 …………

总 质 量……千克　核定载质量……千克

核定载客……人　驾驶室前排共乘……人

登记日期……年……月　发证日期……年……月……日

中华人民共和国机动车行驶证副页

号牌号码 ………… 车辆类型 …………

车　主 …………

检　验 …………

图6-1　机动车行驶证

3. 机动车号牌

机动车号牌即车辆牌照,是指由公安车辆管理机关依法对车辆进行注册登记核发的金属号牌,在办理车辆注册登记时和机动车行驶证一同核发,其号牌字码与行驶证号牌一致。机动车号牌分类、规格、颜色、适用范围见表6-1。

4. 道路运输证

道路运输证是县级以上人民政府交通主管部门设置的道路运输管理机构对从事客、货运输(包括城市出租客运)的单位和个人核发的随车携带的证件,用于证明该车能用于相应的客、货运输。营运车辆转籍过户时,应到运营机构及相关部门办理营运过户有关手续。

机动车号牌分类、规格、颜色使用范围表 表6-1

序号	分　类	外廓尺寸（mm）	颜　色	每副号牌面数	适用范围
1	大型车辆	前:440×140 后:440×220	黄底黑字黑框线	2	总质量4.5t（含），乘坐人数20人（含）和车长6m以上的汽车、无轨电车及有轨电车
2	小型车辆	440×140	蓝底白字白框线		除大型汽车外的各种汽车
3	使馆汽车		黑底白字红“使”“领”字白框线		驻华使馆的汽车、驻华领事馆的汽车
4	领馆汽车				
5	境外汽车		黑底白字白框线		入出境的境外汽车
			黑底红字红框线		入出境限制行驶区域的境外汽车
6	外籍汽车		黑底白字白框线		除使、领馆外，其他驻华机构、商社、外资企业及外籍人员的汽车
7	两三轮摩托车	前:220×95 后:220×140	黄底黑字黑框线		两轮、三轮摩托车
8	轻便摩托车		蓝底白字白框线		轻便摩托车
9	使馆摩托车		黑底白字红“使”“领”字白框线		驻华使馆的摩托车、驻华领事馆的摩托车
10	领管摩托车				
11	境外摩托车		黄底黑字黑框线		入出境的境外摩托车
12	外籍摩托车				除使、领馆外，其他驻华机构、商社、外资企业及外籍人员的摩托车和轻便摩托车
13	农用运输车	330×165	黄底黑字黑框线		二、四轮农用运输车，轮式自行专用机械和电瓶车
14	拖拉机		黄底黑字		各种在道路行驶的拖拉机
15	挂车	同大型汽车后号牌		1	全挂车和不与牵引车固定使用的半挂车
16	教练汽车	440×140	黄底黑字黑框线	2	教练用的汽车和其他机动车（不含摩托车和轻便摩托车）
17	教练摩托车	同摩托车号牌			教练用摩托车和轻便摩托车
18	试验汽车	440×140			试验用的汽车和其他机械车（不含摩托车和轻便摩托车）
19	试验摩托车	同摩托车号牌			试验用的摩托车和轻便摩托车
20	临时入境汽车	300×165	白底红字黑“临时入境”字红框线（字有金色廓线）		临时入境参加旅游比赛等活动的汽车
21	临时入境摩托车	220×120			临时入境参加旅游比赛等活动的摩托车
22	临时行驶车	220×140	白底（有蓝色暗纹）黑字黑框线	1	无牌证需要临时行驶的机动车

5. 车辆购置附加费

1985年4月2日国务院发文，决定对所有购置车辆的单位和个人征收车辆购置附加费，由交通部门负责征收,征收标准一般是车辆价格的10%。2000年10月22日,国务院颁布《中华人民共和国车辆购置税暂行条例》规定,从2001年1月1日起开始向有关车辆征收车辆购置税,原有的车辆购置附加费取消。2018年12月29日,第十三届全国人民代表大会常务委员会第七次会议通过了《中华人民共和国车辆购置税法》,该法于2019年7月1日起实施,同时于2000年10月22日国务院公布的《中华人民共和国车辆购置税暂行条例》废止。

6.机动车辆保险费

按照我国现行管理法规,机动车第三者责任险是强制保险险种,车辆不投保该险种不能办理合法上路行驶手续。另外,机动车所有人为了避免在车辆发生事故时造成较大损失一般都会对车辆进行保险,需要注意的是,旧机动车交易完成后,交易双方应到保险公司办理批改手续以确保保险权利和义务的执行。

7.车船使用税

国务院1986年发布的《中华人民共和国车船使用税暂行条例》规定,凡在中华人民共和国境内拥有车船的单位和个人,都应该按照规定按年缴纳车船使用税。车船税是指对在我国境内应依法到公安、交通、农业、渔业、军事等管理部门办理登记的车辆、船舶,根据其种类,按照规定的计税依据和年税额标准计算征收的一种财产税。从2007年7月1日开始,有车族需要在投保交强险时缴纳车船税。

8.燃油附加税

自2009年1月起,在全国范围内统一取消公路养路费,根据《中华人民共和国公路法》,国家用“燃油附加税”取代公路养路费。

9.客、货运附加费

客、货运附加费是国家本着取之于民、用之于民的原则,向从事客、货运输的单位或个人征收的专项基金。客运附加费的征收是用于公路汽车客运站、点设施建设的专项基金;货运附加费的征收用于港航、站场、公路和车船技术改造的专项基金。

10.交易双方的身份证明

即买卖双方的身份证明或居民身份证。这些证件主要用于向注册登记机关证明机动车所有权转移的车主身份和住址。

(三)禁止交易的车辆

根据《旧机动车交易管理办法》的规定,下列机动车禁止交易:

(1)已经办理报废手续的各类机动车。

(2)虽未办理报废手续,但已达到报废标准或在一年时间内(含一年)即将报废的各类机动车。

(3)未经安全检测和质量检测的各类旧机动车。

(4)没有办理必备证件和手续,或者证件手续不齐全的各类旧机动车。

(5)各种盗窃车、走私车,各种非法拼、组装车。

(6)国产、进口和进口件组装的各类新机动车不能当作旧机动车交易。

(7)右转向盘的旧机动车。

(8)手续不全,各种规费没有交清的车辆。

国家法律、法规禁止进入经营的其他各种机动车,主要包括:军队交地方的退役车辆不满两年的，不得进入旧车交易市场交易；华侨、港澳同胞捐赠的以及出国回国人员购买的免税进口汽车，只限接收单位和回国人员自用，不准转让或转卖(经海关审定同意者除外)。

二、旧机动车交易市场的管理

根据2005年颁布的《二手车流通管理办法》的规定，旧机动车流通涉及车辆管理、交通安全管理、国有资产管理、社会治安管理、环境保护管理等各个方面。属特殊商品流通，必须在批准的旧机动车交易中心进行。旧机动车交易市场中心(又为旧机动车交易市场)是指以企业经营活动为依托，辅之以必要的政府协调功能，具有旧机动车评估、定价，旧机动车收购、销售、寄售、代购、代销、租赁、拍卖、检测维修、配件供应、美容及信息服务等功能，并为客户提供过户、上牌、保险等服务的经济实体，是旧机动车信息和资源的集散地，是买、卖双方进行旧机动车商品交换和产权交易的场所。

(一)旧机动车交易中心的审批与设立

按照《旧机动车交易管理办法》的规定，旧机动车交易中心的申请和审批实行分级管理制度，国务院商品流通行政主管部门负责直辖市、省会城市、计划单列市旧机动车交易中心的审批。省、自治区、直辖市、计划单列市商品流通行政主管部门负责各地级市旧机动车交易中心的审批，并报国务院商品流通行政主管部门备案，并且原则上每个地级以上城市批准设立一个。对未经国家批准的旧机动车经营单位经营的旧机动车，工商行政管理部门不予验证盖章，公安部门不予办理过户、转籍手续。

申请设立旧机动车交易中心，须经当地人民政府同意后，向上级商品流通行政管理部门提出书面申请，并提交满足下列经营条件的书面证明材料：

(1)注册资本金不低于500万元。

(2)有固定的交易场所，场地面积不低于10000m^2。

(3)有专业的评估定价人员。

(4)具备车辆检测、维修、配件供应等设施。

(5)能够为客户提供过户、上牌、保险、代收税费等服务。

(6)具备旧机动车收购、销售、寄售、代购、代销、租赁、拍卖、美容和信息服务等功能。

商品流通行政管理部门在接到申请30日内，应当将结果以书面形式答复申请者。经批准的旧机动车交易中心的名称须冠以所在地名称。任何单位未经批准，不得使用“旧机动车交易中心”的名称。

(二)旧机动车交易中心的管理机构及其职能

各级商品流通行政主管部门、工商行政管理部门、公安交通管理部门，应按照国办发〔1985〕65号、(85)物管字439号、工商市〔1988〕第169号、工商市字〔1991〕340号、计工二〔1990〕767号、〔1997〕内贸函机字第559号文件中有关旧机动车交易市场管理规定，各负其责，严把旧机动车交易中心及有旧机动车经营权的企业注册登记关，认真监督旧机动车交易行为，规范验证、过户、转籍等手续，杜绝各种非法交易的发生。旧机动车交易中心在当地人民政府的领导下，需成立由内贸、工商、公安等部门参加的“旧机动车交易中心管理委员会”。研究制订中心的发展规模和远景规划，贯彻执行国家的有关方针、政策和法规，审议该中心的章程、管理办法和制度，并审议中心提请研究解决的其他重大问题。管委会要建立例会制度，遇有紧急情况可由主任委员会召开临时会议。

(三)旧机动车交易中心的变更、中止和年审制度

各级商品流通行政主管部门，对旧机动车交易中心及有旧机动车经营权的企业实行年度检查制度。年审时旧机动车交易中心及有旧机动车经营权的企业须提供资产负债表、损益表、利润分配表及重大经营活动记录，凡经营秩序混乱的，交易行为失控，给国家和人民财产造成严重损失，或交易国家禁止交易的车辆以及未按规定及时申报材料的不能通过年审。

对旧机动车交易中心和有旧机动车经营权的企业，如果有交易国家禁止交易车辆的行为，则由工商行政管理部门会同国家商品流通行政主管部门责令停止交易，没收非法所得，并处违法所得一倍以上五倍以下罚款；情节严重者，可吊销其营业执照。对未办理工商营业执照，擅自开展旧机动车经营活动者，由工商行政管理部门按无照经营者处罚。

旧机动车交易中心变更法定代表人、地址、注册资金和修改章程等重大事项，经原审批单位批准后，到工商行政管理机关办理变更手续。旧机动车交易中心终止，应当自终止决议或者决定作出之日起30日内，向原审批单位提出书面申请，经审批后，清理债权债务，并到工商行政管理机关办理注销登记手续。

第二节 汽车的使用寿命和主要技术性能指标

一、汽车的使用寿命

汽车在使用过程中由于磨损、老化等原因其技术状况将随着使用年限或行驶里程的增加而逐渐下降，到了一定期限必须报废。因此了解汽车的使用寿命及其影响因素对于判定车辆技术状况和残值具有十分重要的意义。

(一)汽车使用寿命的定义与分类

汽车使用寿命主要可分为：技术使用寿命、经济使用寿命和合理使用寿命等。

1. 汽车技术使用寿命

汽车技术使用寿命是指车辆从开始使用，直至其主要机件到达技术极限状态而不能再继续修理时为止的总工作时间或总行驶里程。这种极限的标志，在结构上是零部件的工作尺寸、工作间隙，在性能上常表现为车辆总体的动力状态或燃料的极度超耗。

汽车的技术寿命，主要应取决于各部分总成的设计水平、制造质量和合理使用与维修。汽车到达技术寿命时，应对车辆进行报废处理，其零部件也不能再作备件使用。汽车维修工作做得越好，汽车的技术寿命越长。

2. 汽车经济使用寿命

汽车经济使用寿命，是指汽车使用到相当里程和年限，对其进行全面经济分析之后得出机动车已达到不经济合理、使用成本较高的寿命时刻。

所谓全面经济分析，就是从汽车使用总成本出发，分析车辆制造成本、使用与维修费用、使用者管理开支、车辆当前的折旧以及市场价格可能变化等一系列因素，经过分析作出综合的经济评定，并确定其经济是否合理能否继续使用。

3. 汽车合理使用寿命

汽车合理使用寿命是以汽车经济使用寿命为基础，考虑整个国民经济的发展和能源节约等因素，制定出符合我国实际情况的使用期限。换句话说，就是汽车已经到达了经济寿命，但是否要更新，还要视国情而定，如更新汽车的来源、更新资金等因素，为此，国家根据上述情况制定出汽车更新的技术政策。考虑国民经济的允许并加以修正，来规定车辆更新年限。

汽车技术、经济及合理使用寿命三者的关系可表达为：

技术使用寿命 > 合理使用寿命 ≥ 经济使用寿命

我国新版的《机动车强制报废标准规定》就是在充分考虑了上述因素，既结合了我国国情，又考虑了与国际标准一致的基础上颁布实施的。它是我们对汽车进行鉴定估价的最重要的法规之一。

（二）汽车经济使用寿命

汽车经济使用寿命是汽车经济效益最佳时期，要合理使用及时的更新。使用者在更新车辆时要在国家政策允许的情况下，应以经济使用寿命为依据。因此，研究汽车的使用寿命，主要是研究汽车的经济使用寿命。

国外许多国家的汽车使用期限完全按经济规律确定，考虑车辆本身的运行费用增长、新车型性能的改进和价格下降等因素。

汽车的经济使用寿命的主要指标有：年限、行驶里程、使用年限和大修次数。

年限是把汽车从开始投入运行到报废的年数作为使用寿命的量标。这种方法考虑了运行时间和车辆停驶期间的自然损耗问题。这种计量方法虽然比较简单，但是不能真实反映汽车使用强度和使用条件，造成同年限的车辆差异很大。

行驶里程是把汽车从开始投入运行到报废期间总的累计行驶里程数作为使用期限的量标、这样，虽然使用年限大致相同，但累计行驶里程相差悬殊。而且汽车运输企业中，大多数以行驶里程作为考核车辆各项指标的基数。但在旧机动车交易中，卖主里程表有的损坏，有的甚至毁表，因此行驶里程数的可信度不高，只能作为估价的一个参考。

使用年限是把汽车总的行驶里程与年平均行驶里程之比所得的年限作为使用年限的量标。使用年限可用公式表示为：

$$T_{折} = \frac{L_{总}}{L_{年}} \quad （年） \tag{6-1}$$

式中：$T_{折}$——折算使用年限（年）；

$L_{总}$——总的累计行驶里程（km）；

$L_{年}$——年平均行驶里程（km/年）。

大修次数是运输企业部门除了里程量标外的又一个量标。汽车报废之前，截止在第 n 次修最为经济，需权衡买新车的费用加旧车未折完的损失和大修费用加经营费用的损失，来预测截止到某次大修最经济合算。

对全国来说，采用使用年限这个量标比采用行驶里程更为合理些，在旧机动车估价工作中，确定成新率最有用的量标是使用年限，而使用年限比较难获得，一是因为车辆行驶里程数的实际数值很难取得;二是因为年平均行驶里程是一个统计数据。

(三)影响汽车经济使用寿命的因素

为了提高对旧机动车的评估质量,我们从提高经济效益的观点来进行分析,找出影响汽车经济使用寿命的主要因素。

1.汽车的损耗

首先从汽车的有形损耗和无形损耗两个方面进行分析。

无形损耗是指由于技术进步,生产的发展,出现了性能好、生产效率高的新型车或原车型价格下降等情况,促使在用车辆提前更新,实际上是旧车型相对新车型的贬值,这个问题将在后面的章节里详述。

有形损耗是指车辆在使用过程中本身的消耗。有形损耗主要与车辆使用成本有关,汽车使用成本一般式如下:

$$C = C_1 + C_2 + C_3 + C_4 + C_5 + C_6 + C_7 + C_8 + C_9 \tag{6-2}$$

式中:C_1——燃料费用;

C_2——维护、小修费用;

C_3——大修费用;

C_4——基本折旧费用;

C_5——轮胎费用;

C_6——驾驶人工资费用;

C_7——管理费用;

C_8——燃油附加税;

C_9——其他费用。

其中 $C_5 \sim C_9$ 是与汽车经济使用寿命无关的因素。C_4 当使用寿命确定后,基本是一个定值。只有 C_1、C_2、C_3 是随行驶里程(或使用年限)的增长、车况的下降而增加。因此对 C_1、C_2、C_3 与汽车经济寿命有关的因素进一步分析,从而可按最佳经济效益确定其经济使用寿命。

(1)汽车的燃料费用。汽车随行驶里程的增加,其技术状况逐渐变坏,主要性能指标下降,燃料和润滑材料消耗随之增加。

(2)汽车的维修费用。维修费用是指汽车在使用过程中,各级维护费用及日常小修费用的总和,它主要是由维修费用来确定。随车辆行驶里程的增加,各级维护作业中的附加小修项目和日常小修作业项目的费用也随之增加,其变化关系基本上是线性关系,即:

$$C = a + b \times L \tag{6-3}$$

式中:C——维修费用;

a——维修费用的初始值;

b——维修费用的增长强度(由试验统计资料来确定);

L——累计行驶里程。

公式中的 b 值是维修费用随行驶里程增加的增长强度,不同车型和不同使用条件的 b 值也不相同。常把维修费用增长强度 b 作为确定汽车经济使用寿命的主要依据之一。b 值越大,车辆维修费用随行驶里程增加的速度越快。

(3)汽车的大修费用。汽车在使用过程中,当动力性和经济性下降到一定程度,已无法用正常的维护和小修方法使其恢复正常技术状况,就必须进行大修。

大修费用根据国内初步统计表明,新车到第一次大修的费用一般在车辆原值的10%左右。以后的大修随里程(或年限)的增长,大修费用也逐渐增加。另外,大修间隔里程在逐渐缩短。在计算大修费用时,要把某次的大修费用均摊在此次大修至下次大修的间隔里程段内。

2.车辆的来源与使用强度

不同的使用者,对车辆的使用强度差异比较大,由于使用条件不同,管理和维修水平相差较大。按使用部门不同,我们把车辆来源归纳为如下几类:

(1)交通专业运输车辆。是指专门从事运输生产的营运车辆,这些车辆是为整个社会服务的,使用条件复杂,使用强度比较大。一般客车年均行驶里程为5万km左右,货车为4.5万km左右。货车拖挂率、实载率均比较高,管理、使用和维修水平也比较高,车辆基础资料齐全。

(2)社会专业运输车辆。是各行各业专门从事运输的车辆,主要是为本行业的运输生产服务的。如商业、粮食、冶金、林业等部门的运输车辆。

(3)社会零散运输车辆。是指机关、企事业单位和个人的非营运车辆,主要是为一般零散运输和生活服务的公务、商务用车。这些车辆一般没有专门的管理机构和维修基地,使用情况差异很大。

(4)城市出租车辆。这是城市和乡镇为客运和货运服务的车辆,多集中在大中城市,多以国产小轿车、微型面包车从事客运出租经营,以微型、轻型货车从事货运出租经营。客运出租车辆其使用强度很大,对于出租小轿车一般年均行驶里程在10万km左右,货运出租车辆,其使用强度受货运市场影响较大。目前,由于货运量不足,导致车辆闲置其使用强度不是很大。但是,由于车主受利益驱动,车辆经常超载运行,致使车辆机件磨损迅速上升,大大影响车辆使用寿命。另外,这些车辆管理、使用、维修水平情况差异很大。

(5)城市公共交通车辆。城市公共交通车辆是指城市公共汽车,一般这些车辆从“生”到“死”常年服役,不参与旧机动车市场交易。

上述车辆中,到机动车交易市场交易较多的是社会零散车辆和城市出租车辆,前者使用强度不大,一般车况较好;后者车况较差。

3.汽车的使用条件

汽车的经济使用寿命除受使用对象影响外,还受复杂的使用条件影响。我国幅员辽阔,各地自然条件差别很大,具体考察使用条件如下。

(1)道路条件。道路对汽车使用寿命影响很大,直接影响车辆技术速度,使其年平均行驶里程相差比较大。道路对车辆使用寿命的影响主要是道路等级和路面情况两种因素。

(2)特殊使用条件。特殊使用条件主要指一些特殊自然条件和地理环境:如寒冷、沿海、风沙、高原、山区等地区。在这些特殊使用条件下工作的汽车,都将缩短汽车的经济使用寿命。

二、汽车主要性能指标

机动车技术状况的下降总是伴随着性能指标的改变,汽车的重要性能指标包括动力性、燃油经济性、制动性、操纵稳定性、行驶平顺性、排放污染及噪声等。

(一)汽车的动力性

从获得尽可能高的平均行驶速度的观点出发,汽车的动力性可用以下三个指标来评定。

1.汽车的最高车速

汽车的最高车速是指在平直良好的路面上(混凝土或沥青路面)汽车所能达到的最高行驶速度。

2.汽车的加速能力

汽车的加速能力是指汽车在行驶中迅速增加行驶速度的能力。

汽车的加速能力常用汽车的原地起步加速性和超车加速性来评价。

(1)原地起步加速性:是指汽车由停车状态起步后以最大的加速度加速,并恰当地选择最有利的换挡时机,逐步换至最高挡后达到某一预定的距离或车速所需的时间。一般常用0~400m所需的时间来表示;也可用0~100km/h所需的时间来表示。

(2)超车加速性:是指汽车用最高挡或次高挡由某一预定车速(该挡最低稳定车速或30km/h)全力加速至某一高速所需时间。这段时间越短,说明超车加速能力越强,从而可以减少超车过程中的并行时间,有利于保障安全。

3.汽车的爬坡能力

汽车的爬坡能力是指汽车满载时在良好的路面上以最低前进挡所能爬行的最大坡度。

(二)汽车的燃油经济性

汽车在一定的使用条件下,以最小的燃油消耗量完成单位运输工作的能力称为汽车的燃油经济性。

汽车的燃油经济性常用一定运行工况下汽车行驶100km的燃油消耗量或一定燃油量能使汽车行驶的里程来衡量。

我国及欧洲国家,燃油经济性指标的单位为L/l00km,即行驶100km里程所消耗燃油的数量。可见,其数值越大,汽车的燃油经济性越差。在美国,汽车燃油经济性的单位为mile/gal,即每加仑燃油能行驶的英里数。可见其数值越大,表示燃油经济性越好。这项指标是用作比较相同载重汽车的燃油经济性或分析同一汽车的燃油经济性的。

对于不同载重的汽车在相同的运行条件下完成单位运输工作量的燃油经济性的评价则常用完成单位货物周转量的平均燃油消耗量来衡量,其单位为L/100t·km。

(三)汽车的制动性

汽车的制动性能直接关系着汽车的行车安全。只有在保证行车安全的前提下才能充分利用汽车的其他使用性能,诸如提高汽车的行驶速度,提高汽车的机动性能等。

汽车的制动性主要从制动效能、制动抗热衰退性能和制动时汽车的方向稳定性三个方面来评价。

1.制动效能

制动效能是指汽车迅速降低行驶速度直至停车的能力。制动效能是制动性能最基本的评价指标,它由一定初速度下的制动距离、制动减速度和制动时间来评定。

制动距离与行车安全有直接关系,而且最直观,因此管理部门通常按制动距离来制定安全法规。

2. 制动抗热衰退性

汽车的制动抗热衰退性是指汽车高速制动、短时间多次重复制动或下坡连续制动时制动效能的热稳定性。

3. 制动时汽车的方向稳定性

制动时汽车的方向稳定性是指汽车在制动时按指定轨迹行驶的能力，即不发生跑偏、侧滑或失去转向的能力。通常规定一定宽度的试验通道，制动稳定性良好的汽车，在试验时不允许产生不可控制的效能使它偏离这条通道。

（四）汽车的操纵稳定性

汽车的操纵稳定性包括相互联系的两部分内容，一个是操纵性，一个是稳定性。操纵性是指汽车能够及时而准确地执行驾驶人的转向指令的能力；稳定性是指汽车受到外界干扰（路面干扰或突然阵风干扰）后，能自行尽快恢复正常行驶状态和方向，而不发生失控，以及抵抗倾覆、侧滑的能力。

（五）汽车的行驶平顺性

汽车行驶时，对路面不平度的隔振特性，称为汽车的行驶平顺性。

汽车行驶时，路面的不平度会激起汽车的振动；当这种振动达到一定程度时，将使乘客感到不舒适和疲劳，或使运载的货物损坏。振动引起的附加载荷将加速有关零件的磨损，缩短汽车的使用寿命。车轮载荷的波动会影响车轮与地面之间的附着性能。因而关系到汽车的操纵稳定性。

汽车的振动随行驶速度的提高而加剧。在汽车的使用过程中，常因车身的强烈振动而限制了行驶速度的发挥。

（六）汽车的排放污染物

汽车排放污染主要有三个排放源：一是由发动机排气管排出的发动机燃烧废气，汽油车的主要污染物成分是一氧化碳（CO）、碳氢化合物（HC）、氮氧化合物（NO_X），而柴油车除了这三种有害物外还排放大量的颗粒物；二是曲轴箱排放物，由发动机在压缩及燃烧过程中未燃的碳氢化合物由燃烧室漏向曲轴箱再排向大气而产生，主要是碳氢化合物；三是燃料蒸发排放物，主要由发动机供油系统的燃料蒸发而产生。在未加控制时曲轴箱和燃料蒸发排放的碳氢化合物各约占 HC 总排放量的 1/4。

汽车污染物各排放源相对排放量如表 6-2 所示。

汽车污染物各排放源相对排放量 表 6-2

排 放 源	污染物成分		
	CO（%）	HC（%）	NO_X（%）
曲轴箱	1～2	15～25	1～2
燃油系统	0	15～20	0
排气管	98～99	55～70	98～99

(七)汽车的噪声

随着汽车工业和城市交通的发展,城市汽车拥有量日益增加。各种调查和测量结果表明,城市交通噪声,是目前城市环境中最主要的噪声源。因此,在汽车设计和使用中,不仅追求其动力性、经济性等性能,而且也把噪声作为一个重要指标。

按照噪声产生的过程,汽车噪声源大致可分为:与发动机转速有关的声源和与车速有关的声源。

与发动机转速有关的噪声源主要有:进气噪声、排气噪声、冷却系风扇噪声和发动机表面辐射噪声。用发动机带动旋转的各种发动机附件的噪声,也属此类。

与车速有关的噪声源有:传动噪声、轮胎噪声、车体与空气摩擦产生的噪声。

第三节　旧机动车技术状况的识别

旧机动车由于已经行驶了一定的里程,机件之间的磨损,橡胶、塑料件的老化不可避免,有些车辆甚至还有发生事故的情况,这些都对车辆的性能和使用寿命带来影响,因此,公正客观地对准备交易的旧机动车的技术状况进行鉴定是旧机动车交易的基础。

旧机动车技术状况的鉴定方法主要有静态检查、动态检查和利用辅助仪器、仪表进行检查三种。

一、旧机动车技术状况的静态检查

旧机动车技术状况的静态检查是指在车辆静止(发动机根据需要可以怠速运转)的状态下,鉴定人员运用所掌握的知识和经验通过对车辆外观、部件总成进行观察,进而对车辆技术状况作出判断的鉴定方法。一般包括识伪检查、事故判断和技术状况判定三方面的内容。

(一)旧机动车的识伪检查

机动车的识伪检查是指通过对交易车辆的有关手续文件和实际车况进行检查以判断其是否具有合法的交易资格,主要是杜绝各种被盗车辆、走私车、拼装车混入旧车交易,损害消费者利益。

识伪检查应首先检查车辆的来历凭证及其行驶手续,新车要有销售发票,二次交易的旧车要有旧车交易发票,对于因经济赔偿、财产分割等引起的所有权转移车辆,则需要有由法院出具的发生法律效力的判决书、裁决书或调解书,车辆行驶证所记录的车辆发动机号、车架号、厂牌型号和车辆外观要与实物相符。凡是正规进口的车辆,均应贴有中国商检特有的CCIB标志,通常还附有中文使用手册和维护手册。一般来说,走私或拼装的旧车辆都会留下改装的痕迹,因此在识伪检查时,还可通过观察车辆外观和内饰进行初步判断。在外观上,主要察看是否有重新做过涂装的痕迹,尤其是顶部下沿。曲线部分的接合部线条是否流畅。大面是否凸凹不平。尤其是小曲线接合部在目前手工技术条件下不可能处理得天衣无缝,留下的再加工痕迹亦特别明显,另外还可以用手从顶部开始向下触摸,如经过再加工处理,手感一定不那么平整光滑。车门和发动机舱盖同车身的接合部口缝是否一致、整齐,间隙是否过大等。在车辆内装饰方面,察看装饰材料是否平整,表面是否干净。尤其是压条边沿部分要特别仔细检查,经过再装配过的车辆内装饰压条边沿部分往往有手指印或其他工具碾压过后留下的痕迹。

(二)旧机动车的事故判断

机动车发生事故无疑会极大地损害车辆的技术性能,但由于车辆在投入运行前往往会进行整修、修复,因此正确判别车辆是否发生过事故对于准确判断车辆技术状况、合理评定车辆交易价格具有重要意义。车辆事故状况判断一般可以从以下几个方面进行。

1. 检查车辆的周正情况

在汽车制造厂,汽车车身各部件的装配位置是由生产线上经过严格调试的装、夹具保证的,装配出的车辆各部分对称、周正。而维修企业对车身的修复则是靠维修人员目测和手工操作,装配位置难以精确保证。因此检查车身是否发生过碰撞,可站在车的前部观察车身各部的同正、对称状况,特别注意观察车身各接缝,如出现不直,缝隙大小不一,线条弯曲,装饰条有脱落或新旧不一,说明该车可能出现过事故或修理过。

2. 检查油漆脱落情况

查看排气管、镶条、窗户四周和轮胎等处是否有多余涂料。如果有,说明该车已做过涂装或翻新。用一块磁铁沿车身周围移动,如遇到突然减少磁力的地方,说明局部补了灰,做了涂装。当用手敲击车身时,如敲击声发脆,说明车身没有补灰做过涂装;如敲击声沉闷,则说明车身补灰做过涂装。

3. 检查底盘线束及其他连接部件状况

未发生事故的车辆,正常情况下,其连接部件应配合良好,车身没有多余焊缝,线束、仪表等应安装整齐、新旧程度接近。因此在检查车辆底盘时,应认真观察车底是否漏水、漏油、漏气,锈蚀程度与车体上部检查的是否相符,是否有焊接痕迹,车辆转向节臂、转向横直拉杆及球销有无裂纹和损伤,球销是否松旷,连接是否牢固可靠,车辆车架是否有弯、扭、裂、断、锈蚀等损伤,螺栓、铆钉是否齐全、紧固,车辆前后桥是否有变形、裂纹。固定在车身上的线束是否整齐,新旧程度是否一致,这些都可以作为判断车辆是否发生过事故的线索。

(三)技术状况判定

车辆即使不发生事故,随着使用时间和行驶里程的增加,车辆技术状况也会由于零部件的正常磨损、老化等原因而下降,带来交易车辆价值的变化。在对车辆进行静态检查时,可以从以下几个方面对车辆技术状况作一个初步判断。

1. 检查橡胶件的老化程度

车辆中的内饰件和橡胶零部件的老化和磨损一般随着使用时间的增加而加剧,并且使用条件越坏其老化磨损的进程一般来讲也越快,因此可用来作为判断车辆使用损耗的指标。具体来说可观察车辆橡胶件、内饰件的颜色、硬化脆化程度,查看座椅的新旧程度,是否下凹,车顶的内篷是否开裂,地毯或地胶是否残旧,车厢内部是否污秽发霉。打开行李舱,检查防水胶边是否损坏脱落,车门周边的密封条是否硬化。根据这些部位的检查情况判断车辆的使用时间和技术状况。另外,离合器踏板和制动踏板的踏脚胶是否磨损过度,通常一块踏脚胶寿命是3万km左右,如果换了新的,则说明此车已行驶3万km以上。

2. 检查车身金属锈蚀程度

车身金属的锈蚀程度一方面可一定程度地反映该车的使用时间和行驶里程，同时也可反映车身主要部件的装配情况和密封效果，使用时间长、经过修复的车辆，难免出现局部密封不严的情况，造成相应位置潮湿或生锈，因此车身锈蚀程度也是判断车辆使用损耗的重要指标。具体操作中首先检查防护板、窗户、水槽、底板、各接缝等处，如锈蚀严重，说明该车较旧。其次可揭开地毡或胶板、打开行李舱盖，查看车厢底板、行李舱是否有潮湿或生锈的痕迹，如果有的话，说明该车密封性下降，下雨时可能漏水。特别值得提醒的是，揭开水箱盖观察水箱内的冷却水及其颜色，如果全是黄色锈蚀水，或水箱外有诱蚀水漏出的痕迹，则要特别注意。

3. 观察渗漏情况

一般来说，车辆零部件中密封件的密封效果会随着车辆工作时间的增加而下降，严重者还可能会出现漏油、漏水的现象。因此观察车辆各总成的渗漏情况对于判断车辆的使用时间和技术状况也是十分有价值的。车辆容易出现渗漏的位置主要有发动机汽缸盖、水箱盖、各处油封和管接头。在检查时可先用干净抹布将欲检查部位的水迹和油迹擦拭干净，然后将车辆放置或怠速运转一会，再观察检查部位是否有新的油迹或水迹出现；如果有，则说明存在渗漏情况。

4. 其他部位的目视检查

除了上述几个方面的检查，在静态检查时，还应认真观察下述的一些关键部件和总成，便对车辆整体技术性能有一个全面的把握。

(1)查看四周玻璃升降是否灵活。

(2)坐在车上试试所有踏板有没有弹性。离合器踏板应该有少许空行程，同时留心听听踏下踏板时有没有异声发出。

(3)检查发动机机油量。拿出机油尺看看机油是否混浊或起水泡，并且要注意油面的高度。油面过高，可能汽缸垫烧毁，冷却水混入了曲轴箱内；油面太低，则可能机油上窜，与汽油一并被烧掉了，意味着发动机需大修。用手试试机油的黏性，看看有没有沙砾，颜色应以深黄为最佳。

(4)检查附属装置，如刮水器、收音机、仪表、反光镜、加热器、灯具、转向信号、喷水装置、空调设备等是否破损、残缺。并对附属装置进行动态检验，如刮水器动作、喷水装置喷水、空调器制冷、各灯光、仪表是否正常工作。

(5)车辆底部检查。将车辆开上地沟或上举升器的工位进行检查。检查车辆钢板弹簧是否有裂纹、断片和缺片现象，中心螺栓和U形螺栓是否紧固；减振器是否漏油，减振弹簧是否有裂纹等。检查车辆传动轴中间轴承、万向节是否有裂纹和松旷现象。

二、旧机动车技术状况的动态检查

旧机动车技术状况的动态检查是指在车辆运行过程中，鉴定人员运用所掌握的知识和经验，通过对车辆在各种工况下（如发动机起动、怠速、起步、加速、匀速、滑行、制动、换挡）的运行状况进行观察，检查汽车的操纵性能、制动性能、滑行性能、动力性能、噪声和排放状况，进而对车辆技术状况作出判断的鉴定方法。

(一)机动车路试的准备工作

在车辆进行路试前应检查机油、冷却水量是否合适,制动踏板、离合器踏板、转向盘及其自由行程,轮胎气压等,以保证车辆处于正常状态,适于上路行驶。

(二)发动机起动和无负荷时工况检查

(1)检查起动性。起动汽车发动机,看起动是否容易,起动机是否工作良好。连续起动应为2~3次,每次起动时间不超过10s。

(2)无负荷时的工况检查。发动机起动后,使其怠速运转,然后打开发动机舱盖观察发动机运转是否平稳,听听有没有运转杂音,如有杂音,说明机件磨损过大;发动机运转时越静、越稳,说明发动机技术状况越好。

(3)检查加速的灵敏性。待水温、油温正常后,用手拨动节气门,由怠速状态猛然加速,看发动机转速是否可以由低速到高速灵活反应;然后由加速状态猛松节气门,看是否怠速熄火。

(4)检查发动机窜油、窜气情况。打开机油盖,轻踩加速踏板,若窜气严重,用肉眼就可以看出。若窜气不严重,可用一张白纸,放在离加机油口5cm左右的地方,然后踩加速踏板,若窜油、窜气,白纸上会有油迹,严重时油迹大。

(5)检查排气颜色。正常的汽油机在工作时排出的气体应是无色的。柴油机带负荷运转时,排气烟色一般为淡灰色,负荷略重时,则可为深灰色。如果排气烟色为蓝色,说明机油窜入燃烧室,汽缸内有机油燃烧,可能是活塞、活塞环与汽缸壁磨损过甚,间隙过大或汽缸进气不畅,致使机油吸入燃烧室;如果排气管冒黑烟,是混合气过浓、点火时刻过迟等原因造成的。

(三)路试检查

发动机起动和无负荷工况检查完毕后,即可进行路试。路试应尽可能选择在车辆较少、道路条件较好,利于路试者不断改变车辆行驶状况的路段上进行。路试一般进行15~30min。主要观察车辆离合器、变速器的工作情况以及车辆的加速、操纵、动力、制动等方面的性能。

(1)检查离合器。起步时看离合器是否平稳接合,分离彻底,是否发抖、发响。

(2)检查变速器。从起步到高速逐级加挡,再由高速到低速逐级减挡,观察换挡过程中变速器换挡是否灵活、是否有乱挡、跳挡现象,是否发生异响。

(3)检查制动性能。以20km/h的车速行驶,在确认转向操作灵活、可靠后,进行紧急制动,检查制动是否可靠,再以50km/h的车速行驶,迅速将制动踏板踩到底,观察车辆是否立即减速,停车,有无制动跑偏、甩尾现象。

(4)检查操作稳定性。选择一宽敞的路段或开阔场地,行驶中向左、右转动转向盘,看转向是否灵活、轻便,有无回正力矩;撒开转向盘,看是否跑偏;高速行驶时,是否有跑偏、摆振现象。

(5)车辆由原地起步,加速至60km/h左右,观察有无抖动;如果有,可能前悬架或车轮有问题,或者传动轴弯曲。

(6)在40km/h运行时突然抬起加速踏板,接着猛踩加速踏板,看主减速器是否发出特别大的声响,如果声音特别大,说明主减速器磨损严重。

(7)检查动力性能。由原地起步后,猛踩加速踏板,看提速是否快;高速行驶时,观察是否能够达到原设计最高车速;如不能达到,估计一下与设计最高车速之间的差距有多大,车辆行驶是否平稳,是否发生异响;做爬坡试验,看车辆行驶是否有力。如果提速慢,最高车速与原设计差距大,上坡无力,则说明车辆动力性能差。

(8)做滑行试验检查机械传动效率。在平坦的路面上,将机动车运行到50km/h时,踩下离合器踏板,将变速杆挂入空挡滑行,根据滑行距离判断机动车各传动系统效率高低。

(四)动态试验后的检查

(1)检查各部件温度。检查油、水温和制动鼓、轮毂、变速器壳、传动轴、中间轴轴承、驱动桥壳(特别是减速器壳)等运动机件的温度。正常水温不应超过90℃,机油温度不应高于95℃,齿轮油温不应高于85℃。如果运动机件过热,则说明车辆运动机件间的磨损、配合状况有问题。

(2)检查渗漏情况。在发动机运转及停车时,水箱、水泵、缸体、缸盖、暖风装置及所有连接部位均不得有明显渗、漏水现象。行驶10km,停车5min后观察,各种油、液、气经过的管路和密封部位不得有明显渗、漏现象。

(3)观察车辆发电机、蓄电池的工作状况,看充、放电是否正常,有无漏电情况。

三、利用辅助仪器、仪表对旧机动车技术状况进行检查

利用辅助仪器、仪表对旧机动车技术状况进行检查是指利用仪器设备对车辆的技术性能和故障进行定量、客观的检测和诊断,并依此对车辆技术状况作出判断的鉴定方法。常用的方法主要有发动机功率检测和发动机汽缸密封性检测。虽然发动机功率检测精度高,反映车辆技术状况全面,但设备投资大,技术复杂,操作不很方便,因此在实际工作中,更多的是采用汽缸密封性检测来反映车辆发动机及整车技术状况的好坏。

汽缸密封性与汽缸、汽缸盖、汽缸衬垫、活塞、活塞环和进排气门等包围工作介质的零件有关。在发动机使用过程中,使用时间越长,车辆行驶里程越多,车辆使用状况越坏,上述零件的磨损、烧蚀、结胶、积炭等现象就会越严重,导致汽缸密封性下降。因此汽缸密封性是表征车辆及其发动机技术状况的重要指标。汽缸密封性的诊断手段通常有汽缸压缩压力检测、曲轴箱漏气量检测、汽缸漏气量或汽缸漏气率检测。

(一)汽缸压缩压力的检测

汽缸压缩压力检测是通过测量活塞在压缩行程终了到达上止点时汽缸压缩压力的大小,来反映汽缸的密封性。由于用汽缸压力表测量汽缸压缩压力方便易行,检测仪器价格低廉,因此应用极为广泛。

1. 检测仪表

汽缸压力表是一种专用压力表,它一般由压力表头、导管、单向阀和接头等组成。压力表头多为鲍登管式。汽缸压力表的接头有两种。一种为螺纹管接头,可以拧紧在火花塞或喷油器螺纹孔内;另一种为锥形或阶梯形的橡胶接头,可以压紧在火花塞孔上。接头通过导管与压力表头相连通。导管也有两种。一种为软导管,另一种为金属硬导管。软导管运用于螺纹管接头与压力表头的连接,硬导管适用于橡胶接头与压力表头的连接。汽缸压力表还装有能通大气的单向阀。当单向阀处于关闭位置时,可保持压力表指针位置以便于读数。

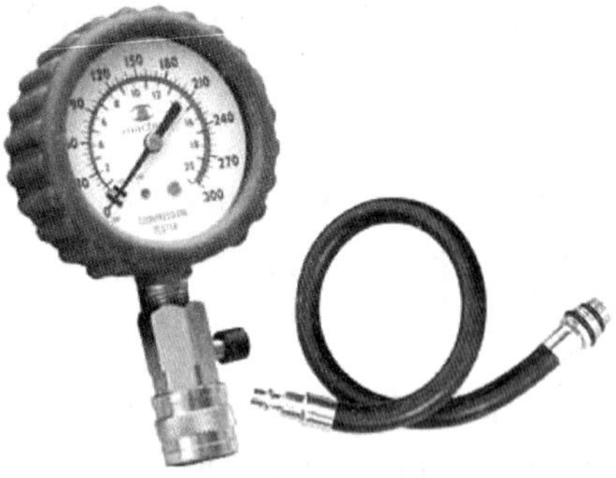

图 6-2　汽缸压力表

当单向阀处于打开位置时，可使压力表指针回零。汽缸压力表如图 6-2 所示。

2. 检测方法

发动机应预热，水冷式发动机水温达 75 ~ 85℃，风冷式发动机油温达 80 ~ 90℃。拆下空气滤清器，用压缩空气吸净火花塞或喷油器周围的脏物，然后卸下全部火花塞或喷油器，并按汽缸次序放置。对于汽油发动机，还应把分电器中央电极高压线拔下并可靠搭铁，以防止电击和着火，然后把汽缸压力表的橡胶接头插在被测缸的火花塞孔内，扶正压紧。将化油器节气门和阻风门置于全开位置，用起动机转动曲轴 3 ~ 5s（不少于 4 个压缩行程），待压力表头指针指示并保持最大压力后停止转动。取下汽缸压力表，记下读数，按下单向阀使压力表指针回零。按上述方法依次测量各缸，每缸测量次数不少于 2 次。

就车检测柴油机汽缸压力时，应使用螺纹接头的汽缸压力表。如果该发动机要求在较高转速下测量，此种情况除受检汽缸外，其余汽缸均应工作。其他检测条件和检测方法同汽油机。

3. 检测结果分析

检测完毕后，将测量的结果与原厂设计值进行比较。正常情况下，差距越大，说明车辆发动机技术状况下降越严重。

但是由于影响汽缸压力值变化的因素众多，因此在运用汽缸压缩压力判断发动机技术状况的时候，要结合车辆的使用和维修情况进行具体分析。

如果测得结果超过原厂规定值，并不一定是汽缸密封性好，而有可能是燃烧室内积炭过多、汽缸衬垫过薄或缸体与缸盖结合平面经多次修理加工过甚造成。测得结果如低于原设计规定，可向该缸火花塞或喷油器孔内注入适量机油，然后用汽缸压力表重测汽缸压力并记录。如果第二次测出的压力比第一次高，接近标准压力，表明是汽缸、活塞环、活塞磨损过大或活塞环对口、卡死、断裂及缸壁拉伤等原因造成汽缸不密封。如果第二次测出的压力与第一次略同，即仍比标准压力低，表明是进、排气门或汽缸衬垫不密封。如果两次检测结果均为相邻两缸压力相当低，说明是两缸相邻处的汽缸衬垫烧损窜气。

以上仅为对汽缸组不密封部位的故障分析或推断，并不能十分有把握确诊。为了准确地测出故障部位，可卸下空气滤清器，打开散热器盖，用一条长胶管，一头接在压缩空气源（588.40kPa 以上）上，另一头通过锥形橡皮头插在火花塞孔内。摇转发动机曲轴，使被测汽缸活塞处于压缩终了上止点位置，然后将变速杆挂入低挡。拉紧驻车制动，打开压缩空气开关，注意倾听漏气声。如在化油器口处听到漏气声，说明进气门不密封；如在排气消声器口处听到漏气声，说明排气门不密封；如在散热器加水口处看到有气泡，说明汽缸衬垫不密封造成汽缸与水套连通；如在相邻汽缸火花塞口处听到漏气声，说明汽缸衬垫在该两缸之间处烧损窜气；如在加机油口处听到漏气声，说明汽缸活塞配合副不密封。

用汽缸压力表检测汽缸压力，尽管运用极为广泛，但由于要一缸一缸地进行检测，费时费力，而且测量误差较大。研究表明，测量结果不但与汽缸内各处的密封程度有关，而且还与曲轴转速有关。当曲轴转速超过1500r/min以后，汽缸压力变化不大，但在低转速范围内，即在检测条件中由起动机带动曲轴达到的转速范围内，即使较小的转速差Δn，也能引起汽缸压力测量值较大的变化Δp。不同型号的发动机，由起动机带动曲轴的转速不可能完全一致。即使同一型号的发动机，由于蓄电池、起动机和发动机的技术状况不一，其起动转速也不可能完全一致。这就出现了检测转速是否符合规定值的问题，它是用汽缸压力表检测汽缸压力误差大的主要原因。所以，在检测汽缸压力时，如能监控曲轴转速，将是发现问题、减小测量误差、获得正确结果分析的重要保证。

(二)曲轴箱窜气量的检测

汽缸与活塞组的磨损间隙增大后，发动机工作时的可燃混合气与燃烧废气窜入曲轴箱的量就会随着磨损程度的增加而加大。虽然汽车发动机一般都设有曲轴箱通风系统，但是它在气体大量漏入曲轴箱时(大于60L/min)就难以保证气体完全被排除，因此，单位时间内漏入发动机曲轴箱中的气体越多，曲轴箱中的压力就随之增高。在发动机曲轴箱密封程度不变的情况下，曲轴箱中的气体压力就与汽缸活塞组间的磨损量表现出较强的正相关性。

1. 检测仪器及检测方法

曲轴箱窜气量的检测采用专用气体流量计进行。图6-3所示的是一种玻璃气体流量计，它由U形管式压力计、流量孔板、刻度板和通曲轴箱胶管等组成。

使用前先将曲轴箱密封(堵住机油尺口、曲轴箱通风进出口等)，再由胶管从加机油管口处将漏窜气体导出，输入气体流量计。当漏窜气体沿图中箭头移动时，由于流量孔板两边存在压力差，使压力计水柱移动，直至气体压力与水柱落差平衡为止。压力计通常有流量刻度，因而由压力计水柱高度可以确定窜入曲轴箱的气体量。流量孔板备有不同直径的小孔，可以根据漏窜气体量的大小选用。

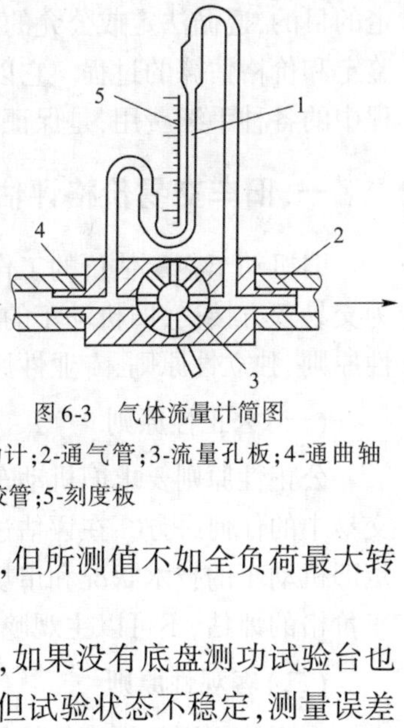

图6-3 气体流量计简图

1-压力计；2-通气管；3-流量孔板；4-通曲轴箱的胶管；5-刻度板

曲轴箱窜气量，除了与汽缸活塞摩擦副的技术状况有关外，还与发动机转速和负荷有关。检测时发动机应加载，节气门全开(柴油机供油拉杆推到底)，在最大转矩转速下进行。其他工况也可以测试，如全负荷额定转速工况，但所测值不如全负荷最大转矩转速下测得的值大。

条件允许的情况下，发动机加载最好在底盘测功试验台上，如果没有底盘测功试验台也可以在坡道上选用合适挡位进行或在平路上使用制动器进行，但试验状态不稳定，测量误差较大。

2. 检测结果分析

曲轴箱窜气量大，一般系汽缸、活塞、活塞环磨损量大，活塞环与汽缸、活塞的各部间隙大，活塞环对口、结胶、积炭、失去弹性、断裂及缸壁拉伤等原因造成。由于曲轴箱窜气量还与缸径大小和缸数多少有关，很难把众多车型统一在一个诊断标准内。

国外有些国家以单缸平均窜气量(测得值除缸数)作为诊断参数。综合国内外情况，单缸平均窜气量值见表6-3。具体情况要结合使用、维修和配件质量等情况分析判断。

曲轴箱单缸平均窜气量值　　表 6-3

发动机技术状况	单缸平均窜气量(L/min)	
	汽油机	柴油机
新发动机	2~4	3~8
需大修发动机	16~22	18~28

(三)汽缸漏气量的检测

汽缸漏气量也是反映汽缸密封性的一个重要指标,它不仅反映汽缸活塞摩擦副的磨损状况,还可反映进排气门、汽缸衬垫、汽缸盖及汽缸的密封性。其基本原理是向汽缸内充入压缩空气,用压力表检测活塞处于压缩终了上止点时汽缸内压力的变化情况,通常的检测仪器为汽缸漏气量检验仪。检测方法和检测标准根据监测仪器的型号和车辆型号的不同而不同,实际操作中按照具体的检测仪器的操作规程进行。

第四节　旧机动车交易价格的评估

旧车交易的价格评估是指由专门的鉴定估价人员或机构在接受委托的条件下,按照特定的目的,遵循法定或公允的标准和程序,运用科学的方法对旧机动车进行手续检查、技术鉴定和价格估算的过程。它以技术鉴定为基础,综合考虑被评估车辆的实体价值和购置过程中的各种手续费用,是保证旧车交易过程公平、公正的最重要环节之一。

一、旧车交易价格评估的原则

旧机动车鉴定估价的工作原则是指为了保证鉴定估价结果的真实、准确、公平合理,并为交易双方接受,旧机动车的价格评估人员应遵循的行为规范。主要包括公正性原则、客观性原则、独立性原则、专业性原则、科学性原则和可行性原则。

(一)公正性原则

公正性原则要求旧机动车价格评估机构和人员要实事求是、公平公正,而绝对不能偏向交易中的任何一方。在评估过程中,价格评估人员必须以科学的态度和严谨、求实的作风判定旧机动车的技术状况和市场行情,在充分掌握和分析事实的基础上,公正、客观地进行旧车价格的评估,不可以主观臆断,更不可以以价格评估为自己谋取不正当利益。

(二)客观性原则

客观性原则是指评估结果应有充分的依据,使用的数据资料必须真实,对技术状况的鉴定分析实事求是。

(三)独立性原则

独立性原则要求旧机动车鉴定估价人员依据国家的有关法规和规章制度及可靠的数据资料,对被评估车辆的价格进行独立的评定。这主要体现在三个方面:

(1)旧机动车价格评估机构和人员法人地位独立。旧机动车价格评估机构和人员本身应该是一个独立的、具有从业资质和资格的法人和自然人,与其他机构和个人没有行政和利益上的关系。

(2)旧机动车价格评估机构和人员的工作独立。在工作过程中应始终坚持公正客观的独立第三者地位,其价格评估工作不受交易方及外界其他人员或机构的意图及压力的影响。

(3)旧机动车价格评估机构和人员执业法律责任独立。对于评估结果独立承担相应的法律责任,以保证价格评估结果的公正性和科学性。

(四)专业性原则

旧机动车价格评估是一项专业性较强的工作,因此要求价格评估人员必须接受国家专门的职业培训,经职业技能鉴定合格后由国家统一颁发执业证书,持证上岗。评估人员应该具有较高的文化素养和情操,并具备丰富的实践工作经验和良好的价格评估职业道德修养,以保证旧机动车价格评估结论的客观、公正、准确、合理。

(五)科学性原则

是指在旧机动车价格评估过程中,必须根据评估的特定目的,选择适用的评估标准和方法,把主观评价与客观测算结合起来,定性分析和定量分析结合起来,按照科学的程序进行。

(六)可行性原则

可行性原则亦称有效性原则,是指旧车价格评估过程中利用的数据资料是真实可靠的;鉴定估价的程序与方法是合法、科学的,以保证评估结论能为交易双方接受,具有可操作性。

二、旧车交易价格评估的前提

旧车交易价格评估的前提也叫旧车价格评估假设。对任何一辆旧机动车的价格评估都要以某种假设作为价格评估的前提条件;否则,旧车价格评估无法进行或评估结果毫无意义。具体来说,旧车价格评估的前提有继续使用前提、公开市场前提和破产清算(偿)前提。

(一)继续使用前提

旧车评估的继续使用前提是指旧车的价格评估是以该车将按现行用途继续使用,或转换用途继续使用为评估前提的假设条件。对这些车辆的评估,就要从继续使用的假设出发,而不能按车辆拆零出售零部件所得收入之和进行价格估价。所谓旧机动车继续使用主要有两种形式:一是在用续用,即处于使用中的被评估车辆在产权发生变动后,将按照其现行用途及方式继续使用下去;二是转用续用,即被评估车辆在产权发生变动后,将改变其用途,按照新的用途继续使用下去。

以继续使用为假设前提对旧机动车进行价格评估,主要需注意以下几点:第一,车辆具有显著的剩余使用寿命,例如技术状况和使用年限均未达到国家强制报废标准,运营车辆仍具有运营资格等。第二,该车能用其提供的服务或用途满足所有者或占有使用者期望的收益,即该项资产在继续使用中能带来收益。第三,车辆的产权关系明晰或者通过界定可以明确,车辆从经济上和法律上允许转作他用,即车辆手续完备、合法,车辆保持完好,经价格评估交易后,可以过户。

(二)公开市场前提

旧车价格评估的公开市场前提是指假定被评估旧车可以在完全竞争的旧机动车市场

上，按市场原则进行交易，交易双方彼此地位平等，彼此双方都有获取足够市场信息的机会和时间，以便对车辆的功能、用途及其交易价格等作出理智的判断，评估价格的高低取决于该公开市场上的供求行情。公开市场前提的关键在于认识和把握公开市场的实质和内涵，所谓公开市场是指一个有足够多的买者和卖者的竞争性市场，在这个市场上，买者和卖者的地位是平等的，将按照市场上供求关系决定的均衡价格成交，彼此双方都有足够的市场机会和时间，买卖双方的交易行为是理智和自愿的，而不是在强制或受限条件下进行的。公开市场前提是旧机动车价格评估基本的前提。凡是能在公开市场上交易，用途较为广泛或通用性强的旧机动车，都应该考虑按照公开市场假设条件为前提进行价格评估。

（三）处置清算前提

旧车价格评估的处置清算前提是指评估是以车辆所有者在某种压力下，被迫出售评估车辆或快速处置变现的假设条件为前提。这种情况下的旧机动车评估具有一定的特殊性，适应强制出售中市场均衡被打破的实际情况，与公开市场中的旧车交易不同的是：交易双方的地位不平等，卖方是非自愿地被迫出售；交易双方的信息不对称；交易的范围狭小；交易被限制在较短的时间内完成。因此在这种情况下，旧机动车的评估价格一般大大低于继续使用或公开市场前提下的评估值。适用于对破产企业车辆、罚没走私车辆和抵债车辆等进行价格评估的场合。

综上所述，在旧机动车评估中，由于机动车辆未来效用有别而形成了三种不同的评估前提。在不同的前提条件下，评估依据各不相同。继续使用前提要求评估旧机动车辆的继续使用价值；公开市场前提要求评估旧机动车辆的市场价格；而清算前提则要求评估旧机动车辆的清算价格。因此，旧机动车鉴定估价人员在业务活动中要充分分析了解评估条件，判断评估车辆最可能的效用，才能得出旧机动车辆的公平价格。

三、旧车交易价格评估的基本程序

旧机动车鉴定估价操作程序是指对具体的评估车辆，从接受立项，受理委托到完成评估任务，出具评估报告的全过程的具体步骤和工作环节。在实际工作中，由于汽车市场价格变化迅速，旧车技术状况判定相对复杂，因此，我们既要遵守资产评估的法定程序，又要简化程序中申报审批、验收确认等繁杂的操作手续，寻找一套适合旧机动车鉴定估价特点，简便易行的操作程序。通常旧机动车评估业务分为单个的旧机动车交易业务和多辆或批量的旧机动车评估业务。前者一般都是少量、零散地进入市场交易，评估操作程序相对简单；后者则相对数量比较集中，少则三五辆，多则几十辆，操作相对复杂，手续更加严格和正规。以多辆或批量交易的评估业务为例，旧车价格评估一般要经过前期准备、现场工作、评定估算和撰写评估报告四个阶段。

（一）前期准备

为保证评估工作的顺利进行，在进行旧机动车鉴定估价前，评估机构或评估师应对委托人和评估标的进行初期的实地考察，签订评估委托协议书。根据评估要求，向委托方收集有关资料、了解情况。

（二）现场工作

在这一阶段，评估机构的主要任务是检查手续、核查实物、验证委托人提供的资料、鉴定车辆技术状况。

(三)评定估算

在收集和查过有关资料和手续后,评估机构一方面要继续收集所欠缺的资料,另一方面对所收集的数据资料进行筛选整理;根据评估目的选择适用的估价标准和评估方法,本着客观、公正的原则对车辆进行评定估算,确定评估结果。

(四)撰写评估报告

价格评估初步完成后,评估机构应首先对整个评估过程进行自查,对鉴定估价的依据和参数进行核对,在审核无误的基础上,撰写评估说明和报告。

四、旧车交易价格评估的方法

旧机动车评估方法和资产评估的方法一样,根据不同评估目的、价值标准和业务条件,按照国家规定可分为现行市价法、收益现值法、清算价格法和重置成本法四种。

(一)现行市价法

现行市价法又称市场法、市场价格比较法和销售对比法,是指通过比较被评估车辆与最近售出类似车辆的异同,并针对这些异同经过必要的价格调整,从而确定被评估车辆价值的一种评估方法。这种方法的基本思路是:通过市场调查,选择与评估车辆相同或类似的车辆作为参照物,分析参照物的结构、配置、性能、新旧程度、交易条件及成交价格,并与待评估车辆比较、对照,按照两者的差别及现实市场行情对评估价格进行适当调整,计算出旧机动车辆的评估价格。现行市价法是最直接、最简单的一种评估方法,也是旧机动车价格评估最常用的方法之一。

1. 现行市价法应用的前提条件

运用现行市价法对旧机动车进行价格评估必须具备以下两个前提条件。

(1)需要有一个充分发育、活跃的旧机动车交易市场,即旧机动车交易公开市场。在这个市场上有众多的卖者和买者,有充分的参照物可取,这样可以排除交易的偶然性。市场成交的旧机动车价格可以准确反映市场行情,这样,评估结果更加公平公正,易于为双方接受。

(2)评估中参照的旧机动车与被评估的旧机动车有可比较指标,并且这些可比较的指标、技术参数的资料是可收集到的,价值影响因素明确,可以量化。

2. 参照物的选择

在运用现行市价法对旧机动车进行价格评估时选择参照物十分关键,参照物的交易时间与车辆评估基准日必须相近,此外,参照车辆与评估车辆还应具有可比性,包括车辆的功能、性能、配置、市场条件都要有可比性。按照通常做法,参照物一般要在3个以上。因为运用现行市价法进行旧机动车价格评估,旧机动车的价位高低在很大程度上取决于参照物成交价格水平。而参照物的成交价不仅仅是自身市场价值的体现,还受买卖双方交易地位、交易动机、交易时限等一系列外界干扰因素的影响。因此,在评估中除了要求参照物与评估对象在功能、交易条件和成交时间有可比性外,还要选择足够数量的参照物以排除偶然因素的影响。

3. 现行市价法评估的步骤

运用现行市价法进行旧机动车价格评估师一般要经历收集资料、选定参照对象、分析可比性因素和调整差异作出评估结论四个步骤。

(1)收集资料。收集评估对象的有关资料,包括车辆型号、装备性能、生产厂家、购买日期、行驶里程,了解车辆技术状况以及尚可使用的年限。

(2)选定类比的参照对象。所选定的类比车辆必须具有可比性,可比性因素包括:

①车辆型号和制造厂商。

②车辆来源,是私用、公务、商务车辆,还是营运出租车辆。

③车辆使用年限,行驶里程数。

④车辆实际技术状况。

⑤市场状况。指的是市场处于衰退萧条或是复苏繁荣,供求关系是买方市场还是卖方市场。

⑥交易动机和目的。车辆出售是以清偿为目的或是以淘汰转让为目的;买方是获利转手倒卖或是购买自用。不同情况交易作价往往有较大的差别。

⑦成交数量。单台交易与成批交易的价格会有一定差别。

⑧成交时间。应尽量采用近期成交的车辆作类比对象。由于市场随时间的变化,往往受通货膨胀及市场供求关系变化的影响,价格有时波动很大。

(3)调整差异。按以上可比性因素选择参照对象,一般选择的与被评估对象相同或相似的3个以上的交易案例。某些情况找不到多台可类比的对象时,应按上述可比性因素,仔细分析选定的类比对象是否具有一定的代表性,要认定其成交价的合理性,才能作为参照物。

(4)作出评估结论。综合上述可比性因素,对待评估的车辆与选定的类比对象进行认真的分析类比。分析调整差异,作出评估结论。

4. 现行市价法的具体计算方法

运用现行市价法确定单台车辆价值通常采用直接法和类比法。

直接法是指在市场上能找到与被评估车辆完全相同的车辆的现行市价,并依其价格直接作为被评估车辆评估价格的一种方法。所谓完全相同是指车辆型号、使用条件和大体技术状况相同,生产和交易时间相近,寻找这样的参照物一般来讲是比较困难的。通常如果参照车辆与被评估车辆类别相同、主参数相同、结构性能相同,只是生产序号不同并只作局部改动,交易时间相近的车辆,可作为直接评估过程中的参照物。

类比法是指评估车辆时,在公开市场上找不到与之完全相同但能找到与之相类似的车辆时,以此为参照物,并根据车辆技术状况和交易条件的差异对价格作出相应调整,进而确定被评估车辆价格的评估方法,其基本计算公式为:

$$\text{评估价格} = \text{市场交易参照物价格} + \sum \text{评估对象比交易参照物优异的价格差额} - \sum \text{交易参照物比评估对象优异的价格差额} \tag{6-4}$$

或者:

$$\text{评估价格} = \text{参照物价格} \times (1 \pm \text{调整系数}) \tag{6-5}$$

用现行市价法进行评估、了解市场情况是很重要的,了解的情况越多,掌握的数据与案例越多,评估的准确性越高,这是运用现行市价法进行旧机动车价格评估的关键。

5. 现行市价法的特点

运用现行市价法进行旧机动车价格评估,能够比较客观地反映旧机动车目前的市场情况,其评估的参数、指标,直接从市场获得,评估值能反映市场现实价格,评估结果易于被各方面理解和接受。其不足是必须要有成熟、公开和活跃的市场作为基础。另外,由于旧车的可比因素多而且复杂,即使是同一个生产厂家生产的同一型号的产品,同一天登记,也可能由于使用强度、使用条件、维护水平的不同而带来车辆技术状况不同和评估价值的差异。

(二)收益现值法

收益现值法是将被评估的车辆在剩余寿命期内预期收益用适当的折现率折现为评估基准日的现值,并以此确定评估价格的一种方法,旧机动车的价格评估一般很少采用收益现值法,但对一些特定目的的有特许经营权的旧机动车,人们购买的目的往往不是在于车辆本身,而是车辆获利的能力。因此对于营运车辆的评估采用收益现值法比较合适。

1. 收益现值法的基本原理

收益现值法是基于这样的假设,即人们之所以购买某车辆,主要是考虑这辆车能为自己带来一定的收益。采用收益现值法对旧机动车辆进行评估所确定的价值是指为获得该机动车辆以取得预期收益的权利所支付的货币总额,它是以车辆投入使用后连续获利为基础的。如果某车辆的预期收益小,车辆的价格就不可能高;反之,车辆的价格肯定就高。

2. 收益现值法的应用前提

被评估的旧机动车必须是经营性车辆,且具有继续经营和获利的能力,继续经营的收益能够而且必须能够用货币金额来表示,经营过程中的风险因素能够转化为数据加以计算,体现在折现率和资本化率中。非盈利的旧机动车不能用收益法评估。

3. 收益现值法评估值的计算

收益现值法评估值的计算,实际上就是对被评估车辆未来预期收益进行折现的过程。被评估车辆的评估值等于剩余寿命期内各期的收益现值之和,其基本计算公式为:

$$P=\sum_{t=1}^{n}\frac{A_t}{(1+i)^t}=\frac{A_1}{(1+i)^1}+\frac{A_2}{(1+i)^2}+\cdots+\frac{A_n}{(1+i)^n} \tag{6-6}$$

当 $A_1 = A_2 = \cdots = A_n = A$ 时,即 $1 \sim n$ 未来收益相同都为 A 时,则有:

$$\begin{aligned} P &= A \times \left[\frac{1}{1+i}+\frac{1}{(1+i)^2}+\cdots\frac{1}{(1+i)^n}\right] \\ &= A \times \frac{(1+i)^n-1}{i \times (1+i)^n} \end{aligned} \tag{6-7}$$

式中: P——评估值;

A_t——未来第 i 个收益期的预期收益额,收益期有限时(机动车的收益期是有限的),次中还包括车辆的残值,一般估算时残值忽略不计;

n——收益年期(剩余经济寿命的年限);

i——折现率;

t——收益期,一般以年计;

$\frac{1}{(1+i)^n}$——现值系数;

$\frac{(1+i)^n-1}{i\times(1+i)^n}$——年金现值系数。

例如：某人拟将一辆富康出租车转让，按国家规定，该车的剩余年限为3年，经预测得出3年内各年预期收益数值见表6-4。

预期收益数值　　表6-4

剩余年限	收益额(元)	折现率(%)	折现系数	收益折现值(元)
第一年	20000	8	0.9259	18518
第二年	16000	8	0.8573	13708
第三年	14000	8	0.7938	11114

由此可以确定评估值为：

$$评估值 = 18518 + 13708 + 11114 = 43340(元)$$

4. 收益现值法中各评估参数的确定

剩余经济寿命期的确定。剩余经济寿命期指从评估基准日到车辆到达报废年限所剩余的使用寿命。各类汽车剩余经济寿命期的确定，可参考《机动车强制报废标准规定》。

(1)预期收益额的确定。收益现值法在运用中，收益额的确定是关键。收益额是指由被评估对象在使用过程中产生的超出其自身价值的溢余额。对于收益额的确定应把握两点：第一，收益额指的是车辆使用带来的未来收益期望值，是通过预测分析获得的。对其收益的判断，不仅仅是看现在的收益能力，更重要的是预测未来的收益能力。第二，收益额的构成。以企业为例，目前有几种观点：有观点认为应取企业所得税后利润；另有观点认为应取企业所得税后利润与提取折旧额之和扣除投资额；还有人认为应取利润总额。关于选择哪一种作为收益额，应针对旧机动车的评估特点与评估目的具体分析，一般为估算方便，推荐选择第一种观点，目的是准确反映预期收益额。

(2)折现率的确定。确定折现率，首先应该明确折现的内涵。折现作为一个时间优先的概念，认为将来的收益或利益低于现在的同样收益或利益，并且，随着收益时间向将来推迟的程度而有系统地降低价值，即投资具有机会成本。同时，折现作为一个算术过程，是把一个特定比率应用于一个预期的将来收益流，从而得出当前的价值。从折现率本身来说，是将未来有限期的预期收益折算成现值的比率，用于有限期收益还原。它是一种特定条件下的收益率，说明车辆取得该项收益的收益率水平。收益率越高，车辆评估值越低。因为在收益一定的情况下，收益率越高，意味着单位资产增值率越高，所有者拥有的资产价值越低。折现率的确定是运用收益现值法评估车辆时比较棘手的问题。折现率必须谨慎确定，折现率的微小差异，会带来评估值很大的差异。一般来说，折现率应包含无风险利率、风险报酬率和通货膨胀率。无风险利率是指资产在一般无风险经营条件下的获利水平，风险报酬率则指承担投资风险的投资所获得的超过无风险报酬率以上的部分的投资回报率，一般随投资风险递增而加大。风险收益能够计算，而为承担风险所付出的代价为多少却不好确定，因此风险收益率不容易计算出来，只要求选择的收益率中包含这一因素即可。每个行业，每个企业都有具体的资金收益率。因此在利用收益法对机动车评估选择折现率时，应该进行本企业、本行业历年收益率指标的对比分析。但是，最后选择的折现率应该起码不低于国家债券或银行存款的利率。此外还应注意，在使用资金收益率这一指标时，要充分考虑年收益率的计算口径与资金收益率的口径是否一致；若不一致，将会影响评估值的正确性。

5. 收益现值法评估的程序

在运用收益现值法进行旧机动车价格评估时，首先应调查、了解营运车辆的经营行情，营运车辆的消费结构，充分考察被评估车辆的情况和技术状况，确定预测预期收益、折现率等评估参数，最后将预期收益折现处理，确定旧机动车评估值。

6. 收益现值法的特点

收益现值法与投资决策相结合，能真实和较准确地反映车辆投资未来收益的本金化价格，易于被交易双方接受；但预期收益额的预测难度大。

7. 收益现值法评估应用举例

【例6-1】 某人打算购置一辆较新的富康轿车用作个体出租车经营使用，经调查得到以下各数据和情况：车辆登记之日是2002年4月，已行驶里程为18.3万km，目前车况良好，能正常运行。如用于出租使用，全年可出勤300d，每天平均毛收入500元。评估基准日是2004年2月。

解 (1)分析：车辆从登记之日起至评估基准日止，已投入运行2年。根据国家有关法规和车辆状况，车辆剩余经济寿命为6年。预期收益额的确定思路是：将一年的毛收入减去车辆使用的各种税和费用，包括驾驶人员的劳务费等，以计算其税后纯利润。

(2)根据目前银行储蓄年利率、国家债券、行业收益等情况，确定资金预期收益率为15%，风险报酬率5%，具体计算如下：

①预计年收入：	500元×300d	15万元
②预计年支出：	每天耗油量100元，年耗油量为100元×300d	3万元
	日常维修费	1.2万元
	平均大修费用	0.8万元
	牌照、保险、养路费及各种规费、杂费	3.3万元
	人员劳务费	1.8万元
	出租车标付费	0.6万元

③年毛收入为：

$$15-3-1.2-0.8-3.3-1.8-0.6=4.3(\text{万元})$$

④按个人所得税条理规定，年收入在3~5万元之间的，应缴所得税率为30%。故纯年收入：

$$4.3\times(1-30\%)=3(\text{万元})$$

⑤该车使用寿命为6年，预计资金收益率为15%，再加上风险率5%，故折现率为20%，假设每年的纯收入相同，则由收益现值法公式求得收益现值，即评估值为：

$$P=A\times\frac{(1+i)^n-1}{i\times(1+i)^n}=3\times\frac{(1+0.2)^6-1}{0.2\times(1+0.2)^6}=9.9(\text{万元})$$

(三)清算价格法

清算价格法是以清算价格为标准，对旧机动车辆进行的价格评估。所谓清算价格，是指企业由于破产或其他原因，要求在一定的期限内将车辆变现，在企业清算之日预期出卖车辆可收回的快速变现价格。具体来说，主要根据旧机动车技术状况，运用现行市价法估算其正常价值，再根据处置情况和变现要求，乘以一个折扣率，最后确定评估价格。

1. 清算价格法的适用范围

清算价格法适用于企业破产、抵押、停业清理时要售出的车辆。

(1)企业破产。是指当企业或个人因经营不善造成严重亏损,资不抵债时,企业应依法宣告破产,法院以其全部财产依法清偿其所欠的债务,不足部分不再清偿。

(2)抵押。是指企业或个人为了进行融资,用自己特定的财产为担保向对方保证履行合同义务的担保形式。提供财产的一方为抵押人,接受抵押财产的一方为抵押权人。抵押人不履行合同时,抵押权人有权将抵押财产在法律允许的范围内变卖,从变卖抵押物价款中优先获得赔偿。

(3)清理。是指企业由于经营不善导致严重亏损,已临近破产的边缘,或因其他原因将无法继续经营下去,为弄清企业财物现状,对全部财产进行清点、整理和查核,为经营决策(破产清算或继续经营)提供依据,以及因资产损毁、报废而进行清理、拆除等的经济行为。

在上述三种经济行为中若有机动车辆进行评估,则可用清算价格作为标准,但在评估时要注意评估车辆必须具有法律效力的破产处理文件或抵押合同及其他有效文件为依据;车辆在市场上可以快速出售变现,所卖收入足以补偿因出售车辆的附加支出总额。

2. 决定清算价格的主要因素

在旧机动车评估中决定清算价格的有以下几项主要因素:

(1)破产形式。如果企业丧失车辆处置权,出售的一方无讨价还价的可能,那么,以买方出价决定车辆售价;如果企业未丧失处置权,出售车辆一方尚有讨价还价余地,那么,以双方议价决定售价。

(2)债权人处置车辆的方式。按抵押时的合同契约规定执行,如公开拍卖或收回己有。

(3)清理费用。在破产等评估车辆价格时应,对清理费用及其他费用给予充分的考虑。

(4)拍卖时限。一般来说,时限长,售价会高些,时限短,售价会低些,这是快速变现原则的作用所决定的。

(5)公平市价。指车辆交易成交双方都满意的价格。在清算价格中卖方满意的价格一般不易求得。

(6)参照物价格。在市场上出售相同或类似车辆的价格。一般地说,市场参照物价格高,车辆出售的价格就会高;反之则低。

3. 清算价格的评估方法

旧机动车清算价格的评估方法主要有如下三种。

(1)现行市价折扣法。指对清理车辆,首先应用现行市价法确定评估车辆的评估价格,然后根据快速变现原则估定一个折扣率并据以确定其清算价格。

(2)模拟拍卖法(也称意向询价法)。这种方法是根据向被评估车辆的潜在购买者询价的办法取得市场信息,最后经评估人员分析确定其清算价格的一种方法。用这种方法确定的清算价格受供需关系影响很大,要充分考虑其影响的程度。

(3)竞价法。是由法院按照法定程序(破产清算)或由卖方根据评估结果提出一个拍卖的底价,在公开市场上由买方竞争出价,谁出的价格高就卖给谁。

(四)重置成本法

1. 重置成本法的内涵和理论依据

重置成本法是指以评估基准日的当前条件下重新购置一辆全新状态的被评估车辆所需的全部成本(即完全重置成本,简称重置全价),减去该被评估车辆的各种陈旧性贬值后的差额作为被评估车辆评估价格的一种评估方法。其基本计算公式可表述为:

$$被评估车辆的评估值 = 重置成本 - 实体性贬值 - 功能性贬值 - 经济性贬值 \quad (6\text{-}8)$$

或:

$$被评估车辆的评估值 = 重置成本 \times 成新率 \quad (6\text{-}9)$$

从上式可看出,被评估车辆的各种陈旧贬值包括实体性贬值、功能性贬值、经济性贬值。

(1)实体性贬值。也叫有形损耗,是指机动车在存放和使用过程中,因机件磨损和损耗等原因而导致的车辆实体发生的价值损耗,亦即是指由于自然力的作用而发生的损耗。投入交易的旧机动车一般都不是全新状态的,因此都存在实体性贬值。

(2)功能性贬值。是指由于科学技术和生产力的发展导致的车辆贬值,即无形损耗。这类贬值可能是由于技术进步引起劳动生产率的提高、生产成本降低而造成重新购置一辆全新状态的被评估车辆所需的成本降低而引起的车辆价值的贬值。对于营运车辆,也可能由于技术进步,出现了新的、性能更优的车辆,致使原有车辆的功能、生产率、收益能力相对新车型已经落后而引起其价值贬值。具体表现为原有车辆在完成相同工作任务的前提下,在燃润料、人力、配件材料等方面的消耗增加,形成了一部分超额运营成本。

(3)经济性贬值。是指由于宏观经济政策、市场需求、通货膨胀、环境保护等外部环境因素的变化所造成的车辆贬值。这些外界因素对车辆价值的影响不仅是客观存在的,而且对车辆价值影响还相当大,在旧机动车的评估中不可忽视。

重置成本法假定任何一个理性的投资者在购买某项资产时所愿意支付的价格,不会超过具有同等效用的全新资产的最低成本。如果该项资产的价格比重新建造,或购置一全新状态的同效用的全新资产的最低成本高,投资者肯定会去新建或购置全新的资产。这也就是说,待评估资产的重置成本是其价格的最大可能值。相应的,旧机动车的重置成本是购买一辆与被评估车辆相同的车辆所支付的最低金额。按重新购置车辆所用的材料、技术的不同,可把重置成本区分为复原重置成本(以下简称复原成本)和更新重置成本(以下简称更新成本)。复原成本指用与被评估车辆相同的材料,制造标准、设计在同样技术条件下,以现时价格复原购置相同的车辆所需的全部成本。更新成本则是指利用新型材料、新技术标准、新设计等,以现时价格购置相同或相似功能的车辆所需支付的全部成本。一般情况下,在进行重置成本计算时,如果同时可以取得复原成本和更新成本,应选用更新成本;如果不存在更新成本,则再考虑用复原成本。

通过对重置成本法计算公式的分析不难发现,要合理运用重置成本法评估旧机动车的交易价格,必须正确确定车辆的重置成本、实体性贬值、功能性贬值、经济性贬值和成新率。

2. 重置成本及其估算

重置成本的计算在资产评估学中有加合分析法、功能系数法、物价指数法和统计分析法等几种方法。对于旧机动车评估定价,计算重置成本一般采用加合分析法和物价指数法。

（1）加合分析法。加合分析法也称为直接法和重置核算法，它是按待评车辆的成本构成，以现行市价为标准，将车辆按成本构成分成若干组成部分，先确定各组成部分的现时价格，然后加总得出待评估车辆的重置全价的一种评估方法。旧机动车重置成本的构成包括直接成本和间接成本两部分。直接成本是指直接可以构成车辆成本的支出部分。具体来说是按现行市价的买价，加上运输费、购置附加费、消费税、人工费等。间接成本是指购置车辆发生的管理费、专项贷款发生的利息、注册登记手续费等。根据不同评估目的，旧机动车重置成本全价的评估还要区别对待。属于所有权转让的经济行为或为司法、执法部门提供证据的鉴定行为，可将被评估车辆的现行市场成交价格作为被评估车辆的重置全价，其他费用略去不计；属于企业产权变动的经济行为，如企业合资、合作经营和合并兼并，其重置成本构成除了考虑被评估车辆现行市场购置价格外，还应将国家和地方政府对车辆加收的合理税费一并计入。

（2）物价指数法。也叫价格指数法，是指根据已掌握的历年来的价格指数，在旧机动车原始成本的基础上，通过现时物价指数确定其重置成本，其计算公式为：

$$\text{车辆重置成本} = \text{车辆原始成本} \times \frac{\text{车辆评估时物价指数}}{\text{车辆购买时物价指数}} \tag{6-10}$$

或：

$$\text{车辆重置成本} = \text{车辆原始成本} \times (1 + \text{物价变动指数}) \tag{6-11}$$

当被评估车辆为已停产，或是进口车辆，无法找到现时市场价格时，这是一种很有用的方法，但应用时必须要注意一定要先检查被评估车辆的账面购买原价。如果购买原价不准确，则不能用物价指数法。物价指数要尽可能选用有法律依据的国家统计部门或物价管理部门以及政府机关发布和提供的数据。不能选用无依据、不明来源的数据。如果现在选用的指数与评估对象规定的评估基准日之间有一段时间差，这一时间差内的价格指数可由评估人员依据近期内的指数变化趋势结合市场情况确定。

3. 实体性贬值及其估算

机动车的实体性贬值是由于使用和自然力损耗形成的贬值，也称为有形损耗或有形贬值，一般可以采取以下三种方法进行估算。

（1）观察法。观察法也称成新率法，指旧车价格评估人员根据自己的专业知识和工作经验，通过对旧机动车实体各主要部件进行观察以及使用仪器测量等方式进行技术鉴定，并综合分析车辆的设计、制造、使用、磨损、维护、修理、大修理、改装情况和经济寿命等因素，将评估对象与其全新状态相比较，从而判断被评估旧车的实体性贬值的一种方法，其数学公式表达为：

$$\text{车辆实体性贬值} = \text{重置成本} \times \text{有形损耗率} \tag{6-12}$$

（2）使用年限法。通过确定被评估旧机动车已使用年限与该车辆预期可使用年限的比率来确定旧机动车有形损耗，其计算公式表达为：

$$\text{车辆实体性贬值} = \text{重置成本} \times \frac{\text{已使用年限}}{\text{规定使用年限}} \tag{6-13}$$

（3）修复费用法。也叫功能补偿法。通过确定被评估旧机动车恢复原有的技术状态和功能所需要的费用补偿，来直接确定旧机动车的有形损耗。

4. 功能性贬值及其估算

功能性贬值包含一次性功能贬值和营运性功能贬值。

(1)一次性功能贬值的测定。从理论上讲,同样的车辆其复原重置成本与更新重置成本之差即是该车辆的一次性功能贬值。但在实际工作中,具体计算某车辆的复原重置成本是比较困难的。因此,对目前在市场上能购买到的且有制造厂家继续生产的全新车辆,一般就用更新重置成本(市场价)考虑其一次性功能贬值。如果待评估车辆的型号是现已停产或已淘汰的车型,这样就没有实际的市场价,只能采用参照物的价格用类比的方法来估算。参照物一般采用替代型号的车辆。这些替代型号的车辆其功能通常比原车型有所改进和增加,故其价值通常会比原车型的价格要高(功能性贬值大时,价格也可能降低)。故在与参照物比较,用类比法对原车型进行价值评估时,一定要了解参照物在功能方面改进或提高的情况,再按其功能变化情况测定原车辆的价值。

(2)营运性功能贬值的估算。测定营运性功能贬值时,首先选定参照物,并与参照物进行比较,找出与营运成本有差别的内容和差别的量值;然后确定原车辆尚可继续使用的年限和应上缴的所得税率及折现率,通过计算超额收益或成本降低额算出营运性陈旧贬值。

5. 经济性贬值估算的思考方法

经济性贬值是由机动车辆外部因素引起的,外部因素不论多少,对车辆的估值影响有两种,一是造成营运成本上升;二是并且造成贬值的程度也不尽相同。所以在评估时应在统筹考虑这些因素的基础上适当确定经济性贬值的数额。

(五)旧机动车成新率的确定

1. 旧机动车成新率的概念

旧机动车成新率是表示旧机动车的当前功能或使用价值与全新机动车的功能或使用价值相比所占的比例,也可以理解为旧机动车的现时状态与机动车全新状态的比例,是反映旧机动车新旧程度的指标。它与旧机动车的有形损耗率存在如下关系:

$$\text{成新率} = 1 - \text{有形损耗率} \tag{6-14}$$

或:

$$\text{有形损耗率} = 1 - \text{成新率} \tag{6-15}$$

2. 旧机动车成新率的确定

成新率作为重置成本法的一项重要指标,如何科学、准确地确定该项指标,是旧机动车评估中的重点和难点,通常采用使用年限法、技术鉴定法、综合分析法。

(1)使用年限法。使用年限法是建立在以下两个假设之上:首先旧机动车在整个使用寿命期间,实体性损耗是随时间的递增呈线性递增的;其次,旧机动车价值的降低与其损耗的大小成正比。由此不难得出使用年限法确定旧机动车成新率的数学表达式为:

$$\text{成新率} = \left(1 - \frac{\text{已使用年限}}{\text{规定使用年限}}\right) \times 100\% \tag{6-16}$$

由式(6-16)可知,使用年限法确定旧机动车成新率涉及两个基本参数,即机动车已使用年限和机动车规定使用年限。机动车的规定使用年限,9 座(含 9 座)以下非营运载客汽车(包括轿车、越野型汽车)为 15 年。旅游载客汽车和 9 座以上非营运汽车为 10 年。营运大客车的使用年限为 10 年,营运车辆转为非营运车辆和非营运车辆转为营运车辆一律按营运车辆的规定年限(8年)报废。对于其他机动车辆,则参照国家经济贸易委员会等部门《关于发布〈汽车报废标准〉的通知》(国经贸经〔1997〕456号)和《关于调整轻型载货汽车报废标准的通知》(国经贸经〔1998〕07号)的有关规定。已使用年限是指旧机动车开始使用到评估基准日所经历的时间。根据《机动车强制报废标准规定》第十一条的规定,《机动车强制报废标准规定》自2013年5月1日起施行,《关于调整轻型载货汽车报废标准的通知》(国经贸经〔1998〕407号)同时废止。

运用使用年限法确定旧机动车成新率,方法简单,容易操作,一般用于旧机动车的价格粗估或价值不高的旧机动车价格的评估。使用时要注意使用年限是代表工作累计强度的一种计量,这种计量是以车辆的正常使用为前提。在实际评估过程中,应充分注意车辆的实际已使用时间,而不是简单的日历天数,同时也要适当考虑实际使用强度。

(2)技术鉴定法。技术鉴定法是指评估人员在对旧机动车辆进行技术观察和技术检测的基础上,判定旧机动车的技术状况,再以评分的方法或分等级的方法来确定成新率的方法。在实际操作中技术鉴定法又有部件鉴定法和整车观测分析法两种。

①部件鉴定法。部件鉴定法是在确定旧机动车各组成部分技术状况的基础上,对旧机动车按其组成部分对整车的重要性和价值量的大小来加权评分,最后确定成新率的一种方法。其做法是:将车辆按总成分成若干个主要部分,根据各部分的建造费用占车辆建造成本的比重,按一定百分比确定权重,在技术检测的基础上确定各部分的功能与技术状况,给出各部分成新率(各部分技术状况与全新车辆相同,则该部分成新率100%,其功能完全丧失,则成新率为0),再分别与权重相乘即得各部分的加权成新率,最后对各部分的加权成新率求和即得旧机动车的成新率。这种方法既考虑了旧机动车实体性损耗,也考虑了旧机动车维修换件可能会增大车辆的价值,更接近实际,可信度高,但操作过程费时费力,各组成部分权重之间关系复杂,一定程度上限制了它的使用,多用于价值较高的机动车辆评估。

②整车观测法。整车观测法是指评估人员采用人工观察的方法,辅之以简单的仪器检测,判定旧机动车技术状况等级以确定成新率的方法。旧机动车的技术状况分级可参见表6-5。旧机动车成新率评估参考表是就一般车辆成新率判定的经验数据,仅供参考。运用整车观察法确定旧机动车成新率简单易行,但评估值没有部件鉴定法准确一般用于中、低等价值的旧机动车的估算,或作为综合分析法鉴定估价要考虑的主要因素之一。在实际操作中,评估人员的经验和技术水平对评估结果影响较大。

旧机动车成新率评估参考表 表6-5

车况等级	新旧情况	有形损耗率(%)	技术状况描述	成新率(%)
1	使用不久	0~10	刚使用不久,行驶里程一般在3万~5万km,在用状态良好,能按设计要求正常使用	100~90
2	较新车	11~35	使用1年以上,行驶15万km左右,一般没有经过大修,在用状态良好,故障率低,可随时出车使用	89~70
3	旧车	36~60	使用4~5年,发动机或整车经过两次大修,大修较好地恢复了原设计性能,在用状态良好;外观受损部分恢复情况良好	69~40

续上表

车况等级	新旧情况	有形损耗率(%)	技术状况描述	成新率(%)
4	老旧车	61~85	使用5~8年,发动机或整车经过两次大修,动力性能、经济性能、工能可靠性能都有所下降,外观油漆脱落受损、金属件锈蚀程度明显;故障率上升,维修费用、使用费用明显上升;但车辆符合《机动车安全技术条件》,在用状态一般或较差	39~15
5	待报废处理车	86~100	基本到达或到达使用年限,通过《机动车安全技术条件》检查,能使用但不能正常使用,动力性、经济性、可靠性下降,燃料费、维修费、大修费用增长速度快,车辆收益与支出基本持平,排放污染和噪声污染到达极限	15以下

(3)综合分析法。为了使评估结果更加准确、客观,综合分析法以使用年限法为基础,再综合考虑对旧机动车价值影响的多种因素,以系数调整来确定成新率,其计算公式为:

$$成新率 = \left(1 - \frac{已使用年限}{规定使用年限}\right) \times 调整系数 \times 100\% \tag{6-17}$$

鉴定估价时要综合考虑的因素有:车辆的实际运行时间、实际技术状况;车辆使用强度、使用条件、使用和维护情况;车辆的原始制造质量;车辆的大修、重大事故经历;车辆外观质量等。

(六)重置成本法的特点

通过对重置成本、实体性贬值、功能性贬值、经济性贬值和成新率的分析,我们已经能够运用重置成本法确定旧机动车的评估价格,在使用中尽管工作量大,难以计算经济性贬值,但它比较充分地考虑了车辆的损耗,评估结果公平合理,在不易计算车辆未来收益或难以取得市场(旧机动车交易市场)参照物条件下可广泛应用。

第五节 旧机动车交易的售前准备与售后服务

旧机动车交易同新车交易一样,需要给客户提供优质、完善、放心、省心的服务,让用户高兴而来,满意而去。但由于旧机动车产品的性能多样性,这就决定其需要有自身特点对应的服务。由于销售过程中的环节和新车销售类似,这里我们重点介绍售前准备和售后服务。

一、旧机动车贸易的售前准备

由于旧机动车的技术状况各不相同,但我们的目的是给顾客提供满意的产品。因此,我们需要从以下几个方面入手。

1.检查、调试、维修车辆

由于旧机动车已经使用了一定的期限,或多或少存在一定的问题,这就需要检测人员对汽车的技术状况进行全面细致的检查,对其中存在的问题进行及时的维修处理,最后经调试检查,让车辆的工作状况达到最佳为止。这一环节,不仅可以保证向顾客提供放心的产品,还可以为日后的车辆售后质保提供强有力的保障,还可以提高汽车的技术状况,使其在交易评估中获得一个好的评估价格。

2. 评估价格

由于现在旧机动车的评估可以由专业的价格评估人员进行，因此，可以在车辆销售之前由评估人员对车辆进行价格评估，并填写《旧机动车鉴定估价登记表》，以方便顾客按照自己的目标进行参看、选择车辆。

3. 车辆销售材料准备

旧机动车和新车相比，呈现出很强的个体特征，每辆车的情况都不一样。因此，在销售之前，销售人员应准备好车辆的相关个性资料，包括车辆的前期使用情况、目前的技术状况以及给顾客的购买车辆相关保险的建议。

二、旧机动车贸易的售后服务

旧机动车的售后服务不仅包括售后的质量保修，还涉及车辆的转籍、过户以及证照的更换和保险的批改。

(一)车辆的质量保修

旧机动车在销售的时候，销售方应提供给顾客一定期限的质量保修，质量保修工作应该从下面3点出发：一是要“准”，指准确地做出质量故障鉴定，判定责任方，既要维护公司的利益，又要维护用户的利益；二是要“快”，对用户的求救要迅速处理，快速服务；三是要“耐心”，售后服务人员要善待用户，对用户的愤怒、不满，应保持一种平常心态，认真解决产品的质量故障。

(二)旧机动车交易后的转籍与过户

旧机动车交易完成后，由于车辆的所有权发生了变更，因此交易双方必须到有关管理部门办理转籍于过户手续，才能清楚界定交易双方在车辆以后行驶中所负有的责任。2001年公安部根据《中华人民共和国机动车登记办法》制定了《机动车登记工作规范》(2012年11月30日公安部公交管〔2012〕333号修订印发)，该规范规定了旧机动车的转籍登记、交易过户等行为。由于各地情况不一，在实际操作中略有差别，但大致程序基本一致，下面以武汉地区为例介绍旧车交易后的转籍与过户。

一般说来，旧机动车交易过程中，销车方须向旧机动车交易中心出具单位介绍信或证明信(属于个人卖车的须持居民身份证)、机动车行驶证、原始购车发票、成交发票、购置附加费凭证、车船使用税“税讫”标志、养路费交纳凭证等。购车方须出具单位介绍信或个人身份证。工商行政管理部门凭旧机动车交易中心或有旧机动车经营权企业的交易凭证予以验证，车管部门凭此办理转籍过户手续。

1. 旧车交易后的转籍

车辆转籍是指在一地登记注册的机动车辆因车主工作地址变动或所有权变更等因素转往另一地交由当地车管部门管理的过程。旧机动车完成交易后的转籍包括车辆转出和车辆转入。

(1)车辆转出。车辆转出是指在当地已注册登记的车辆，因车主工作地址变动或车辆转往外地时，办理车辆档案的转出手续。在办理车辆转出手续时申请人应提供以下资料：

①车主持双方证明和行驶证在车辆管理所签发《机动车辆交易申请单》后到机动车交易

市场取得交易发票；

②凭车辆财产转移证明(交易发票、调拨证明、司法证明、政府批文、车主工作地址变动申请报告)到原车主所辖交通大队提取该车《机动车登记表》；

③出让方填写《机动车档案异动卡》(表6-6)、《机动车定期检验表》(表6-7)并加盖公章。

机动车档案异动卡　　表6-6

原车主		原车牌号码	
车类		车型	
发动机号码		车架号码	
车辆报废			年　月　日
转籍去向			年　月　日
新车主		新车牌号码	
其他			
备注		经办人 档案员	

机动车定期检验表　　表6-7

号牌号码						
车主				公、私		车主签章
住址			电话			
车辆类型	厂牌型号	车身颜色	驱动	燃料		
			×	油		
发动机号码			车架号码			
与行车执照记录有何变动						
安全联片组初检意见		检验部门 与结果		现有效期 年　月止 检验员 登记员	监管机关 审核意见	

持上述资料到车管所办理转出手续后，领取临时号牌并交费盖章后，领取密封好的车辆转出档案。然后持车辆财产转移证明或工作地址变动申请报告、转出车辆档案到各有关部门办理“小汽车定编证”“车辆购置附加费凭证”“车辆养路费证”的转出事宜或注销事宜。

(2)车辆转入。车辆转入是指在外地登记注册的车辆办理转出手续后，持外地车管所封装的档案在当地申领号牌和行驶证。在办理车辆转入手续时应提供以下资料：

①外地转入的机动车档案。

②车辆财产转移证明或车主工作地址变动申请入籍报告。

③属于规定需定编的车辆持新办“小汽车定编证”或“控购证明”。

④申请领取并填写完成经单位、自检组盖章的《机动车登记表》(表6-7)一式三份。

⑤私车还须提供车主居民身份证复印件一份。

车主持上述资料在车辆管理所办理转入档案的审核，经审核符合要求并意见后，按照新车初次注册登记程序依次进行。

2. 旧机动车交易后的过户

机动车过户是指车辆所有权发生变更后在车管部门重新登记车辆所有人信息的过程。旧机动车交易完成后的过户根据前后车主所属管理区域的不同分为跨区过户和区内过户。

(1)跨区过户。在办理跨区过户手续时,申请人应提前准备以下文件资料:

①车主持双方证明和行驶证在车辆管理所签发《机动车辆交易申请单》后到机动车交易市场取得交易发票。

②新车主(受让方)填写《机动车登记表》一式三份,经单位、自检组盖章,填写自检组代码,私车还须填写车主居民身份证号码并附车主居民身份证复印件一份。

③凭车辆财产转移证明(交易发票、调拨证明、司法证明、政府批文)到原车主所辖交通大队提取该车《机动车登记表》。

④属定编车辆的持新办“小汽车定编证”或“控购证明”。

⑤车辆原号牌和行驶证。

车主持上述资料到车辆管理所办理过户登记手续,领取《待办凭证》,凭《待办凭证》领取新号牌,将车开到车辆管理所“车辆装牌、照相处”接受安装、固封号牌和车辆照相,15 日内凭《待办凭证》到车辆管理所领新行驶证。

(2)本区过户。在办理本区过户手续时,申请人应领取、填写《机动车过户、转出、转入登记申请表》(公车签章、私车签字)和《被盗抢车辆查询表》(张贴发动机号和车架号拓印膜)。然后持双方身份证原件及复印件、买卖车辆的书面证明、机动车登记证书和行驶证,共同到有资质的机动车交易公司办理交易手续,取得旧机动车交易发票。由现车主持《机动车过户、转出、转入登记申请表》《被盗抢车辆查询表》,双方身份证明原件及复印件买卖车辆的书面证明、旧机动车交 易发票、机动车登记证书、行驶证以及机动车保险凭证和路桥通行费凭证,到车管所提出过户申请,审验合格后,打印《机动车过户登记待办单》和过户资料档案到车管部门审核档案,并将车开到车辆管理所“车辆装牌、照相处”进行车辆照相。15 日内凭《待办凭证》到车辆管理所领取新行驶证。各类机动车过户领取行驶证后,新车主须持车辆财产转移证明到各主管部门办理“小汽车定编证”“车辆购置附加费凭证”和“车辆养路费证”的过户、回执事宜。

三、旧机动车交易后的其他有关服务

旧机动车交易完成后,新车主由于修复的需要,或根据自己的喜好往往对交易车辆进行某些改装。特别要注意的是,我国目前的法规对车辆的改装进行了限制,已注册的机动车只允许对《机动车登记表》中车身颜色、外廓尺寸、燃料种类、发动机、车身(车架)进行变更或改装,并且发动机和车身(车架)不得同时变更,变更后的车辆参数应当与国家发改委公布的《车辆生产企业及产品目录》内同类型车辆参数相同,并且车辆检验合格。

改装后,车主还应就改装内容向当地车管部门申请变更登记,对符合变更规定的机动车,由当地车管所长在《机动车变更、过户、改装、停驶、复驶、报废审批申请表》“审核意见”栏内签字、盖章,重新核发行驶证。变更记录中与行驶记载项目无关的,可以进行免换行驶证。

(一)变更、改装登记

变更、改装登记要填写中华人民共和国机动车登记表(表6-8)。

中华人民共和国机动车登记表 表 6-8

号牌号码

1. 车主				2. 电话			
3. 住址				4. 单位代码/居民身份证号			
5. 车辆类型		6. 厂牌型号		7. 制造国			车主签章:(公车用单位章,私车车主签字)
8. 所有权性质	公/私	9. 出厂日期	年 月	10. 转向形式		转向盘/转向把	
11. 排量/功率	cm^3/ kW	12. 燃料种类		13. 车身颜色			
14. 发动机号		15. 车架号					
16. 外廓尺寸	长 宽 高 cm	17. 轮胎数				只	
18. 轴数	轴	19. 轴距	cm	20. 轮距	前 cm	后 cm	
21. 总质量	kg	22. 核定载质量	kg	23. 准拖挂车质量		kg	
24. 核定载客	人	25. 驾驶室前排共乘				人	年 月 日
26. 车辆来历		27. 初次登记日	年 月 日	28. 发牌证日期			
29. 检验结论	检验员签字: 年 月 日	30. 审核意见	经办人签字: 年 月 日	31. 核发意见	负责人签字: 年 月 日	32. 发牌机关章	33. 贴发动机号拓印: 34. 贴车架号拓印:
35. 日期	换、补牌证,异动,定期检验,车辆来历证明记录					经办人签字	贴车辆照片
							36. 备注

填表说明:1. 第 4 项:公车填单位号码,单位号码按技术监督部门统一确定的单位代码填写。尚未确定单位号码的,暂不填写;私车填车主居民身份证号码。

2. 第 11 项:小型汽车、摩托车填写排量;其他车辆填写功率。
3. 第 19 项:填写 1 轴至末轴距离。
4. 第 13 项:车身颜色分 5 种,按某种颜色占车身面积从大到小顺序填写,车身颜色超过 5 种,则只填 5 种。车身颜色按黑、白、红、粉红、棕、桔、黄、奶黄、深绿、浅绿、灰、深蓝、淡蓝、紫、金、银色 16 种颜色填写。
5. 第 26 项:填写新购、赠送、调拨、继承或转入等来源情况。
6. 第 35 项:车辆转出本辖区时,应填写清楚最近一次检验和《货物进口证明书》。
7. 第 36 项:记载其他有关情况,具体内容由各地、市公安处、局车辆管理所自定。

（二）停驶、复驶登记

部分交易的机动车在交易前办理了停驶手续，交易完成后，车主应首先按照车管所的要求到制定检测单位对机动车进行检验，取得检验合格证明后到车管所办理恢复行使手续，取回车辆号牌和行驶证后，车辆才能合法上路行驶。

（三）保险批改

旧机动车交易完成后，车辆保险受益人必须由原车主变更为新车主，否则在车辆发生事故时，保险公司有权拒赔，具体办理时，交易双方首先取得合法旧车交易发票，携带原车单位同意变更的证明和变更保险受益人的申请（车主为私人时还应提供车主身份证），到保险公司办理保险批改手续。

第七章　汽车配件经营

第一节　汽车配件分类与编号识别

一、国内汽车配件的分类

(一)易耗件

在汽车大修间隔里程中,对汽车进行维护、大修或中修时,经常损坏并且消耗量较大的零件称为易耗件。

1. 发动机易耗件

(1)曲柄连杆机构:汽缸体、汽缸套、汽缸盖、汽缸体附件(汽缸垫、水道孔盖板、汽缸体分水管、放水开关、曲轴箱通风管、气门室盖、正时室盖、飞轮底壳)、汽缸盖附件(缸盖出水管、汽缸盖罩、汽缸螺栓)、活塞、活塞环、活塞销(活塞、活塞环、活塞销按组供应)、连杆、连杆轴承、连杆螺栓及螺母、曲轴轴承(供应单位为组)、飞轮总成、发动机与车架连接的组成零件(支架、减振胶垫、夹片、垫片、螺栓、螺母)等。

(2)配气机构:气门、气门导管、气门弹簧、气门挺杆、气门推杆、摇臂、摇臂轴、凸轮轴轴承、正时齿轮、正时齿形皮带等。

(3)供给系统:化油器总成、化油器针阀、浮子、主量孔,汽油泵膜片、油阀,汽油、柴油滤清器滤芯,汽油软管,电动汽油泵,压力调节器、空气流量传感器、喷油器、节气门体、三元催化装置,输油泵总成,喷油泵柱塞副及出油阀偶件,柴油喷油器,柴油高压油管等。

(4)冷却系统:散热器、节温器、水泵(水泵轴、轴承等零件)、风扇、散热器进出水橡胶管等。

(5)润滑系统:机油滤清器粗滤及细滤芯、机油集滤器、机油软管等。

(6)点火系统:点火线圈、分电器盖、分火头、断电器、电容器及分电器总成、蓄电池、火花塞;电热塞、发电机电刷、绕组等。

2. 底盘易耗件

(1)传动系统:离合器摩擦面、钢片总成、分离杠杆(周布螺旋弹簧离合器)、分离叉、踏板拉杆、分离轴承及座、复位弹簧,离合器操纵机构中主油缸(总泵)和分油缸(分泵)总成、离合器软油管,变速器的各挡变速齿轮,滑动叉、万向节叉及花健轴,主从动锥齿轮,行星齿轮、十字轴及差速器壳,半轴、半轴套管等。

(2)行驶系统:主销、主销衬套、主销轴承、调整垫片,轮辋、轮毂、车轮连接紧固件(轮毂滚动轴承的锁紧及调整螺母、垫片),轮胎、内胎、钢板弹簧片(第一、二、三),独立悬架的螺旋弹簧,钢板弹簧销和衬套,钢板弹簧垫板、滑块和吊耳,U 形螺栓,减振器等。

（3）转向系统：蜗杆、转向摇臂轴（含滚轮、主销及主销轴承等）、转向螺母及钢球、钢球导流管，转向器总成，转向盘，纵拉杆与横拉杆（球销、球销碗、弹簧座、弹簧、防尘罩）等。

（4）制动系统：制动器及制动蹄摩擦片、盘式制动器摩擦块，液压主缸总成（泵壳、活塞、皮碗、皮圈、总泵弹簧、控制阀、推杆）、制动轮缸总成（活塞、泵壳、皮碗、皮圈）、气制动室总成、储气筒、单向阀、安全阀、放水开关、制动软管、空气压缩机松压阀、制动操纵机构（制动踏板、拉杆、操纵臂、传动杆、复位弹簧、踏板支架、踏板轴）、手制动器总成等。

3. 电气设备及仪表易耗件

高、低压线；汽车灯具和灯泡；安全报警及低压电路保险电器和熔断丝盒，点火开关、车灯开关、转向灯开关、变光开关，动态指示车速表、电流表、燃油存量表、冷却液温度表、空气压力表、机油压力表等。

（二）标准件

按国家标准设计与制造的，并具有通用互换性的零件称为标准件，如：汽缸盖紧固螺栓及螺母、连杆螺栓及螺母、发动机与车架连接装置中的螺栓与螺母、主销锁销及螺母、轮胎螺栓及螺母等。

（三）车身覆盖件

由板材冲压、焊接成形，并覆盖汽车车身的零件称为车身覆盖件，如：散热器罩、发动机舱罩、叶子板。

（四）保安件

汽车上不易损坏的零件称为保安件，如：曲轴、起动爪、正时齿轮（中碳钢制）、扭转减振器、凸轮轴、汽油箱、汽油滤清器总成、柴油滤清器总成、汽油铜管、喷油泵、调速器、机油滤清器总成、机油硬管、发电机、起动电机，离合器压盖及盖总成、离合器硬油管、变速器壳及上盖、操纵杆、前桥、桥壳、转向节、轮胎衬带、钢板弹簧总成及第四片以后的零片、载货汽车后钢板弹簧的副钢板总成及零件、转向摇臂、转向节臂等。

二、国际汽车配件的分类

国际上汽车配件分为三种类型。

（1）汽车厂组装用配套件（OEM parts）。按汽车厂提供的生产图样生产，成品由各专业厂每天按时送往汽车厂供组装汽车用的零部件。在日本，配套件一般占专业厂总产量的60%左右。

（2）纯正件（Genuine parts）。由汽车厂提供给用户维修车辆用的配套件，但不一定是汽车厂自行生产的。纯正件质量可靠，但价格较高。在日本，用于日本汽车维修的数量约占专业厂产量的25%；而供国外汽车维修的数量约占产量的15%。纯正件均交汽车厂的仓库，而汽车厂通过经营纯正件的商社销售。

（3）专厂件（Replacement parts）。专厂件也称转厂件，是由各专业零部件生产厂生产的备用件（替换零件），用各专业厂自己的包装箱包装，不经过汽车厂的渠道，而是由其特定的贸易商社进行销售。

三、汽车配件的编号识别

为了使汽车配件能适应计算机管理，以便于筹措汽车配件和提高采购时的准确性，世界上不少汽车制造厂家都对所生产的汽车配件实行代码分类，即每一个零件都用一定数量的数码和字母表示，不同的制造厂家表示的方法都不同，不能相互通用。

(一)德国系汽车

以一汽大众-捷达轿车配件编码为例，在德国大众管理体系中，备件通过阿拉伯数字和英语26个字母的组合，使之成为一套简明、完整、精确、科学的备件号系统，每一个备件只对应个号码，每组数字，每个字母都表示这个备件的某种性质，人们只要找出这个号码，就可以从几万或几十万库存品种中找出所需的备件来。

德国大众备件号码一般由14位组成。

例如：	191	863	241	AF	LN8	中央托架。
	(1)	(2)	(3)	(4)	(5)	

1. 车型及型号标记

前三位表示车型或机组型号。它说明这些件最初为哪种车型、哪种发动机和变速器设计和使用。从标记的第三位数字可以区别是左驾驶还是右驾驶。一般规定：单数为左驾驶，双数为右驾驶。

例如：表示车型的——甲虫车	113	857	501	AB	01C	后视镜。
——高尔夫	191	419	831	转向机防护套。		
——捷达	165	941	017	K	左前照灯。	
表示机组型号的 ——发动机	027	100	103	KV	短发动机。	
——变速器	020	300	045	T	四挡变速器。	
——起动机	055	911	023	K	起动机。	

2. 大类及小类

根据零件在汽车结构中的差异及性能的不同，德国大众备件号码系统将备件号分成10大类(10个主组)，每大类(主组)又分为若干个小类(子组)，小类(子组)的数目和大小因结构不同而不同，小类(子组)只有跟大类(主组)组合在一起才有意义。

(1)大类：发动机，燃油喷射系统。

(2)大类：燃油箱，排气系统，空调制冷循环部件。

(3)大类：变速器。

(4)大类：前轴，前轮驱动差速器，转向系统，前减振器。

(5)大类：后轴，后轮驱动差速器，后减振器。

(6)大类：车轮，制动系统。

(7)大类：手动，脚动杠杆操作机构。

(8)大类：车身及装饰件，空调壳体，前后保险杠。

(9)大类：电器。

(10)大类附件(千斤顶，天线，收音机)。

例如：191　863　241　AF　LN8 配件号中，以“863”为例。

第一位数字 8 为大类，称为主组；后两位数字 63 为小类，称为子组。子组数字表示为某总成，如：63 为托架，57 为后视镜，45 为玻璃，31 为车门等。

3. 备件号

按照其结构顺序排列的备件号由三位数（001 ~ 999）组成，如果备件不分左右或既可在左边又可在右边使用，最后一位数字为单数。如果备件分左右件，一般单数为左边件，双数为右边件。

例如：L1GD　853　753　　　　左车门防护条。

L1GD　821　021B/022B　左/右翼子板。

4. 设计变更/技术更改号

设计变更号由一个或两个字母组成，表示该件技术曾更改过。

例如：不同的材料，不同的结构，不同的技术要求（公差、硬度、不同的零件来源）。

例如：357　612　107　　　357　612　107　A　制动器。

191　500　051　H　191　500　051　G　后桥体。

5. 颜色代码

颜色代码用二位数字或三位字母的组合来表示，它说明该件具有某种颜色特征。例如：01C 为黑色带有光泽，041 为暗黑色，043 为黑花纹，ROH 为未加工的原色。

备件：191　807　217　T　ROH　前保险杠外罩未加工的原色。

193　853　515　D　041　车门防护条暗黑色。

（二）日本系汽车

1. 丰田汽车零部件号码的组成

丰田汽车原厂零件的编码由 10 位数字组成，中间用“—”隔开，部分零件用 12 位数字组成，如下所示。

第一部分：00000—1；第二部分：00000—2；第三部分：00—3。

第一部分 5 位数字表示零件的基本编号，也叫品名编号。前两位数字一般表示汽车零件的一个总成，例如，用 45 表示转向部分。第三位和第四位数字表示总成件中某一个组件的位置，如用 10 表示转向部分的转向盘组件。第五位数字表示细分零件，如用 1 表示转向盘。

第二部分 5 位数字表示设计编号和变更编号。前两位数表示发动机类型，如用 71 表示 1Y 发动机，72 表示 2Y 发动机，54 表示 2L 发动机等。第三位和第四位数字表示设计编号，以区别同类车型中的标准型或豪华型及新车或旧式车等，第五位数字为设计序号。

第三部分 2 位数字表示零件的颜色及其他特殊部分，仅在部分零件，在有颜色等特殊情况下才使用，多用在外观装饰件。

2. 广州本田零部件号码的组成（含标准零部件的编码）

（1）一般零部件。其代码组成为：

7　8　5　1　0—S　V　4—9　8　1　Z　A

①　②　③　④　⑤　⑥　⑦　⑧　⑨　⑩　⑪　⑫　⑬

①、②为功能号，表示该零部件功能的号码。

③ ~ ⑤为构成号，根据各个零部件名称的不同，由构成号来进行具体区分。

①～⑤为主号码，是用来说明零部件名称的。

例如：13011 为活塞环；

18310 为喇叭；

33100 为前照灯。

⑥～⑧为机种号码，用以区别机型的号码。其中⑥所表示的内容见表 7-1。

机种号码⑥表示的内容 表 7-1

数字代码	字符代码	代码所示类型
1、2、3、4	G、J、K、M	摩托车
5、6	S、P	汽车
7	V、Y	农用机械
8	Z	发电机、发动机
9		船外用发动机

⑨～⑪为种类号码，在主号码①～⑤与机种号码⑥～⑧完全相同的情况下，为了区别该零部件的不同种类，而使用的号码。比如同一零部件的生产厂家不同，零部件的式样变更等情况出现时。

⑫、⑬为颜色编号，通常由两位英文字母来表示。在①～⑪完全相同的情况下，但由于是内饰件或外饰件，零部件的颜色有所不同，为了区分颜色而使用的一种辅助记号。

(2)螺栓、螺母以及其他标准零部件。其号码组成为：

①②③④⑤—⑥⑦⑧—⑨⑩⑪⑫⑬。

①～⑤为主号码。

⑥～⑩为尺寸。

⑪、⑫为 JIS 规格(日本工业规格)。

⑬为表面处理。

四、汽车备件号的查找

汽车配件编码(备件号)的查询必须有原厂授权的配件查询资料(书册或胶片、光盘)才能进行配件的查询。备件号的查找不能只通过几次培训，几道练习就能掌握，需要不断地努力和追求，在工作中学习，在工作中探索，在工作中熟练掌握。下面所给的参数及步骤只是某一汽车公司备件号查找的一个例子，仅供参考。

1. 确认备件号的有关参数

(1)车型，款式，规格；

(2)备件名称；

(3)底盘号；

(4)发动机型号、输出功率、发动机字母标记；

(5)发动机、变速器规格；

(6)制造厂家代码及生产日期；

(7)选装件(如中央门锁)，内部装备材料及基本色调(如座椅)；

(8)车体外部颜色。

2. 查找备件号的步骤

以下通过阅读厂家定期提供的包括配件所有信息的微缩胶片为例加以说明,有的是通过厂家定期提供的包括配件所有信息的光盘来查找。

(1)须知的最基本参数;

(2)确定零件所在的大类;

(3)确定零件所在的小类;

(4)确定显示备件的图号;

(5)根据备件名称找到插图,确认备件号,或根据车型、款式、备注说明,确认备件号;

(6)根据车辆参数确定备件号并记录下来;

(7)关闭阅读器,胶片送回原处。

3. 车辆标牌、发动机、底盘号的位置

以一汽大众生产的捷达车为例。

(1)车辆标牌——位于发动机机舱右围板处。

(2)发动机号——位于汽缸体和汽缸盖结合处的汽缸体前端。此外,齿型皮带罩上有一条形码不干胶标签,其上标出了发动机号码。

(3)车辆识别号(底盘号)——车辆识别号标在发动机机舱前端围板处;通过排水槽盖上的小窗口即可看到底盘号。

(4)整车数据不干胶标签——贴在行李舱后围板左侧,其上有:生产管理号、车辆识别号、车型代号、车型说明、发动机和变速器代码、油漆号、内饰代码、选装件号等数据。

第二节　汽车配件供应体系与一般采购

一、汽车配件供应链管理

(一)汽车配件供应链管理的内涵

供应链管理(Supply Chain Management,SCM)在汽车配件管理中的应用,是管理从配件供应商的供应商,到客户的客户之间,所有一切与成品相关的生产与配给作业。包含了计划、供应商寻觅、制造与交货。供应链管理牵涉的层面相当广。除了传统采购领域涵盖的范畴外,供应链的一端延伸至其供应商的供应商,而另一端则延伸至最末端用户。供应链是组织价值链的上游部分,它所肩负的责任是在适时、适当品质的情形下,确保采购到正确的物料、劳务和技术。价值链则是一系列组织的延伸,往上推展到原物料供应商,进行一连串附加价值的作业,并制造出最终顾客所购买的成品。

(二)汽车配件供应链管理的目的和手段

汽车配件供应链管理的概念是整合或评估一个汽车配件企业所能参与的所有作业环节,从供应端至客户端,使这个整体系统发挥最有效的运作。其主要目的则在于减少浪费及无附加价值的作业,如过多的搬运频率、过多的原物料及成品存货;增加给予客户的服务;改进供应链之间的沟通,如增加资讯流通的速度、时效、准确性及资讯的分享;减少作业周期,如新产品开发周期及订单周期。快速的资讯交流可透过不同形态的工具来达成,包括利用电子资料交换(EDI)、条码、传真、电子邮件(E-mail)、电话或是互动多媒体,加上人造卫星的利用,资讯可快速地传递到全球各个角落。

(三)良好备件供应的保证

1.备品专营,保质保量

从售后服务的角度出发,备件有两方面的作用:一方面,备件是保证汽车正常运转的前提条件,汽车要行驶,除了消耗燃料之外,还必须更换易损件(如轴承、活塞环)、消耗件(如各种皮带、胶管、密封垫等),以及正常磨损到达极限后的零件(如各种轴、齿类),以维持汽车良好的技术状况;另一方面,汽车生产企业要以备件让利供应的形式,支持自己售后服务网络开展备品经营,以取得效益,维持服务站的运转。

要保证备品以上两方面作用的圆满实现,必须实行备件的专控。专控可以保证备品的量、质和价。

量的专控,其实质是科学的布点和根据在用车的需求,安排生产能力和生产计划。发展生产能力,可以在生产企业内部培育,也可以在社会上择优选取有生产基础、有投入实力或原来已具备某些零件大生产传统的企业配套定点,但首先要取得在法律公证下的技术转让及零部件厂家对计划生产、统一销售的承诺。

质的专控,就是对质量的控制。严格实行采购件的质量鉴定(通常称货源鉴定),鉴定通不过,不发给生产许可证,也不发给采购订单。

对价格的专控,只能建立在上述专控的基础之上,是量、质专控的必然结果。

无论国内、还是国外,对零部件供应商的供货都采取价格的双轨制。零部件一是用于主机的装机零件;二是用于主机的配件。通常配件价格都高于装机零件价格,这是因为配件的包装、防锈要求更高。国外汽车公司常以配件占领市场,以配件巩固市场,在市场开拓期,备件常作出一些牺牲,而在市场巩固后,则收回效益。零配件厂家没有理由不服从于主机开拓市场、巩固市场的大局,主机厂家也没有理由不兼顾零部件厂家的效益。进入21世纪以来,我国政府一直推行扶植零部件大生产、专业化生产的政策,政府有关部门每年都拨出大批资金扶植零部件业的发展。这说明我国政府已经意识到,零部件工业的薄弱已是制约中国汽车工业发展的主要环节。在国家的这一大政策之下,所有的汽车生产企业和零部件生产企业必须携手,把备件供应纳入专控的轨道上来。

2.备件需求的科学预测

(1)备件分类

一辆汽车由几千种、上万个零件组合装配而成,汽车在使用中,都会发生备件需求。

按备件的使用性质通常把备件分成以下几类:

①消耗件。在汽车运行中,一些零件自然老化、失效和到期必须更换,如各种皮带、胶管、密封垫、电器零件(火花塞、传感器、继电器、白金、分火头、分电器盖)、各种滤芯、轮胎、蓄电池等。

②易损件。在汽车运行中,一些零件自然磨损而失效,如轴承、活塞环、活塞、凸轮轴承、缸套、气阀、导管、主销、主销衬套、轮毂、制动鼓、各种油封、钢板销及套等。

③维修零件。在汽车一定的运行周期,必须更换的零件,如各种轴、齿类,各类运动件

的紧固件，及在一定使用寿命中必须更换的零件（如一些保安紧固件、转向节、半轴套管等）。

④基础件。基础件通常是组成汽车的一些主要总成零件，价值较高，原则上它们应当是全寿命零件，但可能会因使用条件的不同而造成损坏，通常应予修复，但也可以更换新件，如曲轴、缸体、缸盖、凸轮轴、车架、桥壳、变速器壳等。

⑤肇事件。汽车肇事通常损坏的零件，如前梁、车身覆盖件、驾驶室、传动轴、水箱等。这类零件通常按2%的在用车数储备。

（2）每一类零件的消耗量（供应量）测算

从以下两个方面进行测算：

①考虑每一地区在用车数、汽车行驶平均里程、本地区使用特点（本地区零件的特殊消耗），对比较多地区的资料综合取平均数，可以得出某种车型的某种零件100辆车的年消耗量。按此量和全社会该车型的在用车数安排年生产量计划。

②备件部门的某种零件的实际供应量。大量积累每年的该种零件的市场需求量，取每3年的算术平均值，得到年当量平均值，取所有当量平均值的总平均值，即为比较准确的年预测需求。由于越积越多的资料反映了历年的不同需求，综合考虑后的预测将会比较准确。这种预测需要积累10年左右的资料。

例如东风汽车公司曾对襄樊市（现襄阳市）第一汽车运输公司在用近400辆东风EQ1090型汽车，从新车开始，连续统计了近6年的营运和800种主要备件消耗情况，进行了东风EQ1090汽车主要备件的消耗测算，这一测算结果又经全国主要行政大区的技术服务中心协助在各自地区收集的实际消耗资料进行了补充，经过综合，编写了正式的备品消耗值。东风汽车公司将其作为备件年生产、经营计划的主要依据，售后服务网络各技术服务站也将其作为备件经营的主要依据，从而使配件的生产、供应更加科学。

3. 我国汽车企业的备件经营网络

我国国情决定了国内汽车用户的汽车维护、修理不完全依靠生产企业的售后服务网络的特点。一般集体、国有企业（用户单位）都有自己的专业汽车修理班组，社会上也存在大量的独立维修企业或维修店，他们均独立地向全社会采购备件，来维系自己的修理作业；同时也存在假冒伪劣配件充斥市场，使汽车用户的利益难以保证。我国目前很难在所有的汽车产品上推行备件专营制度，只有通过主机企业的售后服务网络与社会独立维修店充分竞争，比质量，比服务，比价格，争取汽车用户，在竞争中求发展。

在汽车生产企业适应市场经济的发展，以多品种覆盖市场需求时，已明显显示出汽车企业原售后服务网络经济实力不够，很难在备件经营上也兼顾所有品种的汽车时，依靠和利用好原国营备件营销系统，为我所用就十分重要。在现代汽车市场上，面对同行业、同品种汽车的激烈竞争时，谁能利用并发挥好备件供应渠道的备件供应作用，谁必然能赢得用户的首肯，从而在赢得占有整车市场上的优势。

二、汽车配件供应体系实务

以某汽车专卖店为例介绍。

目前，各特约服务站、售后服务中心、大用户、专卖店的配件由所属汽车公司的配件中心

(配件供应体系)负责供应。

(一)配件供应体系的功能

(1)配件价格的确定。

(2)配件供应计划的管理(如配件订单的接受、确认、发货等)。

(3)配件的包装、发运。

(4)查询(如配件订单查询、订单配货状态查询、配件价格查询、配件运输查询等)。

(二)配件供应的原则

(1)汽车生产企业配件部门向已签订售后服务意向性协议,具备过渡维修能力及已开业的特约服务站提供本汽车公司认可的配件。

(2)汽车生产企业配件部门向已签订配件供应协议的大用户、专卖店提供本汽车公司认可的配件。

(3)汽车公司特约服务站、大用户、专卖店的配件经理,配件订货计划员必须经过本汽车公司配件部门培训,考试合格后,才可上岗。

(三)配件的发运

1. 配件的发运形式

汽车公司配件部门根据服务站、大用户、专卖店订货要求,由专人负责对其为订货进行发运,一般的发运方式有:铁路集装箱、铁路快件、特快专递、空运、自提。

2. 配件发运的有关规定

(1)服务站、大用户、专卖店大批订货时,应采用铁路集装箱或自提。

(2)特快专递的质量应有限制,如一汽-大众规定:不得超过15kg,长×宽×高的尺寸不得超过60cm×60cm×90cm。

(3)铁路快运的质量应有限制,如一汽-大众规定:质量不得超过40kg。

(4)体积超大的配件不能发空运,如车身、发动机罩盖,后桥总成等。

(5)为确保发运质量和安全,油漆等易燃品,玻璃等易碎件必须采用特殊包装,并且只采用铁路集装箱发运或自提,如服务站提出其他的发运形式,后果由服务站自负。

(6)服务站、大用户、专卖店提出的发运形式如不符合规定要求或有特殊情况时,汽车公司配件部门有权改变发运形式。

(7)没有从汽车公司所在地直达到服务站、大用户、专卖店所在地城市,服务站、大用户、专卖店不能空运体积大、数量多的订货。

3. 配件发运的几种单据

(1)陆路发运,包括铁路集装箱、铁路快件,常见的单据有《包裹托运单》《货物运单》《铁路货物运输服务订单》。

(2)航空发运,常见的单据有《货物托运单》。

三、配件采购渠道

对汽车配件销售企业来说,采购应遵循以优质名牌汽车配件为主,为适应不同层次消费者的要求,辅以一些非名牌厂家的产品的原则,具体可按以下顺序选择。

1. Ⅰ类厂

全国著名的主机配套厂。这些厂生产的零件知名度高，质量有保证，是进货的重点渠道。可采取先订全年需要量的意向合同，以便于厂家组织生产，具体可按每季度、每月签订供需合同。

2. Ⅱ类厂

生产规模、知名度比Ⅰ类厂稍小，但配件质量可以保证，价格适中，订货方式可只签短期订货合同。

3. Ⅲ类厂

即一般生产厂家，配件质量尚可，价格最低，可作为进货中的补缺。订货方式可以电话、电报的方式，如签订供需合同，则应是短期合同。

四、配件采购方式

汽车配件销售企业在组织采购时，要根据汽车企业的类型、规模、各类汽车配件的采购渠道以及汽车配件的不同特点，合理安排组织采购，一般有以下四种方式。

1. 集中采购

汽车企业设置专门机构或专门采购人员统一采购，然后分配给各销售部（组、分公司）销售；集中采购可以避免人力、物力的分散。还可加大采购量，受到供货方重视，并可根据批量差价，降低采购价格，也可节省其他采购费用。

2. 分散采购

由汽车企业内部的配件销售部（组、分公司）自设采购人员，在核定的资金范围内自行采购。

3. 综合采购

集中采购与分散采购相结合一般是外埠采购及其他非固定采购关系的一次性采购，由各销售部（组、分公司）提出采购计划，由业务部门汇总审核后集中采购。

4. 联购合销

由几个配件零售汽车企业联合派出人员，统一向生产汽车企业或批发汽车企业采购，然后由这些零售汽车企业分销。此类型多适合小型零售汽车企业之间或中型零售汽车企业代小型零售汽车企业联合组织采购。这样能够相互协作，节省人力，凑零为整拆整分销，并有利于组织运输，降低采购费用。

上述几种采购方式各有所长，汽车企业应根据实际情况扬长避短，选择自己的采购方式。

五、配件采购量的确定

（一）用定量分析确定进货量

1. 经济批量法

采购汽车配件既要支付采购费用，又要支付保管费用。采购量越小，采购的次数越多，采购费用支出也越多（反之，采购量越小），保管费用就越小。由此可以看出，采购批量跟采购费用成反比，与保管费用成正比。运用这一原理可以用经济进货批量法来控制进货批量。

所谓经济进货批量是指在一定时期内进货总量不变的前提下,求得每批次进多少才能使进货费用和保管费用之和(即总费用)减少到最小限度。

在实际运用中,经济批量法可分为列表法、图示法和公式法三种。现举例说明列表法的应用如下。

【例7-1】 某汽车配件企业全年需购进某种配件8000件,每次进货费用为5元,单位配件年平均储存费用为0.5元,求该汽车配件的经济进货量是多少?

解 从表7-2中可以看出,所列10种进货批量,以全年进货20次(批),每次进货400件,全年最低的总费用为200元。就是说等分为20批购进,全年需要的该种配件费用是最省的,这是最经济的进货批量。从表中还可看出:当进货费用与储存费用相差最小时,全年总费用水平最低。

经济进货量计算 表7-2

年进货次数	每次进货数量(件)	平均库存数量(件)	进货费用(元)	储存费用(元)	年总费用(元)
(1)	(2)	(3)=(2)÷2	(4)=(1)×5	(5)=(3)×0.5	(6)=(4)+(5)
1	8000	4000	5	2000	2005
2	4000	2000	10	1000	1010
4	2000	1000	20	500	520
5	1600	800	25	400	425
8	1000	500	40	250	290
10	800	400	50	200	250
16	500	250	80	125	205
20	400	200	100	100	200
25	320	160	125	80	205
40	200	100	200	50	250

2. 费用平衡法

费用平衡法是以进货费用为依据,将存储费用累计和进货费用比较,当存储费用累计接近但不大于进货费用时,便可确定其经济进货量。

$$存储费用 = 销售量 \times 单价 \times 存储费用率 \times (周期 - 1) \quad (7\text{-}1)$$

(由于第一周期购进配件时,不发生存储费用,所以,上式中的周期数应减1)。

【例7-2】 某种配件预计第1到第5周期的销售量各为50件、60件、70件、80件、70件,单价为12元,进货费用为65元,每周期的存储费用率为2.5%,求经济进货量。

解 第1周期:销售量为50,存储费用为0(元),存储费用累积为0元。

第2周期:销售量为60件,存储费用 $=60\times12\times2.5\% =18$(元),存储费用累积为:

$$18元 + 0 = 18(元)$$

第3周期:销售量为70件,存储费用 $=70\times12\times2.5\% =42$,存储费用累积为:

$$18 + 42 = 60(元)$$

第 4 周期：销售量为 80 件，存储费用 $=80\times12\times2.5\%\times3=72$，存储费用累积为：

$$60+72=132(\text{元})$$

第 5 周期：销售量为 70 件，存储费用 $=70\times2\times2.5\%\times4=84$，存储费用累积为：

$$132+84=216(\text{元})$$

由此可见，第 3 周期存储费用累积 60 元，最接近并小于进货费用 65 元，所以，可将第 1 到第 3 周期销售量之和（50 件 +60 件 +70 件）作为一次进货量，那么，本期的经济进货量就是 180 件。

（二）订货量确定的实际业务操作举例

【例 7-3】 以广州本田配件进货为例：在记录完 1d 的数据以后，要根据库存管理卡来计算订货数量。

解 （1）操作顺序如下：

①潜在库存（T/A）的计算：

$$\text{潜在库存}=\text{库存量}+\text{订货中的数量}-\text{缺货量(B/O)} \tag{7-2}$$

②检查需不需要订货：

当潜在库存大于最小库存数量时，不用订货，当潜在库存小于最小库存数量时，需要订货。

③订货数的计算：

$$\text{订货数}=\text{最大库存数}-\text{潜在库存} \tag{7-3}$$

④将订货数量填写在订货单上：

有缺货时应填写在紧急订货单上，无缺货时应填写在定期订货单上。对紧急订货定期订货次/月。填写订货单的示例见表 7-3。

（2）其订货数计算方法如下：

①4 月 20 日

$$\text{库存}=\text{上次库存}-\text{这次发货}=11-2=9$$

$$\text{潜在库存}=\text{库存}+\text{订货中}-\text{缺货}=9+0-0=9$$

是否订货：$9<10$（最小库存），需要订货。

$$\text{订货数}=\text{最大库存量}-\text{潜在库存}=12-9=3$$

②6 月 10 日

$$\text{订货中}=\text{前回订货中}+\text{前回订货}=9+2=11$$

$$\text{B/O(缺货量)}=\text{订货}-\text{出库}=3-1=2$$

$$\text{潜在库存}=\text{库存}+\text{订货中}-\text{缺货}=0+11-2=9$$

是否订货：$9<10$，需要订货。

$$\text{订货数}=\text{最大库存量}-\text{潜在库存}=12-9=3(\text{因缺货而紧急订货})$$

$$\text{库存}=\text{上回库存}+\text{这次入库}=0+3=3$$

$$\text{订货中}=\text{前回订货中}+\text{前回订货}-\text{这次入库}=11+3-3=11$$

$$\text{潜在库存}=\text{库存}+\text{订货中}-\text{缺货}=3+11-2=12$$

是否订货：$12>10$，不需要订货。

$$\text{库存}=\text{上回库存}-\text{这次出库}=3-2=1(\text{根据缺货消除卡进行出库})$$

缺货 = 上回缺货 - 这次出库 = 2 - 2 = 0

订货单样表　　表 7-3

零件号码	83540　398　00ZA			广州　HONDA PARTS				
零件名称	左侧盖板(R4C)							
登录日期	进货价格	销售价格	零件位置号					
1995 年 07 月 01 日	192 元	240 元	COB12	最大库存	12	最小库存	10	
日期	接收订货	进货	发货	库存	订货中	缺货	潜在库存	订货
04 月 01 日	1		1	8	4		12	
04 月 06 日	1		1	7	4		11	
04 月 15 日				11			11	
04 月 20 日	2		2	9			9	3
04 月 27 日	1		1	8	3		11	3
04 月	5	4	5	8	3		11	3
05 月 10 日			1	7	3		10	2
05 月 18 日	1		1	6	5		11	
05 月	2		2	6	5		11	2
06 月 03 日	3		3	3	5		8	4
06 月 07 日	2		2	1	9		10	2
06 月 10 日	3		1	0	11	2	9	3
06 月 21 日		3		3	11	2	12	
06 月 25 日			2	1	11	0	12	
06 月	8	3	8	1	11	0	12	9

六、汽车配件的鉴别

在汽车配件的采购中,我们常常为不小心买了假冒伪劣配件和不合用配件而烦恼。因此,学会鉴别汽车配件真伪的方法,掌握汽车配件的基本知识,对购买优质名牌、符合要求的配件是非常重要的,一般可从以下几个方面进行检查。

1. 规格型号是否合适

大多数汽车配件都有规定的型号和技术参数。如选购电气设备时,应注意检查与被换零件的电压、功率是否一致;选购传动带时,应注意型号和周长;选购轴承时,应注意轴承类别;选购火花塞时,应注意热值型号;选购活塞、活塞环、活塞销时,应注意分级分组标记等。另外,如一汽生产的汽油 CA6102 型活塞标识为 CA141 活塞,其实 CA141 系列也有柴油车使用的。这些情况如果在计划经济时代,由于车型种类较少,搞错的可能性要小,但近些年来,发动机型号越来越多,单 BN492QB 发动机,便有装在北京吉普车、中巴车、铲车、北京轻型货车等上面的。像东风朝阳柴油机公司生产的 CY4102BQ 柴油机,配装郑轻 EQ1060 货车的

4102BQ-1B 型、配装东风汽车公司 EQ1061 货车的是 CY4102BQ-11 型发动机等。所以用户应依据自己车辆的具体型号准确订购汽车零配件。

2. 商标标识是否齐全

正宗配件产品的外包装质量好，包装盒（袋）上字迹清晰，套印色彩鲜明。包装盒（袋）上应标有产品名称、规格型号、数量、注册商标、厂名厂址及电话号码等，有的厂家还在配件上打出自己的标记。一些重要部件如发电机、分电器、喷油泵等，还配有使用说明书、合格证和检验员章，以指导用户正确使用维护。选购时应仔细认清，以防买了假冒伪劣产品。

3. 几何尺寸有无变形

有些零件因制造、运输、存放不当，易产生变形。检查时，可将轴类零件沿玻璃板滚动一圈，看零件与玻璃板贴合处有无漏光来判断是否弯曲；选购离合器从动盘钢片或摩擦片时，可将钢片、摩擦片举在眼前观察其是否翘曲；在选购油封时，带骨架的油封端面应呈正圆形，能与平板玻璃贴合无挠曲；无骨架油封外缘应端正，用手握使其变形，松手后应能恢复原状；在选购各类衬垫时，也应注意检查几何尺寸及形状。

4. 结合部位是否平整

零配件在搬运、存放过程中，由于振动、磕碰，常会在结合部位产生毛刺、压痕、破损或裂纹，影响零件的使用，选购时应注意检查。

5. 零件表面有无锈蚀

合格的零配件表面，应有一定的精度和光洁度，越是重要的零配件，精度越高，包装防锈防腐越严格。选购时应注意检查，若发现零件有锈蚀斑点、霉变斑点或橡胶件龟裂、失去弹性，或轴颈表面有明显车刀纹路，应予调换。

6. 防护表层是否完好

大多数零件在出厂时都涂有防护层，如活塞销、轴承用石蜡保护；活塞环、缸套表面涂防锈油并用包装纸包裹；气门、活塞等涂防锈油后用塑料袋封装。选购时若发现密封套破损、包装纸丢失、防锈油或石蜡流失、应予退换。

7. 胶接零件有无松动

由两个或两个以上零件组合成的配件，零件之间是通过压装、胶接或焊接的，不允许有松动现象，如油泵柱塞与调节臂是通过压装组合的；离合器从动毂与钢片是铆接结合的，摩擦片与钢片是铆接或胶接的；纸质滤清器滤芯骨架与滤纸是胶接而成的；电器设备的线头是焊接而成的。选购时若发现有松动，应予调换。

8. 转动部件是否灵活

选购机油泵等转动部件总成时，用手转动泵轴，应感到灵活无卡滞；选购滚动轴承时，一手支撑轴承内环，另一手打转外环，外环应能快速自如转动，然后逐渐停转。若转动部件转动不灵，说明内部锈蚀或产生变形，不要购买。

9. 总成部件有无缺件

正规的总成部件必须齐全完好，才能保证顺利装配和正常运行。一些总成部件上的个别小零件若漏装，将使总成部件无法工作甚至报废。

10. 装配记号是否清晰

为保证配合件的装配关系符合技术要求，在一些零件（如正时齿轮）表面刻有装配记号。

若无记号或记号模糊无法辨认,将给装配带来很大困难,甚至装错。

11. *配合表面有无磨损*

若零件配合表面有磨损痕迹,或涂漆配件拨开表面油漆后发现旧漆,则多为废旧件伪装,这时可要求退换。

12. *表面硬度是否达标*

各配合件表面硬度都有规定要求,在确定购买并与商家商妥后,可用钢锯条的断茬去试划,划时打滑无划痕的,说明硬度高;划后稍有浅痕的硬度较高;划后有明显痕迹的,说明硬度低(注意试划时不要损伤工作面)。

七、汽车配件采购实务

以某汽车专卖店为例。

(一)汽车配件采购的原则

汽车公司以优惠的价格为服务站、大用户、专卖店提供汽车配件,为了维护汽车公司的企业形象,保证汽车配件的质量,赢得用户的信誉,汽车公司特约服务站、大用户、专卖店汽车进行配件采购应遵循以下原则:

(1)不准向汽车公司以外的生产厂家和经销商购买汽车配件。

(2)未经允许不准向汽车公司认定的协作配套厂购买汽车配件。

(3)不允许购买假、冒、伪、劣汽车配件。

(二)汽车配件采购的要求

配件采购是特许连锁经营企业商品流通的首要环节,也是确保商品质量和经营绩效的一个关键性环节。汽配连锁中心必须建立严格的采购管理制度,协调与供应商的关系,提高采购人员的素质。

1. *一般要求*

(1)良好的配件质量。对于配件质量的衡量,一是配件应该达到基本的技术指标,如耐用性、安全性、与国家标准的一致性等;其次应符合消费者需求,在保证技术指标的前提下提高其各项使用性能。

(2)适当的配件数量。配件采购数量主要指采购总量、商品结构、批量三个方面。确定采购总量必须把握销售变动趋势和库存状况,商品结构是指采购商品中的品种、规格、标准等方面的构成,采购批量则可根据具体配件的特点和市场需求走势选用前文所述的订货批量模型并进行优化,有经验的经营者还可根据经验对计算结果进行调整和修正。

(3)合适的采购价格。配件采购价格是否合适,应综合考虑配件质量是否稳定,能否满足顾客的需求;全程交易服务是否良好可靠,如交货是否及时、供应量是否有弹性、对投诉能否迅速作出反应、索赔是否简便等;交易条件是否苛刻,如付款方式、交货地点、交货方式、运费、保险、包装等。

(4)广泛的采购源。商品的货源一般考虑两个方面,一是商品的产地及来源,如是原装进口还是国产件。二是供货商的选择,是生产商还是批发商,其考虑因素一般为供货方的资信状况,商品品质、价格、服务等。

(5)合适的落单时间。落单时间是指双方正式签署购销合约的时间。

(6)合适的交货时间。采购人员既要考虑供货商由接到订单至正式交货所需的时间(即购货所需时间),又要考虑现有库存量(总部配送中心和门店)能否保证购货所需时间内的正常销售。

2. 汽车服务站、大用户、专卖店配件采购的要求

服务站、大用户、专卖店在正式开业前(如一汽-大众公司规定45d)提出开业申请,并且必须向汽车公司配件部门订购汽车配件,经汽车公司配件部门验收合格后,方可正式开业。

(1)汽车公司特约服务站、大用户、专卖店必须配备数台计算机,并且与汽车公司配件部门联网(如一汽-大众公司R3系统及ETKA系统)或备有阅读器。

(2)汽车公司特约服务站、大用户、专卖店配件订货应根据汽车公司配件部门提供的《××汽车配件目录》或参考汽车配件价格及电子目录(光盘)进行订货。

(3)汽车公司特约服务站、大用户、专卖店首批订货时,要求采用网络系统(如一汽-大众公司R3系统)或以移动存储设备邮寄的方式进行,应根据当地的该维修车辆保有量(其库存储备能满足正常的维护和修理)、流动资金周转等情况,并可参照汽车公司配件部门提供的推荐清单(或根据自己的工作经验)做出订单。

(三)汽车配件采购的流程

1. 订货的形式

服务站、大用户、专卖店汽车配件订货的形式一般有两种,正常订货和紧急订货。

(1)正常订货

能满足服务站、大用户、专卖店的正常维护、修理、零售及基本库存储备,要求每月只能提出一次订货,订货的品种、数量不限,同汽车公司配件部门系统联网的服务站、大用户、专卖店必须用订货专用系统进行订货,如果系统出现问题,可把订货资料拷贝在软盘里,邮寄给汽车配件部门,并标注服务站代码、发运形式(注意电话跟踪),特殊情况可按照汽车公司配件部门提供的订单填写,可以用传真、特快专递发到汽车公司配件部门。一般发货形式为铁路集装箱或自提。

(2)紧急订货

为满足用户的紧急需求,而采取的订货。原则上,紧急订货的汽车配件只用于特定的事故车上。如一汽-大众公司要求每月只能提出两次订货,订货品种不超过30种,订货时间不限,可采用电话、传真、互联网采购等方式进行。一般发货形式为铁路快运、空运、特快专递或自提。

2. 订货的步骤及要求

(1)步骤1:填写订单(或依照订货专用系统的要求)

①按照《汽车配件订单》的格式由订货计划员或汽车配件经理填写,要求准确,清晰,完整,并加盖服务站、大用户、专卖店公章方能生效。

②单中的汽车配件号建议按编号(如一汽-大众公司汽车配件主组,子组从小到大的顺序)填写,便于查找。

③正常订货的订货数量,要以汽车配件部门提供的包装单位为依据进行订货,紧急订货例外。

④汽车公司配件部门计算机系统中,国产化汽车配件号与进口件汽车配件号均有替代关系,如服务站特指的订货(例如:该件已国产化,但专门需要进口件),可在备注栏中说明是否需要替换件;否则,汽车配件部门将提供现有库存的汽车配件。

⑤车身、发动机、变速器等可以单独订货,维护件、易损件及玻璃等易碎件必须采用正常订货方式建立库存储备。

⑥按非标准订单形式填写的紧急订货,应详细写明所修车辆的发动机号、底盘号及损坏情况,必须有汽车配件订货计划员、汽车配件经理的签字,事故报告单可以作为紧急订货的附带说明。

⑦电话订货的准确性不予保证。

(2)步骤2:订单的寄发

可采用电话、传真、互联网等方式进行,单据一式两份,正本发至汽车配件部门,另一份作为服务站订货记录存档备查。

(3)步骤3:订货询价及汇款

对汽车公司的配件订货一般实行先付款后提货的原则(A类服务站例外),故订单发出后,应先询价,后付款;然后,汽车公司配件部门才发货。

(4)步骤4:提货、发运及寄发单据

①汽车公司配件部门仓库人员根据《销售发货清单》(一式两份)进行提货,其中一份随货发给订货部门作为装箱单。

②汽车公司配件部门根据装箱单的实际发出数量开出《销售清单》、增值税发票、出门证。

③汽车公司财务部门寄出增值税发票、《销售清单》及有关单据。

(5)步骤5:汽车配件索赔

根据《装箱单》所发生的盈、亏、错、损提出索赔。

(四)汽车配件的验收

(1)服务站自提件时,必须派人或指定专人当场参照装箱单进行验收。

(2)货物到站后,服务站、大用户、专卖店可以收到《领货凭证》(此单一定要妥善保管,仅此一份);取货时,一定要认真清点验收,保证《领货凭证》上的件数与实际相符,要查看箱子(件)是否破损、变形、丢失;要检查集装箱的锁、卡、封是否完整,有无变化;发现问题要立即与车站交涉,避免事后发生争议,引起不必要的麻烦。

(3)服务站、大用户、专卖店收到货物后,应立即根据随货发出的装箱单验收,如出现亏、错、损等情况,应立即通知汽车配件部门并办理相应的索赔手续。

(五)汽车配件的结算

1. 财务规定

(1)服务站、大用户、专卖店必须建立独立的银行账号。

(2)服务站、大用户、专卖店在汽车配件经营管理中,必须有单独的财务进出明细账目。

(3)服务站、大用户、专卖店的账号和开户行变更时,应提前通知汽车公司配件部门。

(4)汽车公司配件部门及财务部门有权查阅服务站、大用户、专卖店的汽车配件经营账目;服务站应主动配合汽车公司配件部门及财务部门的巡访检查工作。

2. 汽车配件结算办法

(1)服务站、大用户、专卖店向汽车公司配件部门订购汽车配件是根据汽车公司计算机系统规定的价格进行的。汽车配件结算一律采用转账方式,不再收取现金,也不接受任何第三方的垫付款。

(2)为了简化结算手续,缩短汇款时间,如果服务站没有特殊要求,其售后索赔款及首保款将直接转作汽车配件款。

(3)凡欠款单位在申请再发货之前,必须多支付该批货款一定的百分比(如一汽-大众公司规定为20%)用来偿还欠款。

(4)A类服务站遵循先发货后付款的原则,但第二次订货时,必须将第一次订货的货款付清。无故拖延汽车配件款,汽车公司配件部门将停止供货,待欠款结清后,方可恢复供货。

(5)服务站到汽车公司汽车配件部门自提汽车配件时,应遵循先付款后提货的原则,汇款可采用信汇、电汇、汇票等方式进行。

(6)服务站收到汽车公司配件部门发运的汽车配件时,如果出现品种、数量的差异或损坏等情况,不能拒付,应按发运金额全额承付,其差额可通过汽车配件索赔的方式解决。

(7)服务站的财务人员应以信函的形式定时(如一汽-大众公司规定每半年)与汽车公司财务管理部核对一次账目,如有必要可派人到本公司核对账目,以保证双方账目相符。

(8)服务站的汽车配件经理应对汽车配件来往账目及汽车配件结算负责。

第三节　汽车配件的销售

我国加入世界贸易组织以后,汽车关税从2006年降至25%左右,并逐年降低。据中国外交部透露,中方按照自己扩大开放的时间表和路线图,将大幅度放宽金融业,包括银行业、证券基金业和保险业的市场准入,并逐步适当降低汽车关税。整车及关键零部件的进口配额逐年递减15%,直至取消。随着这些承诺的逐年到位,必然会带来进口汽车的增加以及相应维修件的大量需求。与此同时,服务贸易也将继续扩大开放,而汽车维修配件的销售就是其中非常重要的内容。可以预计,随着服务贸易的持续扩大开放,汽车售后配件市场将形成全新的格局。

汽车配件销售是汽车企业最重要的业务环节,汽车企业的一切活动都应围绕着销售进行。在汽车配件市场竞争日趋激烈的今天,销售业务发展的如何,对汽车企业的生存和发展至关重要。

一、汽车配件销售的特征

汽车配件销售与一般商品相比较,具有以下特征:

1. 专业技术性强

现代汽车融合了多项高新技术,其每一个零部件都具有严格的型号、规格。要在不同型号汽车的成千上万个零件品种中为顾客准确、快速地查找出所需的汽车配件,就必须有高度专业化的人员,并由计算机管理系统作为保障。这就要求汽车零配件的经营者除了掌握一般商业经营的知识和技能外,还要掌握汽车配件专业知识、汽车材料知识、机械识图知识、商品检验知识以及计算机管理技术,能够识别各种汽车配件的车型、规格、性能和用途,并针对整车市场的产品更新随时更新自己的知识储备和知识结构。

2. 经营品种多样

一辆汽车在整个运行周期中,约有3000种零部件存在损坏和更换的可能,所以经营某一个车型的零配件就要涉及许多品种规格的汽车配件。即使同一种品种规格的汽车配件,国内有许多厂在生产,质量、价格差别很大,甚至还存在假冒伪劣产品,因此,要努力提高业务水平,为用户推荐货真价实的优质汽车配件。

3. 经营、服务相结合

汽车是许多高新技术和常规技术的载体,经营必须有服务相配套,特别是技术服务至关重要。相对于一般生活用品而言,卖汽车配件更重要的是做服务、卖知识。

4. 有足够的库存和资金支持

由于汽车配件经营品种多样化以及汽车故障发生的随机性,因此,为了满足及时交货的需求,取得竞争优势,汽车配件经销商必须保有适当库存,经营者要将大部分资金用于库存储备和商品在途资金储备,这样就客观上要求经营者有极其雄厚的资金力量作为商品的库存资本和流动资本。不但小规模经销商经常面临资金不足和扩充库存的矛盾,而较大规模的经销商也同样面临库存压力。因此,要求经销商进行科学的库存管理,加快资金周转速度。

5. 汽车配件销售具有季节性

不同季节,汽车配件销售市场需求不同。在春雨绵绵的季节里,为适应车辆在雨季行驶,车上的雨布、各种风窗玻璃、车窗升降器、刮水器、刮水管及刮水片、挡泥板、驾驶室等部件需求增多;在炎热的盛夏和早秋季节,因为气温高,发动机机件磨损大,对火花塞、白金(断电触点)、汽缸垫、进排气门、风扇带及冷却系部件等需求特别多;在寒风凛冽的冬季,气温低,发动机难起动,蓄电池、预热塞、起动机齿轮、飞轮齿环、防冻液、百叶窗、各种密封件等汽车配件的需求增多。由此可见,汽车配件市场有非常明显的季节需求。调查资料显示,这种季节需求销售额,约占总销售额的30%~40%。

6. 汽车配件销售的地域性

我国国土辽阔,有山地、高原、平原、乡村、城镇,并且不少地区海拔高度悬殊。这种地理环境,也给汽配销售市场带来地域性的不同需求。在城镇,特别是大、中城市,因人口稠密、物资较多、运输繁忙,汽车起动和停车次数较频繁,机件磨损较大,其所需起动、离合、制动、电器设备等部件的数量就较多。

因此,掌握汽车配件销售的特点,了解其销售的一般规律,才能做好汽车配件的销售工作。

二、汽车配件的销售方式

(一)根据零售店经营的产品品种数目的不同分类

1. 专业店

也叫专卖店。这种汽车配件销售店专门经营某一个汽车公司或某一种车型的汽车配件。国外多数汽车公司的配件都实行专卖。专卖店要么属于汽车公司，要么同汽车公司（或其他经销站、代理商）是合同关系。

2. 混合店

这种汽车配件销售店，一般直接从各生产厂家或汽车公司进货，经营品种涉及各个汽车厂家各种车型的配件。

3. 超级市场

这种市场不仅规模大、品种全、价格合理、知名度高，而且还从事批发业务，这类市场的辐射力很强，形成以超级市场为中心的经营网络。例如上海汽车工业零部件总汇，堪称为国内第一流的汽车配件经销店。

从零售店的经营权看，一般零售店都是独立的，但有一类叫作"连锁店"，这类汽车配件经销店一般同汽车配件主渠道——汽车配件公司连锁，由汽车配件公司对其进行规划、管理、技术指导、提供信息，并优惠供应汽车配件。连锁店可以挂汽车配件公司牌子，但必须只从汽车配件公司进货。

（二）按零售店的集中程度分类

1. 分散形式

这类汽车配件零售店一般分散在各个地方，周围可能只此一家汽车配件经销店。

2. 汽车配件一条街

这种一条街在我国许多城市都存在，一般位于较有影响的汽车配件批发商附近，或在汽车贸易公司，汽车企业销售机构附近的地区。

从零售店的综合程度来看，多数零售店只是经营汽车或摩托车配件以及相关五金工业品，但也有综合性很强的大型零售店，有些类似于超级市场。这类大型店提供的服务不仅是经营各类汽车配件，还向客户提供加油、娱乐等多种服务。

三、汽车配件的销售渠道

汽车配件从生产者到消费者（或用户）的流通过程，是通过一定的渠道实现的。由于生产者同消费者（或用户）之间存在着时间、地点、数量和所有权等方面的差异和矛盾，只有克服这些差异和矛盾，才能在适当时间、适当地点，按适当数量和价格，将产品转移到消费者（或用户）手中。一般而言，这个流通过程的主要内容就是销售渠道，也称分销渠道，它是构成汽车配件企业营销总体策略的重要内容。

（一）销售渠道在商品流通中的效用

1. 时间效用

即销售渠道能够解决商品产需在时间上不一致的矛盾，保证顾客和用户需求，并及时组织供货。

2. 地点效用

即销售渠道能够解决产需在空间上不一致的矛盾，保证顾客和用户能够就地、就近购买到所需要的商品。

3. 所有权转移的效用

销售渠道能够解决商品所有权在生产者和消费者之间不一致的矛盾，顺利实现商品所有权由生产者向消费者的转移。

销售渠道效用的实现，是借助于一定的销售组织机构来实现的。主要销售机构包括批发商、代理商、零售商、与贸易有关机构（如运输公司、仓库、银行、保险公司、税务等）、销售服务单位（如广告公司、营销咨询公司等）。批发商、代理商、零售商构成销售渠道中的主要中间商。中间商在组织商品流通中具有特定功能，是销售渠道中的主要组织者。

（二）汽车配件销售渠道的作用与类型

1. 销售渠道的作用

（1）节省费用，降低成本。合理的销售渠道，可以加快商品流通速度，减少商品流通的资金占用；减少不必要的经营人员和机构，避免不合理的调运和仓储，节约运费、仓储费、利息和损耗等费用，降低流通成本。

（2）促进工业生产的发展。合理的销售渠道，可以缩短商品流通时间，相应扩大社会再生产的周期，从而促进工业生产的发展。

（3）满足市场需求，提高产品的竞争力。合理的销售渠道，可以密切产销关系，加强信息反馈，便于经营者按照用户需要组织货源，汽车生产企业按照市场需求安排生产，增加适销对路的品种，提高产品市场占有率。

2. 销售渠道的类型

专门从事商品交换的企业叫作商业企业，商业企业根据经济职能的不同有不同的类型。凡是从事汽车配件营销的企业，不管是哪一层次的销售商，都相当于汽车配件的间接分销渠道。也就是说，汽车配件销售企业同于中间商。中间商是协助汽车生产企业寻找顾客或直接与顾客进行交易的商业企业，中间商又分为两类。

一类是经销中间商，如批发商、零售商和其他再售商等。他们承担商品流通职能，是汽车配件市场的主体。以经销中间商为主的销售形式主要有以下四种：

（1）一层渠道。一层渠道的形式表现为：制造商（生产者、厂家）→零售商→消费者（用户）。这种形式的优点是：第一，能分流制造商的经营风险；第二，产品销售价格易于控制。缺点是：第一，制造商分销户头过多，销售员承包区域过大；第二，因为众多的零售商经济实力有限，一次需求量往往不大，制造商就不会给予较大的价格优惠，这样售后回款率自然较低；第三，零售商的销售能力弱、批量小，使销售费用增多，且销售的不确定性较大，计划工作难度大；第四，由于缺乏大的分销代理商的支持，制造商的新产品难以得到有效、及时的广告宣传，推广速度慢。

（2）二层渠道。二层渠道的形式表现为：制造商→批发商→零售商→消费者。这是目前较为流行的分销渠道。

批发商（亦称分销商）在其销售区域内担负了商品的集中、平衡、辐射周边地区的作用。而制造商则面对较为集中的批发商，从而减轻了面对数量庞大的零售商的压力，可专注于生产，提高产品质量和管理水平。批发商不仅销售产品，还能集中较为零散的信息，并且加以综合、归纳提炼，反馈给汽车生产企业，促使汽车生产企业提高市场适应能力。批发商一般具有一定的经济实力，能及时维护和支持产品信誉。一般来说，对于市场潜力巨大且零售网点较为分散的地区，制造商应根据自身经济实力、技术力量等综合因素，选择 1 ~ 2 个批发商，批发商一般设在交通便利的区域中心城市，由批发商自行发展一定数量的零售商，且应与厂家共担风险，承担本地区的广告宣传。制造商应给予批发商额度较大的价格优惠，并提供强有力的售后服务技术支持。

(3)多层渠道。多层渠道的形式是：制造商→产地批发商→中转地批发商→消费地批发商→零售商→消费者。很明显，这类销售渠道环节多、流通时间长，制造商对销售的控制力弱，因而这种销售渠道类型正在逐步被淘汰。随着制造商市场意识的不断提高而演变成：制造商→产地批发商→消费地批发商→零售商消费者，或者省略掉产地批发商，直接到达消费地批发商，成为二层渠道。

(4)零层渠道。采用零层渠道直接销给用户，不需任何中间机构。销售方式主要有由制造商设立直属商店或分公司、举办产品展示会、现场售卖等。由于零层渠道要耗费较多的人力、物力、财力，采用此种渠道只能作为二层渠道销售方法的补充。

从当今汽车配件市场发展趋势看，批发商和零售商的经营职能互相融合，成为批发兼零售的形式。

第二类是代理中间商，代理中间商专门介绍客户或与客户磋商交易合同，但并不拥有商品的持有权。例如，代理人可以到各地去寻找零售商，根据取得的订货单的多少获得佣金，但代理商本人并不购买商品，而由制造商直接向零售商发货。

这种形式具有信息灵、联系面广、汽车生产企业控制力强、专业性强等特点。但是它也有灵活性差、委托者担负经营风险和资金风险等缺陷，而且在现阶段要寻找到符合要求的代理商很困难。于是就产生了代理制的过渡形式——特约经销商。这种方式适用于远距离销售，在制造商影响力较弱而产品又具有一定市场的地区最为适宜。

(三)国内汽车配件销售未来的发展格局

1. 从产权结构看

(1)以德尔福为代表的外资模式。在亚太区市场，德尔福盈利状况非常好。作为一级零部件供应商，德尔福受到了很多整车厂或主机厂的“最佳供应商”“优秀供应商”等称号。到目前为止，德尔福在我国已经获得了30多个来自行业和客户的嘉奖，预计在不久的将来，亚太区的业务能够占到全球销售收入的1/3。德尔福汽车系统国际公司已经在我国推出汽车售后市场业务，通过分销商网络在产品及分销方面为售后市场客户树立更完美的德尔福品牌形象。就具体品种而言，将不局限于其在国内的合资或独资汽车企业的产品，而是德尔福品牌全线的售后产品。以德尔福为代表的国外汽车零部件企业，利用其强大的品牌优势，高科技、高质量的产品和雄厚的经营实力，在国内构筑健全的售后服务销售网络，占领售后汽车配件的高端市场。

(2)国企汽配经销商。这一类仍会占有一定的市场份额。他们最大的优势在于植根在本土传统的汽车配件市场，熟悉国内汽车企业的产销模式、资源、客户需求。但是，这种优势将随着市场逐渐与国际接轨而发生变化。同时，国内汽配经销商随着外资的融入也会重组，其中相当的一部分会被外资“吃掉”，成为外资的经营网点或合资企业。

(3)民营汽车配件销售公司。他们是建立在对本土市场运作更有经验、理解更深刻的基础上。这些民营汽车配件销售公司有着有效的经营团队和销售网络，他们在与外资供应商产品方面的合作，有着较强的独立性。

2. 从销售渠道看

汽配城，超市连锁会是我国汽配销售行业发展的可行之路。

(1)汽配城。在形式上是将以前分散的汽配经销商聚集在一起进行交易。目前，汽配市场呈严重的两极分化状态，实际上是处于整合期。有一小部分运作有方的汽配城不断地适应市场需求，不断调整自己的市场定位，加强其售前、售中、售后服务功能，使其适合品牌商的需求，从而走出一条与原来汽配城做房东的内涵有着根本区别的新路。而大多数仍以物业为主要经营体制的汽配城在新的市场格局下将会很难生存。汽配城应改变其经营的定位和增加新的内涵，采用电子商务手段利用网络和信息优势，提升汽配城的经营水准，向规范化、高层次和国际化发展，并把汽配城作为国内外汽车零部件的采购平台和集散地，那么，这种称之为“城”市场或“贸易中心”的汽配经营都是有广阔前景的。

(2)超市连锁。一种新兴的汽车配件销售渠道。在我国成立的“蓝霸”汽配超市，计划用 3 年时间，在每个省会城市建立一个“蓝霸”分销中心，在分销中心下面，再按城市分出若干个连锁店，每个连锁店下面又直接面对众多当地的维修厂、经销商，从而构成强大的营销网络，做到规模化、规范化，它能保障销售价格的优惠、合理，杜绝假冒伪劣产品，实现客户的零担忧(购买蓝霸公司的产品，质量有问题可以更换)；经销商的零风险(经销的产品可以在滞销的情况下无条件退换)；面向维修厂的零库存(通过计算机网络的管理，对各维修点的库存进行合理调配，及时送货，将库存降至最低)。“蓝霸”汽配超市连锁将美国 NAPA 公司的先进经验引入国内，相信能用先进的经营模式来改变中国汽配行业的混乱局面。

四、汽车配件门市销售实务

对于汽车配件流通企业来讲，汽车配件的主要销售方式是门市销售，无论是大用户，还是零星购买，门市供应都是最基本、最直接的流通渠道。一般称门市销售部门为门市部、营业部，也有的称商店、销售中心、销售部(公司)等。门市一般应选在交通方便、顾客比较集中，且停放车辆方便的地方。以下重点介绍汽车配件门市销售零售实务。

(一)汽车配件的销售原则

服务站、大用户、专卖店的汽车配件销售应遵循一定的原则，以下以某汽车有限公司所属服务站、大用户、专卖店为例，对有关销售原则作一简单介绍。

(1)服务站、大用户、专卖店可以开展汽车配件的零售业务。

(2)服务站、大用户、专卖店应遵纪守法，严格执行当地的物价规定；要制定出本部门稳定、合格的价格政策。

(3)凡从汽车公司订购的汽车配件，只允许加价一次；不得利用各种名目重复加价，加价率不得超过汽车公司规定的最高限价。

(4)已国产化的汽车配件，不能按进口件的价格销售。

(5)服务站、大用户、专卖店之间的汽车配件调剂，必须实行优惠。

(二)门市销售的柜组分工方式

一个较大的汽车配件销售企业往往在一个地区设立几个门市部，或跨地区、跨市设立门市部。在有多个门市部时，相互间的分工至关重要。有的按车型分工，如经营解放、东风或捷达、奥迪汽车配件等；有的各个门市部实行综合经营，不分车型；也有的二者兼有，即以综合经营为基础，各自又有一、两个特色车型。

在一个门市部内部，各柜组的经营分工，一般有以下几种形式：

1. 按品种系列分柜组

(1)定义。经营的所有汽车配件不分车型，而是按部、系、品名分柜组经营。如经营发动机系汽车配件的柜组，叫发动机柜组；经营通用工具及通用电器的柜组，叫通用柜组。

(2)特点。

①适合专业化分工的要求。汽车配件品种繁多，汽车配件的系统按照其在一部整车的几个构成部分来划分，如发动机系、离合变速系、传动轮轴系等，比较能够结合商品的本质特点。如金属机械汽车配件归为一类，电器产品归为一类，这种划分方式有利于经营人员深入了解商品的性能特点，材质、工艺等商品知识，能较快地掌握所经营品种的品名、质量、价格及通用互换常识。尤其在进口维修汽车配件的经营中，由于车型繁杂，而每种车型的保有量又不太多，宜采用品种系列分柜组。

②方便某些汽车配件的通用互换性。哪些汽车配件品种可以与国产车型的汽车配件通用，往往需要用户提供，有的则需要从实物的对比中得出结论。如果不按品种系列，而按车型经营，就有许多不便。

2. 按车型分柜组

(1)定义。按不同车型分柜组，如分成捷达、奥迪、东风、解放柜组等。每个柜组经营一个或两个车型的全部品种。

(2)特点。

①方便汽车配件采购。由于在一些专业运输单位及厂矿汽车企业实行了承包责任制，每一个承包单位拥有的车型种类不多。中小型汽车企业及个体用户，大多拥有一种或几种车型。所以目前的汽车配件用户，以中小型用户为主。这些中小型用户的汽车配件采购计划，往往是按车型划分，所以一份采购单，只要在一个柜组便可全部备齐，无须分别到若干个柜台开票；另外按车型分工还可与整车厂编印的汽车配件样本目录相一致。当向整车厂提出订货时，经营汽车企业可以很便利地编制以车型划分的进货计划。

②有利于管理规范化。按车型分柜组，有利于进行经济核算，便于管理。若孤立地经营不同车型的部分品种，难以考核经济效益。按车型分工经营，根据社会车型保有量统计数据，把进货、销量库存、资金占用、费用、资金周转几项经济指标落实到柜组，在此基础上实行利润包干形式的经济责任制，有利于汽车企业管理的规范化。

但这种方法也有缺点，那就是每个柜组经营品种繁多，对营业员的要求高，他们需要熟悉所经营车型每种商品的性能、特点、材质、价格及产地等情况，这不是一件很容易的事，而且当一种汽车配件可以通用几个车型时，往往容易造成重复进货、重复经营。两种柜组分工方式各有利弊，可根据具体条件决定。

(三)门市橱窗陈列和柜台货架摆放

对汽车配件门市部来讲，陈列商品十分重要。通过陈列摆放样品，可以加深顾客对汽车配件的了解，以便选购。尤其对一些新产品和通用产品，更能通过样品陈列起到很大的宣传作用。

1. 门市的商品陈列

包括橱窗商品陈列、柜台货架商品陈列、架顶陈列、壁挂陈列和平地陈列等，分别介绍如下：

(1)橱窗商品陈列。是利用商店临街的橱窗专门展示样品，是商业广告的一种主要形式，橱窗陈列商品一要有代表性，体现出汽车企业的特色，如主营汽车轮胎的商店，要将不同规格、不同形状的轮胎巧妙地摆出来；二要美观大方，引人注目。

(2)平地陈列。是将体积大而笨重的、无法摆上货架或柜台的商品，在营业场地的地面上陈列，如蓄电池、发动机总成、离合器总成等。

(3)柜台、货架商品陈列。也叫作商品摆布，它具有陈列、销售、更换频繁的特点。柜台、货架陈列是营业员的经常性工作，也是商店中最主要的陈列，汽车配件中的小件商品，如火花塞、皮碗、修理包、各类油封等，适合此类陈列方式。

(4)架顶陈列。是在货架的顶部陈列商品，特点是占用上部空间位置，架顶商品陈列的视野范围较高，顾客容易观看，这种方式一般适合维修护理产品，如全损耗系统用油、美容清洗剂等商品的陈列。

(5)壁挂陈列。一般是在墙壁上设置悬挂陈列架来陈列商品，适用于质量较轻的汽车配件，如轮辋、皮带等。

2. 配件商品陈列的货架摆放注意事项

(1)易于顾客辨认，满足顾客要求。要将商品摆得整齐、有条理、多而不乱、成行成列易于辨认。

(2)库有柜有、明码标价。陈列的商品要明码标价，有货有价。商品随销随补，不断档、不空架，把所有待销售的商品全部展示在顾客面前。

(3)分类、分等摆放。应按商品的品种、系列、质量等级等有规律地摆放，以便用户挑选。

(4)定位、定量摆放。摆放商品要定位定量，不要随便移动，以利于营业员取放、盘点，提高工作效率。

(5)连带商品摆放。把使用上有联系的商品，摆放在一起陈列，这样能引起顾客的联想，具有销售上的连带效应。

(四)汽车服务站配件销售业务流程

以下以某汽车服务站配件销售为例，对配件销售的业务流程作一简单介绍。

(1)汽车配件销售员根据客户要求，查询汽车配件销售目录。

(2)如不可售，汽车配件销售员向客户解释并建议维修。

(3)如可售，汽车配件销售员向客户介绍汽车配件及使用情况；汽车配件销售员制作销售信息，并将销售信息发送给。

①汽车配件仓库收发员。汽车配件仓库收发员按汽车配件领料程序领料，并交给汽车配件销售员。

②客户。通知客户到结算部门付款，并接收发票及付款凭证。

最后汽车配件销售员凭客户付款凭证交货，与客户辞别，更新销售信息并将付款凭证存档。

（五）汽车配件门市销售应注意的问题

1. 提高工作的主动性和前瞻性

当前汽车汽车配件市场供大于求，市场竞争十分激烈，门市销售除了日常的接待客户外，还应通过走访、邀请、电话等交流手段熟悉用户，与购货比较集中的单位如公交公司、修理厂等，加强联系，熟悉其主管人员、主办人员，以及其车数、车型保有情况，建立用户档案，根据汽车配件的消耗规律判断其进货计划，使销售工作有的放矢。

2. 慎重对待用户货款结算

货款结算方式有现金收讫、转账支取、托收承付、担保延期付款等方式。但目前社会上"三角债"越演越烈，因此，除关系密切、信誉好的用户外，宁可薄利，也应及时回笼货款，避免拖欠和造成重大损失。

3. 灵活制定合理的销售价格

根据市场行情变化，适当调高畅销品、名优产品价格；在征得代理销售生产厂家同意后，适当调低滞销商品价格，必要时为加速资金周转，可亏本或保本出售。对批发价商品要根据购买数量、成本进行核算，薄利多销，在整个销售中有赔有赚，以盈补亏。这样可以充分发挥价格杠杆作用，消化呆滞积压汽车配件造成的经济损失，给汽车企业的发展注入活力，但应防止采取低价倾销的不正当竞争行为。

4. 全面认识优质服务的内涵，提高基本功

营业员必须根据汽车配件车型多、品种繁、专用性强等特点，学会识别各种汽车配件的车型、名称、规格、用途，懂得所经销汽车配件的通用互换情况，否则就会造成本来可以通用互换的不同车型的汽车配件，不能实现销售，降低了用户的满足率，同时还会造成因不知道同一车型、不同代产品不能通用的知识所带来的销售错误而失去客户。

5. 利用汽车配件进、销相关理论和计算机技术，提高进、销的科学性

进货与销货不能脱节，必须按汽车配件消耗规律组织营销。根据门市销售情况、库存数量及各品种销售走向安排进货，一旦预见到将会发生品种短缺，应立即联系进货，保证常规易损、易耗汽车配件的充足供应，最大限度地满足用户需求。今后的发展趋势是门市销售记账实现办公现代化，利用计算机准确快捷地统计出各品种销售情况，可更好地理顺进销关系，提高工作效率。

6. 门市销售业务考核，应注重经济效益、社会效益并举

一般对考核经济效益比较重视，主要指标是考核"纯利润"，对汽车配件商品供应率（即用户购品满足率）却不太重视。汽车配件商品供应率是一项反映汽车企业在当地市场上销售品种对用户的满足程度，尤其是对本汽车企业所经营的、当地保有量大的车型配件的满足程度，应加以足够的重视。考核办法是在一段时间内抽取某些有代表性的老用户采购单，把采购单上的品种总数作为分母，把本汽车企业所能满足的品种总数作为分子得出的数据再乘以100%。这个百分数越大越说明本汽车企业的品种覆盖率高，社会效益好，同时也扩大了销售，促进了经济效益的提高。

7. 认真对待并处理好用户退换货业务

用户退换配件一般有两种情况：一是因商品质量不合乎要求而退换的，应验明是否确属本汽车企业售出的，并经证明质量状况是否符合标准，然后由服务站按规定处理；二是由于

所购配件不适合应用而退换。在这种情况下也要先验明是否确属本汽车企业售出的,再查验配件有无损坏,并在规定退换期内,报请商店负责人按规定退换。对于不符合退换规定的,应耐心解释。

8. 完整地向顾客介绍汽车配件知识及其质量保修规定

顾客在购买汽车配件时,有时并不十分清楚所购汽车配件在使用时的注意事项,营业员应详细向顾客介绍该汽车配件的功能、性能特点及使用方法。有时还须示范或让顾客亲自试用,有条件的话,可向顾客分发产品使用说明书。同时,对有些汽车配件还应介绍其质量保修规定,如保修年限、承保范围、费用分担等问题,这也是顾客十分关心的问题,只有以优质服务作保证,才能争取到更多的客户。

第四节 汽车配件的质量担保与索赔

一、索赔的目的和原则

索赔是对产品质量的担保,使用户对汽车企业的产品满意,对汽车企业的售后服务满意,维护了汽车企业形象,树立了汽车企业的信誉,进一步完善了汽车配件供应体系,从而以优质的服务赢得用户的信赖;实施汽车配件索赔,既能保护服务站的利益,又能使汽车公司与服务站、大用户、专卖店之间建立更紧密的联系,使管理水平进一步提高,因此各服务站、专卖店必须本着诚信正直、公平公正、相互信赖、认真负责的原则,在日常工作中切实履行和遵守相应规章和制度。

二、质量担保与索赔实务

(一)服务站对汽车公司配件部门供应配件的索赔

以某一汽车公司4S店为例介绍。

1. 汽车配件索赔术语

盈:实际收到的数量大于装箱单的数量。

亏:实际收到的数量小于装箱单的数量。

错:装箱单中所订的汽车配件品种与实物不符。

损:收到的汽车配件是未被发现的损坏件。

易碎件:泛指玻璃、塑料等件。

不适合车型件:因汽车公司提供的产品目录错误,而使服务站错订的不适合车型的汽车配件。

2. 汽车配件索赔范围

(1)委托发运的汽车配件,到达服务站、大用户、专卖店后,包装没有破损情况下的盈、亏、错、损。

(2)委托发运的汽车配件,到达服务站、大用户、专卖店后,如属汽车公司配件部门包装质量不合格而造成的损坏和丢失也将给予索赔。

(3)委托发运的汽车配件,到达服务站、大用户、专卖店后,包装破损情况下的盈、错,也将给予索赔。

(4)服务站、大用户修车使用汽车配件时发现的质量不合格件。

(5)因汽车公司提供的产品目录错误,使服务站、大用户、专卖店错订或汽车公司配件部门错发的不适合车型的汽车配件。

3.汽车配件非索赔范围

(1)非汽车公司配件部门提供的汽车配件。

(2)服务站、大用户、专卖店来人或指定人员自提所发生的盈、亏、错、损。

(3)服务站、大用户、专卖店在修车使用汽车配件时,因违反装配工艺而造成的损坏。

(4)凡在运输途中,因外包装破损或被窃而造成的损失,服务站、大用户、专卖店可根据有关保险赔偿规定与运输部门协商解决,汽车公司可提供有关证明材料。

4.汽车配件索赔规定及费用

(1)严禁服务站、大用户、专卖店将不属于索赔范围的汽车配件报赔,如有此事发生,汽车公司配件部门将视情节给予相应的处罚。

(2)服务站、大用户、专卖店向汽车公司配件部门提出的盈、亏、错、损索赔,有严格的时间限制,如一汽-大众汽车公司规定服务站、大用户、专卖店要在收到汽车配件 15d 之内将《索赔申请单》和有关的材料以特快专递或传真的形式向汽车公司配件部门寄发。

(3)服务站、大用户、专卖店向汽车公司配件部门发出汽车配件质量问题的报赔,应对所发现的问题,立即进行初步鉴定,并自发现起尽快(如一汽-大众汽车公司规定一周内)将索赔申请单和有关的材料以特快专递或传真的形式向汽车公司汽车配件部门寄发

(4)汽车配件因损坏或质量不合格,服务站、大用户、专卖店提出索赔时,如果不需要更换总成,只更换个别零件就可以达到技术要求,汽车公司配件部门只对个别零件进行索赔;如果某些汽车配件通过维修,不需要更换就能达到技术要求,汽车公司配件部门将不予索赔。

(5)索赔件包赔后,原件归汽车公司配件部门所有;服务站、大用户、专卖店应等待汽车公司配件部门的通知,按要求将索赔件返回汽车公司配件部门或暂存在服务站、大用户、专卖店索赔库中,索赔件的销毁应在汽车公司现场代表的监督下进行。

(6)玻璃、塑料等易碎件原则上不予以索赔,但可视情况考虑索赔。

汽车公司承担索赔件当时的供货价及索赔件返回汽车公司的运费,其他费用概不承担。

5.汽车配件索赔鉴定

(1)由服务站、大用户、专卖店自己鉴定,汽车配件计划员如实填写《汽车配件索赔申请单》并申报。

(2)由汽车公司售后服务科的现场代表到现场进行鉴定,写出鉴定报告及处理意见。

(3)服务站、大用户、专卖店订货计划员将索赔件返回汽车公司,由汽车公司配件部门有关人员及现场代表进行鉴定,写出鉴定报告及处理意见。

(4)会同有关专家鉴定,写出鉴定报告并提出处理意见。

6.《汽车配件索赔申请单》的填写

(1)《汽车配件索赔申请单》由服务站、大用户、专卖店汽车配件计划员填写,填写要完

整、清晰、真实;否则,汽车公司配件部门概不受理,后果服务站自负。

(2)《汽车配件索赔申请单》应附有简要的说明和必要的照片,服务站、大用户、专卖店领导签字并加盖公章,经汽车公司配件部门销售计划员、仓储管理员核实无误,汽车配件部门负责人签字后,方可生效,予以索赔。

(3)《汽车配件索赔申请单》格式如图7-1所示。

××汽车有限公司配件索赔申请单

日期: 年 月 日 服务站 服务地址:

此单共 页, 第 页 领导签字: (公章)

序号	汽车配件号	汽车配件名称	订货日期	订单号	发货数	订货数	到货差异	错发件数量	质量不合格数量	单价(元)	原发运方式	备注

图7-1 ××汽车有限公司配件索赔申请单

(二)用户在汽车使用过程中配件出现质量问题的担保与索赔

以某汽车公司特约服务站为例。

1. 担保期

由汽车公司所属服务站售出或装上车辆之日起一定时期内(如江铃汽车公司规定90d)且行驶里程在一定范围内(如江铃汽车公司规定6000km),两个条件中任何一个先达到即为超出担保期。

2. 担保索赔条例

在上述规定的担保期内,因质量问题造成的损坏,本公司可提供免费调试或更换零部件,以恢复车辆的正常状态;如因质量事故造成客户的直接经济损失(车辆停驶造成的损失除外),本公司给予赔偿。

3. 担保索赔的条件

(1)必须是在规定的质量担保期内。

(2)客户必须遵守《使用说明书》的规定,正确驾驶、维护、存放车辆。

(3)所有担保服务工作必须由汽车公司特约维修单位实施。本公司特别强调,对更换件的担保,必须是由本公司汽车特约维修单位售出或装上车辆的公司备件方可申请担保。

4. 担保索赔范围

(1)装配调试。装配调试项目担保期为90d/6000km;两个条件任何一个超过即为超过担保期。

(2)玻璃。客户购车后30d内,玻璃制品因材料及制造工艺等原因引起变色、光学畸变、气泡、分层等质量问题可以担保。

(3)橡胶和塑料制品。在正确使用汽车的情况下,汽车的橡胶制品(如密封圈、垫片、O形环等)和塑料制品(如内外装饰件)在汽车售出后半年或行驶里程10000km之内,经鉴定后确属质量问题可担保。

(4)轮胎。轮胎在汽车售出后60d且行驶里程5000km之内,在正常环境下使用,如发现鼓包、龟裂、分层等质量问题予以担保。

(5)蓄电池。汽车售出6个月5000km内,在正常环境下使用,蓄电池出现质量问题的予以担保。

(6)各类继电器的担保期为1年内或2万km。

(7)灯泡、喇叭、点烟器、油水分离器等零部件,自购车后60d或行驶里程5000km之内,在正常使用下,出现质量问题,予以担保。

5.非担保索赔范围

(1)因未按《使用说明书》要求使用和维护引起的损失。

(2)因客户私自改装汽车或换装不属本公司提供的备件而引起的损坏。

(3)常用消耗品(如润滑油、制动液、熔断丝、制冷剂)和易损件(空滤、燃滤、机滤)等。

(4)排气系统的锈蚀(指排气歧管其后管道)。

(5)在非正常温度环境下放置或使用,汽车超载引起的零部件损坏。

(6)由于客户选用不当的燃油、润滑油、防冻液、制动液或维护中没有采用规定材料而造成的故障。

(7)由于发动机吸入水分或进水造成的故障。

(8)在新车运送、交付、保管过程中,因不正确操作造成零件丢失、锈蚀、碰撞等的损失。

(9)对于变色、褪色、气孔、裂纹、凹痕、锈蚀和喷漆板件、内外饰件、橡胶制品等因日晒雨淋老化的情况,客户在提车时应及时提出担保要求,否则不予担保。

(10)在担保期内,客户车辆出现故障后未经本公司(或本公司特约维修单位)同意继续使用车辆而造成进一步损坏,本公司只对原故障损失(须证实确属产品质量问题)负责,其余损失责任由客户承担。

(11)车辆发生严重事故时,客户应保护现场,并应保管好损坏零件,但不能自行拆卸故障车,经本公司鉴定确认后,将按规定支付全部担保及车辆拖运费用。如未保护现场或因丢失损坏零件以致无法判明事故主原因,本公司不承担任何担保索赔费用。

(12)对担保期内的车辆未经本公司许可在非本公司汽车特约维修单位修车发生的费用及随之产生的损坏,本公司不予担保索赔。

(13)由于环境原因造成的损坏,如表面腐蚀等。

(14)本公司对担保时车辆停用、住宿和租赁车辆的费用,其他旅行损失和商业损失等间接损失不予承担。

(15)客户不能提交《保修手册》或可证明所购车辆身份等有关凭证。

(16)随车工具不予担保。

(17)覆盖件及油漆涂层,有碰撞缺陷,不能实行担保。

(三)汽车配件担保索赔应注意的几个问题

(1)认真阅读《使用说明书》。车主应该严格按照说明书的操作方法使用车辆。

(2)多了解汽车质量担保信息。新车购买后,应该到汽车经销商或售后服务站,咨询更多的汽车质量担保信息。

(3)汽车改装应征得厂家同意。汽车质量担保期内,不要做没有经过汽车生产厂家认可的改装,因为改装容易导致人为因素的故障发生,而汽车厂家不认可这种索赔。

(4)按时作汽车维护。定期维护汽车是车主享受质量担保的重要前提。如果车主的维护是严格按照要求到指定汽车服务站进行的,在质量担保期内对享有质量担保是非常有利的。

在目前情况下,从汽车首次领取正式行驶证、零部件购买之日起一年内或者二年内(各厂家规定不同),在此期间车辆出现质量问题,车主有权向该车的售后服务站提出索赔,服务站应对其故障立即进行诊断并排除,损坏的零部件根据技术要求进行修复或更换。

第五节 汽车配件的计算机管理

汽车产业被各国视为支柱型产业,在经济发展的过程中起着举足轻重的作用。全球经济日趋一体化,国际、国内汽车市场竞争越来越激烈,我国汽车产业也面临巨大的机会和挑战。因此,采用国际先进的管理思想、现代的管理方式成为汽车产业可持续发展的重要保障之一,汽车企业信息化管理成为产业价值链上的汽车企业提升核心竞争力的不可或缺手段。

我国汽车配件的经营者有数十万家,随着社会的飞速发展,当今信息、效率已成为各行各业竞争的武器。在汽配行业中,手工作业管理已不能适应市场经济的发展,汽车配件因其车型之多,零件种类之多等,单靠手工作业管理则很难达到科学、准确,计算机在汽配行业的应用已成为必然趋势。

汽车配件的计算机管理系统就是针对各汽配店日常的配件库存、产品的购销、账款的结算等业务而专门开发的。由于汽配产品繁杂,手工记账烦琐,不易于统计、分类,工作效率低等现实情况,采用汽配管理系统不仅能使您从烦琐忙乱的工作中解脱出来,还能为您提供全方位、多层次的系统管理,提高工作效率,降低成本。

汽配计算机管理系统包括汽车配件销售管理、汽车配件采购管理、汽车配件仓库管理、应收应付管理等。

一、汽车配件采购的计算机管理

(一)汽车配件采购计算机管理的必要性

汽车配件的采购管理是汽车企业全面控制成本、提高效率、优化供应链管理的重要部分。国际大型汽车企业纷纷整合供应商资源,建立或联合建立电子采购平台。有研究表明,汽车企业直接和间接采购占了汽车企业总开支相当大的比重,而采用自动化采购解决方案,可以降低采购费用达70%,使得产品成本降低5%~15%。著名的福特汽车公司2017年税前利润为90亿美元,采购金额却高达900亿美元,如果它按传统方式竭力控制成本,也只能省出22亿美元，利用电子采购方式，则能节省180亿美元，节约成本20%，增加毛利150%。由福特、通用和克莱斯勒联合发起组建的汽车行业联合采购网站Covisint已经成为电子商务平台的成功典范。由此可见，汽车配件经营中采用计算机管理是非常必要的。

（二）目前我国汽车企业采购管理的缺陷

（1）采购价格过高，采购部门庞大，采购费用居高不下。

（2）订单审批程序复杂，和供货商沟通存在障碍，相互间信息渠道不通畅。

（3）库存汽车配件的准备不能和生产的需求相配合，资金利用率低。

（4）不透明的采购造成暗箱操作。

缺乏有效的采购管理，汽车企业的供应链反应迟钝，市场的协调能力和应变能力就会下降，因此现在汽车企业的竞争，越来越表现为供应链的竞争。

（三）改进我国汽车配件采购的对策

加强采购过程的自动化、透明度以及与供应商的信息共享并形成畅通的工作流是解决上述问题的关键因素。针对汽车企业在节约采购成本方面的需求，对采购过程进行计算机管理，利用先进的技术平台，结合国内的信息化状况及特有的汽车业务处理特点，为汽车企业供应链的优化管理专门设计相应的汽车采购计算机管理系统。它能够帮助汽车企业获得更低的采购价格，高效的采购操作，完善的采购管理，更高的资本利用效率，更完善的供应商协作关系。

（四）汽车配件采购计算机管理实务

汽车配件采购计算机管理使采购汽车配件变得更加快捷，高效。下面以某一汽车特约售后服务中心为例，说明汽车配件采购计算机管理系统的基本流程。

（1）进入汽车配件采购管理系统，进入"用户信息"，在弹出的对话框中，填入特约售后服务中心的基本信息，如用户编码、名称、地址、邮编、银行账号。

（2）点击"查询"分页，进入光盘查询页面（光盘中含有汽车配件的基本信息如车型、汽车配件的类别、汽车配件号等，由汽车公司配件部门定时制定），查找所需零件的编号，在车型前的空格上点击，则出来一"添加至订单"对话框，在"请输入所需汽车配件数量"中填入所需汽 车配件数量，确定。

（3）点击"订单"界面，可看到所需订购汽车配件的信息、价格，可进行增加、修改，点击"生成订单"。

（4）生成以Excel为版本的常规订单或紧急订单。

（5）订单信息反馈。

汽车配件供应部门在收到常规订单后第二个工作日向用户发出订单确认信息，在货款到账后安排发货。

二、汽车配件仓储管理

汽车配件仓储管理的过程，是从物质入库开始，到把该批物质发出去为止的全过程，主要围绕着物质进货、保管和维护、出库为中心开展的一系列活动。汽车配件仓储的科学管理，能节省路径和时间，降低成本，高效地为用户服务。以下以某一汽车4S店的汽车配件仓储管理为例,说明汽车配件仓储管理的原则及实际流程。

(一)汽车配件仓储管理的原则

(1)汽车配件的出、入库应采用计算机管理,条件尚不成熟的服务站可暂用卡台、账簿系统,但今后要逐步被计算机管理所取代。

(2)汽车配件的出入库由两人承担,入库由订货计划员完成,出库由仓储管理员完成。

(二)汽车配件的位置码系统

使用汽车配件的计算机管理位置码系统,可快速地从数千种零件中找出所需的汽车配件,提高拣件速度,降低劳动强度,提高管理的效率,对于多种车型,多品种、大库存的仓储管理尤其重要。

1. 位置码的理论依据

所谓的位置码就是标明汽车配件存放位置的代码,它是空间三维坐标,任何一组数字(a,b,c)总可以找到唯一的一点与它对应,即一点确定一个位置,一个位置只能放置一个件。对三维坐标(a,b,c)中的数字,即相当于说明该件的位置为:过道或架号、列、层。

2. 位置码的编制方法

(1)首先按区(库)分类。根据服务站维修车辆的类型或服务站的具体情况,不同种车型的汽车配件应存放在不同的库房(例如:1 号库,2 号库),或同一个库房要分成几个区(例如:Ⅰ区,Ⅱ区),或库房面积较大也要分成几个区(例如一区,二区等)。

(2)然后按过道(货架号)编排。Z 轴或 Y 轴表示第几过道(或第几货架),用 1,2,3…表示。

(3)其次按列编排。Y 轴或 Z 轴表示第几列,用 $A,B,C,\cdots$表示。

(4)再按层编排。Z 轴表示第几层,用 1,2,3,…表示。

3. 具体步骤

(1)根据库房、货架等实际情况确定编制方案,以区/库、架/过道、列、层等形式进行设计。

(2)编制出具体的位置码系列:

①根据汽车配件号规则及汽车配件销售频率,体积,质量的大小;

②根据汽车配件号的规则,按汽车配件号大类、小类的先后顺序存放,即最前面是各种车型/型号的号码,然后是主组、子组的号码(有字母的按字母的顺序排列)。

(3)打印,张贴位置码标牌于货架上,标牌内容如图 7-2 所示。

汽车配件号:____________汽车配件名称:____________;
位置码:____________;包装数量:____________

图 7-2 标牌

(4)汽车配件在货架存放,要考虑预留空货位,它可作为汽车配件号的更改及品种增加时的补充,这些预留货位可以直线排列、对角线排列或间隔排列。

(5)货架的布置。摆放货架(中货架、小货架、专用货架)可根据具体情况实施,货架可背靠背,也可单排摆放。

第八章　汽车租赁

我国的汽车租赁开始于1988年，当时为了满足亚运会期间外国记者的出行要求，在北京市政府的直接介入下，北京出租汽车公司成立了我国第一个汽车租赁公司，经过30年的探索，伴随着我国经济的持续发展和人民生活水平的不断提高，人们对方便快捷的出行方式的需求越来越强烈，特别是近年来假日经济的兴起，我国的汽车租赁已从无到有、从小到大，发展成了一个前景广阔的新兴产业。本章从介绍汽车租赁的一般常识入手，系统介绍汽车租赁企业运营、管理和市场拓展中的有关实务性问题和操作方法。

第一节　汽车租赁概述

一、国内外汽车租赁业的发展概述

在发达国家，汽车租赁业已经有了很长的历史，1918年美国人雅可布（Walter L. Jacobs）在芝加哥用福特的T型车创立了首家汽车租赁公司——Rent-A-Ford-Car Company，后被美国汽车租赁巨头赫兹（John D. Hertz）并购。二战以后，汽车租赁业务在欧洲等世界各地迅速展开。经过近一个世纪的发展和竞争，汽车租赁业在国际市场中发展成为一个比较成熟的、呈现良好发展态势的产业，成了一种重要的道路交通服务模式，并同时开展了车辆维修、二手车销售、车辆保险等多种与之相关的业务。从事汽车租赁业务的公司数量也已经达到了5千多家。通过多次并购和经营模式的创新，日趋突出的规模化经营带来的效益规模化是全球发展的潮流，已经形成了赫兹（HERTZ）、阿维斯（AVLS）、巴基特（BUDGET）、欧洲汽车（EUROPENCAR）和福乐斯（FULLERS）等国际汽车租赁业的巨头。

汽车租赁业企业用户的快速增长；尤其是中小企业的需求增长是当代国际汽车租赁市场呈现出的一个明显的发展趋势。2000—2006年，美国汽车租赁业营业额月平均增长10.5%，其中，与中小企业发生的营业额月平均增长31%。在日本新开业的中小企业中，有80%主要靠租赁汽车来完成各种经营业务活动。

当前，汽车租赁业发展最为成熟还是欧美国家。世界汽车租赁业的营运车辆的保有及年需求总数约在200万辆左右（国际汽车租赁公司的汽车更新速度为8～12个月）。德国汽车租赁的营运车辆总数达到250万辆左右。法国到2006年以租赁方式使用汽车的人数超过了400多万，占法国总人口的7%。世界主要汽车租赁公司的营运车辆都有数十万辆，租赁站点遍布全球，总数直至上万。仅仅赫兹（HERTZ）在全球140个国家就拥有525000辆营运车的规模，拥有超过6500家租车网点。美国通用汽车公司旗下的安飞士汽车租赁公司，全球范围内员工超过2万人，租赁站点2000个，每年车辆预订量超过3000万次，平均每年完成2000万次租车交易，每月10万辆，每年120万辆的租赁车辆接受维护，年营业额超过

40 亿欧元。

我国的汽车租赁业诞生于 20 世纪 90 年代,发展之初仅为北京亚运会的外国记者提供汽车租赁业务。经过十几年的发展,到 2007 年我国较为发达的一线城市有近 900 家汽车租赁企业,4.5 万辆租赁车辆,其中运营车辆规模超过 50 辆的企业仅占到 20%,仍然处于粗放式的经营模式之中。2009 年的政府工作报告明确提出"要加快发展汽车租赁市场",这也成为我国汽车租赁行业发展的助推剂。交通运输部于 2011 年 4 月下发的《关于促进汽车租赁行业健康发展的通知》提出"目前我国经济发展迅速,区域一体化高效推进,人民群众生活水平显著提高,驾驶技能广泛普及,企事业单位用车制度改革,汽车租赁需求十分旺盛,发展潜力巨大。在发展过程中要完善政策法规、健全诚信体系、扩大企业规模、改变经营方式、提高管理水平、规范经营行为,实现品牌化、网络化发展。基本满足经济社会发展和人民群众对汽车租赁业的需求"。随着社会经济的发展,城市化进程的加快,汽车租赁需求也逐渐旺盛,国内汽车租赁市场到 2011 年已经拥有 5000 多家租赁企业,逐步涌现了至尊、神州等龙头性的汽车租赁企业,汽车租赁市场提供租赁车辆近 15 万辆,营业额超过 100 亿元。然而无论从我国宏观经济的走向还是微观社会基础来看,我国汽车租赁业还有广阔的发展空间,我国汽车租赁行业与国外汽车租赁行业发展成熟的国家超过千亿美元的营业收入相比还处于一个比较低级的阶段。为使汽车租赁业成为我国社会经济发展新的增长点,我国汽车租赁业区域发展不均衡,行业管理制度不统一、信用制度不健全、法律法规不完善,汽车租赁企业规模小、服务水平不高、租赁站点覆盖不均衡、市场开发不彻底、网络化、信息化建设不全面等问题都函待解决,逐步从"小、散、粗犷"的经营模式过度成具有规模效益的、集约式的经营管理模式。

目前,国内一些规模较大的汽车租赁企业已经为汽车租赁的经营管理模式做出了一些探索和实践。2012 年神州汽车建立了 500 余个汽车租赁网点,遍布全国 66 个主要城市,并在全国 52 个主要机场建立了服务门店,汽车租赁数量超过 25000 辆,初步实现了汽车租赁服务网络的全覆盖。2006 年至尊汽车采用全国直营连锁模式经营,所有服务站点由总部集中领导、统一管理,并且规范了汽车租赁流程以及租赁价格,以保证消费者获得高品质的服务体验。让客户在至尊租车进驻的任何城市、任一门店实现租车还车的便利,获得统一规范服务。2009 年一嗨租车采用直营连锁与特许加盟相结合的经营模式开展业务,目前服务站点已经覆盖全国 80 多个主要城市,自有车辆和加盟车辆总共约 5000 辆。然而由于我国在对汽车租赁业管理制度的不统一,我国汽车租赁企业难以形成具有规模效益的经济管理模式。需要提高各地区对汽车租赁业的管理水平,加强理论研究,形成统一的行业法规来指导实践。

随着互联网技术及移动通信端的进一步发展,汽车租赁企业已从线下扩展到"互联网 +"模式。从 2014 年起,政府逐渐加大对互联网出行的市场监管力度,市场发展趋于规范化。随着竞争加剧,行业资源整合加快,个人细分市场已经出现市场寡头格局。互联网巨头将进一步着手平台化布局,建设互联网行业生态圈。

目前,我国汽车分时租赁行业规模和服务能力不断提升,在满足社会公众出行、提升出行体验等方面发挥了积极作用。从市场规模来看,随着市场环境成熟及用户习惯的养成,分时租赁行业市场规模将保持大幅增长趋势。2018 年,我国分时租赁行业市场规模约为

26.1 亿元，预计到 2020 年市场规模将超过 190 亿元。

共享租赁车市场产品基本上是基于新能源车。虽然新能源车近几年技术飞跃发展，但是对场地及场地充电环境要求较高，需要政府支持，特别是在场地空间上的支持。未来共享租赁汽车市场的进一步发展离不开政府对公共资源投入。

二、汽车租赁业务的内涵界定与分类

在我国，自从汽车租赁业务开展以来，管理部门、租赁企业和学术界曾各自从不同的角度对汽车租赁给出过不同的定义，比较有代表性和权威性的定义主要有两种：一种是国内贸易部在 1997 年颁布实施的《汽车租赁试点工作暂行管理办法》中针对汽车租赁相对于一般租赁行为的特点，提出汽车租赁为实务租赁，是以取得汽车产品使用权为目的，由出租方提供租赁期内包括汽车功能、税费、保险、维修及配件等服务的租赁形式；另一定义则是交通部和国家发展计划委员会在 1998 年颁布实施的《汽车租赁业管理暂行规定》中针对汽车租赁业务的运营特点，提出汽车租赁是指在约定时间内租赁经营人将租赁汽车交付承租人使用，收取租赁费用，不提供驾驶劳务的经营方式。从这两种定义不难看出，汽车租赁的实质是在将汽车的产权与使用权分开的基础上，通过出租汽车的使用权而获取收益的一种经营行为，其出租标的除了实物汽车以外，还包含保证该车辆正常、合法上路行驶的所有手续与相关价值，不同于一班汽车出租业务的是，在租赁期间，承租人自行承担驾驶职责。

按照不同的分类标准，汽车租赁具有不同的分类方法，常见的有按照租赁期长短划分和按照经营目的划分两类。

（一）按照租赁期长短划分

国内贸易部在 1997 年颁布实施的《汽车租赁试点工作暂行管理办法》中，按照租赁期的长短将汽车租赁分为长期租赁和短期租赁。

（1）长期租赁。长期租赁是指租赁企业与用户签订长期（一般以年计算）租赁合同，按长期租赁期间发生的费用（通常包括车辆价格、维修维护费、各种税费开支、保险费及利息等）扣除预计剩存价值后，按合同月数平均收取租赁费用，并提供汽车功能、税费、保险、维修及配件等综合服务的租赁形式。

（2）短期租赁。短期租赁是指租赁企业根据用户要求签订合同，为用户提供短期内（一般以小时、天、月计算）的用车服务，收取短期租赁费，解决用户在租赁期间的各项服务要求的租赁形式。在实际经营中，一般认为 15d 以下为短期租赁，15 ~ 90d 为中期租赁，90d 以上为长期租赁。

（二）按照经营目的划分

汽车租赁还可以按照经营目的划分为融资租赁和经营租赁。

（1）融资租赁。融资租赁是指承租人以取得汽车产品的所有权为目的，经营者则是以租赁的形式实现标的物所有权的转移，其实质是一种带有销售性质的长期租赁业务，一定程度上带有金融服务的一些特点。

（2）经营租赁。经营租赁是指承租人以取得汽车产品的使用权为目的，经营者则是通过提供车辆功能、税费、保险、维修、配件等服务来实现投资收益。

三、租赁行业的有关法规

我国目前汽车租赁行业的主要法规文件为中华人民共和国交通部、国家发展计划委员会1998年颁布的《汽车租赁业管理暂行规定》以及各地方根据该条令制定的相关汽车租赁管理条文,比如重庆地区的《重庆市汽车租赁业管理暂行规定》等。

在《汽车租赁业管理暂行规定》条令中,要求开展汽车租赁的企业必须具备一定的资质。其中规定租赁企业配备的车辆不少于20辆,并且车辆价值不少于200万元人民币,在用车辆必须具有齐全有效的车辆行驶证件;规定租赁企业的流动资金需不少于车辆价值5%;规定租赁企业必须有固定的经营和办公场所,停车场面积不少于正常保有租赁汽车投影面积的1.5倍;在人员和机构设置方面也有相关规定。条令对租赁活动中的行为进行了有关的规定。比如车辆的技术标准、收费标准、租赁合同的内容、租赁企业的规章制度等。

同时,条令也对汽车租赁企业提出了相应的法律责任规定。对租赁经营人未按规定领取《道路运输经营许可证》擅自经营的,将处以5000元以上10000元以下罚款;对租赁经营人未按规定领取《道路运输证》擅自经营的,将处以5000元以上10000元以下罚款;承租人在行车中未携带《道路运输证》的,将被处以300元以上500元以下罚款;租赁经营人违反规定乱收费的,将处以所收费30%~50%的罚款,最高金额为不超过30000元;租赁经营人和承租人未按规定办理有关手续,擅自从事营业性运输的,将被处以5000元以上10000元以下罚款。

中国保险监督管理委员会印发的《机动车辆保险条款》和《机动车辆保险费率规章》分别对租赁车辆的险种和保险费率根据不同的地区作了相应的规定。

2004年5月发布实施的《中华人民共和国道路交通安全法实施条例》则对租赁车辆发生的意外交通事故的处理办法作了相应的规定。

第二节　汽车租赁企业的运营管理

一、汽车租赁企业的投资与成本测算

(一)汽车租赁企业运营成本构成

汽车租赁企业的运营成本是决定汽车租赁企业能否盈利的一个重要因素,它主要是指汽车租赁企业在向顾客提供包括汽车功能、税费、保险、维修及配件等在内的租赁服务过程中。发生的上述项目的损耗和管理费用,具体来说主要包括以下几个方面:

(1)车辆折旧:折旧期一般以5年计算。

(2)车辆维修、检测费用。

(3)职工工资福利。

(4)财务成本。

(5)各种税费:包括一次性税费和每年固定税费。

一次性税费:车辆购置附加费、牌照费。

每年固定税费:保险费、营业税、养路费、车船使用税、交通规费等。

(6)经营场所场租费用。

(7)不可预计风险准备费用。

(8)其他经营管理费用:办公费、广告宣传费、救援费用等。

(二)汽车租赁企业的投资要求

原交通部、国家计委1998年颁布实施的《汽车租赁业管理暂行规定》对汽车租赁企业的投资规模进行了一些规范,主要体现在汽车租赁企业的技术经济条件必须达到以下要求:

(1)汽车租赁企业配备车辆数不少于20辆,且汽车车辆价值不少于200万元。租赁汽车应是新车或达到一级技术等级的车辆,并具有齐全有效的车辆行驶证件。

(2)汽车租赁企业须有不少于汽车车辆价值5%的流动资金。

(3)汽车租赁企业有固定的经营和办公场所,停车场面积不少于正常保有租赁汽车投影面积的1.5倍。

(4)汽车租赁企业有必要的经营机构和相应的管理人员,在经营管理、车辆技术、财务会计等岗位分别有一名具有初级及其以上职称的专业技术人员。

除了以上的规定以外,值得注意的是,有些地区还针对本地的实际情况制定颁布了《汽车租赁业管理实施细则》,对经营汽车租赁业的技术经济条件提出了更高的要求。《汽车租赁业管理暂行规定》和各地颁布实施的实施细则规定了企业投资汽车租赁行业的最低投资额,在此基础上各企业应根据实际情况和拟进入的目标市场确定具体用于租赁的车型、数量、经营场地、经营设施和人员配备,依据市场通行的价格水准在准备必要的流动资金的条件下确定投资金额。

二、租赁企业的机构设置与业务流程

(一)汽车租赁企业的岗位设置与职责

要保证汽车租赁企业的正常运作,汽车租赁企业必须合理设计其组织结构,明确各部门的分工与职责,同时确保部门间协作的效率。通常,汽车租赁企业都设有业务部、车辆管理部、财务部、行政部,一些大型的连锁经营的汽车租赁公司为了开拓加盟连锁市场还设有网络发展等部门。汽车租赁企业的一般组织结构如图8-1所示。

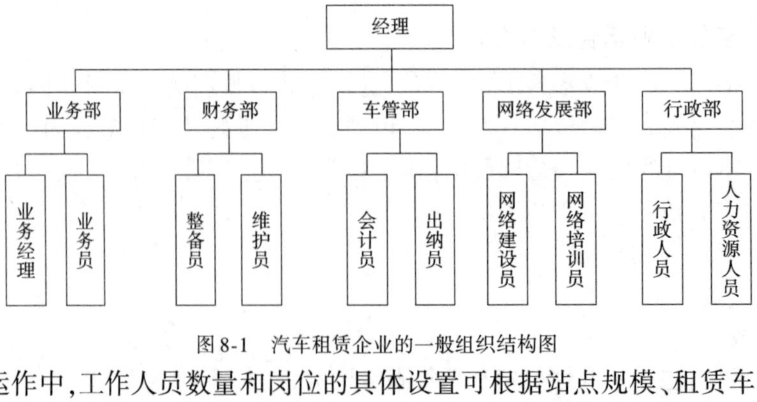

图8-1　汽车租赁企业的一般组织结构图

在实际运作中,工作人员数量和岗位的具体设置可根据站点规模、租赁车辆数目、经营状况而定。具体岗位的工作职责大致如下:

(1)经理。统筹规划租赁企业各项事宜,制定企业发展战略,带领企业开拓市场,提高服务质量,规避经营风险,赢得竞争优势和利润。

(2)业务部。解答咨询,接待客户,洽谈业务,审核客户租车担保手续、承租者资信状况,进行租赁业务的风险控制,进行资信审查、签订汽车租赁合同;制定汽车租赁的价格政策;与财务、车管部门配合,收发租赁车辆,跟踪租赁营运车辆车况及隐患排除,包括:①与车管部门配合,协助救援、安排替换并完成有关交接手续等;②为租赁车辆办理保险及事故处理、保险索赔;③对租赁市场状况进行分析和中短期预测,提出业务发展意见。

(3)财务部。租赁业务涉及款项(如:租金、押金等)收支、结算及出具票据;租赁业务流程中相关单据、票据、存单的保管、整理与归档;本站点租赁状况分析及财务报表提交;协助业务部门对风险规避的措施提出意见。

(4)车管部。租赁车辆的整备、维护,易损件更换;租赁车辆收发时的查验;租赁车辆车况跟踪,安排救援及替换车辆;事故车辆维修、送修,配合定损、索赔等;租赁车辆档案建立、健全与管理。

(5)网络发展部。制定和实施网络发展规划、网络运营的商务政策,组织和实施对新加盟的网络成员进行技术、管理和市场开拓方面的培训。

(6)行政部。处理日常内部事务和后勤保障工作,协调各部门运作,制订和实施企业人力资源规划。

(二)汽车租赁业务流程

汽车租赁作为一种服务产品,为了提高服务质量、控制运营风险,业务运行中的过程管理十分重要,因此汽车租赁企业应制定和实施合理、严格的业务流程。具体涉及租车、还车和实施救援三个方面。

1. 租车流程

客户到达汽车租赁站点后,应由业务人员负责接洽,简要介绍租赁业务情况,解答客户提出的有关价格、车辆使用限制、信用担保、交还车程序等方面的疑问;根据客户的租车目的、用途、所需车型、所用时间等具体情况为客户制定租赁方案,尽可能满足客户需求(对有预约的客户可简化接洽程序)。具体流程如图 8-2 所示。

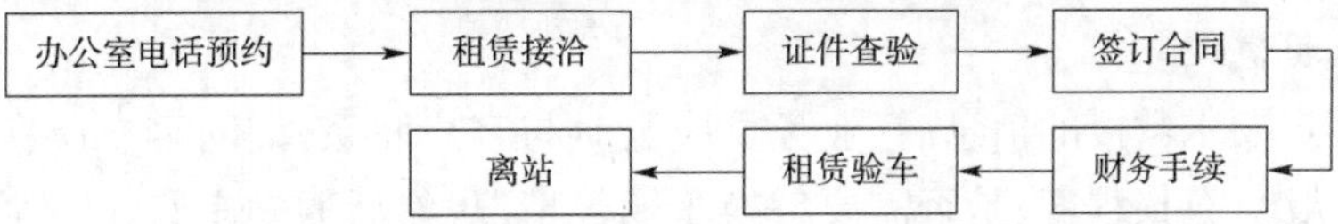

图 8-2　租车流程

通过洽谈达成意向后,业务员应按照公司有关制度仔细查验客户所提供的证件、证明(应包括身份证明、承租方驾驶证等)。经严格确认、留存复印件和必要的抵押后,与客户签订正式汽车租赁合同。之后,业务人员应陪同客户到财务部缴纳押金,预付租金;到车管部门交接所需车辆并会同客户一起试车、验车,客户试车满意后,双方共同在租赁车辆交接单上登录验车情况,并签字确认,直至客户驾车离站。

租车时单据、证件流转程序如图 8-3 所示。

在此过程中,业务人员应始终具备较强的风险防范意识,一旦出现难以确认的情况或用户提出超出公司控制条件的要求时,应及时上报主管领导,进行慎重的个案处理。另外,对于长期租赁的客户，业务人员应定期与客户保持联系，了解车辆使用状况，提醒客户定期回公司对租赁车辆进行维护，以确保车辆无故障、车况完好，延长车辆使用寿命。

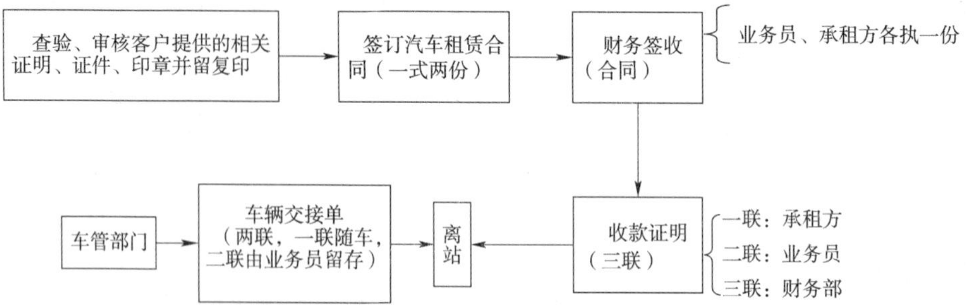

图8-3　租车时单据、证件流转程序

2. 还车流程

当客户到租赁公司交还承租车辆时，业务员应给予客户主动热情的接待，和顾客一起迅速查验汽车租赁合同、车辆交接单等相关单据及其租车时所用证件、证明，会同车管部门对照车辆交接单对车主交还的车辆进行现场勘验；验车结果经车管部门和承租方共同确认后，双方签字验收。然后，由业务人员引导顾客至财务部门进行账务结算（若有车损情况，双方应相互协商，由技术部门出具合理赔偿单据，承租方依单据缴纳赔偿金后，方可进行账务结算），财务部门出具结算证明，还车手续结束，汽车租赁合同终止。具体还车流程如图8-4所示。

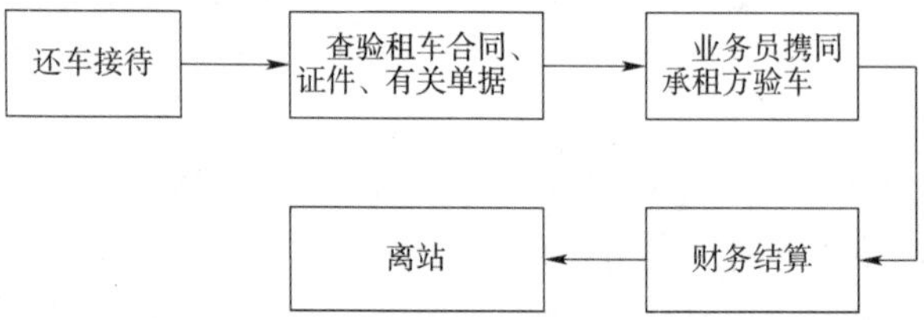

图8-4　还车流程

3. 车辆救援流程

当收到客户要求救援的信息后，业务员应及时与客户联系，询问客户所在具体地点、联系方式、车辆状况、车损程度、是否需要替换车辆等情况，然后通知车管、技术部门安排救援（包括救援车辆、替换车辆的派遣，随车修理工具、通信工具的准备，或准备拖车），并及时提醒或协助客户向公安交管部门和保险公司报案，并会同本公司自己的车管人员迅速赶赴现场，到达事故现场后，应仔细进行检查，与客户和公安交管部门一起确认事故原因、责任方及车辆损坏程度，协助保险公司进行定损，双方在救援单据上记录情况并签字确认。然后由工作人员进行维修及必要的车辆替换并跟踪办理保险理赔手续。具体救援流程如图8-5所示。

（三）主要操作文件

在根据汽车租赁业务开展的需要所制订的各类操作文件中，汽车租赁合同是最重要的具有依据性的文件之一。《汽车租赁业管理暂行规定》（交通部、国家计委1998年第4号令）

第十三条规定:办理租赁汽车业务签订租赁合同,必须使用各省级道路运政管理机构根据国家有关法律、法规制定的汽车租赁合同文件。合同文本内容应包括:租赁经营人名称、承租人名称、租赁汽车车型、颜色和车辆号牌、行驶证号码、道路运输证号码、租赁期限、计费办法、付费方式以及租赁双方的权利、义务和违约责任等。此外,汽车租赁日常经营业务与管理中涉及的操作文件还包括:《车辆交接检查项目说明》《汽车租赁业务登记单》《车辆验收交接单》等。以下我们以国内一些经营管理比较规范的汽车租赁企业提供的业务流程操作文件为基础,并进行了适当的规范和补充,拟订了以下参考文本,供读者参考。

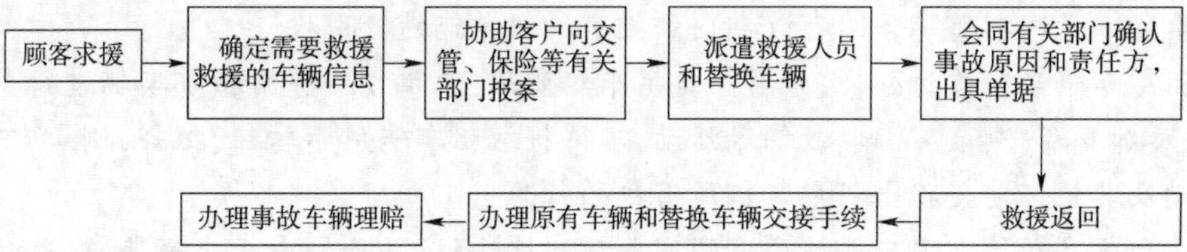

图 8-5　车辆救援流程

汽车租赁合同

合同编号:

出租方:×××汽车租赁公司　　　　签署时间:　　年　　月　　日

承租方:　　　　　　　　　　　　签署地点:

第一条　承租方所租车辆名称为________,车牌号为________,必须使用汽油;租赁车辆车况以发车时双方签字确认的《租赁车辆交接单》为准。

第二条　出租方自________年________月________日________时起,将________(车牌号)车交付给承租方使用,至________年________月________日________时收回,车辆交接地点:×××汽车租赁公司办公地点;据承租方要求,出租方派专人至承租方指定地点送、接车辆,另行收取费用________元。

第三条　本车租金________(元/日),________(元/月),合同期内应交纳租金人民币(大写)________元,续交租金应在预付租金至到期前3天办理。

第四条　出租方的权利和义务:

1. 租赁用车的所有权属出租方。

2. 当出租方认为租赁车辆的安全及相关权益受到威胁时,有权收回车辆,若车辆确已受损失或相关权益已受到侵害,出租方有权向承租方要求赔偿。

3. 未经出租方许可承租方拖欠租金超过3日,出租方有权随时随地收回车辆并解除本合同。

4. 出租方负责为承租方提供设备齐全、技术状况良好、运行安全可靠、年检证、养路费证、行车执照等必需证件齐全的车辆,并承担车辆租赁期内的保险费、年度检验费、养路费、车船使用费以及正常的维修维护费用(其中包括换"三滤",加离合器油、制动液、冷却液等)。在________(区域限定)内,出租方免费向承租方提供车辆救援服务,如车辆属于显而易见承租方使用不当产生的无法投入正常使用,出租方将酌情考虑向承租方提供临时替换车辆。

5. 出租方应在收到承租方租金及足额抵押金后，将承租方所租车辆交付承租方(收款日期以支票到账或收到现金这日为准)。

6. 出租方不承担租赁车辆在租赁期内交通事故或其他事故造成的一切后果，包括有关部门的罚款等。

第五条　承租方的权利和义务：

1. 承租方应按双方约定如期足额交纳租金和抵押金，租赁期满后，若无意外情况，承租方有权要求出租方将抵押金(不含利息)如数退还。

2. 承租方于汽车租赁合同有效期内仅拥有所租车辆的使用权。

3. 租赁车辆只能作为办公、旅游等自用车辆使用，承租方不得用租赁车辆进行盈利性运营，以及参加竞赛、测试、试验、教练等活动，不得将承租车辆用于转租、抵押、倒卖，不能进行非法活动及其他任何侵犯出租方车辆所有权的行为。

4. 承租方在租赁期内应严格遵守国家各项法律法规，并承担由于交通违章、违法肇事等行为所产生的全部责任。

5. 承租方不得将租赁车辆转借给任何第三者使用。

6. 承租方承担车辆租赁期内的油料费用及“三滤”、离合器油、制动液、冷却液等的每日检查责任，如遇车辆正常使用中出现故障或异常，承租方应立即通知出租方或将车开至出租方指定维修处，承租方不得自行拆卸、更换原车设备及零件，非正常使用造成的事故责任及损失费用均由承租方承担。

7. 承租方应确保租赁车辆技术状况完好，具体包括：按出租方的要求定期到修理单位进行维护；如遇车辆年检时，应将车辆整修好，保证干净、整洁，按出租方的通知参加车辆年检；不得私自改装或加设车辆设施；承租方应对承租车辆及车辆设施、附带设施的完好、齐全负责，不得损坏丢失。

8. 租赁期结束时，承租方应按本合同所规定的还车时间、地点还回车辆，还车时应保持车辆清洁、技术状况良好、设备齐全并无任何刮碰现象，交回的租赁车辆须经出租方指定的专业人员验收；承租方应承担租车、还车、换车时引发的车辆牵引费、接送车辆费及其他相关附加费用。

9. 承租方欲续租车辆，须提前24小时到出租方办理续租手续。

10. 在合同有效期内，车辆发生以下情况时，由承租方承担包括经济损失在内的全部责任。

(1) 将车辆转给他人使用而发生交通事故、车辆丢失等情况而造成的损失。

(2) 车辆在承租方允许使用区域外发生任何问题而造成的损失。

(3) 未经出租方事先同意拆、换车辆任何零件而造成的损失。

(4) 将车辆停放在无人看管的非停车场区所发生的车辆丢失。

(5) 由于车辆缺少冷却液、机油、制动液等发生的任何问题而造成的损失。

(6) 未依照规定参加车辆年检和检修维护引起的一切损失。

(7) 由于违反有关法律、法规而被有关部门扣押车辆、牌照等造成的车辆停驶等一切经济损失和相关法律责任。

(8) 随车手续、工具及物品的丢失或损坏。

第六条 保险条款：

租赁车辆已向保险公司投保车辆险、盗抢险及第三者责任险，若承租方要求增保其他险种，出租方可代办手续，费用由承租方承担。

车辆在租赁期内如发生保险事故，承租方应立即向交通管理部门和出租方报告，出租方届时应协助承租方在24小时内向保险公司报案，承租方要向出租方提供保险公司所需的一切手续，并负责整个事故的前期费用支付，在保险公司赔付前，车辆修理期间，承租方须继续履行合同的义务（包括：支付车辆停驶期间的租金、垫付修理费等），车辆损失保险公司不予理赔的部分由承租方承担。

第七条 违约责任：

1. 承租方提前退租，要向出租方支付提前退租期（提前退租期 = 合签约期 - 实际租赁期）租金额20%的违约金。

2. 承租方应按时交还租赁车辆，逾期交回车辆，逾期部分的日租金按原租金的200%收取，逾期不足一天按一天计算。

第八条 担保条款：

________________（个人签字、单位盖章）愿为承租方的保证人，为承租方提供担保，承租方发生违约行为，保证人愿承担连带责任。

第九条 合同的变更、解除及争议的解决：

1. 本合同的变更与解除，必须经合同双方及保证人协商一致，签署书面协议方能生效。

2. 有关本合同的一切争议，双方应协商解决，协商不成，任何一方均可向合同签署地人民法院起诉。

第十条 其他：

1. 承租方所租车辆的《租赁车辆交接单》须经双方确认，该单据是本合同不可分割的部分，与本合同具有同等的法律效力。

2. 本合同一式两份，双方各执一份。

出租方（盖章）： 承租方（签字或盖章）：

车辆交接检查项目说明

1. 证件

行驶证、养路费证、税讫证、年检证、救援卡。

2. 外观

灯光：前照灯、转向灯、雾灯、尾灯、倒车灯、前盖灯、行李舱灯、牌照灯。

门锁：车门锁、门锁按钮、门外拉手、备箱锁、油箱盖锁。

轮胎：钢圈、车轮饰盖、轮胎螺栓。

保险杠：保险杠外壳、保险杠支架、保险杠插片及螺栓。

其他：前后牌照、反光镜、天线、车身、车门及饰条、排气管、加油孔盖。

3. 室内设施

烟灰盒灯泡、遮阳板、后视镜、变速杆手柄、驻车制动器拉杆、座位调整按钮、车身衬里、顶灯、门内拉手、安全带、地毯、脚垫、座套、摇窗机、车窗控制按钮、前盖开关、油箱盖开关、收放机、行李舱、地毯衬里、点烟器、工具箱、转向盘套、空调开关、出风口开关、座套。

4. 备用工具

灭火器、千斤顶、轮胎扳手、备胎、防盗锁、交通图、太阳板。

5. 发动机部分

检查水箱盖、储水罐、制动液盖、机油尺、机油盖、蓄电池液及机油、制动液、冷却液、玻璃清洗液、发动机内各部分连接件(检查有无渗漏)。

6. 发动车辆

检查怠速、汽油表、冷却液温度表、机油表、转速表、各指示灯、闪光开关、电子钟、刮水器、喷水器、空调机、点烟器、收放机、电动天线、阻风门拉索，各部位有无漏水、漏油，排气管有无漏气。

7. 缓慢驾驶

检查里程表、挡位、行车制动器及驻车制动器、离合器、转向机、传动部分无异响。

汽车租赁业务登记单

承租方							
住址或地址				电话			
担保方		驾驶证号		身份证号			
姓名							
始租车辆							
车牌照号		车型		颜色		租期	
起租时间		还车时间		日租金		月租金	
起驶千米数		日限驶千米数		超时收费		超里程收费	
救援情况							
替换车辆		替换时间		替换原因			
付款情况							
付款日期		预付租金		预付押金			
支票号		交款人		收款人			
备注							

承租方：

经办人：

出租方：　　　　签章：　　　　担保人：　　　　签章：

经办人：

签订日期：　　　　年　　月　　日　　签订日期：　　　　年　　月　　日

车辆验收交接单

车型：______________　　发动机号：______________

车架号：______________　　车辆牌号：______________

该车辆经由出租方及承租方双方共同验收后，车辆外观完好，整车装备及零部件完整无损，与车辆出厂合格证相符合。各项购车、保险及行车手续齐全，相关证件合法有效。该车辆完全符合承租方及《汽车租赁合同》所约定的各项要求，承租方无任何异议，同意接受该租赁车辆。

附件：

行车证		车辆使用说明	
保险卡		车辆维护手册	
购置附加税本		1套车钥匙	
路桥车票缴费本		车船使用税税讫标识	
路桥年票标识正负联		客户须知	
备注：			

承租方（经办人签字）：__________

出租方（经办人签字）：__________

年　　月　　日

三、汽车租赁企业的车辆管理

汽车租赁企业的车辆管理包括：租赁企业的车辆营运标准管理和车辆档案管理、车辆技术管理、车船安全管理。

（一）车辆营运标准管理

1. 车辆行驶证件齐全有效

（1）必须随车携带的证件：年检证、行车执照、车辆购置附加费缴费凭证、保险证、车船使用税交讫（张贴）以及其他地方主管部门要求的证件。

（2）有关标志应按统一位置要求进行张贴。

2. 车况优良、设备完好

（1）发动机无异响。

（2）制动系统可靠有效，转向系统灵活有效，变速系统轻便有效。

（3）灯光完好有效。

（4）喇叭按钮灵敏，音量符合标准。

（5）刮水器、后窗玻璃的电热装置完好。

（6）组合仪表、空调、音响等设施完好。

(7)后视镜、遮阳板齐全完好。

(8)门锁、摇窗机、杂物箱齐全完好。

(9)座椅完好舒适,安全带安全有效。

(10)轮胎、备胎符合标准,气压正常,车轮钢圈无裂损或变形。

(11)随车工具(千斤顶、套筒等)齐全有效。

(12)风窗玻璃、车窗无破损。

3. 车容、车貌整洁

(1)车身整洁光亮,达到"三无、二亮、三净",即:"无污泥、无破损、无脱落;车辆亮、玻璃亮;轮胎内外干净、发动机舱内各部件干净、前后车牌干净"。

(2)车厢内部整洁:

①仪表板干净、无浮灰;

②座套整洁、无污垢;

③杂物箱干净、无残留杂物;

④脚垫整洁、统一;

⑤车厢顶篷无悬尘、无脱落;

⑥车内空气新鲜,无异味。

(3)行李舱整洁,物品放置规范。

(4)其他配套设施齐全有效。

①安全防盗装置(防盗锁、警示牌等)齐全有效;

②灭火器等灭火装置齐全有效;

③清洁工具(拖把、水桶、抹布等)齐全;

④凉席、隔热膜等季节性配套设施齐全。

(二)车辆档案管理

1. 车辆技术档案管理

建立完整的车辆技术档案,以反映营运车辆真实的整体状况,并做到:一车一档、专人管理、随时记录、分级调用。

2. 车辆证件管理

行车证件必须齐全有效,所有证件均应有复印件存档,且有专人保管。营运车证到期前3个月,应提前报经理,由经理视经营状况统筹安排。

(1)随车必带证件:详见《车辆营运标准管理》。

(2)无须随车携带的证件,应设专门档案分车存放,并由专人保管。

(3)车辆证件如有丢失、损坏,应确定责任,尽快补办。是用户造成的,补办的各种费用、车辆和人员误工费由用户承担;是管理人员造成的,按公司内部有关规定进行处罚。

(4)按时交纳车辆的各种规费,按国家有关部门要求进行车辆手续的各种审验,并事先通知客户,要求其做好相关的配合工作。

(三)车辆技术管理

为使车辆始终处于良好的技术状态之下,以保证车辆的正常使用,车管部门应按照车辆使用说明书和维护手册上规定的千米数和时间要求，定期对租赁车辆进行仔细检查、维护，不应以任何理由拖延；对交换公司的租赁车辆进行技术状况检查，并详细记入技术档案，以消除故障隐患，一旦发现车辆故障，及时报有关管理人员，本着“安全性、低耗时、低成本”的维修原则进行修理，并提交书面报告，说明故障原因、需修理部位、预计修理耗时及费用，并记入车辆技术档案，从而最大限度地减少车辆技术状况的非正常损耗，降低经营成本，保证租赁车辆的正常使用。

（四）车辆安全管理

车辆安全管理主要涉及预防车辆事故的发生和事故发生后的处理。为预防车辆在公司发生事故（车辆交给客户使用后，事故发生与否不受租赁公司控制，因此，为降低事故的发生，业务人员应对租车客户的驾驶资格要严格审定，条件允许时，可针对不同驾驶资格的客户制定不同价格以控制风险），车管部门应将租赁站点的停车场地科学地划分为待租车辆区、检修车辆区、车辆通道等不同区域，避免车辆因乱停、乱放和移动造成碰撞等事故；工作人员将车辆停入车场后，必须关掉所有电气开关、拉紧驻车制动，锁好门窗及防盗装置，检查确定无误后方可离开；配备专门人员做好停车场车辆的登记、管理工作，防止车辆缺损或丢失。按国家要求和本地情况为停车设施配备有效的灭火工具，并保证停车管理人员能熟练使用。车辆一旦在运营过程中发生交通事故，租赁公司有关业务人员应在第一时间协助承租人保护好现场、积极抢救伤者，并向交通管理部门和保险公司报案。协助有关部门做好现场勘验、责任认定和车辆定损的工作，并由专人与保险公司及承租人商洽赔偿事宜；凡发生交通事故造成车辆损坏，必须由保险公司鉴定认可后，方可修复，车辆修复期间车管人员必须经常到修理厂督促、查看，发现问题及时处理，以保证维修速度和质量。

四、租赁企业的风险管理

汽车租赁，由于车辆交予承租人驾驶和使用，租赁企业在租赁期中难以对车辆的使用状况和使用方法进行现场监督，其经营具有一定的风险。一般来说，汽车租赁企业经营中的风险主要存在于以下几个方面：

（一）车辆技术状况的非正常损耗

由于承租人对所租赁车辆的驾驶特点、性能、构造等不熟悉，造成操作不当；或者为了减少租车的使用成本，在使用过程中不注重对租用车辆的维护，带来车辆技术性能的非正常损耗；或者由于企业自身对租赁运营车辆的技术管理出现漏洞，没有及时地检查和维修，致使承租人在使用过程中造成车辆损坏。这些都将导致车辆的使用寿命降低、企业的经营成本升高，妨碍企业投资的按时收回，从而给企业的经营带来风险。

（二）承租人的道德风险

是指承租人违反双方议定的租赁合同，在租赁过程中侵占租赁企业的合法利益的行为。常见的有两种情况：一是承租人不按合同规定交付租金。有些承租人延长用车时间而不补交租金或延期支付租金，超时使用短则十几天，长则几个月，造成企业的租金不能按时收回，车辆周转受到影响；另外租赁合同在规定每日基本租赁价格外，一般还对每日行驶里程、行驶范围有一些限定，对超出使用里程和范围的部分加收部分租金；有些承租人为了多行驶一些里程而少付费，拆卸租赁车辆的里程表，使企业经营蒙受损失。二是承租人非法侵占租赁车辆的所有权，承租人在租赁期内采取不法手段将租赁的汽车进行抵押、偿债或擅自改变汽车的结构，更换零部件，甚至以租车为名，行盗车之实，将租赁的车辆变卖，直接侵占汽车租赁企业的营运资产。

（三）租赁车辆交通肇事

承租人驾驶租赁车辆发生交通事故，致使车辆必须进行维修，影响车辆的正常运营，或者承租人驾驶租赁车辆发生交通肇事，在案件处理过程中，也可能造成车辆停驶，影响企业的正常运营。

正是由于汽车租赁经营具有上述风险，因此企业必须建立健全相应的风险管理、控制机制以保证企业的健康发展。具体可以采取以下几点措施：

（1）提高全体员工特别是企业管理层的风险防范意识，建立相应的规章、措施，杜绝不规范操作，对风险管理给予制度上的保证，做到防微杜渐，把风险发生的可能性降到最低。

（2）在企业内部设立风险防范机构，负责对所租赁运营的汽车和承租人进行风险评估、监测和控制，与银行、保险、公安交管部门建立稳定的合作关系和信息交换体系，控制风险事件的发生和发生后的处理效率，将企业的风险和风险可能带来的损失控制在最低水平。

（3）建立车辆详细的技术档案和租赁车辆的维护、检查、修理标准和制度。一是通过日常的检查和维护制度，及时发现故障隐患并及时解决，保证车辆的正常运行；二是建立车辆定期检查和大修规范，定期评估车辆的技术状况，确保需要维护或修理的车辆获得及时的维修服务，及车辆在使用过程中的安全性。

（4）建立承租人的资信调查制度和信誉评估体系，通过使用前的资信调查，认真审核承租人提供的有关信息，并运用同业信息交换和公开合法渠道查询承租人既往的信用记录，在此基础上，确定承租人的信用风险登记，并以此制订不同的销售政策。在市场拓展和风险控制中取得平衡。条件具备的企业还可以应用信息技术建立客户关系管理平台，在开发市场的同时，应用管理信息系统广泛收集、积累和在合作伙伴间交换用户和潜在用户的有关资料，为业务部门进行风险评估提供技术和数据保证。

（5）建立跟踪服务制度。在租赁期中通过电话回访或其他形式，经常与承租人保持联系，一时掌握租赁车辆的使用情况，避免欠租现象的发生，降低车辆被盗的可能性；同时也了解承租人的驾驶习惯和消费偏好，对于那些不熟悉租赁车辆使用条件的客户给予适当指导，对于大客户或经常租用车辆的顾客，则尽可能在识别顾客偏好的基础上为他们提供经济实惠的整体解决方案来创造顾客满意，提高顾客满意程度。

（6）完善租车手续和租赁合同，依法约束租车人的行为，保障企业合法权益。汽车租赁企业应与用户签订周密的租车合同，详细规定双方的权利义务和纠纷解决方式，向双方明确汽车租赁过程中各个环节的操作标准。严格按照业务流程办理有关手续，必要时要求承租人留下住址、联系电话、手机号、身份证复印件等，核对无误后存档。

（7）为营运车辆进行保险以分担经营风险。一旦被租的车辆发生交通肇事或被盗，企业应及时派人到现场并及时向保险公司公安交管部门报案，协助有关部门勘查现场，认定责任，依照保险条款向保险公司提出索赔，为提高定损、理赔效率打下良好的基础。涉及刑事案件的还应及时向公安部门报案,提供有用线索协助破案。

五、租赁企业突发事件及应付

“骗租”租赁车辆以及租赁车辆在营运中发生保险事故,对汽车租赁企业来说是最感头痛、处理起来也相当棘手的两件事,下面将分析这两类突发事件,来总结相应的应对及防范措施,并讨论如何妥善、圆满地处理客户投诉。

(一)骗租租赁车辆手段分析及防范对策

实际业务中,“骗租”主要有两种手段,一种是持各种伪造证件,骗取租赁企业的信任,待车辆租到手后,人车均消失。对此,由于骗租者所使用的证件均是伪造的,租赁企业乃至公安机关往往无从查起。因此,杜绝这种骗租行为,必须从接待客户开始,加强对客户租车资格的审查和认定。主要防范措施如下:

1. 查验租车者是否已列入“骗租者黑名单”

目前,在北京等一些地区,部分汽车租赁公司或行业协会已自发定期发布“骗租者黑名单”,这相当于银行信用卡业务的“止付名单”,运用这一手段可以有效地防止骗租者在不同租赁公司连续作案。

2. 检查租车者户籍册

积极取得公安机关的支持和帮助,了解真假户籍册的辨别方法,如在北京地区:

(1)老户籍册上都是户籍民警手写字体,并有迁出、迁入本地的菱形小章。

(2)新户籍册上都是计算机打印出来的印刷字体,只有何时、由何地迁入本地的记录。

3. 检查租车者身份证

(1)老身份证无防伪标记,但做工精细,字迹清楚;新身份证有防伪标记。

(2)现在假身份证制作水平很高,有的也具有防伪标记,真正准确地识别只能到公安机关进行技术鉴定。

4. 检查租车者驾驶证

(1)办理过年审的驾驶证上面都有本人的身份证号码及家庭住址,并与户口册相同。

(2)其余的驾驶证上没有身份证号,假驾驶证制作的质量比较差,塑料封壳内的卡片字体颜色深浅不一。

5. 了解租车者单位

(1)以业务名义打电话侧面了解租车者的一些情况是否属实。

(2)实地考察申请者及其单位,主要了解单位的属性及其有关证件是否真实。

6. 了解担保人及担保单位

(1)对担保人的户口卡、身份证及工作单位进行认定,并对其经济状况充分了解。

(2)了解担保单位的单位性质及法人代表、注册资金、经营状况等,必要时可与担保方直接取得联系,核实其真实性。

当在进行上述各项核查工作的过程中产生疑问不能确定时,应采取最为行之有效的办法,即请公安、工商等政府职能部门予以甄别。

另一种“骗租”租赁车辆的手段则更为隐蔽,因为案犯所持证件全部都是真的。

案犯首先会利用一切合法有效证件租车,租期起码是两天以上,这期间,案犯有足够的时间和机会私下配备所租车辆的钥匙。

为造成车辆被盗的假象，案犯会精心设计一个有众多见证人在场的聚会，如：开会、吃饭等活动，然后由同伙持事先配好的车钥匙将车开走。

接着，案犯会在众人的作证下去公安机关报案，并通知出租方。因整个设计过程精确周密，很难抓住破绽，而将车开走的同伙会在最短时间内离开案发所在城市，将车以低价处理给外地的车贩子。

由于租车人各项手续都很齐全，令出租方在审核中难以产生任何怀疑，因此，出租方一般都会很放心地将车租给案犯。所以，这类骗租的案子是最常见的，防范难度也比较大，破案也需要很长的时间。

由于此类骗租行为方法更为隐蔽，给防范工作带来了更大的难度，因而也就对工作人员的责任心、工作经验等提出了更高的要求。

此外，一些汽车租赁公司在租车站点的办公室内采用安置摄像设备的办法，当租车者在办理租车手续时，摄像设备可将其容貌摄录下来，日后一旦发生纠纷即可作为有力的证据。更为重要的是，这对于前来租车的租车者无异于一次心理测试。当然，在具体操作上，一定要结合当地的实际情况和租车者的心理感受，避免对正当租车需求的租车者产生伤害，造成不必要的损失。汽车租赁公司在办理租车手续的过程中，当验完租车者的相关证件、证明后，可以用问卷抽奖的方式，对租车者进行一项由心理学专家和长期从事汽车租赁工作的专业人员共同制订题目的心理测试，既可以调节气氛，又可以在一定程度上降低租赁风险。

上述的一些做法，实际上都是从心理上对租车者进行考核，以鉴别一些有不良企图的人，具有投入少、操作简便、效果明显的特点。

“骗租、骗盗”租赁车辆是多年来困扰汽车租赁企业的一大难题。但只要我们在日常工作中能够坚持认真、严谨、规范的操作；能够不断总结教训，交流经验；能够不断加强汽车租赁企业间的合作，加强与公、检、法等机构的配合，充分依靠法律手段；通过合理的保险，就一定能将“骗租、骗盗”车辆所造成的损失降到最低限度。

（二）运营车辆发生保险事故的应对措施

运营车辆发生交通事故等保险时，必须本着及时、快速、准确的原则妥善处理，以免贻误时机而致使损失继续扩大。

1. 进行事故车辆索赔须提交的相应单证

（1）没有造成人身伤亡的交通事故，应当提供以下单证：被保险人身份证原件、保险单正本、报案人身份证原件、事故中驾驶人的驾驶证、事故车辆的行驶证，非被保险人本人报案的应携带委托书和被保险人身份证等。

（2）涉及车损和人身伤亡的交通事故，除上述所列单证外，还应提供：伤者诊断证明（县级及以上医院开具）、残疾者评残法医鉴定证明、家庭情况证明、抢救和治疗费用发票、死亡者工资收入证明、家庭情况证明（死亡者所属派出所盖章）、保险公司针对特殊情况要求的其他必要证明。

（3）代为查勘的还应提供以下单据：代查勘委托书、修车协议、事故照片、保险公司针对特殊情况要求的其他必要的证明。

（4）保险车辆发生非交通事故后，应提交以下单证：出险通知书、出险证明（事故发生地所属派出怕盖章)、权益转让协议、各种必要的证明和费用发票原件。

2. 注意事项

(1)当车辆发生交通事故后,应及时向事故发生地交通管理部门报案,保护好第一现场,采取合理的施救措施,同时通知车辆所投保的保险公司,协助其保险理赔人员查验出险车辆并填写《出险通知书》。

(2)当车辆发生非道路交通事故后,应及时向事故发生地所属派出所报案,并通知车辆投保的保险公司。

(3)车主保户必须在车辆修复或事故结案后3个月内将索赔需用的各项单证交给保险公司理赔人员,否则保险公司将不予赔偿。

(三)客户投诉处理

汽车租赁等服务性企业必须不断提高企业经营管理水平,提高服务水平和客户满意度。一旦由于工作失误或其他因素造成客户不满及投诉,应妥善予以处理,防止事态进一步扩大。所以,除了在日常工作中要加强车辆管理、严格租赁业务相应各环节的操作程序和规范以外,还应设置专门部门及人员,制订处理客户投诉办法,以便及时应对、快速反应。一般来讲,正确处理客户投诉,需要明确以下几个方面:

(1)投诉处理依据。

(2)投诉的受理范围及其受理方式。

(3)受理投诉的程序、处理方式。

(4)对投诉者因处理结果产生争议的解决途径。

第三节 汽车租赁企业的营销管理

一、汽车租赁企业的经营模式

目前,我国汽车租赁企业由于经营时间短,规模和实力有限,目前多采取分散独立经营的模式,但随着我国经济的发展和租赁市场的成长,这种模式由于难以为顾客提供方便快捷的服务,限制了企业的市场开拓和经营规模的扩大,难以为企业提供持续健康发展的空间。通过分析发达国家汽车租赁业的发展不难发现,汽车租赁企业在经历了最初的市场培育之后,其经营模式必将走上连锁经营和与生产厂商合作的道路。

(一)特许连锁经营

连锁经营是指经营同类商品和服务的若干企业,在核心企业或总部的领导下,通过规范化经营,实现规模效益的经营形式和组织形态。连锁系统的分店像锁链似地分布在各地,形成强有力的销售网络。它的主要特征是受许人使用特许人的商标、企业标记及广告宣传,按照特许人的企业管理及推销方法销售特许人的产品;受许人完全以特许人企业在公众中的形象出现,接受特许人的培训、监督和一定程度的控制;特许人为受许人提供培训、管理、广告和后续支持。汽车租赁行业集中体现了特许经营的特点。

世界知名的汽车租赁企业无一不采用连锁经营的方式,其连锁经营网点遍布各地,大型租赁公司的连锁租赁站点都在1000个以上,其中Hertz公司在140个国家设有5600余个站点,另一家美国的汽车租赁公司阿维斯(AVIS)也在世界140个国家中设有5000余个站点。欧洲最大的汽车租赁公司“欧洲汽车”则设立有8个分公司和1515个租赁站点,不仅如此,连锁经营的汽车租赁企业通过统一的管理标准和运营体系还在其车辆型号、车辆技术管理、服务质量管理等方面不断优化提高,从而赢得大量稳定的客户,上述的欧洲汽车租赁公司就与464个跨国公司建立有长期合作关系,这些公司的资料均进入了欧洲汽车的绿色通道预订系统的数据库中,在为这些客户随时提供良好服务的同时,也为其带来了稳定的客源和良好的收益。

这些世界领先的汽车租赁企业的经营实践说明,汽车租赁企业实行连锁经营,通过建立广泛的网络,统一管理,统一调配资源,能带来经营上的很多优势。首先,在构建连锁网络的同时,由于经营规模的扩大,使得企业统一采购的车辆和服务数量大大增加,提高了连锁企业与汽车厂商和相关服务企业的议价能力,从而易于获得优惠价格。其次,连锁经营的汽车租赁企业通过统一管理标准和统一调配资源,大大提高了客户在租车的时间、地点上的方便性和使用中出现故障时进行施救的及时性,简化顾客租赁的手续,完善顾客的信用管理体制进而提高企业整体的服务水准和顾客满意程度,同时,也能够在更高的层次上实现企业各项资源的优化配置,提高各种设备、设施的利用效率。对于全国性或区域性的汽车连锁租赁企业,其大面积的市场覆盖允许其统一运作各种形式的媒体工具,从而提高市场推广的效果和效率。另外,租车的客户中,有很大一部分是经常出差的商务人员,他们流动性大,经常往返于不同城市之间,而连锁经营的企业可以通过各个网络成员共享这些客户的信息而向他们提供方便快捷的标准化服务,进而提高自己的收益。

就我国现在的汽车租赁行业发展情况来看,特许经营的发展规模因考虑市场需求、加盟店单店的盈利性以及特许人的整体实力和经验几个重要因素。要确定公司的发展规模及发展计划,应重点考虑以下两点:

1.市场需求

汽车租赁的市场需求决定了汽车租赁企业在当地的发展规模。对一个城市来说,租赁客户可分为两个大的方面:本地客户和外地客户。而影响本地客户的主要因素包括当地经济发展水平、人均收入、企业实力、消费习惯等;影响外地客户的主要因素包括当地的地理位置(是否是重要交通汇聚点)、交通状况、城市特点(是否是省会城市或旅游城市)等。

2.特许人的管理结构和管理能力

特许人的管理风格或经营理念是否与受特许人的管理风格或经营理念一致。

(二)与制造厂商的合作经营

汽车租赁公司要扩大规模、降低经营成本,另一个不容忽视的方面是必须要加强与汽车生产厂商之间的合作。从汽车租赁业的发展历史看,自20世纪初汽车租赁行业诞生以来,汽车租赁企业就一直与汽车生产厂商保持着密切的合作关系。一方面,各大汽车厂商以收购或入股的形式直接参与一些汽车租赁公司的经营。以世界第一家也是目前规模最大的汽车租赁公司赫兹(Hertz)公司为例,该公司自1918年创建之初,便专门使用福特汽车公司的T型汽车。1926年,赫兹(Hertz)公司被美国通用汽车公司购买;后来,其又被美国福特公司、瑞典Volvo汽车公司共同拥有,成为福特汽车公司的全资子公司。大众汽车则拥有欧洲最大的汽车租赁公司——Eumpcar。而在日本，丰田汽车租赁公司仅在本国就拥有130多个营业站点，雇用员工1300多人。在德国，1996年全国租赁汽车总保有量为230万辆，由汽车制造企业建立的汽车租赁公司的保有量就有147万辆，占租赁汽车保有量的63.9%。其中，大众汽车租赁公司有47.9万辆；欧宝汽车租赁公司有20万辆；宝马汽车租赁公司有13.9万辆；奔驰汽车租赁公司为13.6万辆；除此以外，世界其他几家著名的租赁公司也出于经营的需要，与汽车制造厂商保持着良好的合作关系。20世纪70年代，通用公司与AVIS汽车租赁公司达成了一项广告合作协议：AVIS公司在其广告中宣传推荐使用通用公司的汽车系列产品；通用公司每年为AVIS公司承担预先协商限度内的一定比例的广告费用。于是，AVIS公司在其全球范围的广告宣传中使用了"AVIS公司以通用汽车作为特色车型"的广告语，AVIS欧洲公司也在其广告中使用了"AVIS推荐Vauxhall及Opel汽车"的短语。1989年，通用汽车公司更成为AVIS欧洲公司的股东，拥有AVIS公司26.5%的股权。1996年AVIS欧洲公司所购车辆的30%来自于通用汽车公司。1997年2月，通用公司与AVIS欧洲公司签订了新的车辆购买及广告宣传协议：AVIS欧洲公司保证两年内在双议定融资条款的基础上购进一定数量的通用公司的产品，通用公司则以优越的条件向AVIS欧洲公司提供车辆；同时，在这段时间，通用公司将为AVIS欧洲公司所有使用通用汽车形象以及推荐通用汽车品牌的广告承担50%的费用，直至达到双方议定的累计金额为止。

通过合作，厂商一方面为汽车租赁公司提供了融资上的支持，有利于汽车租赁公司扩大规模获取规模经济效应；另一方面，租赁公司还可获得来自厂商直接的技术支持，为出租车辆提供专业维修，质量担保，提高了车辆整体技术状况，降低了出租车辆在使用寿命中的使用成本，从而在一定程度上保证汽车租赁企业资产投资的有效性和收益能力。除了获得资金和技术上的支持以外，像AVIS与通用汽车公司的这种战略联盟式的合作，还直接增强了企业市场推广力度，降低了企业的营销活动成本。由此可见，汽车租赁企业与汽车制造厂商的合作是租赁企业发展到一定规模后必须作出的战略选择。

二、汽车租赁企业的服务质量管理

服务质量是关于整个机构满足或超过顾客期望的能力。测定业绩是顾客感觉到的服务质量。它是一个复杂的话题，对服务企业而言，质量评估是在服务传递中进行的。在服务过程中，顾客与服务人员要发生接触。顾客对接受到的服务的感知与服务的期望相比较，当感知超出期望时，服务被认为具有特别质量，顾客将非常满意；当没有达到期望时，服务注定是不可接受的；当期望与感知一致时，质量是满意的。因此，汽车租赁企业的服务质量管理过程也就是一个如何让顾客的感知超出其期望的过程。

(一)服务质量要素

根据对顾客相对重要性由高到低，用来判断服务质量的五个基本要素为：可靠性、响应性、保证性、移情性和有形性。

(1)可靠性。是指可靠地、准确地履行服务承诺的能力。可靠的服务行动是顾客所希望的，它意味着服务以相同的方式、无差错地准时完成。顾客希望自己预租的车辆能按照自己的要求停放在约定的地点，可靠性也延伸到后台财务室，客户希望能及时、准确地得到账单。

(2)响应性。是指帮助顾客并迅速提供服务的愿望。让顾客等待，特别是无原因地等待,会对质量感知造成不必要的消极影响。如果出现服务失败时,要迅速采取补救措施。

(3)保证性。是指员工所具有的知识、礼节以及表达出自信与可信的能力。保证性包括以下特征:完成服务的能力,对顾客的礼貌和尊敬,与顾客有效地沟通,将顾客最关心的事放在心上的态度。

(4)移情性。是指设身处地地为顾客着想和对顾客给予特别的关注。移情性有下列特点:接近顾客的能力,敏感和有效地理解顾客需求。

(5)有形性。是指有形的设施、设备、人员和沟通材料的外表。有形的环境条件是服务人员对顾客更细致的照顾和关心的有形表现。对这方面的评价可延伸至包括其他正在接受服务的顾客的行动。

顾客从这五个方面将预期的服务与接受到的服务比较,最终形成自己对服务质量的判断。期望与感知之间的差距是服务质量的量度。

(二)服务质量差距

影响顾客满意度的差距主要由四部分构成。

(1)"顾客对服务的期望"与"公司对顾客期望的认知"之间的差距。例如:顾客在旅行过程中租赁车辆的时候,希望租赁公司能将提供车辆停放在方便自己上车的地方,而租赁公司则对此并没有太多的在意,他们认为停放在哪里都差不多,对此并没有引起足够的重视。

(2)"顾客对服务的期望"与"公司内部建立的产品与服务的标准及衡量"之间的差距。这一差距是让很多汽车租赁企业感到为难的地方,他们无法将自己对顾客期望的了解转化为服务品质的细则。例如,顾客在租赁车辆的 使用过程中,发生了故障,租赁企业的服务中心知道很多顾客都希望在他们等待的时间当中,车子就可以马上修好,但是他们可能不知道怎么把这个期望变成可以衡量的标准或作为业务能力的设计重点。一般来说,缺乏管理者对服务质量的支持和认为满足顾客期望是不可实现的两个方面的原因造成了这一差距。然而,设定努力目标和将服务传递工作标准化可以弥补这一差距。比如将顾客的需求反映在企业的顾客满意度调查中,让顾客知道企业正在努力改进他们关注的问题。

(3)"公司内部建立的产品与服务的标准及衡量"与"公司实际提供的服务"之间的差距。这一差距也被称为"服务提供差距"许多原因会引起这一差距,比如租赁公司的业务流程能力或基础建设无法让他们达到自己预定的服务标准。一个分工不明确和管理不善的汽车租赁企业提出让顾客等待的时间不超过 10min 的愿望是美好的,但可能在他们目前的状态下是不可能实现的,这无疑会让顾客产生失望。当然,缺乏团队合作精度、员工招聘问题、训练不足等也是导致这一差距产生的原因。为了达到公司设定的目标,这就要求要有一批高素质的员工的共同努力。如果汽车租赁企业觉得有些服务标准在现有条件下很难或根本无法实现的话,就不要把它们写进自己的公司服务标准中。

(4)"公司实际提供的服务"与"顾客对服务的实际感受"之间的差距。这一问题产生的原因是与顾客缺乏很好的沟通而产生的。汽车租赁企业表现出顾客所期望的水平,或者已经改进自身的表现,但如果不让顾客及时了解这些情况的话,顾客就会保持和原来一样的看法,认为汽车租赁企业"表现不好"。所以,缩小这一差距的办法就是通过各种渠道让顾客了解公司目前的情况和公司所做的努力,让顾客知道公司在为了他们达到满意在不懈地努力。

当然,要彻底解决以上存在的差距,让顾客对汽车租赁企业的服务比较满意,还需要从顾客的需求和企业提供给顾客的服务营销组合来入手。

三、汽车租赁企业的需求管理

汽车租赁企业在经营中往往面临需求的波动,在“长假”等旺季,租赁车辆供不应求,白白损失市场;而在淡季,又有车辆闲置,大量营业能力得不到发挥。因此,汽车租赁企业要提高经营效益必须进行需求管理以平抑供给与需求波动的不平衡。

进行需求管理,首先应对租赁客户进行一个简单的分类,以确定哪些行业、哪些群体的需求较为稳定,而哪些行业、哪些群体的需求随季节波动较大,并由此来规划和预测市场波动的周期和幅度,在此基础上,还可以采取以下几项措施来进行需求管理。

(1)提供价格诱因。汽车租赁公司可在淡季,针对需求有波动的客户对其消费偏好提供形式多样的价格优惠,一方面扩大市场的整体需求,另一方面吸引其他公司的客户,从而充分发挥自己的生产能力。

(2)促进非高峰的需求。这是指汽车租赁公司努力在传统主营业务领域以外扩展自己的业务范围,为自己的车辆在淡季寻找新的需求。例如,租赁公司可以尝试与汽车维修企业建立战略联盟,为其顾客提供代步车的服务(有偿),或者与驾校合作,在淡季为驾校学员或新获得驾驶执照但暂时没有自己车辆的客户提供培训或试驾用车。

(3)开发互补性服务。由于顾客的服务需求具有连续性,一般的商务顾客除了租赁车辆外,还可能会有订票、住宿等需求。这时汽车租赁公司可以和相关部门结成战略联盟,在条件允许的情况下延伸自己的服务项目,开发互补性服务。如:汽车租赁公司可以和酒店、旅游景点、火车售票点、飞机售票点、客运售票点等上下游相关服务伙伴联系,为顾客提供预订酒店住房、景点观光票、火车票、飞机票、汽车票等服务。在方便顾客的同时,完善自己的服务,提高顾客的满意度,挽留住自己的现有客户。

(4)使用预订系统。预订等于预先提供了潜在服务,当预订作出后,租赁公司可以提前安排车辆的供应调度计划,在一些特定场合,如果生产能力实在难以满足需求,还可以尝试与旅行社或其他租赁公司合作,将一部分需求外包给他们,自己从中获取适当的收益。

四、汽车租赁企业的服务营销组合

(一)汽车租赁企业的服务营销组合的元素

传统上,多数营销人员考虑营销组合的四个基本元素是:产品(Product)、价格(Price)、促销(Promote)、地点(Place)。汽车租赁企业的服务营销组合框架中包括产品(Product)、价格(Price)、促销(Promote)、地点(Place)、人员(People)、过程(Processes)和顾客服务(Service)七个元素。下面将分别介绍七个元素在营销组合中所起的作用。

1.服务产品

产品(Product)是一个提供顾客某些价值的物体或过程的总体概念;商品(Goods)和服务(Service)是描述产品两种类型的次级分类。汽车租赁服务的实质是通过我们给顾客提供的租赁车辆来实现的,但企业所有为之做的努力都是实现该服务的前提。

正因为服务产品是倾注了所有为达到该目的而做的努力，所以同样的汽车租赁公司，提供同样的车辆，他们带给顾客的最终服务感觉可能就不一样。

2. 服务定价

价格在服务营销中起着至关重要的作用，因为正是定价带来了经营收入。定价决策在为顾客确定价值上有重大意义，并起到为服务树立形象的作用。

汽车租赁企业的定价要考虑服务及时交付和可行性的特点。一般来说，汽车租赁企业的可利用资源是固定的，因此，它能接受的最大服务量是有上限的。汽车租赁企业作定价决策包括在高峰需求时间的溢价和非高峰需求时为吸引顾客而做的折扣定价。

当然，汽车租赁企业的定价策略需要结合公司的整体营销战略，在开拓一个新市场的时候当然可以以有吸引力的价格来获得更多的客户；对待老客户，一个合理的价格可以让他们成为企业的长期客户，为公司带来长期利润的最大化。

3. 地点

汽车租赁企业经营场所的选址工作是影响企业发展战略的一个重要因素。地点一经选定，就需要投入大量的资金，并且具有长期性。因此，在选址的时候，必须慎重考察，应注意把握以下原则。

(1)交通便利的原则。经营场所不一定要居于闹市区，但应该交通便利，最好能临近城市的主干道路。

(2)合理布局的原则。汽车租赁作为一种服务性行业，从一开始就应考虑能否最大限度地为客户提供更加方便、快捷的服务。因此，必须注意经营场所的分布要均匀、合理，如果在开业之初，只设一个服务站点，那么应尽可能位于中心区域，如果准备建设几个服务站点，那么，各服务站点则应尽可能地均匀分布，以覆盖更广泛的区域。

(3)经济适用的原则。随着汽车租赁行业竞争的日趋加剧，企业的盈利水平已大不如前，因此，在选地点的时候，一定要注意经济适用，控制好经营成本。

(4)利于竞争的原则。在选址之前，还应了解竞争对手的情况，了解竞争对手有哪些优势，有哪些不足。如果能确保自己在位置上、价格上、服务上都优于竞争对手，那么不妨与竞争对手设在同一区域；反之，则可选择竞争对手尚未覆盖的区域另立门户。

4. 促销

促销的目的就是加强与顾客的沟通，让自己提供的无形服务能为更多的人所了解。服务是无形的，从精神上领会起来很困难。但是服务的有形表征有助于更好地了解所提供的服务，促销也可以让人们知道汽车租赁企业在当前一段时间的服务内容和开展的活动，让顾客知道自己的哪些要求能在汽车租赁企业那里实现，同时，促销活动也可以让更多的人群知道自己，让自己的企业能在人群中得到口头传播。

5. 人员

服务营销中人员的重要性已经得到大家的普遍认同。服务营销的成功是和人员的挑选、培训、激励和管理密切联系的。汽车租赁行业也不例外。

汽车租赁企业的服务人员是为顾客创造附加值的一个重要部分，把人员看作营销组合中的一个独立元素，关心他们，并根据个人的特点，使其对营销组合的影响最大化。当然，企业也应做好内部营销管理，即把所有的员工当作顾客一样来对待，为他们提供周到、满意的服务。让员工达到满意,从而通过他们的服务,实现顾客的满意。

6. 过程和顾客服务

汽车租赁对顾客的服务过程是服务营销组合中的一个主要因素,因为接受服务的顾客通常把在过程中的感知当成服务本身的一个部分。

汽车租赁的所有工作活动都是过程。从最初接到顾客的预订服务电话开始,到帮助顾客实现其服务要求,到最后的验车交接,这中间发生的所有活动都称为服务过程。所以,把过程管理当作一个独立活动来看待是提高服务质量的前提条件。在服务过程中,员工的表现是很重要的,只有员工大量的关注和努力才可以给顾客带来一个满意的服务过程。从接电话开始,服务人员就需要对顾客的问题提供详尽的解答,如果顾客希望得到服务,就应该按照业务流程安排给其提供满意的车辆;在顾客租车期间,应尽可能地帮助顾客解决所遇到的问题,如车辆发生故障、遇险等;在还车过程中,可为顾客提供便捷、灵活的还车方式。

(二)制订营销组合战略

服务营销组合的七个元素每一个都相互影响,都应该促进其发展,以致它们相互支持并尽可能最好地适应公司的内部和外部环境。在制订营销组合战略时,服务营销人员需要考虑这些组合元素的关系。

各营销组合元素之间的相互作用分为三种程度:

(1)一致性。营销组合中两个或更多元素之间存在一种合理的和有益的并彼此适应的关系。

(2)整合。包括组合元素之间的一种和谐的相互作用。

(3)杠杆作用。包含一种非常高级的方法,它会充分利用每个元素的优势支持整个营销组合。

这样有效的关系营销是建立在选择和设计相互支持和杠杆连接一起的营销组合元素之上的,并因此达到协同效应。这说明人员、过程和顾客服务应该是服务营销组合中至关重要的决定性因素。

为制订营销组合战略,我们需要考虑每个营销组合元素在汽车租赁市场细部内的影响,要确保以下三个方面:

(1)营销组合和每个目标细部的适应性。

(2)营销组合和公司业务能力的适应性,加强公司的长处并把弱点的影响降到最小。

(3)认识竞争对手的能力,并回避其优势和利用其弱点。

汽车租赁企业应在以上元素中选择自己最突出的方面,来构成自己的服务营销组合,制订有效的营销计划,开展优质、有效的服务。

五、汽车租赁企业的市场发展策略

市场发展策略,就是汽车租赁企业以什么样的经营形式和服务形式去满足市场需求,从而扩大企业的市场范围和市场占有率的策略,它实质上是企业经营业务发展的总体设想方案。市场发展策略类型主要有:渗透型市场发展策略、拓展型市场发展策略、多元化市场发展策略、一体化市场发展策略等。

（一）渗透型市场发展策略——长租客户市场的推广

这种策略立足现有汽车租赁市场，采取措施提高本企业的市场开发深度，进而提高市场占有水平。主要方法为：针对目标市场采取有效措施，挖掘潜在客户。下面我们以长租客户市场推广实例介绍渗透型市场发展策略的应用。

发展并稳定长租客户始终被各汽车租赁公司当作确保实现企业基本利润目标的主要手段，特别是在一些中、小城市和部分汽车租赁尚未被普通人广泛接受的大城市，保持较高且稳定的长租比例就显得更为重要。

经过资料搜集与整理，我们不能难发现，长租客户中企业租车所占的比重相当大，尤其是那些企业的用车需求非常可观。针对此种情况，建议可以工商局企业登记注册部门为突破口，挖掘长租客户。具体操作中应注意以下三个方面：

（1）与工商局企业登记科沟通，使其了解汽车租赁业务，进而取得其支持，向每家新注册的公司介绍汽车租赁的好处和本公司的优势，也可以在企业年检时进行推荐。

（2）租赁公司应精心准备业务介绍资料，主要是为企业特别是中、小企业和外资、外来企业，从他们的角度出发，算一笔“精细账”，说明汽车租赁的好处和本企业的优势。

（3）以从工商局或其他途径获取的企业信息为基础，针对潜在市场邮寄业务资料和相关函件，为日后业务作铺垫，对于特别有希望的单位要及时作登门拜访。

实践表明，如果取得相关政府职能部门的支持，再加上企业自身认真、细致的工作，一般都能取得较满意的效果。

（二）多元化市场发展策略——综合竞争能力的提高

多元化策略，就是在一定条件下，企业可以突破行业限制，广泛涉足与汽车租赁相关的行业，以新服务、新项目以及相应的新市场组成多元化经营方向的策略。采用多元化发展策略，能够提高企业对环境的适应性，可以获得更多的发展机会，提高企业自身的综合竞争能力。

随着汽车租赁市场日益兴旺，各汽车租赁公司尽显其能，努力以各种竞争方式扩大自己的市场份额，但无论招数如何花样翻新，着眼点不外乎消费者最为关心的“价格”和“服务”。

几乎每个城市的汽车租赁行业内部都打过价格战，价格竞争是各公司普遍采用的吸引顾客的办法，这种办法也曾经起过不小的作用，但那只是汽车租赁业的经营初期，也就是汽车租赁利润值很高的那段时期。随着价格越来越低，用微利经营来增加市场份额的愿望，往往造成互相攀比降价的恶性循环，甚至导致几败俱伤的经营困境。因此，一味以价格竞争来寻求市场份额、吸引客户，不可能是一种长期有效的办法。

汽车租赁业较成熟地区的经验表明，汽车销售、汽车救援、汽车装饰、汽车美容、汽车维修等经营项目的开展可以与汽车租赁彼此呼应，相互促进，不仅可以提高企业的综合竞争能力，同时能为汽车租赁公司带来更可观的效益。

因此，汽车租赁企业综合竞争能力的提高，一方面需要在不断提高服务质量上下功夫；另一方面，在条件具备的时候，应适时推出多种经营项目，如：汽车救援、装饰、维修、汽车销售等，提高企业的综合竞争能力。特别值得一提的是汽车销售，从企业发展基础来看，自有汽车销售资格，可以使汽车租赁公司在进新车、处理旧车等方面都能真正“当家作主”，省去了原来在中间环节耗费的大量人力、物力和财力;而从市场开拓的角度来说,同时拥有汽车租赁和销售能力的公司,开展租、售业务可采用的形式、方法必然要比单一职能的公司灵活得多,因为对顾客和商家而言,不必再将租赁和销售/购买(主要指分期付款)绝对割裂开来,两者在一定程度上是相通的、可以转换的,这样既方便了顾客又拓展了市场,达到了多条腿走路、搞活汽车租赁、提高整体竞争能力的目的。

(三)一体化市场发展策略——汽车租赁与酒店业、旅游业的合作

一体化发展,就是选择与汽车租赁相关的行业,如旅游业、酒店业等,开展跨行业合作,合作方均以各自产业为核心,协同经营,形成有机的整体,为客户提供多种配套服务,共同促进各自业务的发展。例如:汽车租赁企业与旅游业的合作,可以采取开展自驾车旅游的方式,由租赁公司提供车辆及随团维修人员,由旅行社开辟旅游线路和旅游景点,提供导游等服务;汽车租赁企业与宾馆酒店的合作,可以采取相互代为预订的方式,酒店可为住店客人提供在价格上具有一定优惠的预订服务,而汽车租赁公司可为租车客户提供优惠预订服务。这样,无论是旅行社、酒店,还是汽车租赁公司,都增加了服务项目和客户数量,而消费者则获得了更多的便利和实惠。

因此,一体化发展策略,其实质是整个社会不同行业间大协作和大联合的体现,对于整个社会资源的合理配置和利用具有重要的意义。实际上,一体化发展策略在国外汽车租赁公司已经被运用得非常娴熟了。在国内,北京世纪通汽车俱乐部在汽车租赁网络的基础上,开发商务服务网络的做法,可以算作国内汽车租赁企业实施一体化发展策略的有益尝试。世纪通与国内近千家宾馆、旅行社、景区景点、航空服务中心、餐饮娱乐机构建立起良好的业务合作关系,实现了以“互为宣传,互为预订,相互提供优惠价格”为主要内容的一体化合作,不仅使合作各方获得更有针对性的宣传、更多的客源,同时也使消费者获得了更便捷、更实惠的服务,实现了良好的社会效益和经济效益。

六、租赁企业的客户关系管理与信息管理系统

(一)租赁企业的客户关系管理

客户关系管理是在对汽车租赁客户的价值及其形成过程的深入分析的基础上,运用现代 IT 技术和系统集成技术,通过为客户提供个性化汽车租赁服务,建立和发展与客户之间长期、稳定的合作关系,在实现客户价值最大化的同时为汽车租赁企业赢得竞争优势的管理手段。它不同于一般传统意义上的客户管理,仅对客户的个人资料、租赁的车型、租期、是否违规等一般信息进行收集和分析,以作为营销组和决策的参考,它更多的是对客户在租赁过程中的价值体验以及通过与客户建立稳固合作关系所带来的长期收益进行评估和管理。它更能够为汽车租赁企业创造长期稳定的发展和客户忠诚。建立 CRM 平台所需的关键技术主要有:知识发现、数据挖掘和数据仓库。知识发现是一种强有力的解决信息超载的方法,它通过自动检索大量数据来探求事件模式,并提交简单易懂的分析结果,使得组织能够更好地理解商业过程。数据挖掘则是一系列技术的组合,旨在发现隐藏在大量数据背后的有价值的数据模式,其目的是通过建立决策模型来分析过去、预测未来,通过数据挖掘,发现隐藏在大量信息中对客户消费决策有潜在价值的知识和规则,从而掌握单个客户的价值链构成

和价值偏好。这两项技术与由各种分类数据库集成的数据仓库相结合，使汽车租赁公司能够通过CRM平台持续不断地获得各类客户的相关信息，从中归纳、预测客户在汽车租赁过程中的价值链构成和消费行为模式，再有针对性地进行一对一营销，使得租赁公司在和客户的每一次接触中都能够尽可能多地为顾客提供针对该顾客的消费习惯而专门设计的服务组合，从而提高客户对其消费行为所感知到的效用和价值，提高客户满意度。这种双方互利的接触经过一段时间后，将在汽车租赁公司和客户间建立起基于信任和承诺的稳定关系，同时由于这些营销政策都是一对一的定制服务，难以被其他汽车租赁企业模仿，从而能够为汽车租赁企业在竞争中带来长久的竞争优势。需要指出的是，CRM不仅仅是一套计算机管理系统，它是全公司员工参与，通过识别消费者偏好以批量定制的手段进行一对一营销，从而创造竞争优势的管理过程。信息技术知识为它的运作提供了一个信息收集、处理、共享的平台，全体员工的服务观念和参与实践是客户关系管理能否取得成功的关键。

(二)租赁企业的管理信息系统

随着世界科技水平的不断提高，计算机网络技术已被越来越广泛地应用与工业、农业、教育、科技和交通运输等诸多行业，并日益发挥出不可替代的重要作用。将计算机网络技术应用于汽车租赁行业已经引起了方方面面的高度重视，正试图以计算机网络技术来进一步提高租赁经营管理水平。

汽车租赁管理信息系统的内容，基本涵盖了汽车租赁业务的各个方面。它要有快速、有效的认证过程，不仅应满足一般的租车需求，还应满足异地还车的需求，并且可以根据公司的发展情况能够逐步升级。汽车租赁管理信息系统应分为单机版和网络版两种。单机版主要针对业务少或彼此网点无业务往来的汽车租赁公司；网络版针对具有一定规模的汽车租赁公司，公司一般拥有多个租、还车站点，这些站点可能在一个城市，也可能涉及多个城市，公司需要保证车辆和客户资源在不同的站点之间进行共享，并确保公司管理者能及时、全面、准确地掌握下属各站点的业务，进行必要的管理、监督和控制。

(三)对汽车租赁管理信息系统的要求

总的来说，由于汽车租赁行业的特殊性，对汽车租赁管理信息系统呈现出如下要求：

(1)适应性强。如果同时有数万名客户和数千辆车的信息被使用时，应保证系统在速度上不出现数量级的下降；在硬件条件上由于系统的实现多采用电话拨号方式进行连接，应保证系统对每单笔交易完成的时间在一个可以接受的范围之内。

(2)安全性好。因为汽车租赁业务对安全性要求高，而信息网络物理链路的不稳定性，可能会导致汽车租赁业务出现计算机管理的安全性问题。这也要求管理信息系统的安全性以及保密性要好。

(3)界面友好。采用图形用户界面，方便用户的使用；大量使用顶置使用户在任何一个地方都可以方便地了解到所有相关的信息，并尽可能地减少操作员的输入工作量。

(4)可升级。系统与其他软件的兼容性能好，在系统升级时不影响当前的业务。

(四)汽车租赁企业管理信息系统应具有的功能

一般来说，汽车租赁企业的管理信息系统应具有以下一些功能：

(1)租赁业务管理。具有车辆预订、租车、续租、救援、还车等业务处理能力；业务处理过程中的单据(如租车单、续租单、还车单、替换单、车辆交接单、违规单等)打印。

(2)客户管理。能对客户档案和客户使用车辆的信息进行管理、查询和打印。

(3)车辆管理。能对车辆档案和车辆历史信息进行管理、查询和打印。

(4)机构管理。能对下属各个站点的信息进行管理(系统能根据季候的变化自动扩展其配置,使系统适应于不同的规模)。

(5)业务查询和分析。能对指定时间范围内的特定业务进行查询(如租车、还车、车辆状况等),对有关业务数据进行统计和分析(如出租率、营业收入等),还可打印列表及统计图表。

(6)系统维护。系统中各种代码的维护,如车辆的型号、颜色等;自动检测并提示车辆报验、报修、保险到期和租车到期、会员会期到期;系统的备份和恢复等。

第四节　共享汽车概述

近年来,出行方式与以往相比已大大改变。特别是共享经济的出现,大大改变了汽车交通出行行业的格局。共享汽车属于汽车互联网出行行业里的汽车分时租赁业务,与传统的车辆分时租赁行业有极大的区别。

共享汽车,是指许多人合用一辆车,即开车人对车辆只有使用权,而没有所有权,在租车行里属于分时租车。它手续简便,通过互联网或者移动 APP 就可以预约租车。共享汽车一般是某个公司通过互联网或者 APP 来管理协调车辆,并负责车辆的保险和停放等问题。这种方式不仅可以省钱,而且有助于缓解交通堵塞,以及公路的磨损,减少空气污染,降低对能量的依赖性,发展前景极为广阔。

汽车共享的分类如图 8-6 所示。

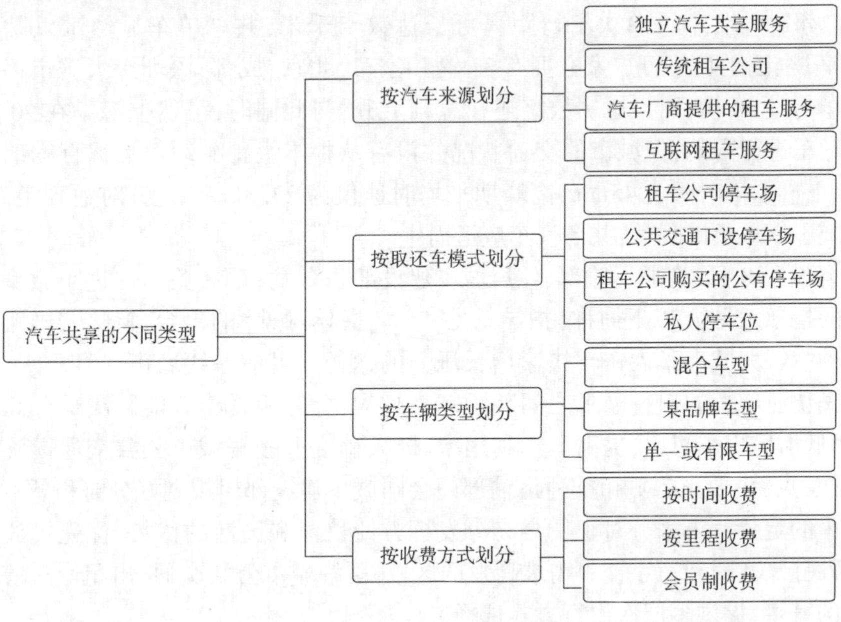

图 8-6　汽车共享的不同类型

一、共享汽车发展概述

"共享汽车"概念最早出现于20世纪40年代，由瑞士人发明。他们在全国组织了"自驾车合作社"，这在瑞士这样的山地国家非常实用，一个人用完车后，便将车钥匙交给下一个人，比在平地国家建立网络更容易。到90年代，欧洲汽车共享协会成立，标志着欧洲共享汽车市场的诞生，后来北美、日本等发达地区也陆续风靡起来。

汽车分时租赁登陆中国在2010年前后。据有关统计结果，至今全球30多个国家和地区已经有600多个城市有共享汽车组织。目前我国租赁市场处于早期发展阶段，根据罗兰贝格报告指出，2014年中国从事汽车租赁服务的企业约为9513家，平均每家运营车辆数量为46辆。2015年，中国从事汽车租赁服务的企业约为10023家，平均每家运营车辆数量为52辆，其中一半以上的企业位于北京、上海、深圳等一线城市，在二、三线城市渗透有限。随着计算机、电子钥匙和卫星定位系统的发展，今天的"共享汽车"不仅拥有完整的技术保障，而且增加了许多新的内涵。

共享汽车的概念是基于共享经济的基础而产生。共享经济最初是指通过互联网技术激活海量的闲置资源，让物品的所有者通过某一平台将物品的使用权暂时转让给他人，从而提高社会资源的利用率，为平台两端的参与者创造价值。在该模式中，企业通过打造平台来连接闲置商品和人而不是生产商品，我们可以将这种模式称为C2C模式。而目前，共享经济这一概念变得更加宽泛，除了C2C模式外还有B2C模式。这类公司与C2C模式公司的不同点在于其本身并不连接闲置资源，而是生产或购置大量商品投入市场，用于分时出租并收取租金，这本质上是租赁。较为典型的例子就是共享单车。共享单车的初衷是为市民短途出行提供一种廉价而便捷的通行方式，而相比于已有的城市公共自行车，它又通过采用GPS定位以及取消停车桩，使其随用随骑、随停随锁，提升了自行车的使用效率。但在一线城市如北京、上海、广州、深圳，市民单次出行距离可长达数十千米，共享单车显然难以胜任。截至2015年年底，全国平均每百户家庭拥有31辆私家车，北京、成都、深圳等大城市每百户家庭拥有私家车超过60辆，而且这一数字还在急剧上升，与此同时，虽然上海早在20多年前就开始对机动车进行限购，但城市的交通状况并没有从根本上得到缓解。据百度地图数据显示，开车上下班平均时间为45min，高峰期平均时速仅为22.3km/h。针对通勤距离较长、公共交通设施不堪重负的现状，共享汽车应运而生。

2017年8月8日，交通运输部、住房城乡建设部联合发布了《关于促进小微型客车租赁健康发展的指导意见》（以下简称《指导意见》）。《指导意见》的出台，意味着国家将分时租赁视为一种缓解大城市私人轿车快速增长压力的途径。目前一线城市一号难求，车牌发放数量与居民快速增长的出行需求之间差距越来越大，分时租赁模式能解决部分高频短途出行需求，降低居民购车意愿，提高车辆利用率，极大程度上缓解城市公共交通设施紧张的局面。《指导意见》中要求各城市交通运输部门会同城乡建设部门规划好分时租赁在城市综合交通体系中的定位。未来分时租赁会充分发挥方便快捷和灵活的优势，优先投放在交通枢纽、大型居民区、商圈和写字楼等需求高发的区域，缓解城市公共交通、出租汽车等高峰时段运力不足的窘境，提供多层次出行方式选择。

近两年来，政府出台了一系列文件鼓励共享经济发展。共享出行的相关政策制定与落实主要依赖地方政府,不同地方在政策的理解、规范和执行上尚有很多差异。对于分时租赁,目前政府还是运用鼓励发展的方式,未来会在具体的鼓励措施上,如停车位支持,运营补贴等推出相关的政策。

二、共享汽车与传统租赁企业的联系与区别

“互联网 +”环境下的共享汽车,其实就是汽车的分时租赁。不过和传统的汽车租赁不同的是,传统租赁汽车一般需要门店,线下人员服务,以天为单位计费。而共享汽车则是注册认证的会员通过 APP 寻找周围无人值守网点,通过分时计费的方式租车使用,网点之间自由取还,方便快捷。也可以说是汽车租赁时间共享。

(一) 目前国内的共享汽车主要分类

1. 传统的汽车租赁模式

这种模式一般通过门店经营,客户通过电话联络确认需求后,携带有效证件及信用卡前往。随后要进行一系列合同签订及验车等流程,客户才能提车。这种模式保障完善,由于有专人维护,车况较好。但由于整个流程较为复杂,难以满足高频、突发、短途的用车需求。

2. 网约车模式

此模式的代表运营商有滴滴、Uber。该类模式的实质是出行服务的双向交易平台。在需求端,它解决了一部分突发的短途点对点出行需求,并且更加快捷、方便;而在供给端,它调用了原本闲置的社会资源,包括现有私家车(以使用时间为标准测算,私家车使用率仅为 4%)和过剩劳动力(61% 的 Uber 驾驶员另外有全职或兼职工作),并且通过算法进行实时派单和高峰时段涨价,使弹性的供给与波动的需求充分匹配。出行平台按百分比抽取车资作为佣金收入。

3. 分时汽车租赁模式

此模式的代表运营商有 EVCARD 与盼达租车。随着技术进步与消费观念升级开始兴起的,分时租赁汽车孕育而生。分时租赁提供汽车的“随取即用”租赁服务,其主要特点是用户可以使用手机在任何时间自主完成订车、取车、开关车门、还车业务,用户租车完全实现无人化服务。同时,与传统汽车租赁半日租、日租、月租或年租的计费方式不同,该种汽车租赁模式按照“里程 + 时间”计费。消费者使用汽车分时租赁所要支付的费用整体不高于网约车,部分等同或略低于出租车价格。

用户在使用分时租赁汽车时需要下载相应品牌的 APP 或通过微信公众号,通过向平台提供身份证、驾驶证信息以及个人照片等完成注册并交纳押金。目前大部分汽车共享品牌仍采用网点取还车的方式,但可以跨区域、异地网点还车,另有少部分品牌可实现区域内任意地点还车,并通过车辆接力和自有运营人员维护运营的方式实现车辆在城市各个角落投放。

这三类模式各有利弊,分别面向有不同出行需求的客户群体。传统的汽车经营性租赁服务于短租和长租客户。短租主要为出差、旅游的用车需求。长租主要是企业客户的商用需求较多,或因限购买不上车的个人用户。经营性租赁一般最少按天起租,相比分时租赁而言,客户用车时间更长。从使用成本的角度看,一次性需要支付的费用也相比分时租赁要高出不少。中国租赁市场规模从 2011 年的 281 亿元增长到 2016 年的 496 亿元,年复合增长率

达到18%。虽然增速较快,但当前中国租赁行业仍处于雏形阶段,渗透率只有0.4%,而日本、美国、韩国及巴西则分别为2.5%、1.6%、1.4%及1.3%。由于承租人无须亲自办理保险、年检和维修,用户可以把买车、养车的负担转移给汽车租赁公司,并且随自己的喜好更新车型,极大程度上降低了一辆车的持有和更换成本,越来越多的消费者被汽车租赁服务所吸引。

网约车更多的是为了满足对价格敏感的打车消费群体的出行需求,网约车起步价格与出租车接近,但中长途的价格更便宜。在滴滴合并Uber后,网络约车市场集中度进一步提高,滴滴形成了绝对的领先地位,占据了约88%的市场份额。网约车用户规模目前约2亿人,一线城市用户为网约车市场的消费主力,北、上、广、深的打车软件订单量占到了整个市场的近50%,用户用车习惯已经逐渐养成。

与以上两种汽车共享方式相比,分时租赁还处于早期阶段,还没有形成完整的商业模式。分时租赁的主要需求来源有以下几种:50~100km的短途出游目前是分时租赁最主要的使用场景之一,当天往返的距离对车辆续航和性能要求不高,又不会产生较高费用,颇受无车家庭欢迎;都市白领上下班线路和时间节点较为固定,如居住地和工作地点有分时租赁的停放站点,则可能会选择该类出行方式;高校学生将分时租赁作为一种新潮体验,该部分人群对价格较为敏感,在校区离市区较远且公共交通资源匮乏的情况下,分时租赁汽车可满足学生购物、郊游等出行需求;一线城市日益高涨的房价带来庞大的租房群体,由于房屋租赁市场的不完善,大多数租房合同都不涉及车位使用权,受限于停放困难等,租房人群多倾向于选择分时租赁汽车作为出行工具。

(二)共享汽车与传统租赁企业的区别

1. 中国租车市场大环境仍以传统汽车租赁方式占据主导

此前,以B2C租车模式为主的传统汽车租赁公司,在中国汽车租赁市场完全处于霸主地位,是当之无愧的江湖老大。人们想要租车,几乎没有别的选择,只有通过汽车租赁公司这一种途径。客观来说,B2C这种租车模式,几乎初步对租车市场形成垄断。

但随着时间发展,这种传统的B2C租车模式的弊端已经开始显现,并且日益严重。从市场来看,传统的B2C租车模式,想要提升收入,就必须依赖整体规模的扩张,因而对融资贷款的需求很大。但从现在看来,很多B2C租车公司的发展并未达到预期,就拿目前传统租车行业发展势头比较好的神州租车还有一嗨租车来看,他们加在一起的市场份额只占到中国整体租车市场的10%,多年的扩张并未让他们成功分割市场,这也给了别人入局市场的机会。

而随着共享经济出现,共享汽车以分时租赁的方式强势进入租车市场,成为租车行业的破局者。虽然共享汽车有着更为广阔的发展前景,但不可忽视的是,共享汽车实际上发展相对缓慢。相比火爆的共享单车,共享汽车的重资产特性让其难以实现规模化,即使很多共享汽车品牌背后有传统车企作为后盾。不过充电桩、停车位等配套资源的不足,极大地制约了共享汽车的发展。

综合来看的话,共享汽车虽然是未来的发展趋势,但是不可否认的一点,目前传统汽车租赁的地位依旧稳固,共享汽车的到来虽然会"伤其皮毛",却不会"动其筋骨"。

2. 用户体验方面共享汽车占据绝对优势

传统租车一般都会走一个流程,在网上预约之后,还需要到实体店去登记填单、缴纳不少的保证金,办完手续还要跟随工作人员去取车,确认无误后才可以开车上路。繁琐的流程多少会让人感觉到不方便、不够人性化。

而共享汽车只需下载手机应用,注册成为会员,再缴纳不同程度的押金,找到可使用的车辆之后,直接就可以把车开走。即使目前市场上共享汽车的数量有限,寻找车辆有一定难度,但从操作方面来说,共享汽车显然更加方便。另外,短时间租车,共享汽车收费也比较便宜,比一般打出租车都要来得实惠。

3. 受众范围完全不同,互不干扰

传统租车公司一般开展都是时间较长的租赁业务,以“天”为单位,适合那些需要长时间驾驶的租车客。而共享单车则是针对市区内的出行业务,租车时间一般在几个小时之内,完全就是充当代步车的角色,有的是上下班需要,有的则是去不远的郊区游玩,使用性质和传统租车相比完全不同。

所以就双方受众方面来讲,共享汽车和传统租车完全针对完全不同的消费群体,算是互不干扰,打个平手。不过可以预见,随着新能源汽车技术的提升,车辆本身的续航里程得以延长,并且充电桩的问题得到有效解决后,共享汽车和传统租车肯定会有生死较量的一天,当然这是后话。

所以,总体来看的话,传统租车和共享汽车之间算是五五开,如果一定要分出胜负的话,那么在租车市场中得到多年发展,有着一定市场基础的传统租车行业,目前略胜一筹。

三、共享汽车经营管理与市场策略

目前进入国内共享汽车市场既有汽车制造企业也有充电桩制造企业,还有互联网企业,涉及汽车行业的制造、配套、运营等多个领域。如戴姆勒、北汽、奇瑞、比亚迪、吉利、力帆等是国内外知名汽车制造企业;特来电等充电桩制造企业;也有首汽集团旗下 Gofun 出行、上汽集团旗下环球车享 EVCARD 等运营商;还有滴滴、途歌 TOGO 等互联网企业。

主流车型是电动车,也有少部分是燃油车,如重庆地区投放的戴姆勒集团旗下的即行 car2go 等,陆续在主城区投放 600 多辆奔驰 smart 汽车。力帆集团的盼达用车投放数量也达到 800 辆左右。

(一)经营管理

共享汽车的运营企业多数规模不大、实力不强,整体经营状况亟须升级。共享汽车网点少、异地还车难,远没有实现共享单车的“随地还车”。共享汽车停车难,停车成本高,专用停车场数量少,在寻建停车场时,经常被“哄抬价格”,无形中都提高了共享汽车的停车和经营成本。最后就是受限于新能源汽车技术的发展,以及充电设备配套的不完善。新能源汽车研发技术发展迅速,但如果与控制研发成本、生产成本和使用成本投入的前提下,应用技术就受到很多因素的束缚。

顺应共享经济的发展趋势,要充分发挥共享汽车物美价廉的优势,抓住无车族的用车需求。在政策方面,制定有针对性的、细致的分类管理政策,并且对新能源租赁公司适当放宽补贴标准,不以一刀切的方式进行管理,再配套以完善的租赁车辆保险服务。在使用者方面,还需要建立相应的信用体系,避免出现共享单车已经出现过的“乱象”。目前共享汽车的经营模式以分时租赁为主,分时租赁企业的核心竞争力主要在于以下两点:一是资源掌控力度，分时租赁业务的发展离不开牌照、停车场、充电设施几大核心资源的支撑。分时租赁公司在大多数城市需要申请租赁牌照以开展业务，目前一、二线城市租赁牌照每年发放数量有限。城市核心区域的公共停车场资源有限，分时租赁汽车需要依托公共停车场作为车辆停放和归还的网点。由于分时租赁汽车多为新能源汽车，充电设施数量不足、分布不均则是限制新能源汽车发展的主要障碍之一，分时租赁企业需提早布局，将这些稀缺的核心资源把控在手上；二是技术，APP设计开发能力直接决定了用户体验，大数据计算和分析能力则能够更精准的选择投放地点和用户群体以达到更好的效果，提升企业的运营效率，车载盒子能够更好地收集用户信息，反馈用户的使用习惯，有助于开拓衍生业务。

（二）市场策略

基于运营经验和分析，分时运营市场策略核心有以下几点：

1. 车辆类型、品牌选择决定了你的运维成本

分时运营核心成本其实主要就是运维和系统，那么降低运维成本除了提高车辆自运营外，就是提高车况。续航高了充电动作就会减少，充电时间短了，运维效率就更高，所以选择好运营车辆是迈出的第一步。当然，因为各大主机厂家已参与共享汽车行业，这点选择性也相对较差。

2. 选择基地地址、设备类型、建设设备数量

网点分布，设备投入也是竞争相当激烈的环节，特别是一线城市，成本更加高昂。一线城市一个网点的日停车费价格很高，这严重制约了运营版图。因此，共享汽车企业纷纷将目光投向二、三线城市，与当地政府协商洽谈，争取获得场地资源与建设支持。

3. 选择最优模式，建立完善系统，提高运营效率

目前共享汽车运营的多种模式，都是需要系统支持。决定因素还是在于成本控制（包括运维、硬件和技术投入）；通过系统科学调度，良好运营设计，优秀运营管理，完善车辆维护方式都是提高运营效率的关键。

4. 新能源车辆电力维护，风险预防，提高车辆使用效率

新能源车辆电力维护，车辆出险救援工作安排，这些问题都需要根据数据和市场情况进行具体分析。根据分析结构，建立一系列风险管控机制，完善预防机制，提高车辆使用效率。

5. 违章管理、保险、年检等问题

违章管理工作是共享汽车企业一大难点，目前国内违章查询系统未能做到及时、准确、快速的告知企业。对于共享汽车使用者违章追责机制，还在完善中。

车辆遇险遇损取证追责也是共享汽车企业另一大难题，建立一套完善有效的监管机制，是众多共享汽车企业共同探讨的问题。

年检问题对于共享汽车是不可回避的，车辆调度整备年检安排要求合理，避免对业务造成实质影响。

6. 市场活动的开展

市场活动的开展，着重共享经济本身的吸引力。以老带新，开展多种多样的促销活动，建立异业联盟、车内游戏、调度奖励等方式吸引顾客对共享汽车的关注。

四、共享汽车风险管理

共享汽车分时租赁不同于传统汽车行业租赁业务。由于车辆交于承租人驾驶和使用，

无法得到有效的监控，其经营具有一定的风险。一般来说，汽车共享分时租赁汽车经营中的风险存在于以下几个方面：

（一）用户风险

共享汽车用户不同于传统汽车承租用户。共享汽车用户一般基于互联网端或者移动APP端进行汽车分时租赁。无法有效验证用户是否具备机动车驾驶资格。未成年人有可能持有有驾驶资格成年人移动设备使用共享汽车，从而形成极大的交通道路安全风险。无法有效验证共享汽车用户的道德风险。有可能会出现共享汽车用户非法侵占共享汽车所有权的情况，如盗窃车辆等行业，从而造成运营企业的资产损失。共享汽车用户对车辆的损害有可能无法及时排查，那么造成的损失势必转嫁给其后的共享汽车用户，形成巨大的使用争议。共享汽车企业必须建立一套较为完整的以法律为基础的细则来约束用户的行为。

（二）技术风险

目前共享汽车企业使用车辆以新能源汽车为主。共享汽车用户对租赁车辆的驾驶特点、性能、结构均不熟悉。除了会给车辆技术性能带来非正常损耗外，特别是对新能源汽车电力续驶时间无法得到正确的判断，经常会出现半路断电抛锚故障，特别是用户行驶在高速公路上抛锚，给用户和租赁车辆带来极大安全隐患。企业为了实施救援，需要耗费大量的人力物力，造成企业经营成本升高，妨碍企业投资的按时回收，从而给企业的经营带来风险。

（三）运营风险

目前共享汽车运营方式结构复杂，企业管理模式没有形成有效的统一，且企业所在运营区域面临各种各样的内外在环境风险。再加上资本市场对共享汽车整体市场保持观望态度，极有可能造成运营汽车资本运作问题。没有有效的衡量风险的成套体系，造成企业运营企业不稳定，且车辆本身的维护需要大量的资本投入，因此，目前所有共享汽车运营完全依赖资本市场的再投入，一旦失去资本市场的青睐，共享汽车行业发展将会受到严重的滞后影响。

（四）安全风险

共享汽车用户在使用车辆过程中一旦出现交通事故，致使车辆必须进行维修或者停驶，影响车辆的正常运营。且共享汽车一般为紧凑型车辆，安全系数较低，发生交通事故后，对驾驶用户极易造成伤害。

（五）政策风险

目前，国内各地区的交通行政管理部门对共享汽车所出现的一系列管理问题没有得到有效妥善的解决办法而感到困扰。对于新事物的发展所持有的态度总体上来说并不明确。为了维持正常的交通安全秩序，管理部门很有可能将对共享汽车企业进行严格审查和管理，从而提高企业运营成本，降低企业活力。

（六）盈利风险

目前，共享汽车对用户收取押金较高，且投放车辆较少，投放布局点较少。同时受到成本、指标、政策限制，不可能像共享单车一样随处可见，用户就近取车。铺一张巨大的共享单车服务网络，就企业个体能力来说，很难实现。在满足客户更高需求与实际运营成本控制之间也难以达到动态平衡。因此，共享汽车市场竞争远没有完全展开。目前整个行业都处于发展阶段，并不好盈利，很多企业的区别只是融资的情况和市场占有率。低收入和高成本导致市场上共享汽车企业绝大多数都处于亏损状态。目前分时租赁企业平均一辆车亏损为每天 50 ~ 120 元。企业在人员效率、购车成本、调动运营成本上还有改善空间。共享汽车行业预计还需要 3 ~ 5 年的整合才能进入市场稳定期，行业会进一步洗牌。

针对目前的风险情况，共享汽车企业可以从运营模式、收入模式、产品设计、用户选择、大数据分析五个方面来综合提升其商业模式，从而保障企业的盈利和可持续发展。共享汽车企业还可以与车企签署长期战略合作协议，车企将会为共享汽车企业提供更多车源选择，同时还将根据共享汽车企业对新能源车辆的需求进行定制化研发，双方在未来还将整合各自市场及渠道资源，共同发力新能源分时租赁市场。共享汽车的未来走向要由市场决定，符合消费者需求，能很好地适应市场变化，获得政府部门的扶持，那么共享汽车才会有美好的前景和未来。

第九章 国际汽车贸易

国际汽车贸易这部分内容实务性较强，涉及面很广，很难在一章中全面介绍。本章中，我们只选取国际汽车贸易的基本概念、世界贸易组织与我国汽车产业涉外的相关政策、进出口实务中的价格条款与货款的支付、进出口流程与报关及平行进口这几个问题进行介绍。

第一节 国际汽车贸易基础

一、国际汽车贸易基本概念

(1)国际贸易与对外贸易：国际贸易(International Trade)是跨国界的商品、服务以及生产要素的流动，指世界各国(或地区)之间的商品(也包括劳务和技术等)的交换活动。国际贸易是商品和劳务的国际转移，也叫世界贸易。

从一个国家的角度看，国际贸易就是对外贸易(Foreign Trade)。对外贸易是指一国和地区同他国和地区进行货物和服务交换的活动。对外贸易分为进口贸易和出口贸易。

(2)贸易差额：贸易差额(Balance of Trade)是指一定时期内一国出口总额与进口总额之间的差额。在一定的单位时间里(通常按年度计算)，贸易的双方互相买卖各种货物，互相进口与出口，甲方的出口金额大过乙方的出口金额，或甲方的进口金额少于乙方的进口金额，其中的差额对甲方来说，就叫作贸易顺差(出超，Favourable balance of trade)，反之，对乙方来说，就叫作贸易逆差(入超，Unfavourable balance of trade)。如果进口额等于出口额，则称为贸易平衡。

(3)对外贸易额与对外贸易量：

①对外贸易额。对外贸易额(Value of Foreign Trade)是以货币表示的一国在一定时期内出口额与进口额总和。该指标是反映一个国家对外贸易规模的重要指标，包括进口贸易总额与出口贸易总额。进口贸易总额是一定时期内一国从国外进口货物的全部价值，出口贸易总额是一定时期内一国向国外出口货物的全部价值。

②对外贸易量：对外贸易量(Quantum of Foreign Trade)是剔除价格变动的影响的对外贸易额，即按一定期的不变价格为标准来计算各个时期的贸易值。

(4)对外贸易依存度：对外贸易依存度(Foreign-trade Dependence)也叫对外贸易系数，是一国对外贸易额在该国国民生产总值(或国内生产总值)中所占的比例。比值的变化意味着对外贸易在国民经济中所处地位的变化。贸易依存度大小一方面反映出一个国家经济开放性的程度，另一方面反映出一个国家对国际贸易的依赖程度。

二、对外贸易政策

进行国际汽车贸易活动，必须了解世界各国的对外贸易政策。当今各国政府主要是通过关税壁垒、非关税壁垒、鼓励出口等措施来实现其对外贸易政策。下面简单介绍这些措施和政策的内容。

（一）关税壁垒

1. 关税的种类

关税是一国的海关在进出口商品过境时，根据海关法和海关税则征收的一种税收。种类很多，主要有：

（1）进口税。进口税指外国商品进口时，进口地海关向进口商征收的关税。各国对来源不同的国家的同一种商品实行差别待遇，制订不同的税率，因而形成了普通税率和优惠关税之分。优惠关税有最惠国税、普遍优惠税和特惠税三种。

①最惠国税。最惠国税适用于与本国签订有双边最惠国条约的国家的商品进口。最惠国待遇是指缔约各方实行互惠，规定缔约国一方现在和将来给予任何第三国的特权、优惠和豁免，要同样给予对方。最惠国待遇的主要内容是关税待遇。最惠国税率比普通税率低，二者差别往往很大。

②特惠税。特惠税是指从特定国家或地区进口的全部或部分商品，给予特别优惠的低关税或免税待遇。它是优惠程度最高的税，一般低于最惠国税。

③普遍优惠制。简称普惠制，其主要内容是要求发达国家对来自于发展中国家的制成品和半制成品的进口给予普遍的、非歧视性的、非互惠性的关税待遇。

（2）进口附加税。指进口商品征收正常关税之外，根据某种特定的目的而另外加征的进口税。和正常关税不同，它一般是临时措施。主要可分为以下几类：

①紧急关税。指当某类商品大量进口，正常关税已起不到有效保护作用时，进口国为抑制进口，保护国内生产，对该类商品征收的关税。

②惩罚关税。指有些国家对于超过进口配额或违反海关规定来自于非原产地的进口商品所征收的惩罚性关税。

③反倾销税。进口商品以低于国内价格甚至低于生产成本的价格挤占别国市场称为倾销，它对进口国同类产品的生产可能造成重大损失或重大威胁。对于实行商品倾销的进口商品所征收的进口附加税称为反倾销税。

④反贴补税。指对于在生产、运输、销售过程中直接或间接地接受政府奖金或补贴的外国商品所征收的一种进口附加税。

（3）出口税。出口税指本国产品出口时，出口地海关向出口商征收的关税。由于征收出口税会提高本国产品在国外市场上的售价，所以目前大多数国家对绝大多数出口商品不征收出口税。

2. 进出口货物关税税率的设置和适用

（1）相关政策。

2003 年 11 月 23 日，国务院颁布了《中华人民共和国进出口关税条例》，该条例于 2004 年 1 月 1 日起开始施行，并于 2011 年 1 月 8 日和 2013 年 12 月 7 日进行了修改。该条例明确了进口关税设置最惠国税率、协定税率、特惠税率、普通税率、关税配额税率等税率，对进口货物在一定期限内可以实行暂定税率；对出口货物在一定期限内可以实行暂定税率。

(2)各种税率的适用原则和国别范围。

①原产于共同适用最惠国待遇条款的世界贸易组织成员的进口货物,原产于与中华人民共和国签订含有相互给予最惠国待遇条款的双边贸易协定的国家或者地区的进口货物,以及原产于中华人民共和国境内的进口货物,适用最惠国税率。

②原产于与中华人民共和国签订含有关税优惠条款的区域性贸易协定的国家或者地区的进口货物,适用协定税率。

③原产于与中华人民共和国签订含有特殊关税优惠条款的贸易协定的国家或者地区的进口货物,适用特惠税率。

④原产于《中华人民共和国进出口关税条例》第一款、第二款和第三款所列以外国家或者地区的进口货物,以及原产地不明的进口货物,适用普通税率。

⑤适用最惠国税率的进口货物有暂定税率的,应当适用暂定税率;适用协定税率、特惠税率的进口货物有暂定税率的,应当从低适用税率;适用普通税率的进口货物,不适用暂定税率。适用出口税率的出口货物有暂定税率的,应当适用暂定税率。

⑥按照国家规定实行关税配额管理的进口货物,关税配额内的,适用关税配额税率;关税配额外的,其税率的适用按照《中华人民共和国进出口关税条例》第十条、第十一条的规定执行。

⑦按照有关法律、行政法规的规定对进口货物采取反倾销、反补贴、保障措施的,其税率的适用按照《中华人民共和国反倾销条例》《中华人民共和国反补贴条例》《中华人民共和国保障措施条例》的有关规定执行。

⑧任何国家或者地区违反与中华人民共和国签订或者共同参加的贸易协定及相关协定,对中华人民共和国在贸易方面采取禁止、限制、加征关税或者其他影响正常贸易的措施的,对原产于该国家或者地区的进口货物可以征收报复性关税,适用报复性关税税率。征收报复性关税的货物、适用国别、税率、期限和征收办法,由国务院关税税则委员会决定并公布。

⑨进出口货物,应当适用海关接受该货物申报进口或者出口之日实施的税率。进口货物到达前,经海关核准先行申报的,应当适用装载该货物的运输工具申报进境之日实施的税率。

⑩有下列情形之一,需缴纳税款的,应当适用海关接受申报办理纳税手续之日实施的税率:保税货物经批准不复运出境的;减免税货物经批准转让或者移作他用的;暂准进境货物经批准不复运出境,以及暂准出境货物经批准不复运进境的;租赁进口货物,分期缴纳税款的。

3. 我国汽车进口关税

(1)汽车进口环节税收构成。

购买进口汽车涉及四项税收,即:关税、消费税、增值税和车辆购置税。

①关税。我国汽车进口关税曾多次下调,按照我国加入世界贸易组织的承诺,2006 年我国汽车进口关税下调至 25% ,并延续至今。2018 年,国务院总理李克强在《政府工作报告》中明确,为积极扩大进口,将有序下调汽车进口关税。自 2018 年 7 月 1 日起,降低汽车整车及零部件进口关税,将汽车整车税率为 25% 的 135 个税号和税率为 20% 的 4 个税号的税率

降至15%，将汽车零部件税率分别为8%、10%、15%、20%、25%的共79个税号的税率降至6%。自关税下调后，大多数汽车厂商迅速降低了高价值进口车的零售价。2018年8月，明显增加了进口汽车在中国市场的销量。数据显示，2018年7月，中国进口汽车16.5万辆，打破了2014年7月创下的13.4万辆的记录。进口车关税逐步降低，可以使消费者选择的进口车型更多、提升进口车市场竞争力、倒逼企业产品升级，推动我国汽车产业发展。

②消费税。进口车价格组成里，关税只是一部分，还有很重要的一项是消费税。消费税根据汽车排量大小来设定，如表9-1所示。

小汽车进口环节消费税税目税率表 表9-1

税目		税率	
小汽车		生产环节	零售环节
1. 乘用车	(1)汽缸容量(排气量,下同)在1.0L(含1.0L)以下的	1%	
	(2)汽缸容量在1.0L以上至1.5L(含1.5L)的	3%	
	(3)汽缸容量在1.5L以上至2.0L(含2.0L)的	5%	
	(4)汽缸容量在2.0L以上至2.5L(含2.5L)的	9%	
	(5)汽缸容量在2.5L以上至3.0L(含3.0L)的	12%	
	(6)汽缸容量在3.0L以上至4.0L(含4.0L)的	25%	
	(7)汽缸容量在4.0L以上的	40%	
2. 中轻型商用客车		5%	
3. 超豪华小汽车		按子税目1和子税目2的规定征收	10%

表9-1中，“小汽车”税目下增设“超豪华小汽车”子税目。征收范围为每辆零售价格130万元(不含增值税)及以上的乘用车和中轻型商用客车，即乘用车和中轻型商用客车子税目中的超豪华小汽车。对超豪华小汽车，在生产(进口)环节按现行税率征收消费税基础上，在零售环节加征消费税，税率为10%。将超豪华小汽车销售给消费者的单位和个人为超豪华小汽车零售环节纳税人。超豪华小汽车零售环节消费税应纳税额计算公式为：

$$\text{应纳税额} = \text{零售环节销售额(不含增值税,下同)} \times \text{零售环节税率} \tag{9-1}$$

③增值税。增值税税率为17%。

④车辆购置税。现行的车辆购置税是对在我国境内购置规定车辆的单位和个人征收的一种税，它由车辆购置附加费演变而来。车辆购置税的纳税人为购置(包括购买、进口、自产、受赠、获奖或以其他方式取得并自用)应税车辆的单位和个人，征税范围为汽车、摩托车、电车、挂车、农用运输车，税率为10%。进口自用小汽车应纳的车辆购置税在进口时一次性征收(进口商销售的进口小汽车应纳的车辆购置税在买方购买时一次性征收)。

(2)汽车进口环节税收计算公式。

$$\text{关税} = \text{完税价格} \times \text{关税税率} \tag{9-2}$$

$$\text{消费税} = (\text{完税价格} + \text{关税}) \times \frac{\text{消费税率}}{1 - \text{消费税率}} \tag{9-3}$$

$$\text{增值税} = (\text{完税价格} + \text{关税} + \text{消费税}) \times \text{增值税率} \tag{9-4}$$

$$购置税=(完税价格+关税+消费税)\times购置税率 \tag{9-5}$$

(3)汽车进口税收计算举例。

以一辆德国进口的4.4L宝马X6为例,假设这辆车的完税价格是50万元。

解 关税=关税完税价格×适用税率=50万元×25%=12.5(万元)

$$消费税=(完税价格+关税)\times\frac{消费税率}{1-消费税率}$$

$$=(50+12.5)\times\frac{40\%}{1-40\%}=41.7(万元)$$

$$增值税=(完税价格+关税+消费税)\times增值税率$$

$$=(50+12.5+41.7)\times17\%=17.7(万元)$$

$$总的进口成本=完税价格+关税+消费税+增值税$$

$$=50+12.5+41.7+17.7=121.9(万元)$$

$$购置税=(完税价格+关税+消费税)\times购置税率$$

$$=(50+12.5+41.7)\times10\%=10.4(万元)$$

(二)非关税壁垒

由于关税在管理贸易比较透明、相对公平,世界贸易组织极力主张将关税作为唯一的保护手段。但是,由于世界经济发展的不均衡,大量非关税壁垒措施依然存在。非关税壁垒是指除关税以外所有限制进口的措施。由于二战后关税大幅降低,非关税壁垒作用日益突出。非关税壁垒种类很多,下面介绍几项主要的措施。

1. 进口限额

进口限额又称进口配额,指一国政府对于某些商品在一定时期内的进口数量或金额加以限制,超过限额不准进口或征收更高的关税或罚款后才能进口。进口限额的分配办法有两种,一是全球配额,它确定一个总配额,并适用于来自世界任何国家和地区的商品,通常由主管机构按进口申请的先后顺序或过去进口的情况批给一定的额度,直到发放完全部配额为止;二是国别配额,又称歧视性配额,它是在总配额内对不同国家和地区制定不同配额,实行差别对待。

我国的汽车进口曾实行进口配额制度,在汽车经销业内,有“大贸车”和“小贸车”之分。“大贸车”是指通过正规海关进口的车辆,而且经过正规经销商销售出去并缴纳购置税上牌可以随时更名过户的车。在4S店正常购买的进口车就是“大贸车”的一种。国家为鼓励投资,对外商、海外留学生、华侨或投资额达一定数量的三资企业,每年都有一定的关税打折的国外车入境配额,这样的车业内称为“小贸车”,它比正常“大贸车”能便宜总价格的百分之二十甚至更高。

2. 自愿出口限额

自愿出口限额是指出口国在进口国的要求和压力下,“自愿”地限制某一时期内某些商品对该国出口的数量,超过限额即禁止出口。

3. 进口许可证

进口许可证是指进口国规定某些商品进口必须取得许可证,没有许可证一律不准进口。进口许可证可分为两种:一是定额许可证,其颁发以进口配额为前提,在配额以内,根据进口商的申请发给一定金额或数量的进口许可证，超过配额，不再颁发；二是无定额许可证，这种许可证不与进口配额相联系，进口国政府预先不公布配额，许可证的颁发在个别考虑的基础上进行。

4. 歧视性政府采购

歧视性政府采购是指政府采购时给本国制造的产品以种种优惠，以达到优先采购本国货，降低进口数量的目的。

5. 外汇管制

外汇管制是指一国政府以法令形式对国际结算和外汇交易实行限制，以平衡国际收支和本币汇价的一种制度。外汇管制通过两种途径来影响进口。一是数量性外汇管制，即外汇管制机构对进口商购买外汇的数量进行直接的限制和分配；二是成本性外汇管制，即外汇管制机构对外汇买卖规定复汇率，对某些商品（如奢侈品和非必需品）规定较为不利的汇率，对某些商品（如国内需要进口的重要原料）规定较为优惠的汇率。

6. 海关估价和关税分类

海关在征收关税时首先必须确定进口商品的完税价格，这就是海关估价。海关估价作为非关税壁垒的一项措施，指的是海关根据某些特殊规定，提高某些商品的完税价格，以增加其负税额，达到限制进口数量的目的。

进口税额除取决于完税价格的大小之外，还取决于税率高低。一种商品适用于何种税率，从理论上来说依据海关税则中的分类目录。但征收商品归于哪一类有很大的灵活性，归在不同税号下税率不同。为了增加进口税负，各国海关在具体工作中往往就高不就低。

7. 进口押金制

进口押金制又称进口存款制。它要求进口商在进口商品时必须向政府或其指定银行按其进口金额的一定比例和规定期限存入一笔现金。进口押金制影响了进口商资金流转，又使进口商蒙受了一定时间的利息损失，增加了解其资金负担，起到了限制进口的作用。

8. 技术标准

技术标准是指进口国商品技术性能进行检验的标准，如有关汽车油耗、污染（排放与噪声）和安全性能的标准等。不符合标准的商品不允许进口。正常的技术标准有助于进口国控制商品质量，但过于苛刻、复杂、变化不定的技术标准则带有保护贸易的倾向，对进口起着阻碍作用。

鉴于各国在使用非关税措施权时可能存在歧视或构成不公平竞争，世界贸易组织允许成员国采用非关税壁垒措施对自身加以保护，但应加以规范。世界贸易组织认定的非关税壁垒措施主要由货物贸易、服务贸易、知识产权三个方面一系列协议组成。

（三）出口鼓励

一国除利用关税和非关税壁垒来限制和调节外国商品的进口外，还采取各种措施对本国出口施加影响，以达到鼓励出口的目的。出口鼓励主要有以下几项措施：

1. 出口补贴

出口补贴是一国政府对于某些商品的出口给予的现金或财政上的优惠待遇。出口补贴有两种：直接补贴和间接补贴。

(1)直接补贴。是在商品出口时,直接付给厂商一定的现金补贴,用于弥补国内价格高于国际市场价格的差价或亏损。

(2)间接补贴。是在商品出口时给予的财政上的优惠,其形式多样,如退还或减免出口商所交纳的国内税;对为制造出口商品而进口的原材料或中间产品免征进口税,如在进口时已经征收,则退还已缴纳进口税;对出口厂商提供低息贷款,减低运费等。

2. 出口信贷及国家担保

出口信贷是一国为鼓励出口,通过银行对本国出口商或国外进口商提供的贷款。一般均用于金额较大,付款期限较长的成套设备等商品的出口。出口信贷有两种:一种是由银行资助给出口商的信贷,叫卖方信贷;另一种是由银行提供给进口商或进口商银行的信贷,叫买方信贷。

为推动出口信贷业务的发展,减少出口商和银行的风险,很多国家设立了专门的保险机构,为出口商或商业银行向外国发放的信贷作风险担保,当外国债务人拒付账款时,这个国家机构即按承保数目给予补偿,这就是出口信贷国家担保制,它往往承保私人保险公司不愿承保的出口风险项目,担保金额大,保险费用低,其目的是鼓励出口。

第二节　世界贸易组织与我国汽车产业的相关涉外政策

一、世界贸易组织

(一)世界贸易组织的成立与基本原则

1. 世界贸易组织的成立

世界贸易组织(World Trade Organization,WTO)是根据《维也纳条约法公约》批准并成立的具有独立国际法人资格、常设、永久性国际组织。世界贸易组织的前身是关税与贸易总协定(GATT)。

2. 世界贸易组织的基本原则

(1)非歧视原则(最惠国待遇原则和国民待遇原则)。

非歧视性贸易是世界贸易组织的基石,是各国间平等地进行贸易的重要保证,也是避免贸易歧视、贸易摩擦的重要基础。非歧视贸易主要通过最惠国待遇原则和国民待遇原则来体现。

最惠国待遇原则已在上文中讲到,这里不再赘述。国民待遇原则是指外国商品或服务与进口国国内商品或服务处于平等地位的原则,具体指一个国家给予在其国境内的外国公民、企业和商船民事权利方面与其国内公民、企业、商船一样享有同等的待遇(专指民事待遇而非政治方面的待遇)。

(2)互惠贸易原则。

关贸总协定及世界贸易组织的协定、协议中没有十分明确地规定互惠贸易原则,但在实践中,只有平等互惠互利的减让安排才能在成员间达成协议。

(3)市场准入原则。

世界贸易组织的一系列协定和协议都要求成员分阶段实行贸易自由化,促进开放贸易体制的形成,逐步扩大市场准入水平。

(4)公平竞争原则。

世界贸易组织认为,各国发展对外贸易不应该采取不公正的贸易手段进行竞争,尤其不能以倾销和补贴的方式销售本国商品,这就是公平竞争的基本要求。

(5)贸易政策法规透明度原则。

透明度原则要求成员公布有效实施的、现行的贸易政策法规。

(二)加入世界贸易组织协议中有关汽车的条款

加入世界贸易组织协议中有关汽车的主要条款如下所述:

(1)我国在2006年7月1日前,汽车整车关税税率降至25%,零部件平均关税降至10%。

(2)汽车配额将在2005年前逐步扩大直至取消。

(3)汽车投资方面,中国加入世界贸易组织后,需落实世界贸易组织《与贸易有关的投资措施协议》(TRIMs),消除和停止实施贸易和对外交流平衡规定,消除和停止实施地方满意规定,停止执行强加这些规定的合约。

TRIMs禁止使用不符合GATT1994第3条“国民待遇原则”和第11条“取消数量限制的四项投资措施”:当地成分要求(Local Content Requirements),指东道国政府要求外国投资企业必须购用一定比例的东道国产品作为其自身的生产投入;贸易(外汇)平衡要求(Trading Balance Requirements),指要求外国投资企业的进口要与一定比例的出口相当,进口需要的外汇应来自公司出口及其他来源的外汇收入的一定比例;进口用汇要求,指限制使用外汇,从而限制进口;国内销售要求(Domestic Sales Requirements),指要求公司在当地销售一定比例的产品,其价值相当于出口限制的水平。

(4)市场营销方面,加入世界贸易组织后,开放汽车贸易、分销、消费贷款业务,允许国外非金融机构进入从事汽车贷款业务,给外商投资企业平等的贸易权和分销权。汽车连锁店从2002年放开,允许合资,如果连锁店数量超过30家,外方不能控股,这一限制至2006年取消。

(三)加入世界贸易组织后的中国汽车产业进出口情况

1.进口情况

加入世界贸易组织后汽车进口数量每年以一倍多的速度在增长。2001年我国汽车进口量为7.2万辆,汽车进口关税在2006年7月1日下调到25%以后一直保持不变,但是中国的汽车进口量大幅增长始于2010年,进口车数量增速在2010年登顶达到了93%,10年之后进口车数量维持在100万辆以上,2017年为121.6万辆。

2.出口情况

从出口量看,2000—2016年我国汽车出口情况如图9-1所示(数据来源:国家统计局)。分国别看,我国汽车出口此前主要集中在伊朗、越南、智利等亚非拉的第三世界国家。

从2015年开始,上汽通用开始向美国出口别克昂科威。中国对美国乘用车出口销量如图9-2所示(数据来源:United States Department of Commmerce,Bureau of the Census,Foreign Trade Division,中金公司研究部)。中国对美国出口汽车,主要集中在上汽通用的昂科威和沃尔沃的S60两个车型上。2016年,中国出口美国车数量迎来了爆发式增长,同比2015年翻了10倍。

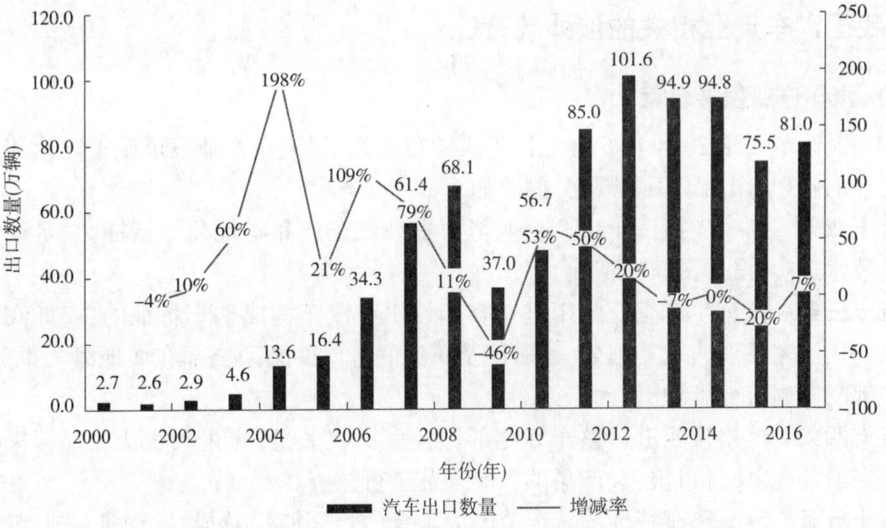

图 9-1 小汽车出口环节消费税税目税率表

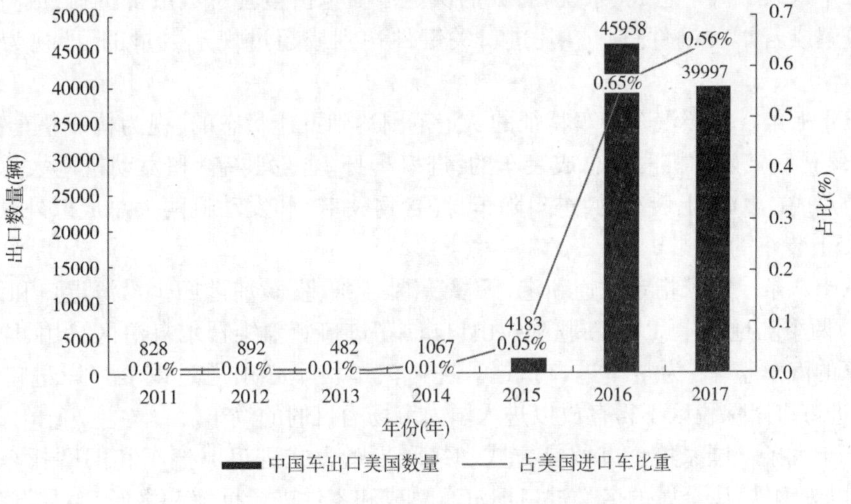

图 9-2 中国对美国乘用车出口销量情况

从 2017 年开始,国内多家车企开始规划在未来的 3 年进入美国市场,见表 9-2(资料来源:车企官网)。

国内车企进入美国市场规划 表 9-2

企业名称	规划说明
广汽集团	2019 年传祺进入美国市场,2020 年在美销量达到 10 万辆
东风汽车集团	2020 年海外销量达到 15 万辆,产品进入欧美市场
长城汽车	正在考虑北美建厂,计划 2020 年进入北美市场
吉利控股	吉利旗下的伦敦电动车(LEVC)生产的 eTX 电动汽车有望登陆美国市场
比亚迪	电动汽车 K9 已出口美国,在加州兰卡斯特市设有工厂

二、我国汽车产业相关的涉外政策

(一)《汽车产业发展政策》

国家发展改革委于2004年6月1日正式颁布实施了《汽车产业发展政策》,对于汽车进口和零配件的管理,作出了相关规定,摘要如下:

第五十二条 国家支持汽车生产企业努力提高汽车产品本地化生产能力,带动汽车零部件企业技术进步,发展汽车制造业。

第五十三条 汽车生产企业凡用进口零部件生产汽车构成整车特征的,应如实向商务部、海关总署、国家发展改革委报告,其所涉及车型的进口件必须全部在属地海关报关纳税,以便有关部门实施有效管理。

第五十四条 严格按照进口整车和零部件税率征收关税,防止关税流失。国家有关职能部门要在申领配额、进口报关、产品准入等环节进行核查。

第五十五条 汽车整车特征的认定范围为车身(含驾驶室)总成、发动机总成、变速器总成、驱动桥总成、非驱动桥总成、车架总成、转向系统、制动系统等。

第五十六条 汽车总成(系统)特征的认定范围包括整套总成散件进口,或将总成或系统逐一分解成若干关键件进口。凡进口关键件达到或超过规定数量的,即视为构成总成特征。

第五十七条 按照汽车整车特征的认定范围达到下述状态的,视为构成整车特征:进口车身(含驾驶室)、发动机两大总成装车的;进口车身(含驾驶室)和发动机两大总成之一及其余三个总成(含)以上装车的;进口除车身(含驾驶室)和发动机两大总成以外其余五个总成(含)以上装车的。

第五十八条 国家指定大连新港、天津新港、上海港、黄埔港四个沿海港口和满洲里、深圳(皇岗)两个陆地口岸,以及新疆阿拉山口口岸(进口新疆维吾尔自治区自用、原产地为独联体国家的汽车整车)为整车进口口岸。进口汽车整车必须通过以上口岸进口。2005年起,所有进口口岸保税区不得存放以进入国内市场为目的的汽车。

第五十九条 国家禁止以贸易方式和接受捐赠方式进口旧汽车和旧摩托车及其零部件,以及以废钢铁、废金属的名义进口旧汽车总成和零件进行拆解和翻新。对维修境外并复出境的上述产品可在出口加工区内进行,但不得进行旧汽车、旧摩托车的拆解和翻新业务。

第六十条 对进口整车、零部件的具体管理办法由海关总署会同有关部门制订,报国务院批准后实施。对国外送检样车、进境参展等临时进口的汽车,按照海关对暂时进出口货物的管理规定实施管理。

为适应改革开放的需要,2009年9月1日,工业和信息化部、国家发展和改革委员会对《汽车产业发展政策》作出如下修改:"一、停止执行第五十二条、第五十三条、第五十五条、第五十六条、第五十七条的规定;二、停止执行第六十条中'对进口整车、零部件的具体管理办法由海关总署会同有关部门制订,报国务院批准后实施'的规定"。同日《构成整车特征的汽车零部件进口管理办法》废止。

关于第五十八条,在2016年公布的《关于促进汽车平行进口试点的若干意见》中规定,在经批准进行汽车平行进口试点的自贸试验区,允许试点企业在海关特殊监管区域内开展汽车整车保税仓储业务,期限为3个月,不得延期,详见后文。

(二)《汽车销售管理办法》(2017版)

《汽车销售管理办法》自2017年7月1日起施行,对汽车销售主体、销售行为、市场秩序、监管和法律责任进行说明,并于2017年7月1日起开始施行,推行了近12年的《汽车品牌销售管理办法》同时废止,这意味着破垄断经营、品牌授权模式的正式终结。

这一政策中涉及汽车进出口的条款变化最主要体现在第十二条:经销商出售未经供应商授权销售的汽车,或者未经境外汽车生产企业授权销售的进口汽车,应当以书面形式向消费者作出提醒和说明,并书面告知向消费者承担相关责任的主体。未经供应商授权或者授权终止的,经销商不得以供应商授权销售汽车的名义从事经营活动。从这一条中可以看到,经销商也可以出售未经供应商授权销售的汽车,但是要作出提醒说明,这代表着授权和非授权的模式同时存在,未来的渠道有进一步的拓宽。

在《汽车销售管理办法》中,其他涉及汽车及零部件进口的条款还有:

第十六条 供应商、经销商应当在交付汽车的同时交付以下随车凭证和文件,并保证车辆配置表述与实物配置相一致:

(1)国产汽车的机动车整车出厂合格证;

(2)使用国产底盘改装汽车的机动车底盘出厂合格证;

(3)进口汽车的货物进口证明和进口机动车检验证明等材料;

(4)车辆一致性证书,或者进口汽车产品特殊认证模式检验报告;

(5)产品中文使用说明书;

(6)产品保修、维修手册;

(7)家用汽车产品"三包"凭证。

第十七条 经销商、售后服务商销售或者提供配件应当如实标明原厂配件、质量相当配件、再制造件、回用件等,明示生产商(进口产品为进口商)、生产日期、适配车型等信息,向消费者销售或者提供原厂配件以外的其他配件时,应当予以提醒和说明。

第二十一条 供应商不得限制配件生产商(进口产品为进口商)的销售对象,不得限制经销商、售后服务商转售配件,有关法律法规规章及其配套的规范性文件另有规定的除外。

(三)《关于促进汽车平行进口试点的若干意见》

此部分内容将在本章第六节中介绍。

(四)"一带一路"政策

"一带一路"从陆路和海路打通了我国与东亚、中亚、俄罗斯以及欧洲的贸易往来,将会对整车进口、中国品牌整车出口、零部件进出口、合资品牌发展等方向有多维度的影响。

在"一带一路"沿线国家,这些国家本土的汽车工业大多并不发达,车辆多依赖进口,在我国汽车产品进入之前,其市场多被日系、美系车占据,车辆售价居高不下,当地民众设有能力购买价格昂贵的轿车产品。"一带一路"政策为我国汽车行业进入这些地区,带来了机遇和挑战。2017年以来,商务部会同海关、质检等部门继续狠抓国务院出台的一系列促进外贸发展政策的落实,完善营商环境,切实为企业减负助力,有效地提升了汽车出口量。得益于"一带一路"国家需求回暖以及政策落实的外部环境因素,2017年的中国车企加速了走出去战略步伐。有统计数据显示,截至2017年11月底,我国出口到“一带一路”国家汽车商品累计金额266.15亿美元,同比增长8.89%,占汽车商品出口总额的35.26%。其中,出口整车57.34万辆,同比增长22.35%,占出口汽车总量的59.99%。

(五)回国服务的留学人员购买免税车的政策

按国家相关文件规定,留学回国人员所购免税车可免除汽车进口部件关税和车辆购置税。1992年,《关于回国服务的在外留学人员用现汇购买个人自用国产小汽车有关问题的通知》中规定,留学生买的免税车如果转让、过户、买卖,海关要进行监管。但现在,监管限制取消了,即便是用购车指标买的车,也可随时再转让、买卖。

(六)对右置转向盘汽车报关的规定

1. 对右置转向盘汽车不接受报关的规定

自2000年1月1日起,国家禁止以任何贸易方式和捐赠方式进口右置转向盘汽车。属海关监管车辆的使领馆和外商常驻机构公私用车辆同样适用。对申报进口的右置转向盘汽车,海关一律不接受报关,并强制退运,无法退运的,由海关依法予以处理。

2. 对进口右置转向盘样车的规定

为进一步鼓励国内汽车生产和研发企业引进消化吸收再创新,支持企业提高自主研发和创新能力,帮助企业实现进口通关便利化,2010年7月,商务部办公厅、海关总署关于进口右置转向盘样车有关问题联合发文,规定汽车生产或研发企业为研发新产品的需要,可向管理汽车产品进口的机电产品进口管理部门提出进口右置转向盘样车的申请,并承诺进口右置转向盘样车仅供开发新产品时解析和试验所用,不作其他用途。

第三节　国际贸易中的价格

在汽车进出口业务中,价格是交易双方磋商的重要内容,也是对外贸易合同中的核心条款。在对外贸易合同中,汽车的价格通常是指汽车的单价。国际贸易与国内贸易相比,要复杂许多,除了说明单价外,还需明确说明交易双方在货物交接过程中有关费用、风险等责任的划分。因此,价格正确而完整的表达形式应包括四个部分,即:贸易术语、计价货币、单价金额、计量单位。

一、贸易术语

为了简化交易洽谈的内容,缩短成交过程,节省谈判费用,在长期的国际贸易活动中,人们逐渐用一些简短的概念或外文缩写字母来说明在商品交接过程中,有关手续、费用、风险的责任划分,这些简短的概念或外文缩写就是贸易术语。贸易术语又称价格术语。

(一)有关的国际惯例

贸易术语在国际货物买卖中广泛使用,但不同的国家,不同的港口和不同的行业可能对相同的贸易术语作出不同的解释,为了尽可能避免这种情况出现而产生贸易纠纷,有关的国际组织和一些国家的工商团体分别对贸易术语作了统一解释,或制定相关规则。其中,有三个影响较大的国际惯例。

1.《国际贸易术语解释通则》

国际商会为了统一对各种贸易术语的解释,早在1936年就制定了《国际贸易术语解释通则》,先后经过了多次修改和补充。最近三次修订本,简称《Incoterms 1990》《Incoterms 2000》与《Incoterms 2010》,分别于1990、2000年和2010年起生效。目前Incoterms在国际贸易中影响较大,已成为最重要的国际贸易规则,但国际贸易惯例本身不是法律,对国际贸易当事人不产生必然的强制性约束力。当事人在订立贸易合同时仍然可以自愿选择适用《Incoterms 2000》甚至《Incoterms 1990》,但必须在合同中规定受其约束并注明版本,因最新版本与早期版本内容不尽相同。

2.《美国对外贸易定义1941年修订本》

《美国对外贸易定义》是由美国9个商业团体制订的。于1941年修订,命名为《美国对外贸易定义1941年修订本》。其中所解释的贸易术语共有6种,分别为Ex Point of Origin、F. O. B.、F. A. S.、C. & F.、C. I. F.和Ex Dock。其中的F. O. B.又包括有6种情况,与国际商会的《国际贸易术语解释通则》存在明显的分歧。

3.《1932年牛津-华沙规则》

这一规则是国际法协会专门为解释C. I. F.贸易条件而制定的。至今仍在沿用。

(二)《Incoterms 1990》对贸易术语的解释

《Incoterms 1990》对13种贸易术语进行了解释。其中,在国际贸易中使用最广泛的有六种。它们是适用于海洋运输和内河运输的FOB、CIF、CFR和适用于各种运输方式的FCA、CPT和CIP。下面将分别说明。

1. FOB(Free On Board)

装运港船上交货价(……指定装运港)。

装运港船上交货,在我国又习惯称为"离岸价格"。指卖方在合同规定的装运港和装运期内将货物交至买方指定的船上,并承担货物装上船为止的一切费用和货物灭失或损坏的风险。如果在价格中使用FOB贸易术语,则卖方在货物于指定装运港越过船舷后即完成交货义务,买方从此时起将负担一切费用和风险。

采用此贸易术语,必须在FOB后注明货物装运港名称。例如:我国从美国纽约进口的汽车,采用FOB这一术语时可表达为FOB New York,纽约即为我国进口汽车的进口港。

(1)FOB贸易术语条件下,卖方责任如下:

①在合同规定的装运期和装运港将货物交至买方指定的船上并及时通知买方;

②负责货物在装运港越过船舷时为止的一切费用和风险;

③负责办理出口手续,提供出口国政府或有关方面签发的证件;

④负责提供货已交至船上的装运单据和商业发票及其他有关凭证。如经买卖双方约定,上述单据和发票可用具有同等效力的电子信息(EDI Message)替代。

(2)买方责任如下:

①负责租船订舱,支付运费,并将船期、船名和受载日期及时通知卖方;

②负责货物装船后的一切费用和风险;

③负责办理货物运输保险并支付保险费;

④接受卖方提供的有关货运单据并按合同约定的时间和方式支付货款;

⑤取得进口许可证或其他核准书，并办理在目的港的收货和进口手续。

(3)在采用FOB价格术语时应注意下列问题：

①FOB术语变形。

根据FOB价格条款，买卖双方对于货物的风险和费用划分以装上船为界限。但装船的概念还涉及平舱费(Trimming Charges)、理舱费(Stowage Charges)等由谁支付的问题。所谓平舱费，是指为了保持航行时船身平稳和不伤害船身结构，对成堆装入船舱的散装大宗货物，进行整理，填平补齐所花费的费用。所谓理舱费，是指为了使货物放置妥善和装载合理，把入舱后的货物进行整理所花费的费用。为了明确责任和费用由谁负担的问题，买卖双方经常在FOB后加列各种附加条件，形成FOB的变形。

a. FOB班轮条件(FOB Liner Terms)：指有关装船费用按班轮条件办，平舱费、理舱费已包含在运费中，由办理运输的买方负责有关装船费用。

b. FOB吊钩下交货(FOB Under Tackle)：指卖方负责将货物交到买方指定船只的吊钩所及之处，此后的装船费由买方负担。

c. 船上交货并理舱(FOB Stowed)：指卖方负责将货物装入船舱并支付包括理舱费在内的装船费用。

d. 船上交货并平舱(FOB Trimmed)：指卖方负责将货物装入船舱并支付包括平舱费在内的装船费用。

需要说明的是，上述价格变形只是表示在装货费用上的分担，并不影响风险的划分。

②租船订舱问题。

按FOB成交的，买方应负责租船订舱并将船期、船名及时通知卖方。为了防止到期不派船，卖方应在合同中规定，如到期买方不派船，卖方有权代办买方租船装运。同时为了防止买方过早地派船，卖方还可规定不负担空舱费或滞期费。有时买方委托卖方代为租船订舱，这纯属代办性质，运费仍由买方负担。卖方如经努力仍租不到船或订不到舱位，卖方不承担责任。

③美洲一些国家使用FOB价格术语的特殊含义。

美国、加拿大和一些拉丁美洲国家所采用的《美国对外贸易定义1941年修订本》将FOB分为6种类型，其中5种与国际通用概念有很大区别，只有第五种"FOB Vessel named port of shipment"与上述解释大致相同。为了避免混淆，我们在对上述国家进行贸易使用FOB术语时，必须在FOB和装运港之间加上"Vessel"字样。

④出口许可证和出口税捐问题。

出口许可证一般由卖方负责申领，出口税捐和费用也应由卖方承担。但也有一些国家，如美洲国家认为应由买方负责。因此在进出口业务中，应在合同中订明出口许可证应由买方办理，一切出口税捐和费用也由卖方负担。

2. CFR(Cost and Freight)

成本加运费价(……指定目的港)。

成本加运费价是指卖方在合同规定的装运港和装运期内将货物装船，并承担货物越过船舷为止的一切费用和货物灭失或损坏的风险，并负责租船订舱，支付至目的港的正常运费。

(1)在CFR贸易条件下，卖方责任主要有：

①负责租船订舱，支付至目的港的正常运费，在合同规定的装运期和装运港将货物装船

并及时通知买方。

②负责货物在装运港越过船舷时为止的一切费用和风险。

③负责办理出口手续,提供出口国政府或有关方面签发的证件。

④负责提供货已交至船上的装运单据和商业发票及其他有关凭证。如经买卖双方约定,上述单据和发票可用具有同等效力的电子信息(EDI Message)替代。

(2)买方责任主要有:

①负责货物装船后的一切费用和风险。

②负责办理货物运输保险并支付保险费。

③接受卖方提供的有关货运单据并按合同约定的时间和方式支付货款。

④办理在目的港的收货和进口手续。

(3)在采用CFR价格术语时应注意下列问题:

①卸货费用负担问题。为了解决卸货费用由何方负担的问题,可采用CFR价格术语的变形来表示。

a. CFR班轮条件(CFR liner Terms):指卸货费用按班轮条件处理,即由支付运费的卖方负担。

b. CFR舱底交货(CFR ex Ship's Hold):指买方负担货物从舱底起吊卸到码头的费用。

c. CFR吊钩下交货(CFR ex Tackle):指卖方负担将货物从船舱吊起到船边卸离吊钩为止的费用。

d. CFR卸到岸上(CFR Landed):指卖方负担将货物卸到目的港上的费用。

②装船通知问题。卖方需给予买方关于货物已交至船上的充分通知,以便买方办理货物运输保险。

3. CIF(Cost, Insurance and Freight)

成本加保险费、运费价(……指定目的港)。

成本加保险费、运费价是指卖方在合同规定的装运港和装运期内将货物装船,并承担货物越过船舷时为止的一切费用和货物灭失或损坏的风险,并负责支付从装运港至目的港的正常运费和保险费。这一价格术语在我国习惯上译为"到岸价",这一译法容易引起误解,以为货物到目的港为止所发生的风险也由卖方承担,故以不用为宜。

CIF贸易条件与CFR的主要区别是买卖双方的义务是在CFR条件的基础上,卖方还需为买方办理货运保险并支付保险费。

使用CIF价格术语时需注意以下几点:

(1)保险责任。在CIF条件下,卖方为买方办理货物运输保险,属于代办性质。具体保险险别和保险金额应在合同中明确。如未明确,卖方可按伦敦保险协会货物保险条款(Institute Cargo Clause)或其他类似的保险条款中最低责任的保险险别投保。最低保险金额应为合同规定的价款加10%,并以合同金额投保。

(2)CIF变形。在使用CIF贸易术语时,为了确定卸货费用由何方承担,仍可采用与CFR类似的贸易术语的变形。即,可采用CIF班轮条件、CIF舱底交货、CIF吊钩下交货及CIF卸到岸上。

(3)单据买卖。按CIF条件成交的,卖方凭单据履行交货义务,买方凭单据付款,与

FOB、CFR 相同。只要卖方所交的单据齐全和正确，买方就必须付款。即使在付款时货物已经损坏或灭失，买方也不得拒付货款。

以上三种贸易术语的共同点在于都是在装运港交货，风险都是在货物越过船舷时即由卖方转移到了买方。其不同点在于买卖双方支付的费用和办理的手续不同。具体内容详见表 9-3。

三种贸易术语对比　　表 9-3

贸易术语	风险	手续		费用	
	装上船后的风险由谁承担	租船订舱由谁办理	保险由谁办理	到目的港的运费由谁支付	保险费由谁支付
FOB	买方	买方	买方	买方	买方
CFR	买方	卖方	买方	卖方	买方
CIF	买方	卖方	卖方	卖方	卖方

4. FCA（Free Carrier）

货交承运人(……指定地点)。

指卖方必须在买卖双方商定的期限内，在指定地点将货物交给买方指定的承运人，由买方办理运输保险，支付相关费用，卖方办理出口手续。该贸易术语适合于任何运输方式。风险在承运人处置货物后由卖方转移到卖方。

5. CPT(Carriage Paid To)

运费付至(……指定目的地)。

卖方办理运输和出口手续并支付货物运至指定目的地的运费，买方办理保险支付保险费，风险在卖方将货物交给第一承运人后由卖方转移给买方。该术语与 CFR 类似，主要区别在于 CPT 适用于各种运输方式。

6. CIP(Carriage and Insurance Paid To)

运费保险费付至(……指定目的地)。

卖方办理运输、保险和出口手续，支付货物运至目的地的运费和保险费。卖方将货物交给第一承运人后，风险由卖方转移给买方。该术语与 CIF 类似，主要区别在于 CIP 适用于各种运输方式。

(三)《Incoterms 2000》概述

《Incoterms 2000》与《Incoterms 1990》相比变化不大，仍采用《Incoterms 1990》的结构，共有 13 种贸易术语。较《Incoterms 1990》,《Incoterms 2000》主要做了如下实质性修订：

1. 改变了 FAS 和 DEQ 术语下清关手续和交纳关税的义务

《Incoterms 1990》中的 FAS 术语要求买方办理货物的出口清关手续，DEQ 术语要求卖方办理货物的进口清关手续。《2000 年国际贸易术语解释通则》(以下简称《2000 年通则》)中的 FAS 和 DEQ 术语将办理出口和进口清关手续的义务分别改变为由卖方或买方办理。这种改变更为合理、办理更加方便。而表示卖方承担最小和最大义务的 EXW 和 DDP 两种术语未做改动，EXW 术语仍规定由买方办理出口清关手续的义务，DDP 术语的字面含义为完税交货(Delivered Duty Paid)，采用该术语即表示由卖方办理进口清关手续并交纳全部相关费用。

2. 明确了“清关”的概念

“清关”是指无论何时，当卖方或买方承担将货物通过出口国或进口国海关时，不仅包括交纳关税或其他费用，而且还包括履行一切与货物通过海关办理有关的行政事务的手续以及向当局提供必要的信息并交纳相关费用。《2000年通则》还指出，现在有些地区，如欧盟内部或其他自由贸易区规定，对进出口货物不必办理报关手续，并全部或部分免征关税。

为此，《Incoterms 2000》在相关的A2和B2（许可证、其他许可和手续）以及A6和B6（费用划分）条款都加入"在需要办理海关手续时"的用语，据此，明确了对这些无关税区的进出口货物，在无须办理海关手续的情况下，即可免除买卖双方办理进、出口清关手续，交纳有关的关税、捐款和其他费用的义务。

3.删去了FCA术语下有关运输方式的区别以及集装箱货和非集装箱货的区别

《2000年通则》规定FCA术语可适用于各种运输方式，包括多式联运；指出，FCA术语卖方对交货地点的选择，会影响在该地点装货和卸货的义务。如卖方在其货物所在地交货，卖方应负责装货，如卖方在任何其他地点交货，卖方不负责卸货，即当货物在卖方运输工具上，尚未卸货，而将货物交给买方指定或卖方选定的承运人或其他人支配，交货即算完成。

（四）《Incoterms 2010》概述

1.相较《Incoterms 2000》的变化

（1）贸易术语的数量由原来的13种变为11种。

删除《Incoterms 2000》中4个D组贸易术语，即DDU（Delivered Duty Unpaid，未完税交货）、DAF（Delivered At Frontier，边境交货）、DES（Delivered Ex Ship，目的港船上交货）、DEQ（Delivered Ex Quay，目的港码头交货），只保留了《Incoterms 2000D》组中的DDP（Delivered Duty Paid，完税后交货）；新增加两种D组贸易术语，即DAT（Delivered At Terminal，在指定目的地或目的港的集散站交货）与DAP（Delivered At Place，在指定目的地交货），且扩展至适用于一切运输方式。

（2）术语分类的调整。

由原来的EFCD四组分为两类，适用于各种运输方式和水运。

①第一组：适用于任何运输方式的7种术语。

EXW（ex works）——工厂交货。

FCA（free carrier）——货交承运人。

CPT（carriage paid to）——运费付至目的地。

CIP（carriage and insurance paid to）——运费/保险费付至目的地。

DAT（delivered at terminal）——目的地或目的港的集散站交货。

DAP（delivered at place）——目的地交货。

DDP（delivered duty paid）——完税后交货。

②第二组：适用于水上运输方式的4种术语。

FAS（free alongside ship）——装运港船边交货。

FOB（free on board）——装运港船上交货。

CFR（cost and freight）——成本加运费。

CIF（cost insurance and freight）——成本、保险费加运费。

（3）取消了"船舷"的概念，卖方承担货物装上船为止的一切风险，买方承担货物自装运港装上船后的一切风险。

(4)在 FAS、FOB、CFR 和 CIF 等术语中加入了货物在运输期间被多次买卖(连环贸易)的责任义务的划分。

(5)考虑到对于一些大的区域贸易集团内部贸易的特点,规定 Incoterms 2010 不仅适用于国际销售合同,也适用于国内销售合同。

2. DAT 贸易术语

DAT(Delivered At Terminal):目的地或目的港的集散站交货。类似于取代了的 DEQ 术语,指卖方在指定的目的地或目的港的集散站卸货后将货物交给买方处置即完成交货,术语所指目的地包括港口,卖方应承担将货物运至指定的目的地或目的港的集散站的一切风险和费用(除进口费用外)。该术语适用于任何运输方式或多式联运。

3. DAP 贸易术语

DAP(Delivered At Place):目的地交货。类似于取代了的 DAF 、DES 和 DDU 三个术语,指卖方在指定的目的地交货,只需做好卸货准备无须卸货即完成交货。术语所指的到达车辆包括船舶,目的地包括港口,卖方应承担将货物运至指定的目的地的一切风险和费用(除进口费用外)。该术语适用于任何运输方式、多式联运方式及海运。

二、计价货币的选用和换算

(一)计价货币的选用

进出口汽车所使用的货币属于外汇。汽车进出口贸易中选用什么货币,应根据外汇市场的变动、使用的货币本身可否兑换、是否稳定等因素考虑决定。如我国与对方国家间的贸易支付协定,则应使用协定中所规定的货币。如无支付协定,一般应选用可在国际外汇市场上自由买卖的“可兑换的货币”。可兑换货币有软、硬之分。硬货币是指币值比较稳定的货币,软货币是指币值疲软的货币。在汽车出口贸易中,我们应争取使用“硬货币”计价,而在进口贸易中,则应争取使用“软货币”计价。至于具体采用何种货币,可根据实际情况由买卖双方商定。

(二)出口汽车计价货币的换算

在汽车出口业务中会遇到货币换算的问题,一般的换算方法有三种。

1. 由人民币改报外币——以买入价换算

例如:我国某汽车出口商所报的单价为人民币 70000 CIF Hamberg。如改报美元价,应为多少? 当日外汇牌价为 US $ 100 = RMB ¥ 631.31(买入价)/633.97(卖出价)。

如果以卖出价换算,将减少收入,故该汽车出口商应以买入价改报美元价。此例的计算方法为:

$$(70000 \times 100) \div 631.31 = 11088\text{(美元)}$$

2. 由外币改报人民币——以卖出价换算

例如:我某汽车出口商所报的单价为£ 1700 CIFLondon。如改报人民币价,应为多少? 已知当日外汇牌价为£ 100 = RMB ¥ 880.77(买入价)/887.26(卖出价)。

如果以买入价换算,将减少收入,故该汽车出口商应以卖出价改报人民币价。此例的计算方法为:

$$(1700 \times 887.26) \div 100 = 15083\text{(人民币)}$$

3. 由外币改报另一种外币——均以买入价或均以卖出价换算

例如:我某汽车出口商所报单价为 US $2000 CFR Karachi。如改报英镑价,应为多少?已知当日外汇牌价为 US $100 = RMB ¥631.31(买入价)/633.97(卖出价);£100 = RMB ¥880.77(买入价)/887.26(卖出价)。

计算方法为:先求出 1 美元等于多少英镑,再以求出的金额乘以原报美元数。如用买入价换算,则两种汇率均用买入价换算。计算方法为:

US $1 = 631.31(买入价)/880.77(买入价) = £ 0.7168

英镑价应为:US $2000 × 0.7168 = £ 1433.6

如用卖出价换算,则两种汇率都用卖出价换算。计算方法为:

US $1 = 633.97(卖出价)/887.26(卖出价) = £ 0.7145

英镑价应为:US $2000 × 0.7145 = £ 1429

两种换算方法的尾数稍有出入,可选择对报价方有利的一种。

三、佣金和折扣

在汽车进出口业务中,为了调动中间商、代理商及进口商成交的积极性,买卖双方磋商价格时,往往还会涉及佣金和折扣的问题。

(一)佣金和折扣的含义

佣金(Commission)是指买方或卖方对中间商介绍交易或代为买卖所给予的报酬。一般由卖方支付给中间商,有时也可由买方支付,或买卖双方都支付。佣金分为"明佣"和"暗佣"。"明佣"是指在货物买卖合同中明确显示并且为合同价格所包含的佣金,"暗佣"是指在合同之外另签的佣金协议中反映,不包含在货物买卖价格中的佣金。

折扣(Discount)是指卖方给予买方的价格减让。当批量较大时,可使用数量折扣;为了某些特殊目的,也可使用特别折扣等。

(二)佣金和折扣的表示方法

(1)如果在合同的价格条款中,既不含佣金也不含折扣,则这种价格称为"净价"(net price)。有时为了强调合同价格为净价,可在价格术语中加上"net"字样,例如:USD 2180.00 per set FOB net shanghai。

(2)当合同价格包括佣金时,称为"含佣价"。可用佣金率来说明,例如:USD 2180.00 per set FOB shanghai including 5% commission;也可在价格术语中加"C"表示,如:USD 2180.00 per set FOB C5% shanghai 或 USD 2180.00 per set FOB C5 shanghai;还可用文字来说明,如:"每辆付佣金 1000 元"等。

(3)表示折扣的方法与佣金类似。如:"USD 2180.00 per set FOB shanghai including 2% discount","USD 2180.00 per set FOB D2% shanghai","USD 2180.00 per set FOB D2 shanghai"等。

(4)商品价格中可以同时包括佣金和折扣,如"USD 2180.00 per set FOB C2D2 shanghai"表示在价格中包含 2% 的佣金和 2% 的折扣。

(三)佣金和折扣的计算方法

1. 佣金的计算

(1)以发票金额为基础。按贸易习惯,佣金一般按交易额即发票金额为基础计算,计算公式为：

$$佣金额 = 发票金额 \times 佣金率 \quad (9\text{-}6)$$

如，以 CIF 价格成交总金额为 50 万美元，佣金率为 1%，则佣金为 5000 美元。

(2)以 FOB 价格为基础。分三种情况：

$$以\ FOB\ 价格成交：佣金额 = FOB \times 佣金率 \quad (9\text{-}7)$$

$$以\ CFR\ 价格成交：佣金额 = (CFR - 运费) \times 佣金率 \quad (9\text{-}8)$$

$$以\ CIF\ 价格成交：佣金额 = (CIF - 运费 - 保险费) \times 佣金率 \quad (9\text{-}9)$$

计算佣金时，是以发票金额还是以 FOB 价格作为基础，买卖双方应在合同中明确规定，以免日后产生分歧。

(3)净价和含佣价的关系。

$$单位货物佣金额 = 含佣价 \times 佣金率 \quad (9\text{-}10)$$

$$净价 = 含佣价 - 单位货物佣金额 = 含佣价 \times (1 - 佣金率) \quad (9\text{-}11)$$

$$含佣价 = \frac{净价}{1 - 佣金率} \quad (9\text{-}12)$$

2. 折扣的计算

折扣与佣金类似，通常是以成交金额或发票金额为计算基础。在涉及折扣的计算时，有以下公式：

$$折扣额 = 发票金额 \times 折扣率$$
$$或折扣额 = FOB \times 折扣率 \quad (9\text{-}13)$$

$$单位货物折扣价 = 含折扣价 \times 折扣率 \quad (9\text{-}14)$$

$$净价 = 含折扣价 - 单位货物折扣价 = 含折扣价 \times (1 - 折扣率) \quad (9\text{-}15)$$

$$含折扣价 = \frac{净价}{1 - 折扣率} \quad (9\text{-}16)$$

3. 佣金和折扣的支付方法

佣金一般都是由卖方收到全部货款后再支付给中间商。我国办理进出口业务的银行在办理我出口方对外支付佣金款项业务时，会要求出口方出示外销合同或佣金协议，同时还要求出示收汇水单，以证明货款已收妥，否则银行将不办理支付佣金的手续。国外有些中间商要求签订合同后即支付佣金，对此，出口商应提高警惕，一般不能同意。为了明确起见，最好在合同中或有关佣金的协议中，对佣金的支付方法及支付时间作明文规定，如“卖方在收到全部货款后半个月内支付佣金”。

折扣一般由买方在支付货款时预先扣除。如果是“暗扣”，则折扣不在货款中扣除，而按暗中达好的协议，等卖方收妥货款后，另行支付给买方。

第四节　国际贸易中货款的支付

货款的支付是国际汽车贸易业务的一个重要环节。对出口业务，应强调收汇安全，尽快收取货款，以减少风险和出口成本；对进口业务，应注意用汇安全，保证能及时收到与合同相符的货运单据和货物。

一、支付工具

由于货币管制和输送不便等原因,国际汽车贸易除了样品买卖或在展销会上销售少量零配件采用现金支付外,大多采用信贷工具来代替现金结算。票据是国际通行的结算和信贷工具,国际汽车贸易中使用的票据主要有汇票、本票和支票,其中以汇票为主。

(一)汇票(Bill of Exchange/ Draft)

1. 汇票的含义

汇票是一个人(出票人)向另一个人(受票人)签发的,要求即期或定期或在可以确定的将来时间,对某人或其指定的人或持票人支付一定金额的无条件的书面支付命令。汇票不仅是一种支付命令,也是国际金融市场上一种可转让的流通证券。

图 9-3 是银行汇票的示例。

No. 00267401

Exchange for USD8,410.00 Tianjin, ________

At D/P 90 DAYS sight of this Second of Exchange

(First of the same tenor and date unpaid), pay to the Order of

BANK OF CHINA (TIANJIN BRANCH) the sum of

SAY USD EIGHT THOUSAND FOUR HUNDRED AND TEN ONLY

Drawn under OMDURMAN NATIONAL BANK, OMDURMAN BR.

CREDIT NO. OBIMP0103/00 DATED SEP. 24, 2003

To OMDURMAN NATIONAL BANK,

OMDURMAN BR.

图 9-3 汇票示例

2. 汇票的种类

(1)按流转时是否随附货运单据可分为光票(Clean Bill)和跟单汇票(Documentary Bill)。不附货运单据的汇票称为光票,附有货运单据的汇票称为跟单汇票。

(2)按付款时间不同,分为即期汇票(Sight Bill/Demand Draft)和远期汇票(Time Bill/Usance Bill)。见票即付的汇票即为即期汇票,汇票上规定付款人在将来一个可以确定的日期付款的称为远期汇票。规定远期汇票的方法有:见票后若干天(如 30 天、60 天、90 天、120 天等)付款,如:"At 30 days ater sight";某一固定日期,如:"On May 20, 2004";出票后若干天付款,如"At 30 days after date of draft";提单签发后若干天付款,如:"At 60 days after the date of B/L"。

(3)按出票人不同,分为商业汇票(Commercial Bill)和银行汇票(Banker's Bill)。若出票人为工商企业,则为商业汇票;若出票人为银行,则为银行汇票。

(4)按承兑人不同,分为商业承兑汇票(Commercial Acceptance Bill)和银行承兑汇票(Banker's Acceptance Bill)。

同一张汇票往往可以同时具有几个特征,如一张银行汇票,可能它还是一张远期的跟单汇票,同时它还是银行承兑汇票。

3. 汇票的使用

汇票的使用程序根据远期汇票和即期汇票的种类而有所不同。一般要经过出票、提示、承兑和付款程序。如需转让，还要经过背书手续，汇票遭到拒付时，还涉及作成拒付证书和行使追索权等法律问题。

（1）出票。指出票人在汇票上填写出票日期、受票人（即付款人）、金额、付款日期、地点及受款人等，签署后交给受款人的行为。

（2）提示。指持票人将汇票提交付款人要求付款或承兑的行为。付款人看到汇票叫作“见票”。如果是即期汇票，付款人应在见票后立即付款；如果是远期汇票，付款人见票后应办理承兑手续，到期付款。

（3）承兑。指远期汇票付款人承诺到期付款的行为。具体手续是由付款人将“承兑”字样写在汇票上，注明承兑日期并签名。付款人承兑后即成为承兑人，承担到期付款的责任。

（4）付款。指付款人或承兑人向持票人清偿汇票金额的行为。持票人在要求付款时应提示汇票。

（5）背书。指转让汇票的手续，即由汇票持有人在汇票背面签上自己的名字，并把汇票交给受让人。经背书后，汇票的收款权利就转让给受让人，汇票可通过背书方式再次转让。对于受让人来说，凡在他们以前的背书人都是他的“前手”，凡在他们之后的背书人都是他的“后手”。“前手”对“后手”负有承付汇票的担保责任。汇票持有人也可将经过背书的未到期的汇票转让给银行。银行扣除一定利息后将票款付给持票人，这叫作“贴现”。

（6）拒付。指汇票在提示时遭到付款人拒绝付款或拒绝承兑。如果汇票遭到拒付，最后的持票人有权向所有的“前手”及出票人行使追索权。为行使追索权，持票人应要求有关机构作成拒绝证书。

（二）本票

本票是出票人对受款人签发的承诺在见票时或定期或在可以确定的将来时间无条件支付一定金额的票据。

本票可分为工商企业签发的商业本票和银行签发的银行本票。商业本票可分为即期和远期，银行本票都是即期的。汽车进出口业务中使用的本票，大都是银行本票。有的银行本票见票即付、不记载受款人或来人抬头，其流通性类似纸币。

本票示例如图9-4所示。

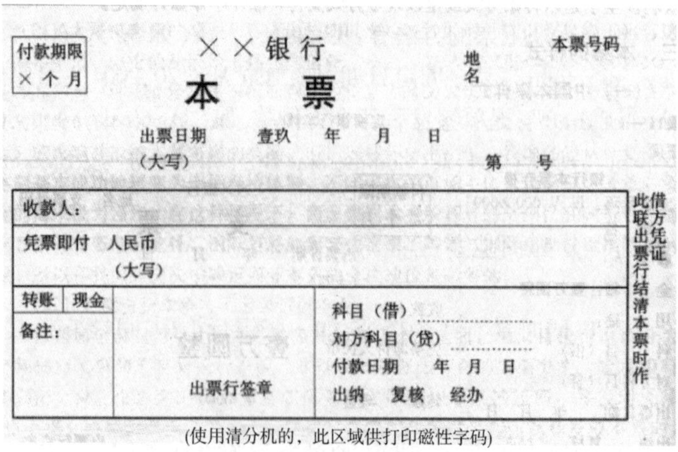
付款期限 × 个月
××银行
本 票
地名
本票号码
出票日期（大写） 壹玖 年 月 日
第 号
收款人：
凭票即付 人民币（大写）
转账 现金
备注：
出票行签章
科目（借）
对方科目（贷）
付款日期 年 月 日
出纳 复核 经办
此联出票行结清本票时作借方凭证
（使用清分机的，此区域供打印磁性字码）

图9-4 本票示例

(三)支票

支票是银行储户签发的授权银行向特定人或持票人无条件支付一定金额的书面命令。一般支票可提取现款。支票上划有两条平行线的划线支票只能通过银行转账收款,不能提取现金。

支票的出票人必定在付款行存有不低于票面金额的存款,否则成为“空头支票”。开出“空头支票”的出票人要付法律上的责任。支票上必须有出票人的签字才能有效。支票的付款人必须是印制支票的银行,银行见票即付。

图9-5是中国工商银行的支票示例。

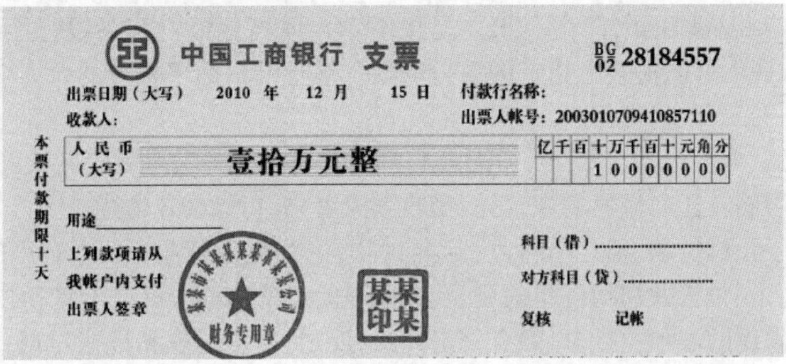
中国工商银行 支票 BG 02 28184557
出票日期(大写) 2010 年 12 月 15 日 付款行名称:
收款人: 出票人帐号:2003010709410857110
本票付款期限十天
人民币(大写) 壹拾万元整
亿 千 百 十 万 千 百 十 元 角 分
1 0 0 0 0 0 0 0
用途
上列款项请从
我帐户内支付
出票人签章
财务专用章
某某印某
科目(借)
对方科目(贷)
复核 记帐

图9-5 支票示例

汇票、本票、支票的主要区别是:首先,汇票和支票有出票人、付款人、受款人三个当事人,本票出票人就是付款人,故只有出票人和受款人两个当事人;其次,汇票和商业本票可以是即期或远期的,银行本票和支票都是即期的。

二、支付方式

汽车进出口贸易中,货款等款项的支付方式(Methods of Payment)一般有汇付、托收、信用证、银行保函等。其中,汇付、托收、赊账属于商业信用,信用证和银行保函则属于银行信用。这里的信用,是指由谁承担提供资金的责任。商业信用,是指出口商和进口商互相提供信用;银行信用,是指由银行提供信用。

支付方式有顺汇和逆汇之分。顺汇是指资金的流向与支付工具传递的方向相同,逆汇是指资金的流向与支付工具传递的方向相反。

(一)汇付

汇付又称汇款,是指付款人主动通过银行或其他途径将款项汇交收款人。国际贸易结算如采用汇付,一般由买方按合同约定的条件(如收到单据或货物)和时间,通过银行将货款汇交给卖方。汇付属于顺汇。

1. 汇付的当事人

汇付涉及四方当事人。

(1)汇款人:一般是支付货款的进口商或向中间商支付佣金的人。

(2)收款人:一般是出口商或中间商、代理商等。

(3)汇出行:指受汇款人委托汇出款项的银行,一般是进口商所在地银行。

(4)汇入行:指受汇出行委托,向收款人支付款项的银行。一般是出口商所在地银行,也可能是中间商、代理商所在地银行。

2. 汇付的分类

汇付可分为信汇、电汇、票汇三种。

(1)信汇(Mail Transfer,简称 M/T):指进口商将款项交给汇出行,汇出行以信件方式委托汇入行向收款人付款。

(2)电汇(Telegraphic Transfer,简称 T/T):指进口商将款项交给汇出行,汇出行以电报、电传方式委托汇入行向收款人付款。电汇比信汇快,但收费较高。

(3)票汇(Demand Draft,简称 D/D):是由汇款人向当地银行购买银行汇票并直接寄给收款人,收款人凭汇票向汇票上指定的银行取款。银行汇票用于银行的代客拨款,故出票人和付款人是同一银行或代理行。

票汇与信汇、电汇不同,票汇无须汇入行通知收款人取款,而由收款人持票登门取款。这种汇票除有限制转让和流通的规定外,经收款人背书,可以转让流通。

汇付可用于预付货款、随订单付款、延期付款、记账交易等业务,也可用于支付佣金、赔款和样品费等。预付货款和随订单付现,出口商先收款后交货,资金不受积压,这是进口商对出口商一种信用的表示,对进口商有一定风险;反之,交货付现和记账付现,出口商先交货后收款,资金积压,这是出口商对进口商一种信用的表示,对出口商有一定风险。

(二)托收

托收是指出口商开立汇票,连同货运单据委托出口地银行通过它在进口地的分行或代理行向进口商收取款项的方式,其资金流向与支付工具(汇票)的传递方向相反,属于逆汇。

1. 托收的当事人

托收方式涉及四方当事人。

(1)委托人:即债权人。在用托收方式收取货款时委托人是出口商。

(2)托收行:指接受委托人委托代为收款的银行。一般是委托人所在地银行。

(3)代收行:即接受托收行委托向付款式人收取货款的银行,是付款人所在地的银行,通常是托收行的国外分行或代理行。

(4)付款人:即债务人。在用托收方式支付货款时付款人为进口商。

2. 托收的分类

托收分为光票托收和跟单托收两种。光票托收是指不随附任何货运单据的托收,跟单托收是指在汇票后随附货运单据的托收。单据很重要,特别是运输单据,如海运提单代表了货物的所有权。故光票托收通常仅用于收取货款尾数和佣金、样品费、代垫费用等小额款项的支付,大额货款的支付多采用跟单托收。

跟单托收根据交单条件不同,可分为付款交单和承兑交单两种。

(1)付款交单(Documents against Payment ,D/P)。付款交单又分为两种:

①即期付款交单(Documents against Payment at sight,D/P sight)。

②远期付款交单(Documents against Payment after sight,D/P after sight)。

(2)承兑交单(Documents against Acceptance,D/A)。

3. 托收的支付程序及图解

(1)即期付款交单

即期付款交单程序如图9-6所示。

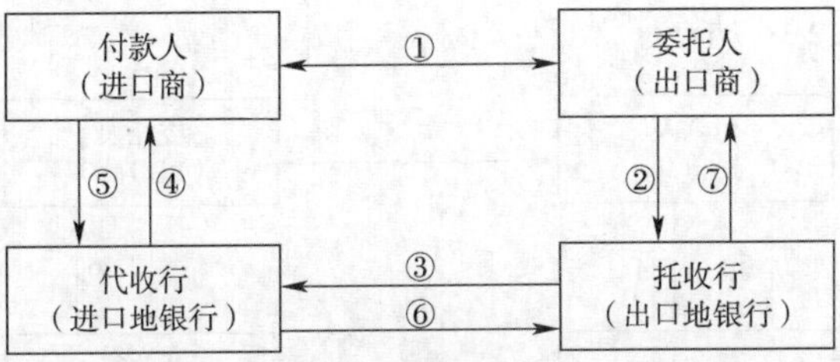

图9-6 即期付款交单

图9-6中代号说明:

①-进出口双方在贸易合同中,规定采用即期付款交单方式支付货款;

②-出口商按合同规定装货后,填写托收申请书,开出即期汇票,连同全套货运单据送交托收行代收货款;

③-托收行根据托收申请书缮制托收委托书,连同汇票和全套货运单据寄交代收行代收货款;

④-代收行按照托收委托书向进口商提示汇票和单据;

⑤-进口商验单无误后付清货款,赎取全套货运单据;

⑥-代收行电告或邮告托收行,款已收妥转账;

⑦-托收行向委托人转账付款。

(2)远期付款交单。

远期付款交单程序如图9-7所示。

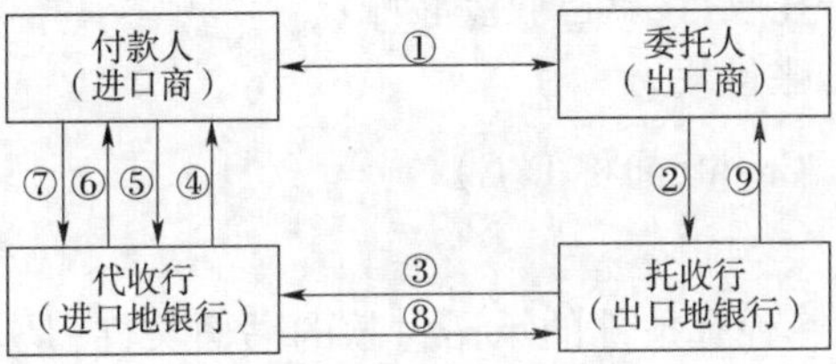

图9-7 远期付款交单

图9-7中代号说明:

①-进出口双方在贸易合同中,规定采用远期付款交单方式支付货款;

②-出口商按合同规定装货后,填写托收申请书,开出远期汇票,连同全套货运单据送交托收行代收货款;

③-托收行根据托收申请书缮制托收委托书,连同汇票和全套货运单据寄交代收行代收货款;

④-代收行按照托收委托书向进口商提示汇票和单据;

⑤-进口商承兑汇票后,代收行保留汇票和全套单据;

⑥-汇票到期日代收行作出付款提示;

⑦-进口商验单无误后付清货款，赎取全套货运单据；

⑧-代收行电告或邮告托收行，款已收妥转账；

⑨-托收行向委托人转账付款。

(3)承兑交单。

承兑交单程序如图9-8所示。

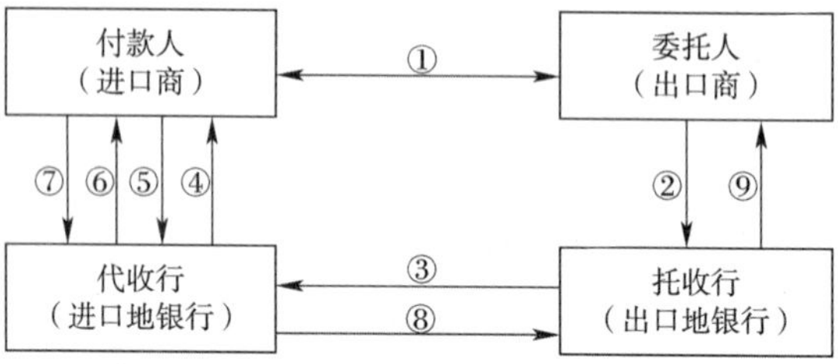

图9-8　承兑交单

图9-8中代号说明：

①-进出口双方在贸易合同中，规定采用承兑交单方式支付货款；

②-出口商按合同规定装货后，填写托收申请书，开出远期汇票，连同全套货运单据送交托收行代收货款；

③-托收行根据托收申请书缮制托收委托书，连同汇票和全套货运单据寄交代收行代收货款；

④-代收行按照托收委托书向进口商作承兑提示；

⑤-进口商承兑汇票后，取得全套货运单据，代收行保留汇票；

⑥-汇票到期日代收行作出付款提示；

⑦-进口商付清货款；

⑧-代收行电告或邮告托收行，款已收妥转账；

⑨-托收行向委托人转账付款。

(三)信用证(Letter of Credit，简称L/C)

1. 信用证的概念

信用证是银行开立的一种有条件的承诺付款的书面文件，是开证银行根据开证申请人的请求和指示向受益人开立的在一定金额和一定期限内凭规定的单据承诺付款的凭证。

图9-9所示是信用证的示例。

2. 信用证的当事人

信用证通常涉及六方当事人。

(1)开证人：指向银行申请开立信用证的人，一般是进口商。

(2)开证行：指接受开证人的委托，开出信用证的银行，它承担保证付款的责任，一般为进口商所在地的银行。

(3)通知行：指受开证行的委托将信用证转交出口商的银行，它只证明信用证的真实性，并不承担其他义务，一般为出口商所在地的银行。

(4)受益人：指信用证上指明有权使用该证的人，一般为出口商。

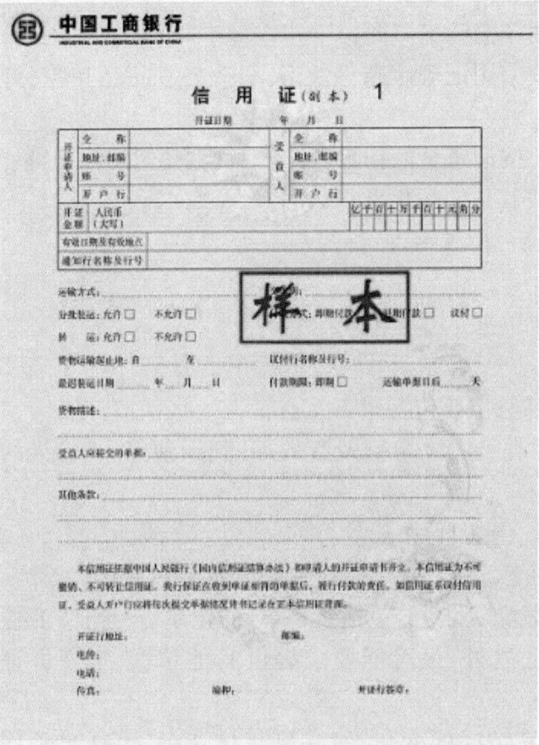

Beneficiary (with full name and address)	Credit No　　　　Contract No Expiry Date and Place
Applicant (full name & detailed address)	Issued by airmail With brief advice by teletransmission Issued by express delivery Issued by teletransmission
Loading on board /not late than /from for transportation to	Amount (both in figures & words)
Description of goods Packing	Credit available with □ any bank □ issuing bank By □ sight payment □ acceptance □ negotiation □ deferred payment
Partial shipments Transhipment □ allowed □ allowed □ not allowed □ not allowed	□Beneficiary's draft for ______ % of invoice value at______
	□FOB □CFR □CIF □or other terms
Documents required: (marked with " √"): □ Signed Commercial Invoice in ______ copies indicating L/C No. and Contract No. ______ □ Full set of clean on board Ocean Bill of Lading □ made out to order and blank endorsed, marked "freight □prepaid / □ to collect"	

图 9-9　信用证示例

(5)议付行:指愿意买入或贴现受益人交来的跟单汇票的银行,可以是指定银行,也可以是非指定银行。

(6)付款行:指信用证指定的付款银行,一般是开证银行或其他指定银行。

3. 信用证的支付程序及图解

信用证的支付程序如图 9-10 所示。

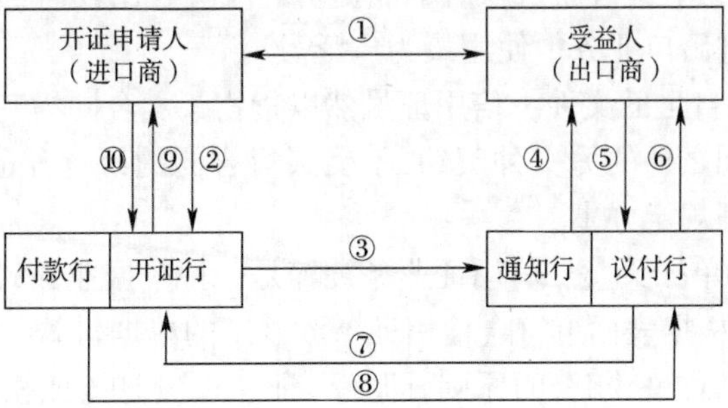

图 9-10　信用证

图 9-10 中代号说明:

①-进出口双方在贸易合同中,规定使用信用证方式支付;

②-进口商(开证人)向当地银行提出开证申请,按合同填写开证申请书的各项规定和要求,并交纳押金或提供其他保证;

③-开证行根据开证申请书的内容向受益人(出口商)开立信用证,并寄交通知行;

④-通知行核对印鉴或密押无误后,将信用证交给出口商;

⑤-出口商审查信用证与合同相符后,即按信用证规定条件装运,备齐各项货运单据,开出汇票,在信用证有效期内,送交议付行议付;

⑥-议付行按信用证条款审核单据无误后,按汇票金额扣除利息,把货款垫付给出口商;

⑦-议付行将汇票和货运单据寄开证行(或其指定的付款行)索偿;

⑧-开证行(或其指定的付款行)审单无误后,付款给议付行;

⑨-开证行通知进口商付款赎单;

⑩-进口商审单无误后支付货款,取得全套单据。

4. 信用证的主要内容

信用证没有统一的格式,但其基本内容相同,主要包括以下几点:

(1)对信用证本身的说明。如信用证的种类、性质、金额及有效期、到期地点、当事人的名称和地址等。

(2)对货物的要求。货名、品质规格、数量、包装、价格等。

(3)对运输的要求。装运期、装运港、目的港、运输方式、是否允许分批装运或转运等。

(4)对单据的要求。主要有货物单据,以发票为中心,包括装箱单、质量单、产地证、商检证明书等;运输单据,如提单;保险单据。除此之外,还可能要求提供其他单据,如寄样证明等。

(5)特殊条款。根据进口国政治经济贸易情况的变化,每一笔具体业务,可作出不同规定。

(6)开证行对受益人及汇票持有人保证付款的责任文句。

以上各项要求,都要在受益人提供的单据中表示出来,并做到与信用证条款完全一致。

5. 信用证的特点

(1)信用证是一种银行信用。信用证以开证行作为第一付款责任人,对出口商承担着进口商不付款的风险;同时,货运单据传到了银行手中,进口商只要付款后就可得到代表货物所有权的货运单据,避免了进口商付款后不能提货的风险。比较而言,托收和汇付都是商业信用,因此,信用证在进出口业务中使用最为广泛。

(2)信用证是一项自足的文件。信用证虽然以货物买卖合同为基础,但信用证一经开出就成为独立于买卖合同之外的另一种契约,不受买卖合同约束。开证行和参与信用证业务的其他银行只按信用证规定办事。

(3)信用证是一种单据买卖。信用证业务纯粹是一种单据业务,各有关方面处理的只是单据,不问货物。银行根据表面上符合信用证条款规定的单据付款、承兑或议付。在信用证业务中,银行对单据实行严格相符的原则,即“单、证一致(或单、证相符),单、单一致(或单、单相符)”。“单、证一致”是指单据内容与信用证条款一致,“单、单一致”是指各种单据内容相互一致,不存在任何矛盾。

(四)银行保函(Banker's Letter of Guarantee,L/G)

银行保函是银行应客户的要求开给受益人的保证信,保证申请人按规定履行合约,若申请人没有履行或没有完全履行交易双方签订的合约,则银行偿付保函所规定的保证金给受益人。

(五)出口保理(Export Facoring)

当出口商完成了与进口商的一笔商业合同后,可以将发票提交给保理公司,从而提前预支发票项下的款项,而将按交易条件向进口商代收债务交由保理公司完成。保理公司给予出口商的这种服务,称为出口保理。

保理业务源于美国,现已被包括我国在内的多个国家采用。在进出口贸易中,有些进口商不愿开立信用证,而要求出口商接受付款交单或承兑交单等其他付款方式,这对出口商而言存在较大风险。出口商选择保理业务,可以消除这些风险,因为只要出口商履行了合同义务,如果进口商拒付或倒闭,保理公司将负责付款,承担100%的坏账担保。

在出口保理业务中,保理公司会对国外进口商进行资信调查和信用评估,并根据出口商的要求确定进口商的信用额度;在收到出口商发票副本时,保理公司可预付出口商80%左右的货款,在收回货款后,扣除预付款及发票金额1% ~3%的保理手续费等其他费用后再将余额支付给出口商。

三、合同中的支付条款

在汽车进出口业务中,签订支付条款时,交易双方应商定采用何种支付方式,支付的时间及支付的条件等。下面将合同中各种支付方式的常见支付条款举例说明。

(一)汇付方式支付条款

在进出口合同的支付条款中,如商定采用汇付方式,则要明确规定汇付的种类和汇付时间(是预付还是即付或迟付),还要规定汇付金额等。

合同中可规定:买方应于×年×月×日前将全部(或部分)货款用电汇(信汇或票汇)方式汇付(预付)给卖方[The buyer shall pay the total (partial) value (in advance) to the Seller by T/T(M/T or D/T) not later than ×××]。

(二)托收方式支付条款

1. 即期付款交单

合同中可规定:买方对卖方开具的即期跟单汇票,于第一次见票时立即付款,付款后交单(Upon first presentation the Buyers shall pay against documentary draft drawn by the Sellers at sight . The shipping documents are to be delivered against payment only)。

2. 远期付款交单

合同中可规定:买方对卖方开具的见票后××天付款的跟单汇票,于第一次提示时即予承兑,并于汇票到期日即予付款,付款后交单(The Buyer shall duly accept the documentary draft drawn by the Sellers at ×× days sight upon first presentation and make payment on its maturity. The shipping documents are to be delivered against payment only)。

3. 承兑交单

合同中可规定:买方对卖方开具的见票后××天付款的跟单汇票,于第一次提示时即予承兑,并于汇票到期日即予付款,承兑后交单(The Buyer shall duly accept the documentary draft drawn by the Sellers at ×× days sight upon first presentation and make payment on its maturity. The shipping documents are to be delivered against acceptance)。

(三)信用证支付方式条款

1. 即期信用证

合同中可规定:买方应于装运期前××天开立并送达卖方不可撤销即期信用证,有效期为合同规定的装运期后15天,在中国议付(The Buyer shall open an Irrevocable sight Letter of Credit to reach the sellers ×× days before the date of shipment, Valid for negotiation in China until 15 days after the contracted date of shipment)。

2. 远期信用证

合同中可规定:买方应于装运期前××天开立并送达卖方不可撤销的以卖方为受益人的银行承兑信用证,凭××天期的汇票于装运期后15天在上海议付(The Buyer shall open an Irrevocable banker's acceptance Letter of Credit in favor of the sellers to reach the sellers ×× days before the date of shipment, to be available by a draft at ×× day's sight and to be valid for negotiation in Shanghai 15 days after the date of shipment)。

3. 循环信用证

合同中可规定:买方应通过银行于第一批装运月份前××天开立卖方不可撤销即期循环信用证,该证在2003年期间,每月可供××(金额),保持有效期至2004年1月12日在武汉议付。上述信用证应于合同规定的装运期前××天抵达卖方[The Buyer shall open through a bank an Irrevocable Revolving Letter of Credit at sight. The L/C shall be automatically available during the period of 2003 for ××(Value) per month and remain valid for negotiation in Wuhan until Jan, 12 , 2004. The L/C must reach the seller ×× days before shipment]。

(四)几种支付方式结合使用的条款

例如部分货款用信用证支付,余款用托收方式支付,可在合同中规定:货款××%开立不可撤销信用证,其余××%见票后××天付款交单。全套单据附于托收部分,在到期时付清发票全部金额方予交单。如托收金额被拒付,开证行应掌握单据听凭卖方处理(××% of the value of goods by irrevocable Letter of Credit and remaining ××% on collection basis D/P after ×× days sight. The full set of shipping documents are to accompany the collection item. All the documents are to be delivered after the full payment of the invoice value. In case of non-payment of the collection item, the documents should be held by the Issuing bank at the entire disposal of the sellers)。

第五节　进出口流程与通关

一、进出口流程

进出口流程很复杂,并不是所有的进出口贸易业务流程都完全一致。但是其主要流程基本都差不太多。下面以信用证为支付方式的进出口贸易流程为例,说明进出口贸易流程的各个环节。

第一步:推销(Sales Promotion)。寻找开发国外买家。出口商要想将自己的产品打进国际市场,必须先开拓市场,寻找进口交易对象。可以通过发出推销函电(Sale Letter、Sales E-mail),或者通过网络、GOOGLE、B2B 平台,访问进口商公司网站并留言,或者发信的方式开发客户。还可参加广交会、国外展会,到国外考察,或者通过我驻外使领馆的商务参赞获取国外买家的相关信息等方式来寻找交易对象。

第二步:询盘(Inquiry),又称询价。进口商收到出口商的推销信或者在 GOOGLE 搜索到出口商的网站后,根据自己的需求,对有意进一步洽谈的出口商给予询盘,以希望达成交易并建立贸易伙伴关系。

第三步:发盘 (Offer)与还盘(Counter Offer)。发盘又称为报价,出口商按进口商来函询盘要求,先向供货的工厂询价,然后根据工厂的价格经过计算得出出口价格,再报给进口商 Offer。这个过程可能经过双方多次的讨价还价,最后达到有关价格等条款的一致意见。

第四步:签订合同(Signing Contract) 或者发出 PI(Proforma Invoice,形式发票)。进口商与出口商经过讨价还价后,就各项贸易条款达成一致,并正式签订外销合同(Contract 或者 Agreement);或者给客户发 PI。

第五步:有些国家,特别是外汇紧张的国家,进口商需要申请进口许可等相关文件(比如我国的进口核销单制度)。有些国家规定企业进口对外付汇要通过有关当局(我国是外管局)审核,实行进口付汇管理(核销)制度。采用信用证结算方式进口,进口商必须在开证前到开证行申请"贸易进口付汇核销单"(代申报单),凭此办理进口付汇手续,其他结算方式下则在付款前申请此单(现在都是网上无纸化进行)。国外进口商不同国家有不同管理方式,这里不详述。

第六步:进口商开信用证。进口商填好付汇核销单后,再填写"不可撤销信用证申请书"(Irrevocable Documentary Letter of Credit Application),然后向其往来的银行提交并申请开立信用证;开证银行接受开证申请书并根据申请书开立信用证,然后开证银行将信用证再返回给进口商检查确认无误后,由开证银行将信用证发给出口地银行(就是出口国的通知行)。

第七步:审查信用证备货。出口地银行填妥"信用证通知书"(Notification of Documentary Letter of Credit),并将信用证通知出口商;出口商收到通知银行送来的信用证后,首先进行审查,如果有疑问请进口商修改信用证,如果没有问题就接受信用证,便可以开始和供货工厂签订合同并安排生产备货。这里出口商注意,一定要等信用证审查无误或者客户定金到账后,再和国内供货工厂签订购销合同,如果先和工厂签订购销合同,但最后客户取消了订单,而国内的购销合同已经生效了,就会有麻烦。

第八步:租船订舱。在 CIF 或者 CFR 贸易术语下成交的,在工厂备货即将完成之前,且必须是在信用证要求的装船期前,出口商要提前寻找合适的货代并安排租船订舱,以提前做好装运准备;在 EXW、FOB 术语下,租船订舱由进口商完成,但是出口商要及时提示进口商货物将于某日备妥,请马上租船订舱。确定好船公司后,出口商即应该根据相应的船期,配合信用证规定的装运期限进行订舱。外贸公司把租船订舱委托单,发票,箱单,报关委托书(现在是无纸化网上办理)发给货代公司办理出口租船订舱和以后报关及装运手续用。货代联系相关船务公司办理租船订舱,并获得船公司接受后发给配舱通知(配载通知)给外贸公司。外贸公司将配载通知发给工厂,并安排工厂根据配舱通知将货物送到指定的集装箱场站(或者到工厂拖箱装货)。

第九步:申请检验检疫。出口商根据信用证的规定填写“出境货物报检单(Application for Certification of Export Inspection)”,并备妥备齐商业发票、装箱单等相关文件向出入境检验检疫局申请检验检疫;检验检疫机构对商品检验合格后,签发“出境货物通关单”,并根据出口商的要求签发相应的商检证书,如品质证书等(注:除法检商品和外商特殊要求商检证外,其他不是法检商品出口,本步骤可免)。

第十步:报关通关。出口商或者其委托的报关行填妥“出口货物报关单(现在都是网上无纸化操作)”并备齐相应的文件,如发票、箱单、出境货物通关单等,向海关申报;海关审核单据无误后即办理出口通关手续,签发加盖验讫章的报关单(出口退税联现在在网上进行传递)并经网络平台转给税务及出口商,以便办理核销和退税。

第十一步:装船出运。海关通关放行后,货物就可以装船,装妥后开航。出口商在货物装船并开船后,必须立即向进口商发出装运通知“Shipping Advice”,装运通知内容包含船名、提单号、航次、件数、毛净重、唛头等,尤其是在FOB或者CFR贸易术语下,由进口商办理保险。及时的装船通知是进口商能及时投保的关键。如果因为出口没有及时给进口商装运通知,而耽误了进口商办理货物投保,一切责任在出口商。

第十二步:办理保险。在CIF贸易术语下,保险由出口商办理。出口商必须根据信用证的规定填写“货物运输保险投保单”(Cargo Transportation Insurance Application),并附商业发票向保险公司投保;保险公司承保后,签发“货物运输保险单”(Cargo Transportation Insurance Policy)给出口商。要注意保险单的签发日期必须早于或等于提单日期,不能晚于提单日期。

第十三步:申请原产地证(Certificate of Origin)。产地证有普通的“原产地证书 Certificate of Origin”与“普惠制产地证明书(Generalized System of Preferences Certificate of ORIGIN ‘Form A’)”。所有各种类型的原产地证都可以向出入境检验检疫局申请。普通原产地证也可以向中国国际贸易促进委员会申请签发。现在是网上申请,网上审批。上面的相关机构经过审核通过后根据出口商的请求,签发相应的产地证书。

第十四步:取回提单。船务公司须等到货物装上船并开船后才签发提单(提单 Bill of Lading B/L 上有记载 On Board Date)。出口商或者其委托的货代就可以到船公司领取“海运提单 Bill of Lading B/L”。

第十五步:备齐相关单据,办理押汇。货物装运出口后,出口商按照L/C规定,备妥相关文件,如商业发票、装箱单、海运提单、货物运输保险单、商检证书、产地证,信用证等,并按要求签发以付款行为付款人的汇票,经过严格审查所有单证并完全符合信用证要求,做到“单单相符,单证一致”后,向出口地银行办理议付押汇(Negotiation)。在银行同意下,也可以以出口单据为质押,向银行取得抵押贷款。议付单据经押汇银行审查与信用证规定相符,即拨付押汇款,并通知出口商可以结汇,同时收取一定的押汇费用。

第十六步:办理出口退税。收汇后,按照和工厂签订的购销合同,安排工厂开具增值税发票,外贸公司收到工厂的增值税发票后,先到国税局办理增值税发票认证(以后逐渐转为网上认证)。等增值税发票认证通过后,网上税务平台会返回认证通过信息,然后在网上填妥退税申请的表单,确认无误后上传国税局。国税局对上传的退税申请表单等通过后,外贸公司就可以下载打印这些表单,经外贸公司法人签字,盖外贸公司公章,钉好后送给国税局退税备案。国税局在收到海关通过网上传给国税局的报关单退税联信息,以及银行和外管局通过网上传给国税局的收汇核销联信息全部到位后,并确认全部信息到齐无误后,外贸公司就等待退税款进账了。

第十七步:议付后交单。在第十五步中,议付银行议付后,将议付单据发送到国外开证银行,要求偿付押汇款;开证行审单与信用证要求条款核对无误后,拨付货款汇款(即承兑)给出口地银行;议付银行收到国外付款后,银行还代出口商通过网络平台向外管局系统传递"出口收汇核销联信息"。

第十八步:通知赎单。开证银行向进口商发出赎单通知,要求缴清货款;由于进口商在申请开证时,大部分的信用证金额尚未付清,所以开证行通知进口商缴清余额,将全部货款缴清后,将全套装船单据赎回。同时进口商将之前领取的进口贸易付汇核销单交给银行审核(这是中国进口商需要做的,国外各不相同)。

第十九步:到货通知。货物运抵进口国的目的港时,船公司通知进口商货到港,来换取提货单。进口商或其委托的进口报关行向船公司交付提单来换取提货单(Delivery Order,D/O)。尤其是当进口商是在FOB贸易术语下进口货物时,进口商只要向船公司缴清运费及杂费,并且将B/L向船公司换取D/O后,才能向海关申报,因为只有这样才表明进口商已经获得船公司同意提领货物的批准。

第二十步:申请进口检验。进口商填写"入境货物报检单(Application for Certificate of Import Inspection)",并备齐提货单、商业发票、装箱单等文件,向出入境检验检疫局申报进口检验。检验机构经过对商品检验合格后,签发"入境货物通关单"给进口商。

第二十一步:申请进口报关。进口商备齐进口货物报关单,提货单,商业发票,装箱单,入境货物通关单,进口许可证(如果需要)和进口合同等文件,向海关投单报关。

第二十二步:缴税。进口商向海关缴清各项税款,应纳税款包括进口关税、增值税和消费税等。

第二十三步:办理进口通关手续。海关审单通过,办理进口通关手续。海关放行后,进口商即可到码头或货物存放地提领货物。

第二十四步:付汇核销。最后,进口商还要凭进口付汇到货核销表,进口货物报关单及进口付汇核销单到外汇管理局办理付汇核销。现在都在网上办理,这是我国的要求,国外进口商各不相同。

第二十五步:出口商主动就上批货的质量与服务咨询进口商是否满意,是否有需要改进的意见反馈,同时间接催促客户的下票订单,到此就又回到了进出口贸易流程的第一步从而进入下一次循环。

二、通关与中国电子口岸

(一)通关的基本环节

进出口货物的通关,一般来说,可分为四个基本环节,即:申报→查验→征税→放行→结关。

1.申报

申报是指进口货物的收货人、出口货物的发货人或者他们的代理人在进出口货物时,在海关规定的期限内，以书面或者电子数据交换（EDI）方式向海关报告其进出口货物的情况，并随附有关货运和商业单证，申请海关审查放行，并对所报告内容的真实准确性承担法律责任的行为。进出口企业向海关申报时必须提供发票、装箱单、提运单、报关单、出口收汇核销单（出口）、进出口批文、减免税证明及加工贸易备案手册等单证。

2. 查验

查验是指海关在接受报告单位的申报后，依法为确定进出境货物的性质、原产地、货物状况、数量和价值是否与货物申报单上已填报的详细内容相符，对货物进行实际检查的行政执法行为。海关查验进出口货物时，报关员必须在场，并按照海关的要求负责搬移货物、开拆和重封货物的包装等。

3. 征税

征税是指海关根据国家的有关政策、法规对进出口货物征收关税及进口环节的税费。

4. 放行

放行是指海关在接受进出口货物的申报，经过审核报关单据、查验货物、依法征收税款，对进出口货物作出结束海关现场监管决定的工作程序。

5. 结关

结关是指对经口岸放行后仍需继续实施后续管理的货物，海关在规定的期限内进行核查，对需要补证、补税货物作出处理直至完全结束海关监管的工作程序。图9-11是上海口岸海运货物进口通关单证流程。

（二）电子数据交换（EDI）简介

电子数据交换（Electronic Data Interchange，EDI）是一种利用电子化手段将格式化的信息进行传输、交换和处理的技术。对国际贸易而言，贸易各方可以通过计算机及通信网络和商定的标准，实现信息的传输和数据的处理从而完成订购、租船订舱、商检、保险、报关、结汇等外贸的全部业务过程。目前，EDI被世界各国的官方机构、半官方机构、工商业和服务行业所重视和采用，在欧盟大部分国家、美国、加拿大、澳大利亚、新西兰、新加坡、日本、韩国等国已有相当普遍的应用。原对外经济贸易部已成立国际贸易EDI服务中心，1997年更名为中国国际电子商务中心。

（三）中国电子口岸

1. 中国电子口岸简介

中国电子口岸是国务院有关部委将分别掌管的进出口业务信息流、资金流、货物流等电子底账数据集中存放到口岸公共数据中心，为各行政管理部门提供跨部门、跨行业的行政执法数据联网核查，并为企业及中介服务机构提供网上办理进出口业务服务的数据交换平台。各国家行政管理部门可进行跨部门、跨行业的联网数据核查，企业可以在网上办理各种进出口业务。

2. 基于中国电子口岸的主要进出口业务简介

（1）舱单申报业务。

舱单申报业务系统包括数据上载、综合查询、离线录入三个子功能模块。

①数据上载。空运舱单、铁路舱单、邮运舱单、海运舱单申报都是在数据上载模块下完

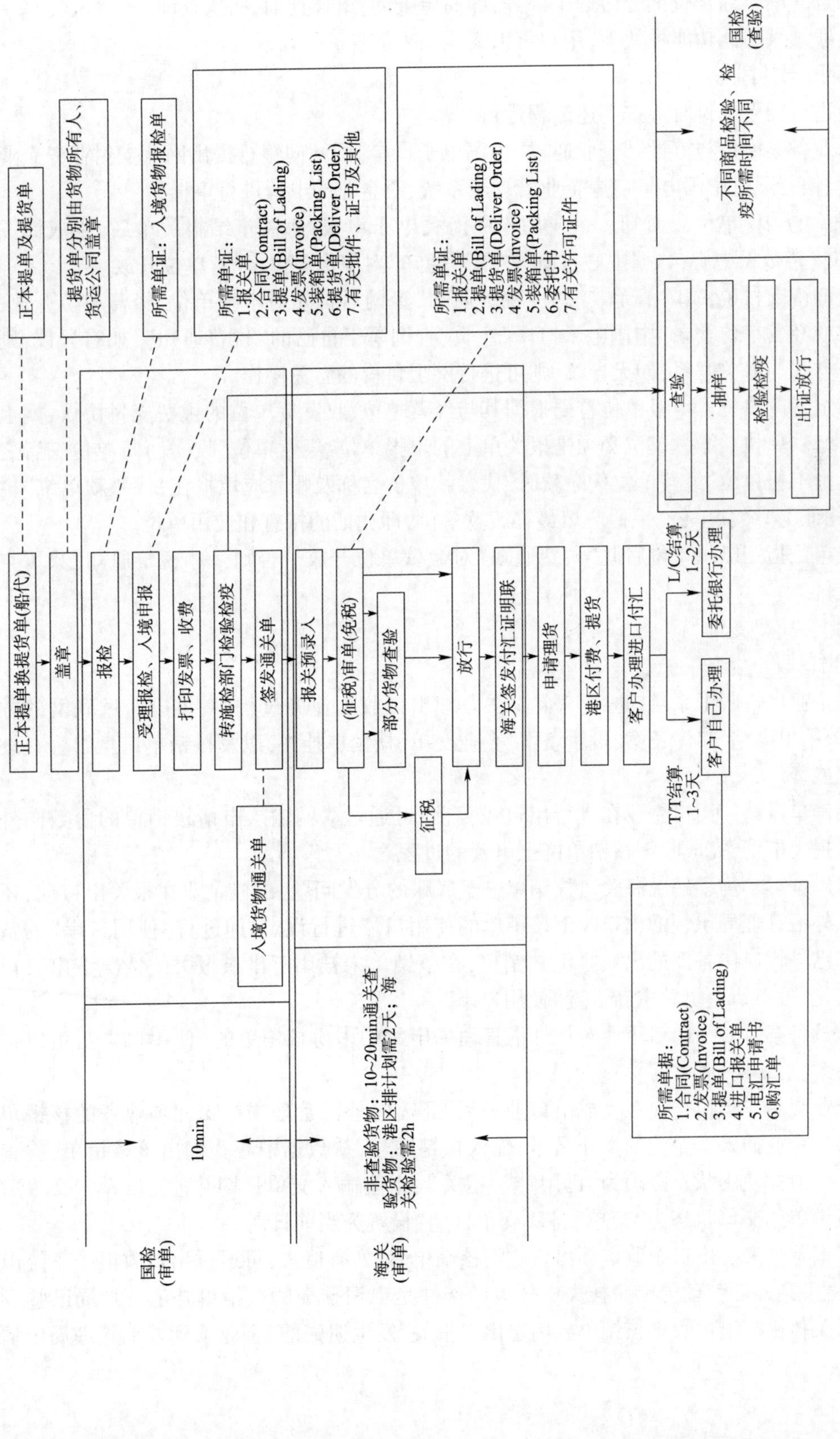

图9-11 上海口岸海运货物进口通关单证流程

成的。

②综合查询。综合查询分为三个部分，即简单查询，组合查询，回执查询。

③离线录入。此功能模块下，用户可以离线录入信息。

(2)网上支付业务。

企业进行网上支付时应按下述流程进行。

①企业备案申请与审批。企业通过“中国电子口岸”网站向银行提出网上支付业务企业备案申请，银行通过中国电子口岸企业管理子系统，对企业的申请进行审批。

②海关电子税单税费通知。企业用户向海关电子申报，海关审结报关单后，生成海关“税费通知”传数据中心，数据中心将海关“税费通知”对申报单位、经营单位开放。

③查询待支付税、费款清单。海关“税费通知”上网后首先对申报单位、经营单位开放，申报单位或经营单位登录“中国电子口岸”主页，查询属于自己的“税费通知”，如有异议，则通过手工方式与海关联系，如无异议，则可进行网上付税的有关操作。

④指定缴款单位。申报单位首先根据其与经营单位、收发货单位的税费支付协议，网上指定税费缴款单位。缴款单位必须是报关单上的申报单位、经营单位、收(发)货单位三者之一。协议由申报单位、经营单位代缴款时，代缴款单位名称及账号应填报在“代缴款单位”栏中，税费凭证上“缴款单位”一栏应填最终缴款单位，即凭证的持有和使用单位。

申报单位指定缴款单位后此“税费通知”对缴款单位开放。否则，该“税费通知”只可查询不能支付。

⑤网上税、费支付。

(3)出口收汇业务。

通过企业出口收汇系统，进出口企业在办理出口收汇业务过程中，可以通过联网的方式，完成核销单申请、口岸备案、批量备案、企业交单、核销单挂失，以及核销单信息组合查询等操作功能。

①核销单申请。出口企业在进行出口业务前，可通过联网输入申请核销单的份数向外汇管理局提出申请，完成收汇核销单网上申领的过程。

②口岸备案。为了解决海关对核销单电子底账的分发问题，出口企业在报关出口前，还需对对从外汇管理局申领的出口收汇核销单的使用口岸进行设定，即进行“使用口岸”的备案工作。已进行口岸备案的出口收汇核销单，在核销单未被用于出口报关的情况下出口口岸发生变化，可申请变更并重新设置“使用口岸”。

③批量备案。对于出口企业对从外汇管理局申领的多份核销单的“使用口岸”，可以进行成批备案。

④企业交单。出口企业在完成出口业务后，还需向外汇管理局提交此项业务的核销单数据。出口企业插入本企业的操作员卡，输入核销单号，从数据中心查询出该核销单，检查该核销单的海关使用状态必须为“已用”或“退关”，企业输入交单日期并进行交单。交单后设置该核销单的交单状态为“交单”，将“交单日期”设置为当前日期。

⑤核销单挂失。出口企业申领出口收汇核销单后，如有遗失，可通过出口收汇子系统申请挂失，也可到外汇管理局申请挂失。挂失的条件是申请挂失的核销单外汇管理局已签发且未被海关核销。出口收汇核销单已用于出口报关，发生遗失的，企业须到外汇管理局申请

挂失。核销单一经挂失就不能再使用。

⑥组合查询。出口企业可通过“组合查询”项,根据“核销单号、外汇局使用状态、出口发单日期”等多重条件来查询核销。

(4)报关单申报业务。

报关单申报业务系统包括自理报关、委托报关、转关运输提前录入及申报、报关清单录入申报4个功能子模块。

(5)汽车证明。

为加强对进口机动车的管理,经海关总署政法司与公安部交管局共同协商,对进口汽车限定口岸签发的进口汽车《货物进口证明书》,通过中国电子口岸数据中心在两部门间实现数据交换,并在实现外部联网的同时,进一步优化海关“汽车进口证明书管理子系统”的功能。系统实现了进口汽车证明书数据在海关和公安部系统之间安全、稳定的传输,不仅大大缩短了两部门间的数据通报周期,提高了数据质量,而且堵住了利用假手续、假证明办理进口车牌证的漏洞,社会反响巨大,极大的遏止了进口汽车的走私势头。

第六节 汽车平行进口与销售

一、汽车平行进口贸易形式概述

(一)平行进口汽车的概念

进口车可分为中规进口和平行进口两类。中规进口是指“原厂授权”引进,即由品牌原厂(比如丰田、凯迪拉克)授权的总代理(比如丰田中国、上汽通用)引进的车辆,通常在4S店里销售;平行进口,是指“非原厂授权”引进,即由原厂总代理以外的其他进口商,引进到中国的车辆,通常在港口汽车城或各地综合汽贸店销售。平行进口汽车未经品牌厂商授权,贸易商从海外市场购买,并引入中国市场进行销售。经销商直接到海外市场进行购买,渠道多,是作为国家现有品牌管理办法架构下厂商主导车辆进口和销售行为的一种有益补充。平行进口的渠道与官方进口的渠道并不冲突,是“平行”状态,所以称之为平行进口车。

(二)平行进口汽车的分类

1. 按身份不同划分

平行进口车按身份不同,又可分为改装车、小批量车和狭义平行进口车三大类。

(1)改装车。

由于进口的是改装车,生产厂已不再是原厂,因此无法享有原厂三包,但可以购买三包险,由保险公司来提供三包。改装车要大批量进入中国,也需要进行“强制性产品认证”,也就是3C认证。原厂总代理的(中规车)认证,就叫“大3C”;改装车的认证,就叫“小3C”。小3C都是相对热门的车型。

(2)小批量车。

小批量,是指“免于强制性产品认证的特殊用途进口车”,通常又称“外商自带”。小批量的优势是不需要3C证，省去了认证成本；劣势是每批不得超过5台。并不是所有车都能申请走小批量，只有在官方渠道里买不到（即既未国产，也没有中规进口）的车，才可以申请；而且进口的用途是自用，而不是销售，上牌满一年之后方可过户。从2017年起，小批量新增了单车认证环节，进口成本有所上升。

（3）狭义平行进口车。

严格来说，改装车、小批量，都不是真正意义的平行进口车。品牌相同才有“平行”可言。改装车，品牌已经不是原厂，算不上“平行销售”；小批量，虽是原厂品牌，但不能直接销售，也算不上“平行销售”。所以，这两类都只能算“广义平行进口”。真正意义的平行进口车，始于近几年自贸区的兴起。

狭义平行进口车，是通过平行进口《自动进口许可证》引进的，跟改装车的主要差别如下：

①品牌算原厂，而不是改装厂；

②不需要做3C认证，只要原厂的中规或国产车做过认证即可；

③由进口商承担召回、三包，改装车则无此要求。今后随着流程的优化，狭义平行进口将会逐渐成为主流。

2. 按国别或地区划分

平行进口车，按国别或地区不同，目前共分五大类：美规、加规、墨规、欧规和中东规。按我国法规标准生产的车，就是中规车；按美国法规标准生产的车，就是美规车；欧规车按欧盟标准，以德版为主，另外夹杂少量俄版；中东版本就比较多，包含了阿联酋版、阿曼版、沙特版、科威特版、巴林版、卡塔尔版、黎巴嫩版，但基本都与我国法规要求相符。

（三）平行进口主要车型

平行进口，作为对中规国产市场的补充，主要集中在以下四类车型：

（1）没有中规，也没有国产的车型，比如丰田塞纳，以及各种皮卡。

（2）中规和国产定价偏高的车型，比如路虎揽胜、宝马X5、丰田兰德酷路泽。

（3）中规和国产所不提供的排量或型号，比如日产途乐4.0L，丰田兰德酷路泽5.7L、奔驰GLS450。

（4）中规和国产长期缺货、加价提车的车型，比如雷克萨斯LX570、丰田埃尔法。

二、汽车平行进口相关政策

1.《关于停止实施汽车总经销商和汽车品牌授权经销商备案工作》

2014年8月，国家工商总局发布《关于停止实施汽车总经销商和汽车品牌授权经销商备案工作》的公告，使平行进口车经销商不再受备案制度限制。

2.《关于促进汽车平行进口试点的若干意见》

2016年2月，商务部、工业和信息化部、公安部、环境保护部、交通运输部、海关总署、质检总局、国家认监委八部门印发《关于促进汽车平行进口试点的若干意见》（以下简称《意见》），以加快推动汽车平行进口试点政策措施落地，促进试点工作取得实效。《意见》指出，在自贸试验区开展汽车平行进口试点，是推进汽车领域供给侧结构性改革，加快汽车流通体制创新发展，激发汽车市场活力的重要举措。

3. 平行进口汽车认证相关政策

《国家认监委关于自贸区平行进口汽车 CCC 认证改革试点措施的公告》规定从 2016 年 1 月 1 日起，将实行放宽对进口汽车原厂授权文件的要求、放宽平行进口汽车数量限制、简化工厂检查要求三大举措。

《国家认监委关于进一步深化汽车强制性产品认证改革的公告》(2017)中指出：

(1)进一步利用企业检测资源，减轻企业负担。在符合相关法律法规和确保检验检测数据与结果一致性的前提下，采信生产企业的检验检测结果。

(2)调整特殊检测处理程序，纳入 CCC 认证管理。对《关于调整免予强制性产品认证检测处理程序的公告》中有关特殊用途进口汽车、摩托车、摩托车发动机的检测处理程序的规定实施调整，将其作为单车 CCC 认证纳入强制性产品认证；对强制性汽车、摩托车、摩托车发动机产品认证实施规则相关内容进行调整。

(3)进一步完善认证规则，促进汽车平行进口。指定认证机构在认证受理环节可适当放开对原车型或原基础车型获证的要求，将认证受理车型扩大到所有平行进口车型。

4.《海关总署关于进一步做好汽车平行进口试点工作的通知》

为落实《商务部等 8 部门关于促进汽车平行进口试点的若干意见》等汽车平行进口试点相关政策，规范汽车平行进口试点保税仓储业务管理，2018 年 2 月发布了《海关总署关于进一步做好汽车平行进口试点工作的通知》。

三、平行进口汽车产品的技术条件与合规性改装

(一)平行进口汽车的技术条件

平行进口政策要求，不允许进口旧车和非法改装车，并负责采用原制造商许可的方案消除质量缺陷。同时必须符合国家有关安全、节能、质量标准和技术规范的强制性要求，并获得国家法律法规规定的强制性产品认证(CCC 认证)。

根据《关于促进汽车平行进口试点的若干意见》要求：

(1)要加强平行进口汽车注册登记管理服务。各地公安部门要严格执行《机动车运行安全技术条件》(GB 7258—2017)等国家安全技术标准，重点检查平行进口汽车车辆识别代号、产品标牌、里程表、外部灯具和信号装置等，对发现的不符合国家标准的平行进口汽车产品，不予办理注册登记，对符合规定的，要优化服务、提高效率，方便快捷予以办理。

(2)要深化平行进口汽车强制性产品认证改革。对已建立了完善的家用汽车“三包”和召回体系的试点企业，可放宽强制性产品认证(CCC 认证)申请需提供原厂授权文件的相关要求；对已有效保证车辆一致性的试点企业，可取消非量产车认证模式的数量要求；对符合产业政策、海关和检验检疫相关规定、已有效保证车辆一致性且在自贸试验区内仅进行标准符合性整改的试点企业，可视情况仅对其在自贸试验区内的整改场所进行 CCC 认证工厂检查。

(二)平行进口汽车的合规性改装

各国按汽车安全法规，大致可分两大阵营：欧规阵营、北美阵营。欧洲、俄、中、日、韩，都属于欧规阵营；美、加、墨，都属于北美阵营。欧规阵营的车，基本都符合中国法规，通常汉化

一下就能上牌；中东也与中规差异甚小；跟中规差异大的，是北美阵营：美规、加规、墨规。其中又以美规为尤，加规次之。

由于平行进口车辆的某些配件不符合国内的标准，在购买此类车辆后，需要先对相关零部件进行改装，改装检验达标后才可以前往市车管所或自贸区车管服务站办理注册登记业务。在外检查验时，除了会对车辆的车架号、发动机号等进行查验外，还会对该车辆其他零部件是否已经改装为我国标准进行检验。具体的项目主要包括：查验车辆仪表盘是否改装为千米数计算法、车辆转向灯是否为琥珀色、是否配备后雾灯、车辆标牌是否粘贴并更改为我国标准、排气管是否向左或向下等项目。

1. 后雾灯

后雾灯北美可有可无；而中规必须有（至少一个）。不少美规车，比如奔驰 GLS450，路虎揽胜，都已集成后雾灯，不需要加装；没有后雾灯的车型，需要加装至少一个，方可上牌。比如丰田塞纳。

2. 前转向灯

前转向灯，北美可有可无。而中规必须有。比如丰田塞纳，除了顶配型号 Limited 以外，都没有配备前转向灯，进入中国后都得加装，不然无法上牌。

3. 后转向灯颜色

后转向灯点亮时，北美灯光可以是黄色，也可以是红色；而中规灯光必须是黄色。灯罩为红色也没关系，只要灯光为黄色即可。

4. 前驻车灯

前驻车灯，北美可以是白色，也可以是黄色；而中规必须是白色。即使在北美，黄色驻车灯也已经越来越少，进入中国的就更少了，所以这点基本可以忽略。

5. 侧反光板

美加规都有侧反光板，允许集成在大灯内，前侧必须为黄色，后侧必须为红色；而墨版和中规都可有可无。前侧反光板，也是区分中规和美规的重要特征之一；至于后反光板，中规车虽然不要求，但通常也会有。后反光板一般在后保险杠上，如宝马 X5；但也有些车型，是集成在后大灯内，比如路虎揽胜的后大灯。不管哪国版本，都集成了后雾灯和后反光板。

6. 英制单位

中规要求必须使用行程，但美国仍然使用英制单位，包括英里、华氏度、加仑等。因此，美规车的英里速度表、里程表都需要整改为千米，方可上牌；有些美规车的速度表，外圈为英里，内圈为千米，比如宝马 X5、丰田塞纳，都是双圈速度表，并不需要整改。

欧规与中东的车基本都符合中国法规，不过都必须进行汉化整改，包括：车身铭牌、发动机号牌、使用说明书、各种车内警告提示语，都必须中文化，汉化后才可能上牌；而美规车（包括：加版、墨西哥版）不光铭牌有差异，外观也有较明显不同的地方，所以只有改装车符合国内道路规定后才可上牌，待全部零部件合格且符合车辆一致性、车辆信息正常后，即可通过检验。

平行进口汽车的改装企业，需具备对平行进口汽车整车标志、图形与文字标志、产品使用说明书、照明及信号装置和其他电气设备、车身及安全防护装置等类别项目的整改能力。

四、平行进口汽车的仓储、报关、销售与售后服务

(一)平行进口汽车的仓储

在经批准进行汽车平行进口试点的自贸试验区,允许试点企业在海关特殊监管区域内开展汽车整车保税仓储业务。《海关总署关于进一步做好汽车平行进口试点工作的通知》(署加发〔2018〕36 号)中,对平行进口汽车的仓储进行了如下规定:

(1)开展汽车平行进口保税仓储业务的范围为试点地区的海关特殊监管区域和保税物流中心(B 型)[以下简称区域(中心)]。相关试点企业须经主管部门审核认定并对外公告;平行进口汽车的保税仓储期限按照区域(中心)相关规定执行(取消了以前的三个月的限制)。

(2)区域(中心)主管海关应对保税仓储的平行进口汽车建立账册进行管理。平行进口汽车进境入区申报时应填制进境备案清单,并在备注栏注明“平行进口汽车”。平行进口汽车应符合国务院整车进口口岸管理的相关规定,在进口口岸、出区进口时按照相关规定办理有关手续,并按照署监发〔2016〕212 号的规定签发证明书。平行进口汽车在保税仓储状态下不得进行标准符合性整改。

(3)试点企业开展业务前,应向海关提交以下资料:

①地方主管部门批准开展汽车平行进口试点的资质证明。

②试点企业与区域(中心)内仓储企业签订的平行进口汽车仓储协议。

③需要的其他相关材料。

(二)平行进口汽车的报关

1.相关政策规定

根据《关于促进汽车平行进口试点的若干意见》,要简化汽车自动进口许可证申领管理制度。试点企业进口汽车和建立分销网络无须获得汽车供应商授权,可以按照经营活动实际需求,申领汽车产品自动进口许可证。要进一步提高汽车平行进口贸易便利化水平。优化平行进口汽车报关、通关、查验等流程,提高通关效率,降低通关成本。优化平行进口汽车审价机制。

2.平行进口汽车的报关流程

(1)客户提交订单,指出需要的版本、配置。

(2)经销商从国外进行采购,然后发回国内。

(3)进行过关,过关需要的手续有:关单(货物进出口证明书)、商检(进口机动车随车检验单)、发票、车辆一致性证书、汽研报告等。

(4)车辆到港后,则进行换单、入区、拆箱、出税单、验车、一致性证书、提车(部分车辆需要送入汽车研究所→关单→汽研报告→商检单→发票)。电子信息表这一证件主要用于车主缴纳车辆购置税,但目前只有部分省份要求在上牌照时出示电子信息表。

(三)平行进口汽车的销售

自 2014 年开展试点至 2018 年,试点范围已覆盖了天津、上海、福建、广东、四川、新疆以及大连、宁波、深圳等 9 个省市(含计划单列市)有关区域共 100 家试点企业。并将在 8 个省市扩大汽车平行进口试点。数据显示,2017 年全年平行进口汽车达 18.23 万辆,同比大幅增

长37.25%。随着国家支持汽车平行进口政策力度的不断加大,平行进口汽车占全部进口汽车的比重不断上升,2017年我国平行进口汽车占比为15.19%。在当前的平行进口汽车中,日系占比处于绝对领先位置。德系和英系居第二、三位,以大排量车型居多。

平行进口经销商需要有足够财力和规模。例如,上海市商务委发布《关于在中国(上海)自由贸易试验区开展平行进口汽车试点的通知》,明确要求申请平行进口车的企业需从事汽车销售业务5年以上,具有最近3年连续盈利的经营业绩,上一财务年度汽车销售额超过4亿元。

平行车的销售与有中规车的销售较大的区别。中规车一般在4S店中销售,销售人员接触的大多是当地人,每天的工作主要是在展厅接待和拜访客户,销售4S店内的车型;而平行进口车车型有很多,品牌也很多,销售人员面对的客户经常是全国性质的,销售渠道更为开放。

(四)平行进口汽车的售后服务

《关于促进汽车平行进口试点的若干意见》中,对平行进口汽车的售后服务进行了如下规定:

(1)要积极推动平行进口汽车环保和维修信息公开。试点企业要按照《大气污染防治法》及《汽车维修技术信息公开实施管理办法》等有关规定,向社会公布其进口车型的机动车污染控制技术信息、排放检验信息和有关维修技术信息,同时应注明符合我国排放标准的阶段水平。不得进口和销售达不到我国现行排放标准的车辆。

(2)要重点加强质量追溯和售后服务体系建设。试点企业是平行进口汽车产品质量追溯的责任主体,依法履行产品召回、质量保障、售后服务、家用汽车"三包"、平均燃料消耗量核算等义务。试点企业要增强售后服务保障能力,切实保障消费者合法权益。要通过自建、资源共享、多渠道合作等多种方式,形成覆盖销售区域的售后服务(含维修)网络,使消费者能够享有方便、快捷、有效的售后服务。

(3)要切实加强监管。按照国务院有关文件要求,试点所在地人民政府要加强组织领导,明确责任主体,精心组织好试点工作,有效防控各类风险。要将汽车售后维修保障能力、守法合规的信用情况作为遴选试点企业的重要条件。要切实履行监管职责,创新监管方式,建立健全相关管理规定,强化事中事后监管,确保试点工作规范有序进行。对违法违规经营行为依法加大查处力度,及时取消违规经营企业试点资格,并做好相应善后工作。作出处理决定的要录入企业信用档案,并向社会公布。

参考文献

[1] 中华全国工商业联合会 汽车经销商商会.汽车电子商务蓝皮书:中国汽车电子商务发展报告(2015)[R].北京:社会科学文献出版社,2015.

[2] 中华全国工商业联合会 汽车经销商商会.汽车电子商务蓝皮书:中国汽车电子商务发展报告(2016)[R].北京:社会科学文献出版社,2016.

[3] 中华全国工商业联合会 汽车经销商商会.汽车电子商务蓝皮书:中国汽车电子商务发展报告(2017)[R].北京:社会科学文献出版社,2017.

[4] 李蓉.汽车营销基础[M].北京:化学工业出版社,2014.

[5] 李刚.汽车营销基础与实务[M].北京:北京理工大学出版社,2008.

[6] 李维谔.汽车市场营销理论与实践[M].北京:人民交通出版社,1995.

[7] 张毅.汽车配件市场营销[M].北京:机械工业出版社,2004.

[8] 姚博瀚,李参,赵海宾.汽车电子商务[M].天津:天津科学技术出版社,2015.

[9] 周勇,陈昌明.汽车电子商务[M].北京:北京出版社,2014.

[10] 李刚.汽车及配件营销实训[M].北京:化学工业出版社,2010.

[11] 陈珊,李江天.汽车文化[M].长春:吉林大学出版社,2015.

[12] 伍静.汽车保险与理赔[M].北京:化学工业出版社,2014.

[13] 李刚.汽车及配件营销[M].2版.北京:北京理工大学出版社,2010.

[14] 戚叔林.汽车市场营销[M].2版.北京:机械工业出版社,2010.

[15] 李广健.我们的大数据时代[M].北京:中国人事出版社,2015.

[16] 杨亚莉,任洪娟.汽车保险实务[M].北京:清华大学出版社,2015.